AF223257

Martin Berger

Die Steuererklärung 2025 für das Jahr 2024

Der Praxisratgeber für Arbeitnehmer, Beamte, Rentner und Familien

Bibliografische Information der Deutschen Nationalbibliothek

Die Deutsche Nationalbibliothek verzeichnet diese Publikation in der Deutschen Nationalbibliografie; detaillierte bibliografische Daten sind im Internet über dnb.dnb.de abrufbar.

Impressum:

© Dr. Martin Berger

Coverdesign: Dr. Martin Berger

Grafikdesign: Noa-Eleni Künzel

1. Auflage 2025

Verlag: BoD · Books on Demand GmbH, In de Tarpen 42, 22848 Norderstedt, bod@bod.de

Druck: Libri Plureos GmbH, Friedensallee 273, 22763 Hamburg

ISBN: 978-3-7583-3991-2

Trotz sorgfältiger Prüfung kann keine Gewähr für die Richtigkeit, Vollständigkeit oder Aktualität der bereitgestellten Informationen übernommen werden.
Dieses Werk ist in privater Eigenschaft verfasst und gibt ausschließlich die persönliche Auffassung des Autors wieder. Die im Werk abgedruckten und teilausgefüllten Formulare sind die amtlichen Einkommensteuerformulare mit Stand vom Januar 2025. Daneben werden Screenshots der Onlineplattform ELSTER gezeigt. Urheber dieser Formulare und der Onlineplattform ELSTER sind das Bundesministerium der Finanzen (BMF) und die einzelnen Obersten Finanzbehörden der Länder, insbesondere das Finanzministerium Schleswig-Holstein und das Sächsische Staatsministerium der Finanzen.

Dieser Ratgeber richtet sich mittlerweile seit 10 Jahren an Angestellte, Beamte, Arbeiter, Rentner, Studenten und Familien, die sich zum ersten Mal mit der Erstellung einer Einkommensteuererklärung beschäftigen oder das Einkommensteuerrecht und dessen steuerliches Einsparpotential besser verstehen wollen. Neben der fast unüberschaubaren Anzahl von finanzgerichtlichen Entscheidungen sorgen der Gesetzgeber und die Finanzverwaltung für eine stetige Veränderung der steuerlichen Formulare, der steuerlichen Normen und der Freibeträge. Zahlreiche neue steuerliche Regelungen wurden im Zusammenhang mit der Corona-Pandemie erlassen. Dieser Ratgeber soll Ihnen dabei helfen, den Überblick über das Einkommensteuerrecht 2024 zu erlangen und wagt einen Ausblick auf das aktuelle Steuerjahr 2025.

Im ersten Teil des Ratgebers werden die Grundzüge des Einkommensteuerrechts erläutert. Der zweite Teil beschäftigt sich detailliert Schritt für Schritt mit dem Ausfüllen der steuerlichen Formulare. Das Ziel dieses Praxisratgebers bildet der Spagat zwischen verständlicher Ratgeberliteratur für den jährlichen Gebrauch durch Steuerpflichtige einerseits und der vertieften Darstellung steuerrechtlicher Probleme mit der dazugehörigen Rechtsprechung andererseits.

Dr. jur. Martin Berger   Leipzig, Januar 2025

Inhalt

Vorwort...11

1. Wann muss man überhaupt eine Steuererklärung abgeben?......................................13

2. Abgabefrist...16

3. Abgabemöglichkeiten der Steuererklärung...19

   3.1. Die Onlineanwendung "Mein Elster"...21

      3.1.1. Die Registrierung bei "Mein Elster"..21

         3.1.1.1. Die schnelle Registrierung...22

         3.1.1.2. Die klassische Registrierung..24

      3.1.2. Die Oberfläche bei "Mein Elster"...37

      3.1.3. Das Erstellen der Einkommensteuererklärung mittels eDaten-Abruf............44

4. Steuerliche Veränderungen 2024 im Überblick..53

5. Steuerliche Veränderungen 2025...53

6. Grundlagen zur Einkommensteuer – kurz und vereinfacht erklärt...............................54

7. Werbungskosten..58

   7.1. Allgemeines zu Werbungskosten...58

   7.2. Beruflich bedingte Fahrten und Reisekosten...60

      7.2.1. Pendlerpauschale (Entfernungspauschale)..60

         7.2.1.1. Erste Tätigkeitsstätte...60

         7.2.1.2. Berechnung der Pauschale..67

      7.2.2. Reisekosten..74

         7.2.2.1. Reisefahrtkosten...74

         7.2.2.2. Übernachtungskosten..76

         7.2.2.3. Reisenebenkosten...77

         7.2.2.4. Verpflegungsmehraufwand...77

      7.2.3. Doppelte Haushaltsführung..80

         7.2.3.1. Voraussetzungen der doppelten Haushaltsführung................................80

         7.2.3.2. Auswirkung der doppelten Haushaltsführung.......................................85

            7.2.3.2.1. Kosten der Unterkunft..85

            7.2.3.2.2. Familienheimfahrten..89

            7.2.3.2.3. Verpflegungsmehraufwand...91

            7.2.3.2.4. Leistungen/Erstattungen Arbeitgeber...91

   7.3. Bewerbungskosten..91

7.4. Kontoführungsgebühren... 93

7.5. Beiträge zu Berufsverbänden und Gewerkschaften... 94

7.6. Arbeitsmittel.. 94

7.7. Kosten der Berufsausbildung / Fortbildungskosten.. 97

7.8. Arbeitszimmer... 102

7.8.1. Mittelpunkt der gesamten beruflichen Betätigung.. 103

7.8.2. Beschaffenheit des häuslichen Arbeitszimmers.. 103

7.8.3. Kosten des häuslichen Arbeitszimmers.. 104

7.9 Tagespauschale (ehemalige Homeoffice-Pauschale).. 108

7.10. Feiern mit den Kollegen... 110

7.11. Telekommunikationskosten... 111

7.12. Umzugskosten.. 112

8. Sonderausgaben.. 114

8.1. Berufsausbildungskosten... 114

8.2. Kinderbetreuungskosten.. 115

8.3. Schulgeld.. 116

8.4. Spenden und Mitgliedsbeiträge.. 117

8.5. Vorsorgeaufwendungen (Kranken u.- Rentenversicherungen, etc.)...................... 119

8.5.1. Altersvorsorgeaufwendungen... 119

8.5.2. Sonstige Vorsorgeaufwendungen.. 119

8.5.2.1. Kranken- und Pflegeversicherung... 120

8.5.2.2. Unfall-, Haftpflicht-, Berufsunfähigkeitsversicherungen................................ 122

8.5.3. Beiträge zur Riester-Rente.. 125

8.6. Gezahlte Kirchensteuer... 126

8.7. Unterhaltsleistungen an den geschiedenen / dauerhaft getrennt lebenden
Ehegatten (Realsplitting).. 127

8.8. Ausgleichszahlungen im Rahmen des Versorgungsausgleichs............................ 128

9. Außergewöhnliche Belastungen.. 128

9.1. allgemeine außergewöhnliche Belastungen... 129

9.1.1. Zumutbare Belastung... 129

9.1.2. Anerkannte Belastungsgründe... 131

9.1.2.1. Krankheitskosten.. 131

9.1.2.2. Pflegekosten.. 132

9.1.2.3. Bestattungskosten.. 133

9.1.2.4. Sonstige Gründe.. 133

9.2. Besondere gesetzlich geregelte außergewöhnliche Belastungsgründe............................135

9.2.1. Unterhaltszahlungen.. 135

9.2.1.1. Unterhaltsberechtigter Personenkreis..135

9.2.1.2. Höchstbetrag...138

9.2.1.3. Opfergrenze.. 140

9.2.2. Pauschbeträge für Behinderte, Hinterbliebene und Pflegepersonen........................... . 142

10. Steuerermäßigungstatbestände.. 144

10.1. Spenden an politische Parteien / Wählervereinigungen....................................... 144

10.2. Haushaltsnahe Aufwendungen...146

10.3. Energetische Sanierungen.. 150

11. Einkünfte aus Kapitalvermögen.. 154

12. Steuerfreie Einkünfte.. 157

12.1. Steuerfreie Einkünfte mit Progressionsvorbehalt... 157

12.2. Steuerfreie Einkünfte ohne Progressionsvorbehalt... 159

13. Familien - Kindergeld - Kinderfreibetrag - Alleinerziehende................................... 160

13.1. Kindergeld oder Kinderfreibetrag..160

13.2. Entlastungsbetrag für Alleinerziehende..161

13.3. Freibetrag für auswärtige Unterbringung... 162

14. Rentner und Pensionäre...162

14.1. Nachgelagerte Besteuerung der Altersrente... 163

14.2. Besteuerung der Altersrente...163

14.3. Beamtenpensionen und Werkspensionen... 168

14.4. Sonstige Renten.. 171

14.5. Altersentlastungsbetrag.. 172

15. Arbeitnehmersparzulage..173

16. Ehegatten und eingetragene Lebenspartner.. 174

17. Mehr Netto vom Brutto beantragen - Das Lohnsteuerermäßigungsverfahren-...................... 175

18. Ausfüllen der Steuererklärungsformulare.. 185

18.1. Hauptvordruck (Mantelbogen).. 187

18.2. Anlage Vorsorgeaufwand.. 192

18.3. Anlage Kind...198

18.4. Anlage AV Die Anlage für Riester-Beiträge.. 206

18.5. Anlage   N Die Anlage für Angestellte, Beamte, Arbeiter u. Pensionäre........................ 209

18.5.1. Anlage N-Doppelte Haushaltsführung... 218

18.6. Anlage KAP   Die Anlage für Kapitaleinkünfte der Anleger und Sparer.............................. 222

18.7. Anlage SO   Die Anlage für Unterhaltsleistungen an den Ex-Ehegatten bzw. Lebens-
partner.. 229

18.8. Anlage Unterhalt - Die Anlage für sonstige Unterhaltszahler.. 232

18.9.   Anlage R Die Anlage für Rentenempfänger mit inländ. gesetzl. oder priv. Renten....... 238

18.10. Anlage R-AV / bAV Die Anlage für Rentenempfänger mit Riesterrenten oder
betrieblichen Altersversorgungseinkünften.. 242

18.11. Anlage R-AUS Die Anlage für Rentner mit ausländischen Renteneinkünften................. 244

18.12. Anlage Sonderausgaben.. 248

18.13. Anlage Außergewöhnliche Belastungen.. 253

18.14. Anlage Haushaltsnahe Aufwendungen... 256

18.15. Anlage Mobilitätsprämie... 258

18.16. Anlage Energetische Maßnahmen... 261

Stichwortverzeichnis.. 267

Vorwort

Sie haben bisher keine Steuererklärung abgegeben, da es Ihnen zu kompliziert erscheint? Oder gehören Sie zu denjenigen Personen, die ihre Unterlagen sammeln und dann zum Steuerberater oder Lohnsteuerhilfeverein bringen? Geben Sie Jahr für Jahr Geld für teure Steuer-Software aus, die Ihnen Ihre Einkommensteuererklärung automatisch erstellt?
Dann haben Sie vermutlich in der Vergangenheit viel Geld verschenkt! Das muss doch nicht sein!
„Vater Staat" will Ihr Geld. Das ist legitim, schließlich werden davon zahlreiche Aufgaben des Gemeinwesens finanziert. Sie sollten aber nur das Geld geben, was ihm auch tatsächlich zusteht. Nicht mehr, aber auch nicht weniger.

Das Anfertigen einer Steuererklärung ist gerade bei den typischen Berufsgruppen der Angestellten, Beamten, Arbeiter, Rentner, Studenten und Familien in der Regel so einfach, dass Sie ohne Probleme Ihre Steuererklärung selbst erstellen können. Warum also noch zusätzliches Geld ausgeben?

Warum sollten Sie sich selbst mit der Steuererklärung beschäftigen? Ganz einfach! Wenn Sie Ihre Unterlagen im darauffolgenden Jahr zum Steuerberater bringen oder in die zahlreichen Computerprogramme eingeben, können nur diese bereits abgeschlossenen Vorgänge steuerlich bewertet werden. Sie haben dann keine Möglichkeit mehr, steuerliche Vorgänge zu beeinflussen. So kann es beispielsweise bereits Auswirkungen haben, ob Sie eine Handwerkerrechnung in bar bezahlen oder den Betrag überweisen.
Nur wenn Sie das Steuerrecht in seinen Grundzügen kennen, können Sie von einzelnen steuerlichen Vergünstigungen profitieren, indem Sie begünstigende Vorgänge aktiv beeinflussen und somit in den Genuss von Steuererleichterungen kommen, die Sie sich dann vom Staat zurückholen können.
Sie brauchen keine Scheu zu haben, sich mit Begriffen wie „Werbungskosten", „außergewöhnliche Aufwendungen" oder „Sonderausgaben" zu beschäftigen. Diese Begriffe sind grundsätzlich positiv, denn sie verringern Ihre Steuer!

Nehmen Sie fortan Ihre Steuererklärung in die eigene Hand. Was andere können, können Sie schon lange! Ich helfe Ihnen dabei!
Was haben Sie zu verlieren?

HINWEIS

Dieser Ratgeber kann trotz Bemühens um eine aktuelle und sorgfältige Darstellung von steuerrechtlichen Fragen und Gerichtsentscheidungen nicht den Anspruch auf eine vollständige und auf den Einzelfall bezogene richtige Darstellung des Steuerrechts erheben. Der Verfasser kann keine Gewähr für die Richtigkeit der Angaben übernehmen. Im Zweifelsfall kann steuerrechtliche Beratung notwendig sein. Dieses Werk ist in privater Eigenschaft verfasst und gibt ausschließlich die persönliche Auffassung des Autors wieder.

1. Wann muss man überhaupt eine Steuererklärung abgeben

Wenn Sie Arbeitnehmer oder Beamter sind, wird Ihnen bei der monatlichen Gehaltszahlung die 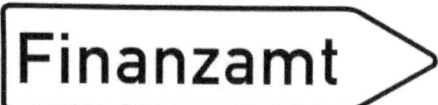 **Lohnsteuer** inklusive der Nebenabgaben (Solidaritätszuschlag[1], ggf. Kirchensteuer) abgezogen. Die Lohnsteuer ist in den meisten Fällen von der Höhe so bestimmt, dass die Finanzbehörden am Ende des Jahres etwas mehr Steuern durch den Lohnsteuerabzug vereinnahmt haben, als Sie Einkommensteuer zahlen müssten. Auch wenn Sie nicht zur Abgabe einer Steuererklärung verpflichtet sind empfiehlt sich regelmäßig die freiwillige Abgabe einer Steuererklärung, um die zuviel gezahlte Steuer zurück zu erhalten. Die vom Lohn einbehaltene Steuer (sog. Lohnsteuer) wird dabei auf die eigentlich zu zahlende Einkommensteuer angerechnet. Die Lohnsteuer stellt damit bei Arbeitnehmern und Beamten eine besondere Art der Einkommensteuervorauszahlung dar. Die Lohnsteuer ist eine pauschale Steuer, die sich einerseits nach der Höhe Ihres Gehaltes und nach der Lohnsteuerklasse bemisst.

Die sechs unterschiedlichen Lohnsteuerklassen pauschalisieren unterschiedliche Sachverhaltsfallgruppen:

Lohnsteuerklasse 1:	unverheiratete Personen (Standardklasse)
Lohnsteuerklasse 2:	unverheiratete Personen, die zusätzlich alleinerziehend sind
Lohnsteuerklasse 3[2]:	Verheiratete oder Lebenspartner nach dem LPartG, sofern der andere Ehegatte oder Lebenspartner die Lohnsteuergruppe 5 hat
Lohnsteuerklasse 4:	Verheiratete oder Lebenspartner, sofern beide Ehegatten/Lebenspartner die Lohnsteuerklasse 4 haben
Lohnsteuerklasse 5:	Ehegatten oder Lebenspartner, sofern der andere Ehegatte oder Lebenspartner die Lohnsteuerklasse 3 hat
Lohnsteuerklasse 6:	Personen, die mehrere lohnsteuerpflichtige Arbeitsverhältnisse haben

Die Lohnsteuerklasse hat lediglich auf die Höhe der Lohnsteuer jedoch <u>nicht</u> auf die Höhe der endgültig zu entrichtenden Einkommensteuer Einfluss. Die Lohnsteuerklasse regelt damit nur die Höhe der Steuervorauszahlung.

---

[1] Ab 2021 entfällt für ca. 90% der Steuerpflichtigen der Solidaritätszuschlag, wenn Sie nicht mehr als 17.543 EUR Einkommensteuer zahlen müssen, vgl. § 3 Abs. 3 Nr. 2 SolZG. Ausgenommen vom Entfall des Solidaritätszuschlag ist der Solidaritätszuschlag auf Kapitalerträge, die der Abgeltungssteuer unterfallen.

[2] Trotz zahlreicher Medieninformationen wurden die Lohnsteuerklassen 3 und 5 noch nicht abgeschafft. Der Plan sah zudem die Abschaffung erst im Jahr 2030 vor.

3 Ungefähr jeder zweite Arbeitnehmer in Deutschland ist verpflichtet, eine Steuererklärung abzugeben. Aufgrund der schlechten konjunkturellen Wirtschaftslage in Deutschland und der damit verbundenen Zunahme von Kurzarbeit wird sich die Quote deutlich erhöhen. Eine Steuererklärung müssen Sie meistens dann abgegeben, wenn der Staat befürchten muss, dass er Ihnen von Ihrem Gehalt zuwenig Steuer abgezogen hat.

Sofern Sie Arbeitnehmer oder Beamter sind und Ihnen Lohnsteuer vom Gehalt abgezogen wird, Sie keine Lohnersatzleistungen (z.B. **Kurzarbeitergeld**) empfangen haben und Sie –abgesehen von deutschen Zinseinkünften- keine weiteren Einkünfte haben und in der Lohnsteuerklasse 1, 2 oder 4 eingruppiert sind, besteht eigentlich keine **Pflicht zur Abgabe** einer Steuererklärung. Ob eine Pflicht zur Abgabe einer Steuererklärung besteht (sog. Pflichtveranlagung) oder ob Sie freiwillig eine Steuererklärung abgeben (sog. freiwillige Veranlagung[3]), bestimmt sich u.a. nach folgenden Kriterien[4]. Wenn einer dieser Punkte zutrifft, müssen Sie eine Steuererklärung abgeben:

- Sie werden vom Finanzamt zur Abgabe einer Steuererklärung aufgefordert[5]
- Sie haben Gehalt nach der Lohnsteuerklasse 3, 5 oder 6 bezogen
- Sie haben parallel von mehreren Arbeitgebern Gehalt bezogen
- Sie haben Gehalt nach der -Lohnsteuerklasse 4 mit Faktor- bezogen
- Sie haben Lohnersatzleistungen (z.B. Elterngeld, Mutterschaftsgeld, ALG, **Kurzarbeitergeld**) bezogen, die einen Betrag von 410 EUR übersteigen,
- Sie haben weitere Einkünfte ohne Lohnsteuerabzug erwirtschaftet (davon ausgenommen sind grds. Zinseinkünfte aus Deutschland), z.B. Einkünfte aus Vermietung oder Verpachtung, Einkünfte aus einer selbständigen oder gewerblichen Nebenerwerbsquelle oder Renteneinkünfte, deren positive Summe (Überschuss der Einnahmen über den Ausgaben; umgangssprachlich: der Gewinn) mehr als 410 Euro beträgt; Renten sind bei der Ermittlung der Einkünfte nur mit dem steuerpflichtigen Anteil und nach Abzug eines Werbungskosten-Pauschbetrags von insgesamt 102 Euro steuerlich zu erfassen.
- Sie haben steuerpflichtige Kapitalerträge erzielt, die nicht der Kapitalertragsteuer unterlegen haben[6]
- Sie haben sich Freibeträge im ELSTAM Verfahren (ehemals Lohnsteuerkarte) eintragen lassen haben
- Ihre Ehe wurde geschieden oder ist durch den Tod beendet worden und Sie haben im gleichen Jahr wieder geheiratet
- Sie haben Sonderzahlungen vom Arbeitgeber erhalten
- Die berücksichtigte Vorsorgepauschale war höher als die tatsächlichen

---

[3] § 46 Abs. 2 Nr. 8 EStG.
[4] § 149 Abs.1 AO; § 46 EStG; § 56 EStDV.
[5] § 149 Abs.1 S.2 AO.
[6] § 32d Abs. 3 S. 3 EStG

Vorsorgeaufwendungen

- Ihr Ehegatte bzw. Lebenspartner im EU-Ausland lebt
- Sie im Ausland leben, aber einen Antrag auf unbeschränkte deutsche Steuerpflicht gestellt haben
- Sie sind z.B. verbeamteter Anwärter, Polizist, Feuerwehrmitarbeiter oder Soldat und ihr Dienstherr legt der Lohnsteuerberechnung höhere Beiträge zur privaten Kranken- und Pflegeversicherung zugrunde oder setzt die Mindestvorsorgepauschale an, tatsächlich zahlen Sie jedoch keine oder geringere Beiträge (siehe hierzu Zeile 28 der Lohnsteuerbescheinigung) und vergleichen Sie den Wert mit den tatsächlich geleisteten Beiträgen an die private Krankenversicherung[7].

Auch wenn das Kurzarbeitergeld steuerfrei ist, unterliegen die Einkünfte dem Progressionsvorbehalt. Sie müssen daher mit einer Steuernachzahlung rechnen.

Aber auch wenn Sie kein Gehalt beziehen, müssen Sie eine Steuererklärung abgeben, wenn:

- Ihre sonstigen Einkünfte im Jahr 2024 den Grundfreibetrag in Höhe von 11.784 EUR übersteigen oder
- Sie einen Verlustvortrag vornehmen lassen wollen.

<u>Beachten Sie:</u> Die oben aufgeführten Punkte sind nicht abschließend.

Praxis-Tipp

Als Faustformel können Sie sich folgende Frage stellen:

1.) Liegt einer der o.g. Punkte vor, wonach Sie zur Abgabe einer Steuererklärung verpflichtet sind?

      Wenn <u>ja</u>, müssen Sie eine Steuererklärung abgeben.

      Wenn <u>nein</u>, sollten Sie sich folgende weitere Frage stellen:

2.) Haben Sie überhaupt Steuern (Lohnsteuer, Einkommensteuervorauszahlungen oder Kapitalertragssteuer[8]) im Jahr 2024 abgeführt bzw. wurde ein Abzug automatisch vorgenommen?

      Wenn <u>ja</u>, dann sollten Sie eine Steuererklärung abgeben, da Sie vermutlich mit einer Steuererstattung rechnen können.

      Wenn <u>nein</u>, dann lohnt sich die Abgabe einer Steuererklärung nicht. Sie haben keine Steuer abgeführt und können daher auch keine Steuererstattung erwarten.

---

[7] § 46 Abs.2 Nr.3 EStG.
[8] Kapitalertragssteuer inkl. Solidaritätszuschlag und ggf. Kirchensteuer wird von Ihren Zinseinkünften automatisch abgezogen, wenn Sie Ihrer Bank keinen „Freistellungsauftrag" erteilt haben.

Wenn Sie Zweifel haben, dann geben Sie eine Steuererklärung ab. Sie bekommen dann einen „Null"-Bescheid, d.h. es wird festgestellt, dass Sie keine Einkommensteuer zahlen müssen.

4   Eingetragene homosexuelle Lebenspartnerschaften werden seit dem 19.07.2013 im Einkommensteuerrecht wie Ehegatten behandelt. Nach § 2 Abs. 8 EStG sind die Regelungen des Einkommensteuergesetzes zu Ehegatten und Ehen auf Lebenspartner und Lebenspartnerschaften nach dem LPartG entsprechend anzuwenden. Mittlerweile ist die gesamte steuerliche Gleichbehandlung umgesetzt[9].

Hinweis:

Werden in diesem Buch Eheleute genannt, so gelten diese Ausführungen entsprechend auch für eingetragene Lebenspartner nach dem LPartG.

Verwechseln Sie das nicht mit eheähnlichen Lebensgemeinschaften (unverheiratete Paare).

5   **2. Abgabefrist**

Auch beim Finanzamt müssen Sie gewisse Fristen einhalten. Sind Sie zur Abgabe einer Einkommensteuererklärung nach den im Kapitel 1 genannten Grundsätzen verpflichtet (sog. Pflichtveranlagung), so müssen Sie Ihre Einkommensteuererklärung für 2024 **bis zum 31. Juli 2025** beim Finanzamt abgegeben haben, § 149 Abs. 2, S.1. AO. Beachten Sie, dass die Sonderregelungen aus der Corona-Zeit für spätere Abgaben mittlerweile ausgelaufen sind.

6   Können Sie diese Frist nicht einhalten, so beantragen Sie bitte unter Angabe des Grundes rechtzeitig eine angemessene **Fristverlängerung**[10]. Fristverlängerungen gewähren die Finanzämter eigentlich nur, wenn Sie unverschuldet den regulären Abgabetermin nicht einhalten können. In der Regel akzeptieren die meisten Finanzämter jedoch kurze Fristverlängerungen von 1-2 Monaten. Die Fristverlängerung können Sie formlos beim Finanzamt mit Angabe der Gründe beantragen oder nutzen Sie direkt das Onlineportal „elster.de". Dort finden Sie unter: Alle Formulare\Anträge, Einspruch und Mitteilungen\ auch den Antrag auf Fristverlängerung.

---

[9] Gesetz zur Anpassung steuerlicher Regelungen an die Rechtsprechung des Bundesverfassungsgerichts" vom 18.07.2014 (BGBl. I S. 1042).
[10] vgl. § 109 AO.

<u>Beachten Sie aber:</u> Lassen Sie die o.g. Frist schuldhaft ohne Fristverlängerung verstreichen, so erfüllen Sie möglicherweise schon den Straftatbestand der Steuerhinterziehung[11] und es wird nun zwingend ein Verspätungszuschlag festgesetzt! Die Höhe des Verspätungszuschlages beträgt 0,25 Prozent der festgesetzten Steuer, jedoch mindestens 25 Euro pro angefangenen Monat[12]. Bei Steuerhinterziehung droht eine Freiheitsstrafe von bis zu 5 Jahren.

Sofern Sie das Fristende nicht einhalten können, beantragen Sie rechtzeitig und formlos eine Fristverlängerung von bis zu zwei Monaten. Solche Fristverlängerungen werden regelmäßig akzeptiert.

Wenn Sie allerdings einen Lohnsteuerhilfeverein oder einen Steuerberater/Rechtsanwalt mit der Erstellung einer Einkommensteuererklärung beauftragen, haben diese beruflichen Dienstleister eine verlängerte Abgabefrist für die Einkommensteuererklärung für das Jahr 2024 bis zum 30. April 2026.

Anders sieht es bei der freiwilligen Abgabe einer Einkommensteuererklärung aus, das heißt, wenn Sie nicht zur Abgabe einer Einkommensteuererklärung nach Kapitel 1 verpflichtet sind. Dazu folgender Fall:

Fall 1:
Susi bekommt zu Weihnachten 2024 das Buch „Die Steuererklärung" geschenkt. Darin liest sie, dass die Erstellung einer Steuererklärung relativ einfach ist und im Durchschnitt zu einer Erstattung von knapp über 1.000 EUR[13] führt. Sie fragt sich, für welche Jahre sie 2024 noch eine Steuererklärung abgeben kann.

Bei **freiwilliger Veranlagung** (auch Antragsveranlagung genannt), können Sie sich grundsätzlich vier Jahre Zeit lassen[14]. Sie können Ihre Einkommensteuererklärung für das Jahr 2024 bis zum 31.12.2028 einreichen. Für Susi bedeutet das, dass sie ihre Einkommensteuererklärungen für die Jahre 2023, 2022, 2021 sowie 2020 noch abgeben kann. Bei der Steuererklärung für das Jahr 2020 muss sie sich jedoch beeilen. Diese muss bis 24 Uhr am 31. Dezember 2024 beim Finanzamt ankommen. In diesem Fall hemmt die Einreichung der Steuererklärung den Fristablauf[15]. Es reicht damit nicht aus, wenn Sie Ihre Steuererklärung erst am 31. Dezember 2024 zur Post geben.

---

[11] § 370 AO.
[12] vgl. § 152 Abs. 1, Abs. 5, S.2 AO.
[13] Durchschnittliche Erstattung für das Jahr 2022, Statistisches Bundesamt, www.destatis.de/DE/Themen/Staat/Steuern/Lohnsteuer-Einkommensteuer/im-fokus-steuererklaerung.html.
[14] Siehe § 169 Abs. 2 Nr. 2 AO.
[15] Vgl. § 171 Abs.3 AO.

7

Hinweis:

Wenn Sie wie Susi erstmalig und kurzfristig eine Steuererklärung erstellen wollen, so scheidet Elster als Übertragsweg aus, da der Registrierungsprozess ca. 7-14 Tage dauert. Sie können sich jedoch Papiersteuerformulare aus dem Internet ausdrucken. Gehen Sie dazu auf die Seite www.formulare-bfinv.de/ Hier finden Sie die passenden Formulare zum Ausfüllen und Ausdrucken.

Papierformulare haben zudem den Vorteil, dass Sie auch mit fehlerhaften oder unvollständigen Angaben (unplausible Angaben) die Steuererklärung fristwahrend abgeben können. Um die Frist auch tatsächlich einhalten zu können, werfen Sie Ihre Steuererklärung persönlich noch am 31. Dezember in den Briefkasten des Finanzamtes.

Fall 1a:

Susi übersendet ihre Einkommensteuererklärung für 2020 aus Bequemlichkeit am 27. Dezember 2024 per Briefpost, da nach regulärem Verlauf die Steuererklärung noch rechtzeitig bis zum Ablauf des 31. Dezembers im Finanzamt ankommen müsste. Tatsächlich ging ihre Steuererklärung erst am 2. Januar 2025 des Folgejahres im Finanzamt ein. Folge?

Mit Ablauf des 31. Dezember 2024 ist Festsetzungsverjährung eingetreten. Susis Einkommensteuererklärung für 2020 wird nicht mehr bearbeitet. Die erwartete Steuererstattung erhält sie nicht mehr.

Einen Antrag auf Wiedereinsetzung in den vorigen Stand nach § 110 Abs. 1 Abgabenordnung (AO) aufgrund der langen Postlaufzeit scheidet aus, da eine Wiedereinsetzung bei Ablauf der Festsetzungsverjährung nach § 169 Abs. 2 Nr. 2 AO nicht möglich ist[16].

Kann Susi auch gleich noch die Steuererklärung für das Jahr 2024 bis zum 31.12.24 einreichen? Nein, das geht nicht. Erst nach Ablauf des jeweiligen Steuerjahres kann die jeweilige Steuererklärung wirksam eingereicht werden. Zuvor stellt die Finanzverwaltung gar keine Steuererklärungen zur Verfügung. Eine frühzeitige Abgabe der Steuererklärung im Januar oder Februar des Folgejahres macht zudem keinen Sinn, da die Finanzverwaltung regelmäßig erst im März des Folgejahres mit der Bearbeitung beginnen kann.

---

[16] BFH, Urteil vom 24.01.2008 - VII R 3/07, BStBl 2008 II S. 462. Nicht wiedereinsetzungsfähig sind daher die gesetzlichen Fristen, die von den Finanzbehörden als Verwaltungsträger im Verwaltungsverfahren zu beachten sind. Daher kommt nach ständiger Rechtsprechung des BFH eine Wiedereinsetzung in den vorigen Stand in eine abgelaufene Festsetzungsfrist nicht in Betracht (BFH-Urteil in BFHE 191, 198, BStBl II 2000, 330, sowie BFH-Entscheidungen vom 21. Oktober 1996 VI R 4/94, BFH/NV 1997, 330, und vom 13. Juni 1995 I B 108/94, BFH/NV 1996, 104).

3. Abgabemöglichkeiten der Steuererklärung

Früher musste man seine Steuererklärung per Hand ausfüllen und dabei die amtlichen Formularvordrucke verwenden, die im hinteren Teil dieses Buches erläutert werden. Aber auch die Finanzverwaltung geht mit der Zeit.

Sie haben heute verschiedene Möglichkeiten Ihre Steuererklärung beim Finanzamt abzugeben.

Sie können Ihre Steuererklärung klassisch in Papierform oder elektronisch mit der Onlineanwendung „ELSTER"[17] (auch „Elster Online" oder „Mein ELSTER" genannt) einreichen. Daneben bieten zahlreiche Softwarehersteller kostenpflichtige Softwarelösungen zur Erstellung der Steuererklärung an.

Wollen Sie die Steuererklärung in **Papierform** einreichen, so dürfen Sie keine (auch keine nebenberuflichen) Einkünfte aus Gewerbe, aus Selbstständigkeit oder aus Land- und Forstwirtschaft haben[18]. Sie können die amtlichen grünen Formularvordrucke verwenden. Alternativ können Sie auch schwarz/weiß Kopien der amtlichen Formulare verwenden oder die Daten in spezielle Computerprogramme eingeben und danach ausdrucken. Die amtlichen Papierformulare bekommen Sie in Ihrem Finanzamt oder online im PDF-Format zum Ausdrucken[19].

> Beachten Sie aber: Für die Steuererklärung ist die besondere amtliche Form zwingend vorgeschrieben. Sie müssen also die amtlichen Formulare verwenden. Selbst gestaltete Erklärungen bzw. Phantasieformulare müssen nicht akzeptiert werden. Auch müssen die amtlichen Formulare gut lesbar sein. Können die Erklärungen (unlesbar bzw. Phantasieformular) nicht verarbeitet werden, gilt die Steuererklärung als nicht abgegeben. Das kann weitreichende Folgen haben (z.B. Schätzungen, Verspätungszuschläge, etc.).

Neuerdings brauchen Sie die dunkelgrün hinterlegten Felder, welche mit einem (e) gekennzeichnet sich, nicht mehr auszufüllen. Diese sogenannten **"eDaten"** wurden dem Finanzamt bereits elektronisch übermittelt. Sie können daher auf die Eintragung verzichten, ohne ihre Mitwirkungspflichten zu verletzen. Das kann im besten Fall dazu führen, dass Sie nur noch den Hauptvordruck ausfüllen und abgeben müssen. Ausnahmsweise müssen Sie diese Felder nur dann ausfüllen, wenn Sie wissen, dass die übermittelten Daten falsch sind oder die Datenübertragung nicht stattgefunden hat[20].

---

[17] Die Abkürzung ELSTER steht dabei für „elektronische Steuererklärung". Dieser Programmname entbehrt nicht einer gewissen Komik, da die Elster gemein als diebisch gilt.
[18] Im Regelfall greift die Pflicht zur elektronischen Übermittlung nicht, wenn Einkünfte aus nichtselbständiger Arbeit erzielt werden und die Summe der übrigen Einkünfte den Betrag von 410 € nicht übersteigt (§ 25 Abs. 4 S. 1 2. Halbsatz EStG). Aber auch darüber hinaus können die Finanzämter ausnahmen anerkennen. Sie haben außerdem die Möglichkeit einen begründeten Härtefallantrag zu stellen, wenn Sie keinen Computer oder Internetanschluss haben. Zudem hat die Rechtsprechung Geringfügigkeitsgrenzen aufgestellt, wonach die Finanzverwaltungen der Länder die Abgabe von Steuererklärungen in Papierform akzeptieren müssen, vgl. FG Rheinland-Pfalz, Urt. v. 12.10.2016, Az.: 2 K 2352/15.
[19] www.formulare-bfinv.de
[20] vgl. § 150 Abs. 7 S. 2 AO.

11   Alternativ können Sie jedoch die Steuererklärung auch **elektronisch** an das Finanzamt übermitteln. Hierzu steht Ihnen die Onlineanwendung ELSTER (oder auch Elster Online bzw. Mein ELSTER genannt) kostenlos zur Verfügung[21].

Um mit der Onlineanwendung ELSTER arbeiten zu können müssen Sie sich zunächst registrieren und ein Softwarezertifikat beantragen.

Beachten Sie: Der Anmeldevorgang inkl. Zusendung des Abrufscodes dauert ca. 7 bis 14 Tage! Ein Internetzugang ist zwingend erforderlich.

Mit **ELSTER** können Sie Daten, die das Finanzamt bereits hat, elektronisch herunterladen und in die Steuererklärung „einfüllen" lassen. Danach brauchen Sie nur einzelne Daten ergänzen und haben so Ihre Steuererklärung einfach am PC ausgefüllt. Die Daten werden nach Eingabe automatisch auf Schlüssigkeit und Vollständigkeit überprüft, Ihnen wird das prognostizierte Ergebnis Ihrer Steuererstattung bzw. Nachzahlung unverbindlich angezeigt und im Anschluss verschlüsselt über das Internet an das jeweilige Finanzamt übertragen.

Folgende Vorteile bietet die elektronische Übermittlung:
- automatische Überprüfung der Daten auf Schlüssigkeit und Vollständigkeit
- Übernahme der eingegeben Daten für das nächste Jahr
- schnellere Bearbeitung durch das Finanzamt
- unverbindliche Steuerberechnung (Vorabergebnis)
- bessere Kontrollmöglichkeit für Sie bei Abweichungen durch das Finanzamt
- elektronische Übermittlung von Belegen
- Abrufen von Belegen (eDaten) zur Nutzung der Funktion „vorausgefülle Steuererklärung" und damit weniger Aufwand.

Die Vorteile der elektronischen Übermittlung liegen auf der Hand. Oftmals wird im Internet behauptet, der Nachteil der elektronischen Übermittlung läge in einer intensiveren Prüfung durch die Finanzverwaltung. Das ist jedoch nicht der Fall. Auch Papiererklärungen werden gleich intensiv geprüft. Papiererklärungen werden in den meisten Bundesländern maschinell eingescannt und danach generell wie „elektronische Erklärungen" behandelt und mittels EDV weiterverarbeitet. Einige wenige Bundesländer scannen noch nicht und geben die Daten per Hand in den Computer ein. Somit setzt sich der Bearbeiter bereits bei der Eingabe mit Ihren Daten auseinander und wird bereits bei diesem Schritt auf Ihre Fehler bzw. auf widersprüchliche Angaben aufmerksam.

---

[21] Daneben bieten kommerzielle private Anbieter Steuersoftware an.

3.1. Die Onlineanwendung " ELSTER" (Mein ELSTER)

Um mit ELSTER arbeiten zu können, müssen Sie zunächst registriert sein. Sofern Sie sich bisher noch nicht registriert haben, müssen Sie zunächst den Registrierungsprozess durchlaufen.

3.1.1. Die Registrierung bei "ELSTER[22]"

Um mit der Onlineanwendung ELSTER arbeiten zu können, müssen Sie zunächst registriert sein. Sofern Sie sich bisher noch nicht registriert haben, müssen Sie zunächst den Registrierungsprozess durchlaufen. Mittlerweile haben Sie mehrere kostenlose Registrierungs- und Zugangsoptionen. Die zwei gebräuchlichsten Zugangsarten ist die Verwendung eines Softwarezertifkats oder der Login mittels ElsterSecure-App.

Wenn Sie sich nicht sicher sind, ob Sie ein entsprechendes Softwarezertifikat bereits erhalten haben, so öffnen Sie einfach Ihren Dateimanager und tragen im Suchfeld *.pfx ein. Wenn eine pfx-Datei mit Elster im Dateinamen gefunden wird, sollten Sie bereits über ein passendes Softwarezertifikat verfügen. Zum Einloggen benötigen Sie dann noch ein Passwort für das Softwarezertifikat.

Wenn Sie zum ersten Mal ELSTER nutzen möchten und bisher kein Zertifikat erhalten haben, müssen Sie sich zunächst registrieren. Gehen Sie dazu auf die Webseite: **www.elster.de**
Erstellen Sie sich zunächst ein Benutzerkonto. Klicken Sie dazu auf „Benutzerkonto erstellen".

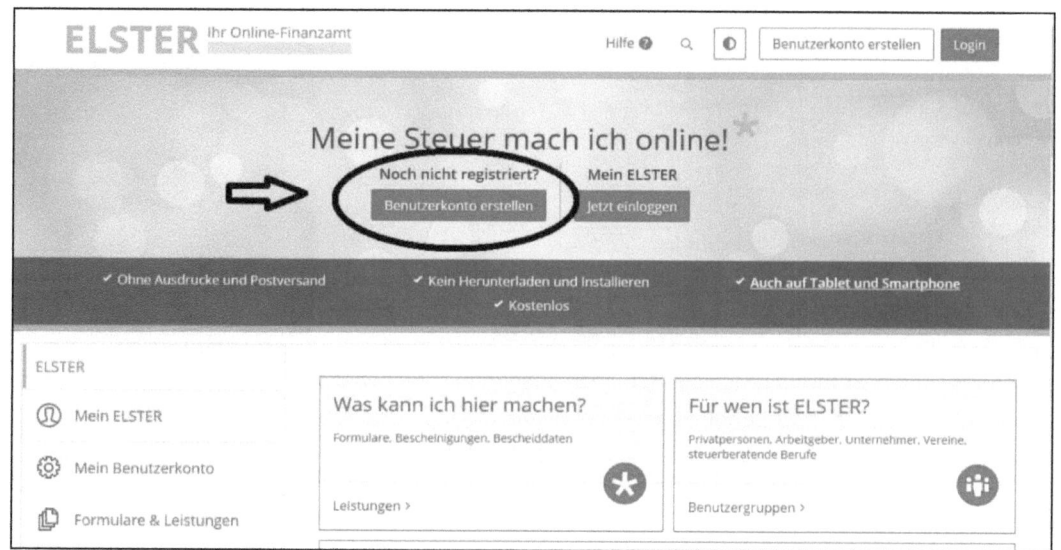

---

[22] Die nachfolgend gezeigten Screenshoots stammen von der Onlineplattform ELSTER. Anbieter und Urheber sind das Bundesministerium der Finanzen und die einzelnen Obersten Finanzbehörden der Länder, insbesondere das Finanzministerium Schleswig-Holstein und das Sächsische Staatsministerium der Finanzen.

Mittlerweile haben Sie bei der Registrierung die Wahl zwischen einer **schnellen Registrierung** mittels Smartphone mit eingeschränktem Anwendungsbereich (nur für Privatpersonen; Dauer ca. 20 Minuten) und der **klassichen Registrierung** (Softwarezertifikat; Dauer 7-10 Tage).

Auswahl der Registrierungsart

> Schnelle Registrierung für Privatpersonen

> Klassische Registrierung

Wählen Sie dazu die gewünschte Registrierungsart aus und bestätigen Sie diese über die die Schaltfläche „Auswählen".

14   3.1.1.1. Die schnelle Registrierung

Die schnelle Registrierung ist nur für die Registrierung von Privatpersonen bei Nutzung der ElsterSecure-App möglich. Dazu benötigen Sie ein mobiles Endgerät (Smartphone, Tablett, etc.) und die ElsterSecure- und Nect Wallet-Apps.

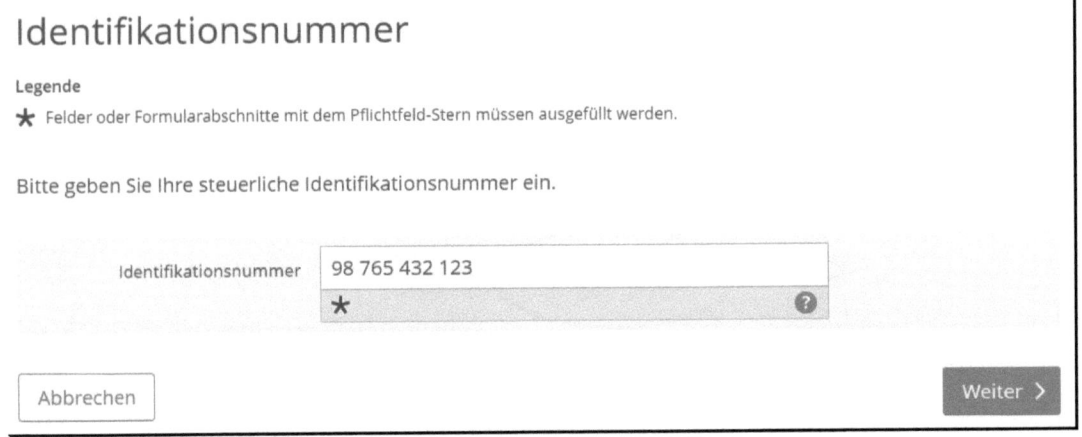

Tragen Sie zunächst Ihre 11-stellige Identifikationsnummer ein. Diese finden Sie auf Schreiben des Finanzamtes bzw. auf Ihrer Lohnsteuerjahresbescheinigung Ihres Arbeitgebers. Klicken Sie danach auf   „Weiter".

Identitätsprüfung
ELSTER Ihr Online-Finanzamt
NECT
Online-Identifizierungen

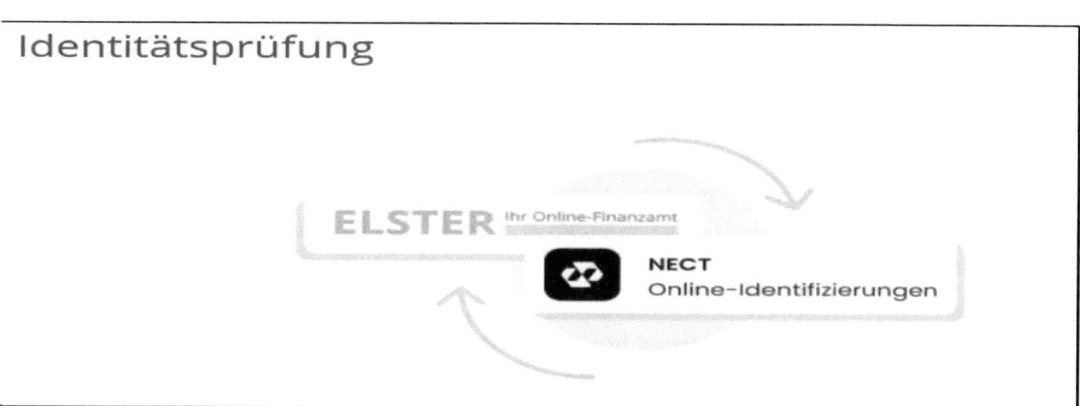

Nun werden Sie zur App Nect weitergeleitet, die Sie vorab installiert haben müssen. Scannen Sie dazu entweder den QR-Code ein und folgen Sie dem Link <u>oder</u> lassen Sie sich einen Link kostenlos per SMS auf Ihr Handy schicken.

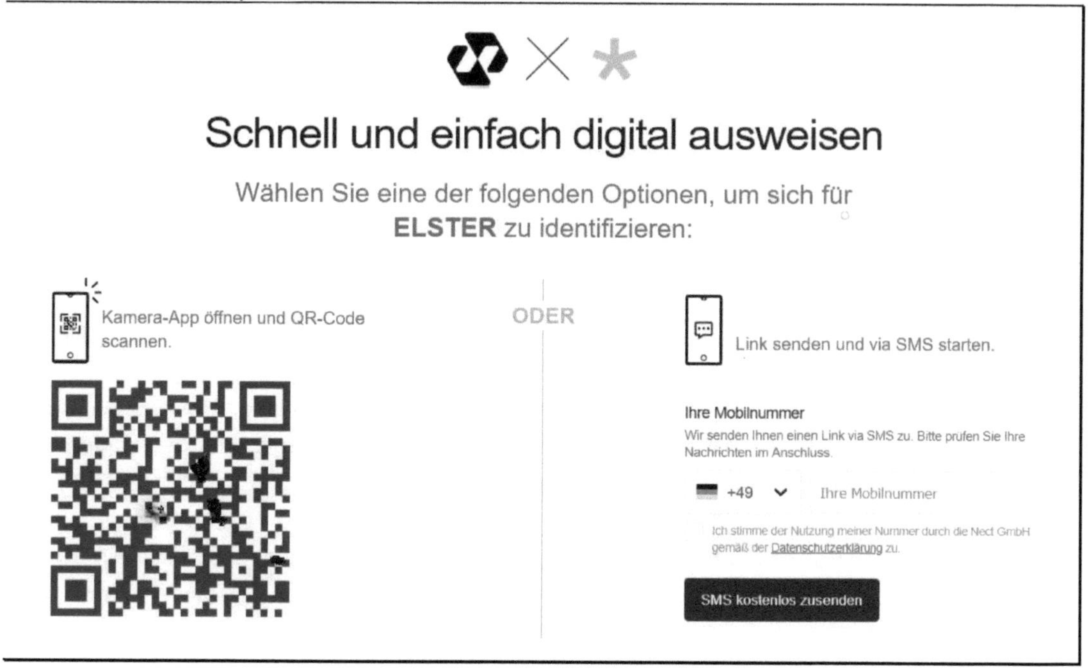

Schnell und einfach digital ausweisen
Wählen Sie eine der folgenden Optionen, um sich für ELSTER zu identifizieren:
Kamera-App öffnen und QR-Code scannen.
ODER
Link senden und via SMS starten.
Ihre Mobilnummer
Wir senden Ihnen einen Link via SMS zu. Bitte prüfen Sie Ihre Nachrichten im Anschluss.
+49
Ihre Mobilnummer
Ich stimme der Nutzung meiner Nummer durch die Nect GmbH gemäß der Datenschutzerklärung zu.
SMS kostenlos zusenden

Nun werden Sie auf Ihrem mobilen Gerät aufgefordert, „Nect Wallet" zu öffnen. Bestätigen Sie den Öffnungsvorgang. Nun benötigen Sie Ihren Personalausweis (ggf. einen deutschen Aufenthaltstitel) bzw. falls Sie einen elektronisch-freigeschalteten Personalausweis mit PIN haben, dann können Sie auch Ihren elektronischen Personalausweis mit PIN mittels eID-Pin und einem Auslesegerät (ggf. Handy mit Nearfield-Kommunikation) auslesen. Falls Sie einen elektronisch freigeschalteten Personalausweis mit PIN und dazugehöriger Nearfield-Kommunikationstechnik besitzen, so nutzen

Sie diese Funktion. Anderenfalls können Sie auch ohne PIN und Nearfieldkommunikation fortfahren. Dann müssen Sie zusätzlich für Ihre Identifizierung in der App Nect Wallet Ihr Ausweisdokument sowie ein Selfie-Video aufnehmen und zwei Wörter vorlesen.

Dazu müssen Sie zunächst den Einwilligungs-, Datenschutz- und AGB-Bestimmungen von NECT Wallet durch Häkchensetzen zustimmen. Nun müssen Sie Ihren Ausweis filmen. Folgen Sie dazu den visuellen und akustischen Anweisungen der App. Nach Abschluss erhalten Sie den Zugang per ElsterSecure-App.

15 ### 3.1.1.2. Die klassische Registrierung bei "ELSTER"

Für nicht erfahrene Benutzer empfielt sich die klassische Registrierung. Dabei stehen Ihnen neben der Anmeldung per Software-Zertifikat auch die Anmeldung per ElsterSecure-App zur Verfügung. Wählen Sie die klassiche Registrierung aus und bestätigen Sie diese.

Nun erhalten Sie einige Hinweise zum Anmeldeprozess. Klicken Sie jeweils auf „Weiter".

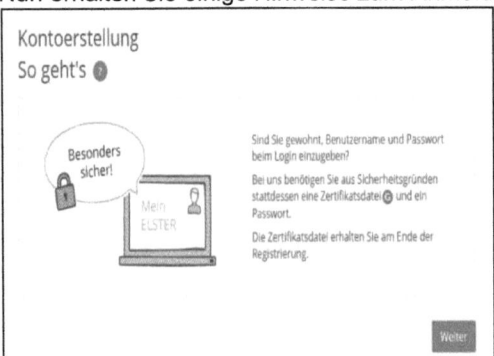

16 Bei der Anmeldung stehen Ihnen verschiedene Optionen zur Verfügung. Die gebräuchlichste Variante ist das Einloggen mittels **Zertifikationsdatei**. Neben der Möglichkeit des Login mittels Zertifikatsdatei stehen Ihnen weitere Login-Varianten zur Verfügung:

- mittels elektronisch lesbarem Personalausweis (Sie benötigen zusätzlich ein Karten-Lesegerät (Nearfieldkommunikation), einen freigeschalteten Personalausweis, die AusweisApp2 und eine Personalausweis-PIN)
- Sicherheitsstick (kostenpflichtig, ca. 57 EUR)
- Handy-APP (ELSTER-Secure) [kostenlos]
- Signaturkarte (kostenpflichtig, Kartenlesegerät zzgl. ca. 50-150 EUR)

Wählen Sie die empfohlene und kostenlose Zugangsmöglichkeit „Zertifikatsdatei" aus. Sie können sich später zusätzlich auch die ElsterSecure-App freischalten lassen.

Wie wollen Sie sich in Mein ELSTER einloggen?

Login-Optionen können später in den Kontoeinstellungen wieder geändert oder erweitert werden.

∨ Zertifikatsdatei (empfohlen)

Zertifikatsdatei ⓒ auf Ihrem Computer

Voraussetzungen

* PC oder Laptop

Kostenlos   Auswählen

> ElsterSecure (Mobiles Gerät)

> Personalausweis (Komfortzugang)

> Sicherheitsstick (Interessant z. B. für Unternehmer)

> Signaturkarte (Interessant z. B. für Steuerberater)

Im nächsten Schritt müssen Sie angeben, dass Sie das Benutzerkonto für sich und ggf. für Ihren Ehepartner anlegen wollen.

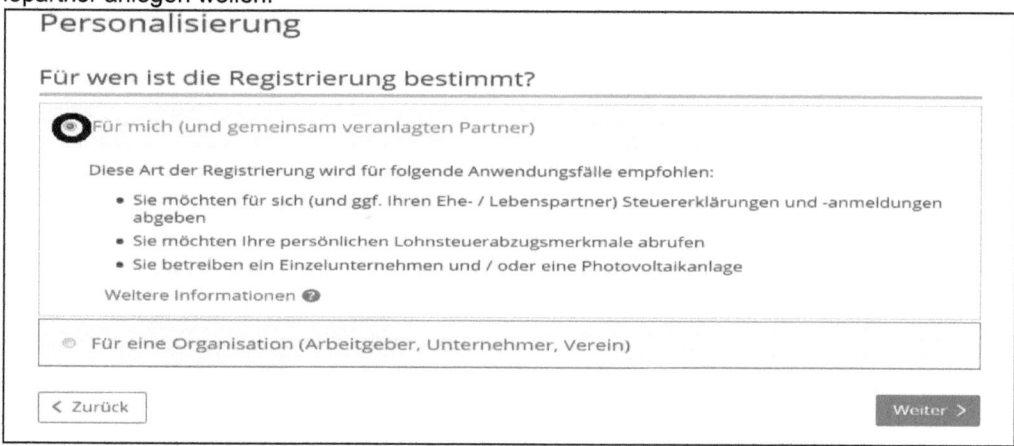

Personalisierung

Für wen ist die Registrierung bestimmt?

⦿ Für mich (und gemeinsam veranlagten Partner)

Diese Art der Registrierung wird für folgende Anwendungsfälle empfohlen:

* Sie möchten für sich (und ggf. Ihren Ehe- / Lebenspartner) Steuererklärungen und -anmeldungen abgeben
* Sie möchten Ihre persönlichen Lohnsteuerabzugsmerkmale abrufen
* Sie betreiben ein Einzelunternehmen und / oder eine Photovoltaikanlage

Weitere Informationen ❷

○ Für eine Organisation (Arbeitgeber, Unternehmer, Verein)

< Zurück   Weiter >

Im nächsten Schritt müssen Sie angeben, dass Sie sich mit Ihrer Identifikationsnummer registrieren wollen. Dieser Schritt ist für die Abgabe einer Steuererklärung zwingend notwendig. Die Identifikationsnummer finden Sie auf allen Schreiben des Finanzamtes. Diese besteht aus elf Ziffern und darf nicht mit der Steuernummer verwechselt werden. Klicken Sie daher auf „Mit steuerlicher Identifikationsnummer" und auf „Weiter".

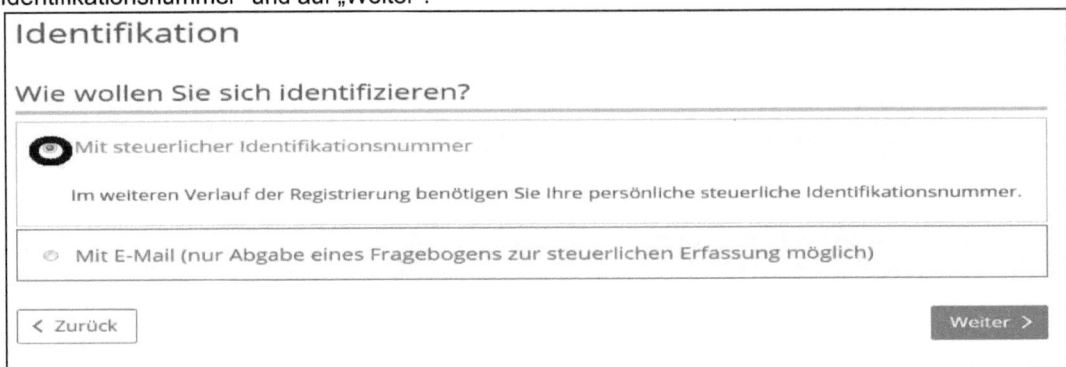

Nun müssen Sie im Feld -persönliche Daten- Ihre E-Mailadresse, Ihr Geburtsdatum und Ihre Identifikationsnummer eintragen.

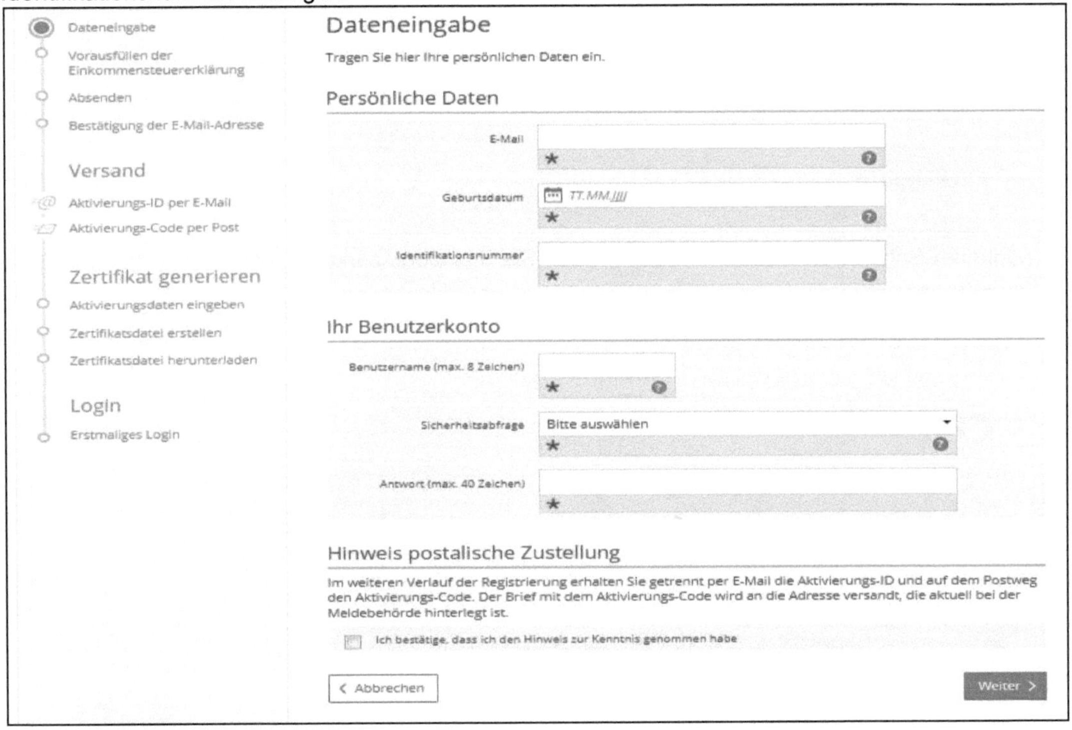

Die Identifikationsnummer finden Sie u.a. links oben auf Ihrem letzten Einkommensteuerbescheid oder auf der Jahreslohnabrechnung des Arbeitgebers. Tragen Sie diese ohne Leerzeichen ein. Im zweiten Feld -Ihr Benutzerkonto- müssen Sie einen fiktiven Namen für Ihr künftiges Benutzerkonto vergeben. Der Name darf maximal 8 Zeichen enthalten. Wählen Sie nun eine Sicherheitsfrage aus der Klappleiste aus und tragen Sie die passende Antwort in das Feld "Antwort" ein. Vergessen Sie nicht unten das Kästchen bei "Hinweis postalische Zustellung" anzuklicken. Klicken Sie zum Abschluss auf „Weiter".

Auf der nächsten Seite können Sie sich über die sog. vorausgefüllte Steuererklärung informieren lassen. Ihnen wird mitgeteilt, dass Sie mit der Registrierung bei Elster auch einen **Abrufcode** für elektronische Belege erhalten. Sie bekommen per Briefpost zusätzlich einen sog. Abrufcode übersandt, mit Hilfe dessen Sie die eDaten, die dem Finanzamt bereits vorliegen, abrufen und automatisch in Ihre Steuererklärung einfließen lassen können. Dieser Service erspart Ihnen viel Arbeit und Recherscheaufwand.

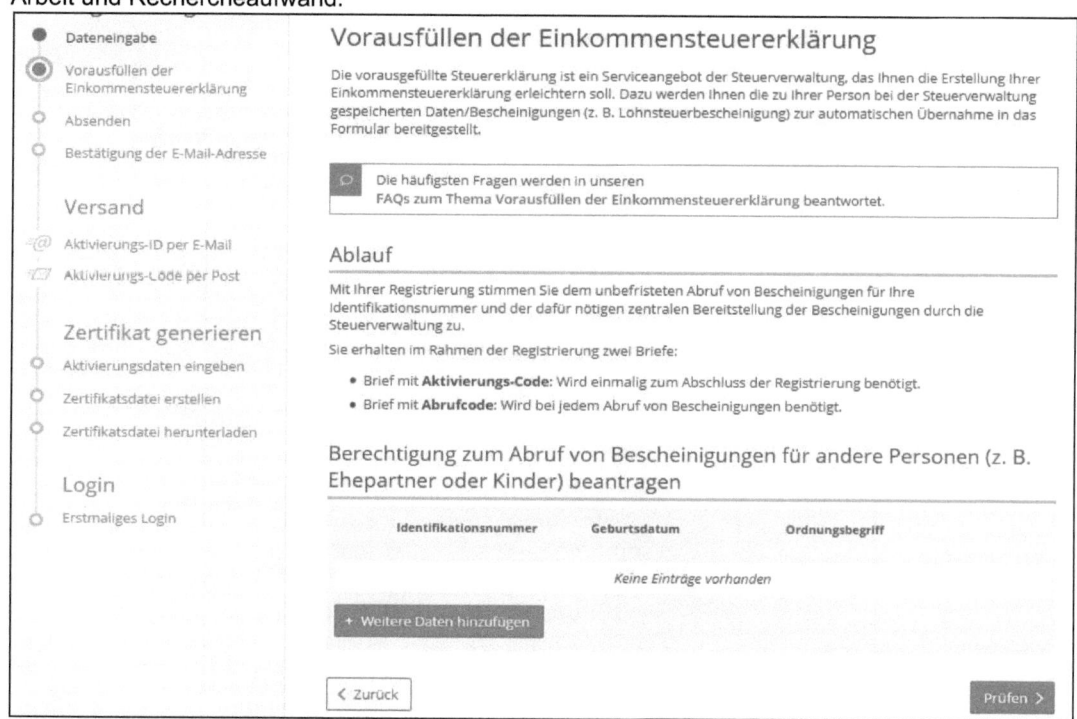

Wollen Sie auch für andere Personen Bescheinigungen abrufen (z.B. Ehepartner oder Ihre Kinder), so können Sie das hier auch beantragen. Klicken Sie dazu auf die Schaltfläche „+Weitere Daten hinzufügen". Wenn Sie keine weiteren Belegabrufcodes beantragen wollen, dann klicken Sie nur auf „Prüfen".

Sofern Sie auf weitere Daten hinzufügen geklickt haben erscheint nun folgendes Fenster:

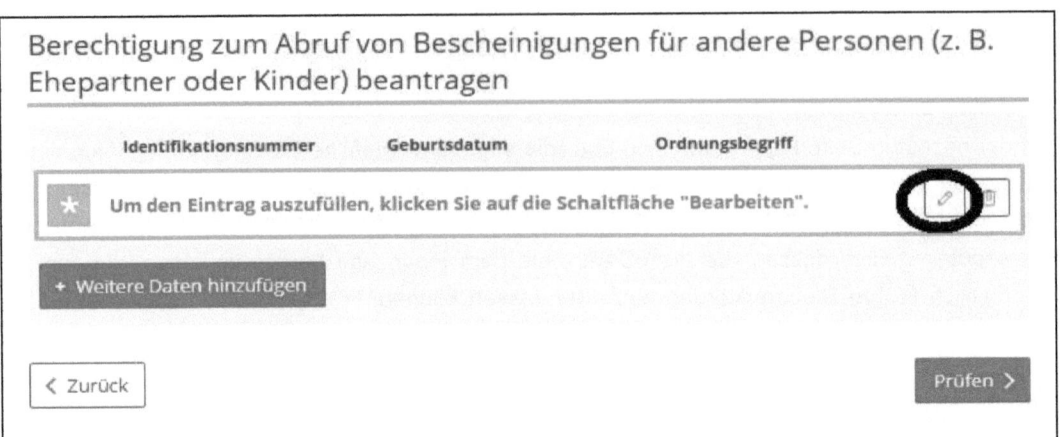

Klicken Sie nun auf das Stiftsymbol. Es öffnet sich eine neue Eingabemaske:

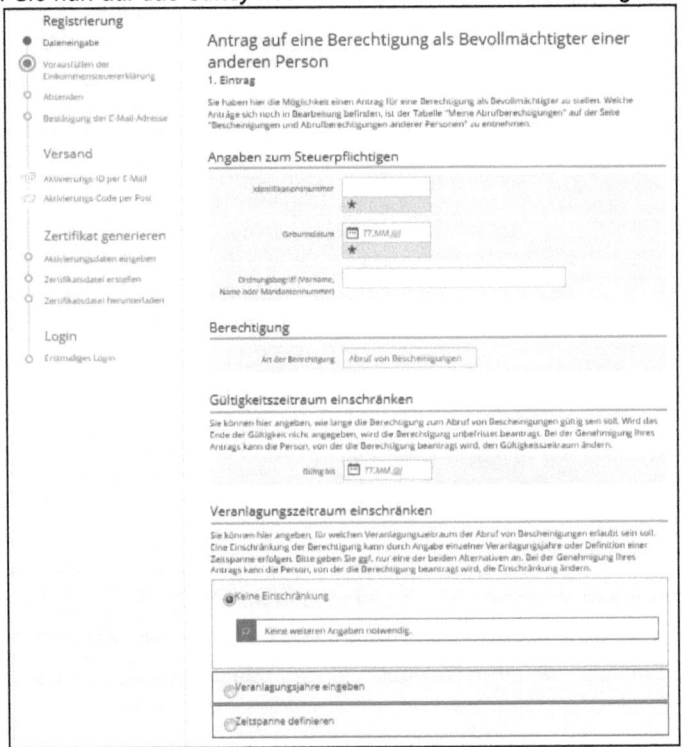

Geben Sie nun die Identifikationsnummer der weiteren Person, deren Geburtsdatum, deren Namen ein. Erklären Sie, ob Sie den Abrufcode zeitlich unbeschränkt oder beschränkt beantragen wollen. Nach Abschluss der Eingabe klicken Sie unten auf: << Vorausfüllen der Einkommensteuererklärung. Nun können Sie für weitere Personen Abrufcodes beantragen („+Weitere Daten hinzufügen") oder

mit Klicken auf die Schaltfläche „Prüfen" den Anmeldevorgang abschließen.

Wenn alle Daten korrekt sind, erhalten Sie nochmal einen Überblick über Ihre Eingaben, die Sie sich auch ausdrucken können. Schließen Sie mit einem Klick auf die Schaltfläche „Absenden" den Anmeldeprozess ab.

Sie erhalten nun innerhalb von wenigen Sekunden eine E-Mail von "portal@elster.de".

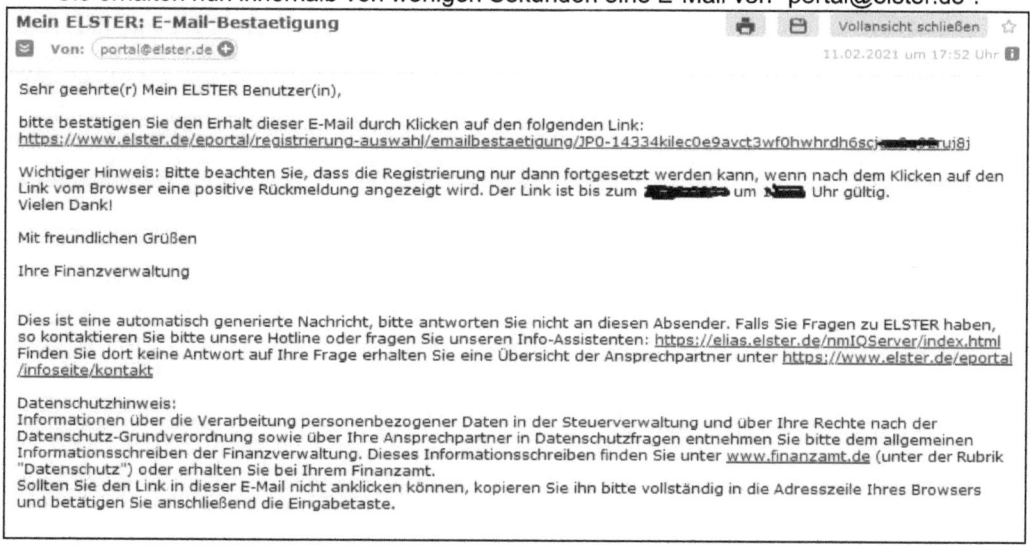

Wenn Sie nach einer halben Minute keine E-Mail erhalten haben, dann schauen Sie bitte im Spamordner nach. Oftmals landet diese E-Mail im Spam. Diese E-Mail enthält einen Link, den Sie innerhalb einer Woche anklicken müssen. Wenn Sie diesen Link angeklickt haben, wird Ihnen folgendes Bild angezeigt:

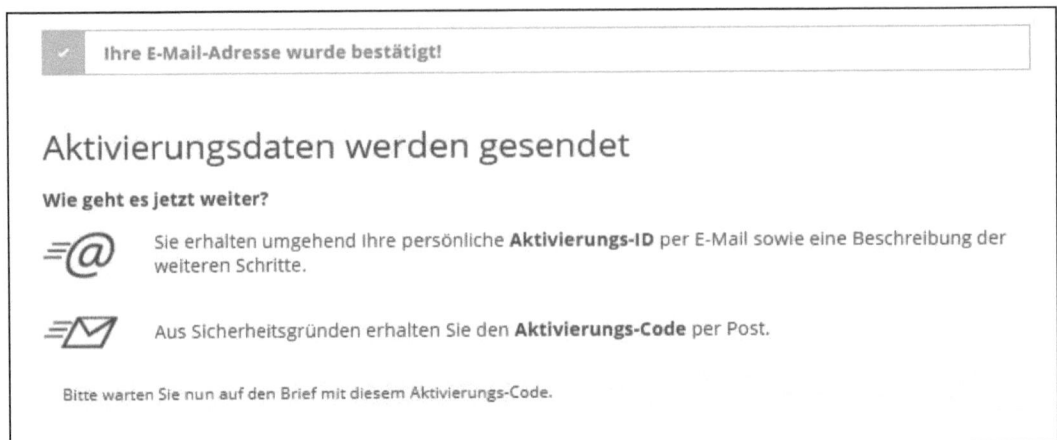

Sie bekommen unmittelbar danach eine weitere E-Mail von "portal@elster.de". In dieser E-Mail ist nun Ihr Benutzername, Ihre Aktivierungs-ID (eine 18-stellige Ziffer) und ein Link enthalten. Diese Daten müssen Sie gut aufbewahren!

In den nächsten 3-7 Tagen erhalten Sie vom Rechenzentrum der Finanzverwaltung Ihres Bundeslandes einen Aktivierungscode per Briefpost zugesandt. Den Abrufcode erhalten Sie in einem separaten Brief ca. 7-14 Tage nach Beantragung ebenfalls per Post. Erst mit Erhalt des ersten Briefes können Sie mit Mein Elster arbeiten. Wenn Sie Daten für die vorausgefüllte Steuererklärung abrufen wollen, dann müssen Sie auch auf den zweiten Brief warten. Nachdem Sie den ersten Brief mit Ihrem persönlichen Aktivierungscode erhalten haben, müssen Sie den Registrierungslink

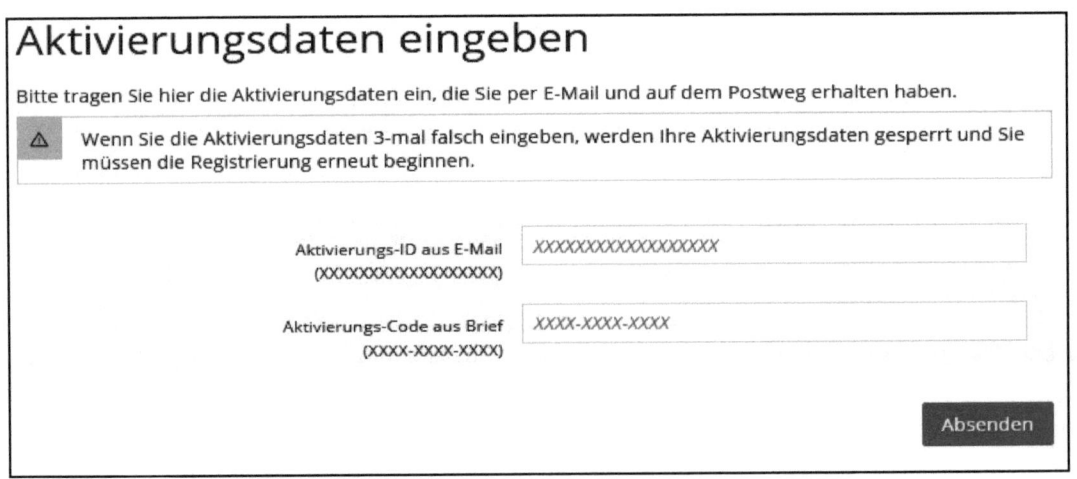

https://www.elster.de/eportal/registrierung-auswahl/aktivierung/JP0 anklicken, den Sie am

30

Registrierungstag in der zweiten E-Mail mit der Absenderkennung: portal@elster.de zusammen mit der Registrierungs-ID erhalten haben. Nun werden Sie aufgefordert, Ihre Aktivierungs-ID aus der E-Mail und den Aktivierungs-Code aus dem Brief einzugeben. Nach der Eingabe klicken Sie bitte auf "Absenden".

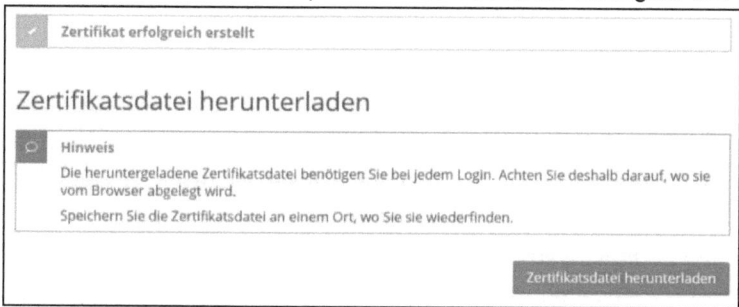

Nun müssen Sie noch ein persönliches **Passwort** festlegen. Bei der Eingabe zeigt Ihnen das Programm an, ob das von Ihnen gewählte Passwort sicher, mäßig sicher oder unsicher ist. Mäßig sicher ist das Passwort, wenn es orange gekennzeichnet wird. Keine Sorge, auch ein mäßig sicheres Passwort wird von Elster akzeptiert. Das Passwort müssen Sie zur Sicherheit wiederholen. Klicken Sie nun auf "Erstellen".

Nun müssen Sie das Zertifikat herunterladen. Bitte klicken Sie dazu auf "Zertifikat herunterladen".

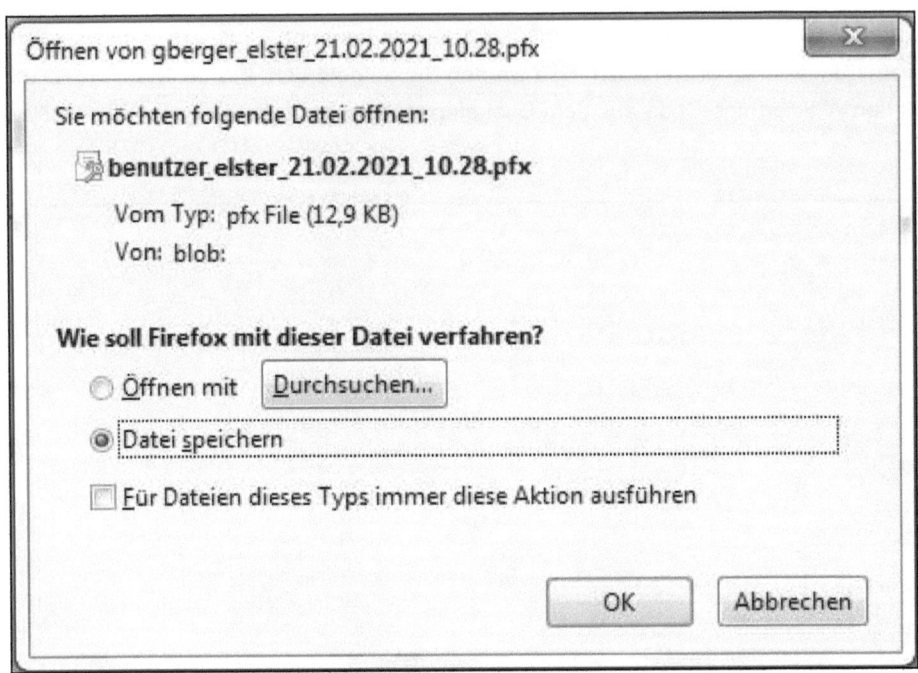

Speichern Sie dazu die Zertifikatsdatei an einem bekannten Speicherort ab. Meistens wird die Datei zunächst im Download-Ordner Ihres Browser abgespeichert. Das ist nicht optimal, da dieser Ordner oftmals gelöscht wird und Sie die Datei nicht wiederfinden. Kopieren Sie die Zertifikationsdatei in einen Ordner Ihrer Wahl.

Anwendertipp:

Im ersten Schritt legen Sie sich einen Finanzamtsordner an. Öffnen Sie dazu Ihren Dateimanager.

 *Legen Sie nun im Laufwerk C: einen Unterordner "Finanzamt" an. (Doppelklicken Sie nun auf das Laufwerk C:. Klicken Sie auf die rechte Maustaste und gehen im geöffneten Menü auf "Neu"-> "Ordner" und benennen Sie diesen neuen Ordner "Finanzamt".)*

Im zweiten Schritt kopieren Sie Ihre Zertifikatsdatei in diesen Finanzamtsordner. Gehen Sie dazu in den Downloadordner Ihres Browsers, kopieren Sie die Zertifikationsdatei. Gehen Sie mit dem Mauspfeil auf die Zertifikatsdatei (nur einmal anklicken) und drücken Sie die rechte Maustaste. Klicken Sie nun auf "Kopieren". Gehen Sie danach in den Finanzamtsordner und klicken hier auf "Einfügen".

Falls Sie die Zertifikatsdatei nicht im Downloadordner Ihres Browsers finden können, müssen Sie die Suchfunktion verwenden. Im Dateimanager finden Sie oben rechts das Feld "Computer durchsuchen". Dort tragen Sie ".pfx" ein. Wichtig ist, dass Sie die Suche auf den ganzen Computer* beziehen. Schauen Sie dazu ggf. in das obere mittlere Feld. Dort muss sinngemäß stehen: "Suchergebnisse in Computer" oder "Diesen PC durchsuchen". Wenn Sie alles richtig eingestellt haben, wird Ihre Zertifikatsdatei im Suchergebnis angezeigt. Markieren Sie diese Datei (durch einfaches Anklicken). Danach klicken Sie auf die rechte Maustaste und klicken auf "Kopieren". Danach öffnen Sie Ihren Finanzamtsordner und klicken auf die rechte Maustaste. Nun klicken Sie mit der linken Maustaste auf "Einfügen". So haben Sie die Zertifikatsdatei in Ihren Ordner "Finanzamt" kopiert.

Die heruntergeladene Zertifikationsdatei ist nun drei Jahre lang gültig. Die Zertifikationsdatei hat eine „Personalausweisfunktion" gegenüber dem Finanzamt. Die Aktivierung ist nun abgeschlossen. Nun können Sie sich mit Ihrer Zertfikationsdatei und Ihrem persönlichen Passwort bei Mein Elster einloggen.Das Schreiben der Finanzverwaltung mit dem Aktivierungs-Code können Sie nach dem Download der Zertifikatsdatei entsorgen.

Falls Sie nicht automatisch auf die Startseite von Mein ELSTER weitergeleitet werden, geben Sie **19** in Ihre Browserzeile www.elster.de ein.Klicken Sie nun auf "**Login**" oder "**Jetzt einloggen**".

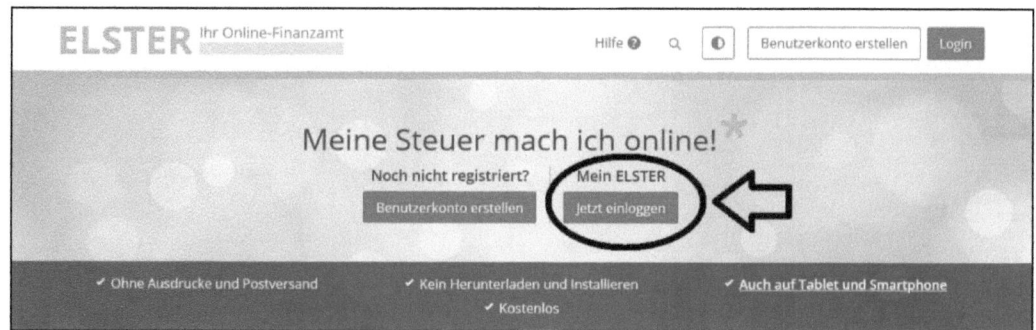

Wenn Sie zum Einloggen das Softwarezertifikat verwenden, müssen Sie zunächst die Zertifikatsdatei auswählen.

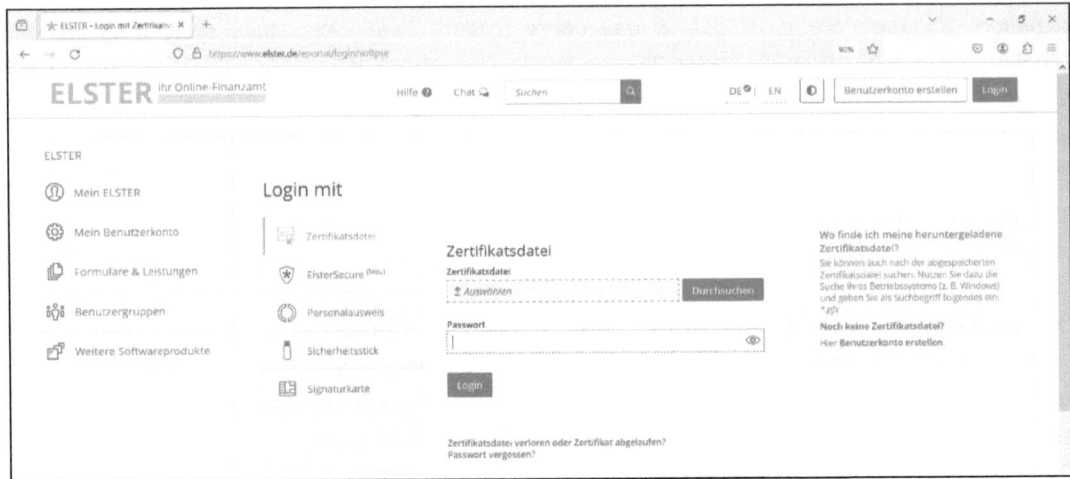

Dazu klicken Sie auf die Schaltfläche "Durchsuchen" und geben im Dateimanager den Speicherort an, an dem Sie die Zertifikatsdatei abgespeichert haben.

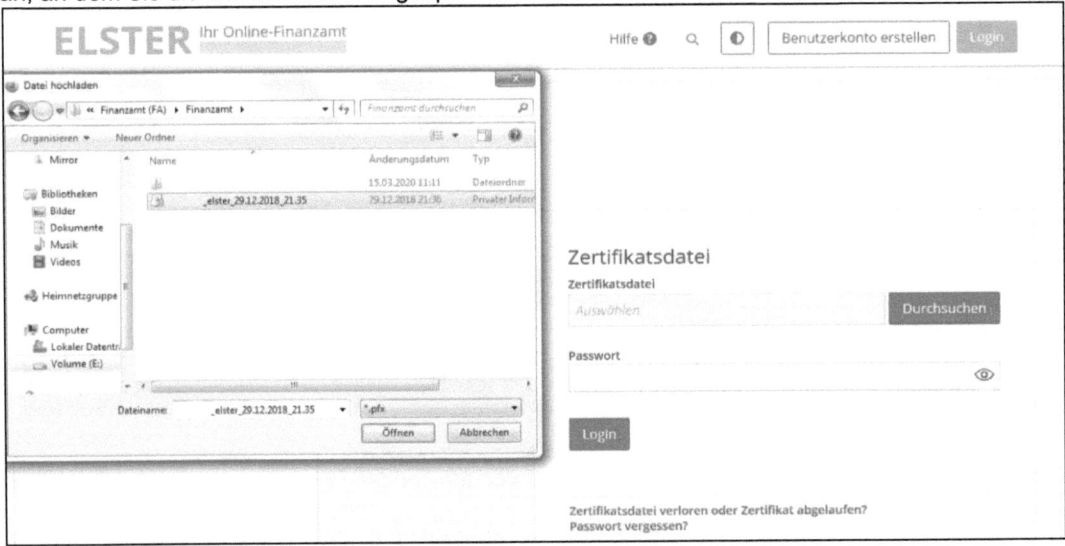

Klicken Sie dazu einfach die pfx-Datei in Ihrem Finanzamtsordner mit Doppelklick an. Wenn Sie die Datei nicht gleich finden, so nutzen Sie die Suchfunktion des Dateimanagers, indem Sie *.pfx in das Suchfeld eingeben. Nachdem Sie die pfx-Datei ausgewählt haben, müssen Sie nur noch das dazugehörige Passwort eintragen und auf die Schaltfläche "Login" klicken.

ELSTER Ihr Online-Finanzamt
Hilfe
Chat
Suchen
DE
EN
Benutzerkonto erstellen
Login
ELSTER
Mein ELSTER
Mein Benutzerkonto
Formulare & Leistungen
Benutzergruppen
Weitere Softwareprodukte
Login mit
Zertifikatsdatei
ElsterSecure
Personalausweis
Sicherheitsstick
Signaturkarte
Zertifikatsdatei
Zertifikatsdatei
_02.10.2021_10.59.pfx
Durchsuchen
Passwort
Login
Zertifikatsdatei verloren oder Zertifikat abgelaufen?
Passwort vergessen?
Wo finde ich meine heruntergeladene Zertifikatsdatei?
Noch keine Zertifikatsdatei?
Hier Benutzerkonto erstellen

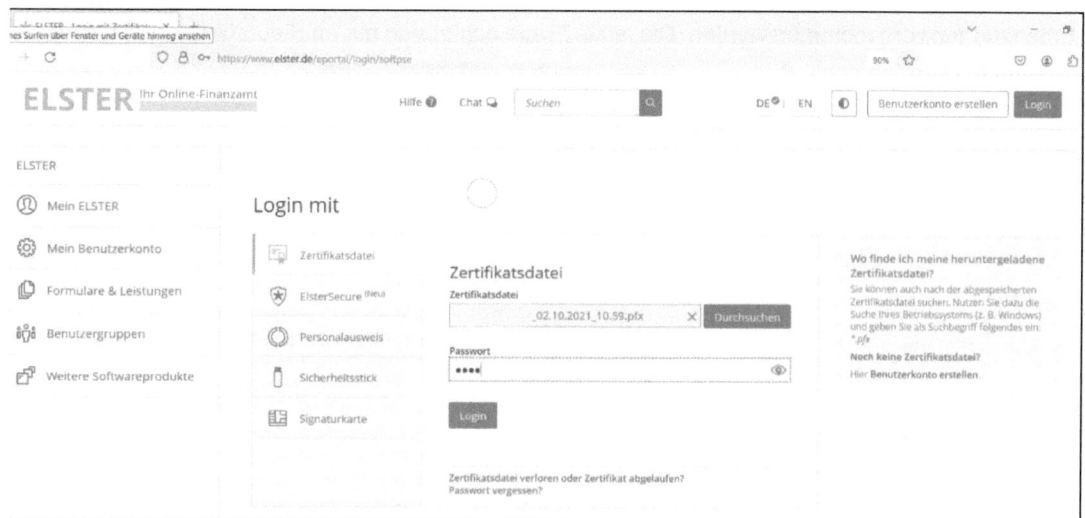

Nach dem erstmaligen Einloggen werden Sie zunächst aufgefordert Ihr Profil zu vervollständigen.

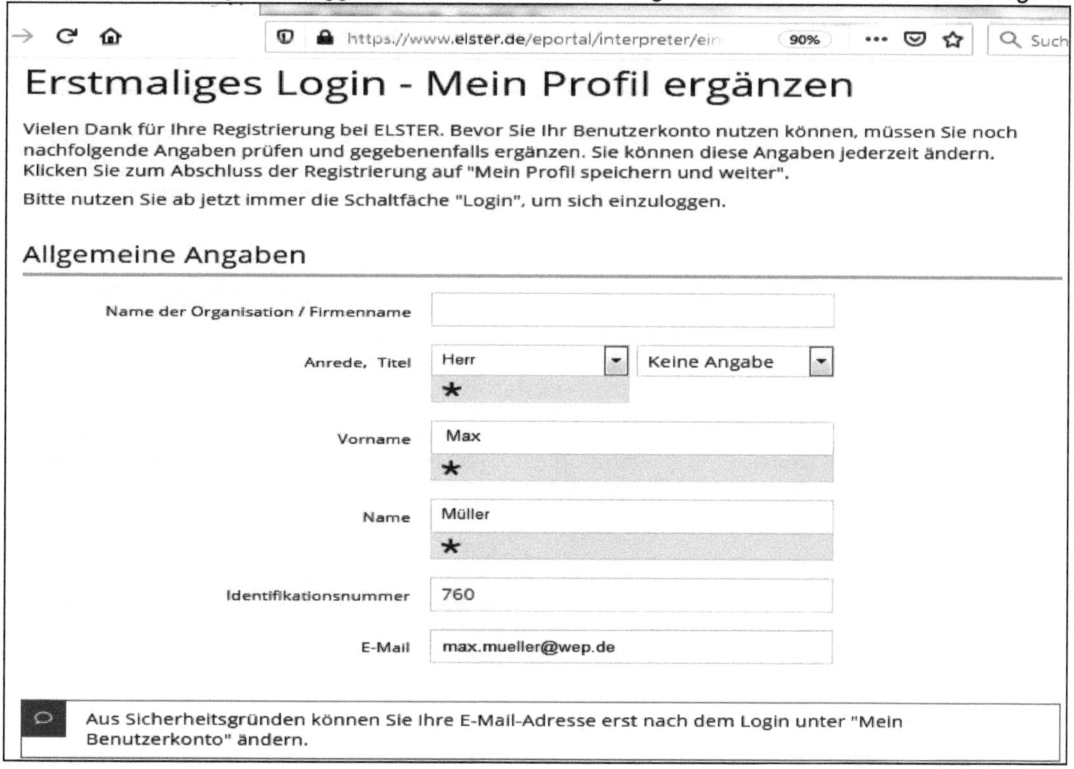

https://www.elster.de/eportal/interpreter/ein
90%
Erstmaliges Login - Mein Profil ergänzen
Vielen Dank für Ihre Registrierung bei ELSTER. Bevor Sie Ihr Benutzerkonto nutzen können, müssen Sie noch nachfolgende Angaben prüfen und gegebenenfalls ergänzen. Sie können diese Angaben jederzeit ändern. Klicken Sie zum Abschluss der Registrierung auf "Mein Profil speichern und weiter".
Bitte nutzen Sie ab jetzt immer die Schaltfäche "Login", um sich einzuloggen.
Allgemeine Angaben
Name der Organisation / Firmenname
Anrede, Titel
Herr
Keine Angabe
Vorname
Max
Name
Müller
Identifikationsnummer
760
E-Mail
max.mueller@wep.de
Aus Sicherheitsgründen können Sie Ihre E-Mail-Adresse erst nach dem Login unter "Mein Benutzerkonto" ändern.

Ihre Meldedaten sind bereits eingetragen. Sofern Sie bereits eine aktuelle Steuernummer haben, tragen Sie diese bitte unten bei Steuernummer ein. Regelmäßig müssen keine weiteren

Ergänzungen vorgenommen werden. Die letzte Frage richtet sich nur an Steuerberater. Diese lassen Sie frei. Klicken Sie nun auf

> Mein Profil speichern und weiter

Nun müssen Sie die Benutzergruppe auswählen. Als Arbeitnehmer oder Rentner wählen Sie "Privatperson".

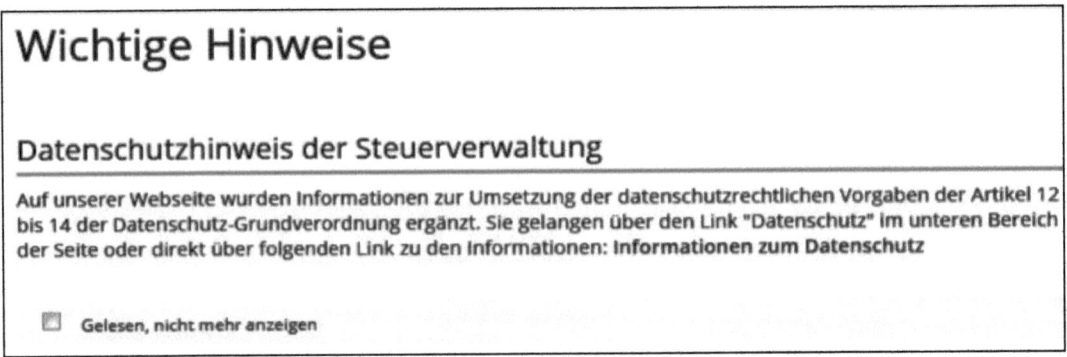

Nun erhalten Sie noch wichtige Hinweise zum Datenschutz. Setzen Sie im vorgesehenen Feld Ihr Häkchen bei "Gelesen, nicht mehr anzeigen".

Wichtige Hinweise

Datenschutzhinweis der Steuerverwaltung

Auf unserer Webseite wurden Informationen zur Umsetzung der datenschutzrechtlichen Vorgaben der Artikel 12 bis 14 der Datenschutz-Grundverordnung ergänzt. Sie gelangen über den Link "Datenschutz" im unteren Bereich der Seite oder direkt über folgenden Link zu den Informationen: **Informationen zum Datenschutz**

☐ Gelesen, nicht mehr anzeigen

Klicken Sie auf "Bestätigen und Weiter". Nun haben Sie die Registrierung abgeschlossen.

3.1.2. Die Oberfläche von ELSTER (Grundfunktionen)

Geben Sie zunächst in Ihre Browserzeile ein: www.elster.de

Klicken Sie nun auf "**Login**" oder "**Jetzt einloggen**".

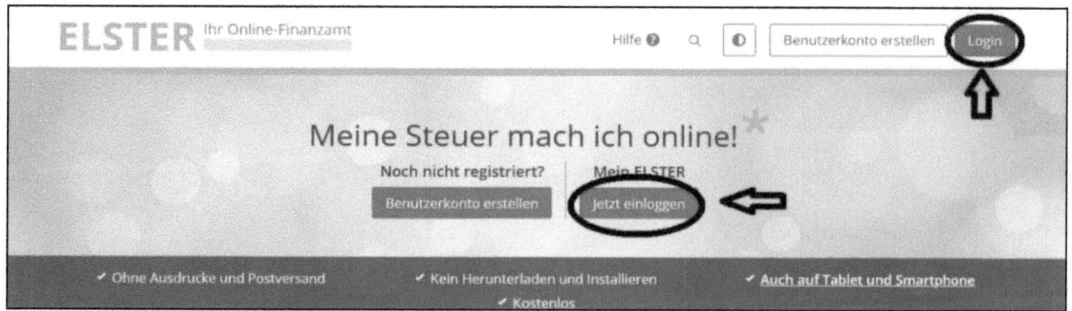

Wenn Sie zum Einloggen das Softwarezertifikat verwenden, müssen Sie zunächst die Zertifikatsdatei auswählen. Dazu klicken Sie auf die Schaltfläche "Durchsuchen" und geben im Dateimanager den Speicherort an, an dem Sie die Zertifikatsdatei abgespeichert haben.

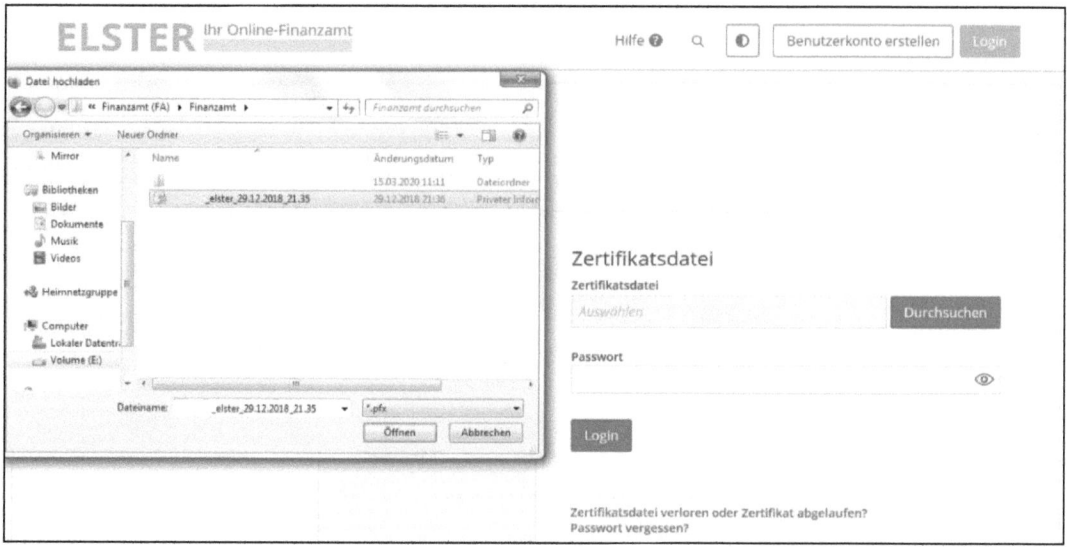

Klicken Sie dazu einfach die pfx-Datei mit Doppelklick an. Wie Sie die Datei nicht gleich finden, so nutzen Sie die Suchfunktion des Dateimanagers, indem Sie *.pfx in das Suchfeld eingeben. Nachdem Sie die pfx-Datei ausgewählt haben, müssen Sie nur noch das dazugehörige Passwort eintragen und auf die Schaltfläche "Login" klicken.

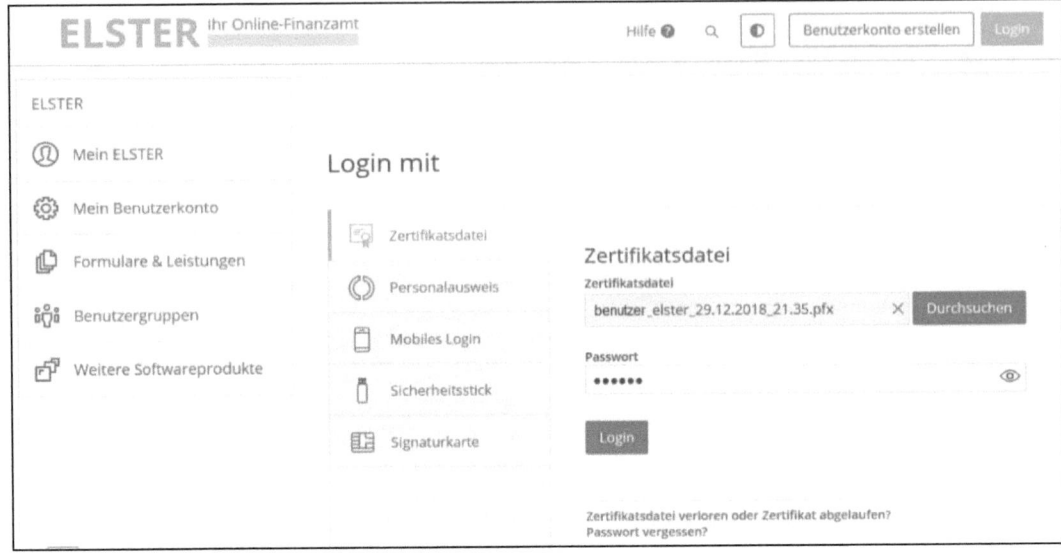

Nun gelangen Sie auf das Mein ELSTER-Hauptmenü.

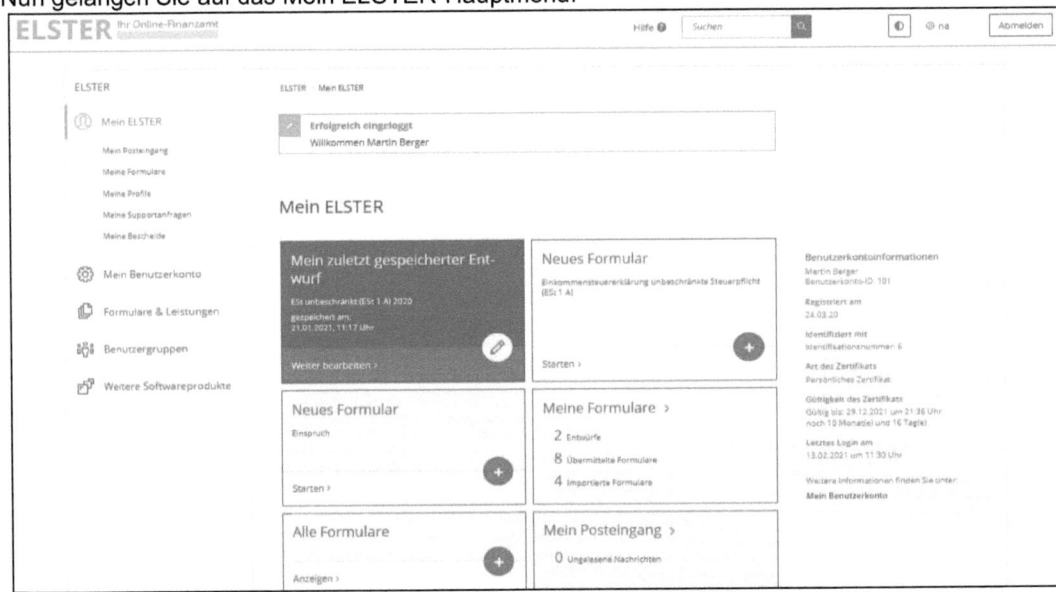

In der linken Spalte finden Sie den kompletten Inhalt des ELSTER-Portals. In der mittleren Spalte haben Sie eine Vorauswahl der häufigsten Menüpunkte zur Schnellauswahl. In der rechten Spalte finden Sie allgemeine Angaben zu Ihrem ELSTER-Account. In der linken Spalte finden Sie den personalisierten Bereich. Unter "Mein ELSTER" finden Sie Ihren Posteingang, Ihre Formulare, Ihr Profil, Ihre Supportanfragen und Ihre Bescheide.

Beachten Sie bitte, dass Sie nach 30 Minuten Inaktivität automatisch ausgeloggt werden. Dass Sie ausgeloggt wurden, wird Ihnen angezeigt.

Verbindung getrennt

Ihre Sitzung im privaten Bereich von ELSTER ist wegen Inaktivität abgelaufen.

OK   Wieder einloggen

Wenn Sie allerdings dennoch im Formular weiterarbeiten, wird Ihnen folgende Fehlermeldung angezeigt:

Dann müssen Sie sich erneut einloggen. Die von Ihnen eingegebenen Daten sollten dann automatisch unter "Entwürfe" abgespeichert worden sein.

Fehlende Zugriffsberechtigung

Sie besitzen keine Zugriffsrechte für die angeforderte Seite.

Hier können Sie die Berechtigungen Ihres Kontos einsehen.

Hier gelangen Sie zur Startseite.

In Ihren **"Posteingang"** (Postfach) werden Nachrichten zu Ihrem Zertifikat, Bestätigung der Übermittlung von Steuererklärungen, etc. eingestellt. Beachten Sie u.a., dass Ihr Zertifikat nur 3 Jahre lang gültig ist.

Mein Posteingang

	Betreff	Ordnungskriterium	Profil	Absender	Datum ⌄	Aktionen
	Bestätigung der Übermittlung EÜR 2020	2/205/13		Finanzamt	01.01.2021 16:59 Uhr	🗑
	Auskunft zur elektronischen Lohnsteuerkarte	Identifikationsnummer des Benutzerkontos		Finanzamt	14.09.2020 04:05 Uhr	🗑
	Bestätigung der Übermittlung Sonstige Nachricht an das Finanzamt	2/205/17	• MB • Mein Profil	Finanzamt	12.09.2020 08:37 Uhr	🗑
	Auskunft zur elektronischen Lohnsteuerkarte	Identifikationsnummer des Benutzerkontos		Finanzamt	26.08.2020 21:10 Uhr	🗑
	Auskunft zur elektronischen Lohnsteuerkarte	Identifikationsnummer des Benutzerkontos		Finanzamt	25.08.2020 19:31 Uhr	🗑
	Bestätigung der Annahme EÜR 2019	2/205/13		Finanzamt	19.01.2020 10:50 Uhr	🗑
	Ergänzende Informationen zu Ihrer Abgabe	2/205/13		Finanzamt	13.03.2019 18:32 Uhr	🗑
	Bestätigung der Annahme EÜR 2018	2/205/13		Finanzamt	13.03.2019 18:32 Uhr	🗑
	Wichtiger Hinweis zu Ihrem Zertifikat			Finanzamt	29.12.2018 21:37 Uhr	🗑

Filtern nach   Filter   Filter zurücksetzen

Aktuell ausgewählt (0):

Ausgewählte löschen   Ausgewählte herunterladen

Nicht mehr benötigte Nachrichten können Sie löschen, indem Sie in der rechten Spalte unter "Aktionen" auf das Papiertonnensymbol klicken oder bei mehreren Nachrichten in der linken Spalte Häkchen setzen und dann unten auf die Schaltfläche "Ausgewählte löschen" klicken. Wenn Sie Häkchen setzen und danach die Schaltfläche "Ausgewählte herunterladen" klicken, können Sie die

Nachrichten auf Ihren Computer herunterladen[23].

Unter **"Meine Formulare"** finden Sie alle Steuererklärungsformulare, die Sie bearbeitet haben, unterteilt in "Entwürfe", "Übermittelte Formulare" und "Importierte Formulare".

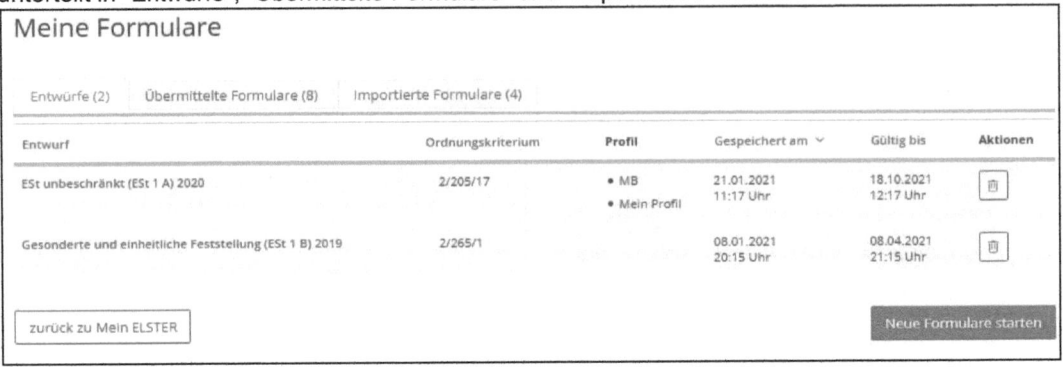

Importierte Formulare sind Formulare, die Sie ggf. aus einer anderen Software übernommen haben (z.B. importiert aus ElsterFormular aus dem Vorjahr).

Unter **"Meine Profile"** können Sie mehrere Profile anlegen, z.B. wenn Sie mehrere Mandanten haben oder unter verschiedenen Steuernummern Erklärungen und Voranmeldungen abgeben müssten (z.B. für EÜR, USt-Voranmeldung, Lohnsteueranmeldung und ESt-Signal). Als normaler Arbeitnehmer brauchen Sie in aller Regel diese Einstellungsmöglichkeit nicht.

"Meine Supportanfragen" ist ein spezielles Postfach für Supportanfragen, d.h., wenn Sie über Mein ELSTER mit Bediensteten der Finanzverwaltung Kontakt aufnehmen, um technische Probleme im Zusammenhang mit Mein ELSTER zu besprechen.

Unter **"Meine Bescheide"** können Sie unter dem Unterpunkt **"Bescheiddaten abholen"** die Bescheiddaten einsehen, sofern ein Papierbescheid ergangen ist.

---

[23] Der Download erfolgt jedoch als Zip-Datei.

Meine Bescheide

Bescheiddaten abholen >

Bescheiddaten werden für folgende mit Mein ELSTER übermittelte Steuererklärungen zur Verfügung gestellt:

* Einkommensteuererklärung,
* Gewerbesteuererklärung,
* Umsatzsteuererklärung (für den Fall der abweichenden Festsetzung)

und ein Vergleich zur abgegebenen Einkommensteuer- und Gewerbesteuererklärung.

Steuerbescheide abholen >

Steuerbescheide werden nur zur Verfügung gestellt, wenn die digitale Bekanntgabe in der Einkommensteuererklärung beantragt wurde.

Die Bescheiddaten sind dabei eine Kopie des förmlichen Papierbescheids. Sie erhalten somit einen ganz normalen Papiersteuerbescheid und könnnen zusätzlich die Steuerdaten elektronisch einsehen. Sie können so die Bescheiddaten mit den Daten Ihrer Steuererklärung besser vergleichen und sehen, ob und wo das Finanzamt von Ihren Erklärungen abgewichen ist.

Unter dem Unterpunkt **"Steuerbescheide abholen"** wird Ihnen -anstatt ein Papiersteuerbescheid- nur ein elektronischer Steuerbescheid übermittelt, wenn Sie das in Ihrer elektronischen Steuererklärung ausdrücklich beantragt haben. Sie erhalten dann keinen Papiersteuerbescheid. Sie können unter dem Punkt **"Mein Benutzerkonto"** Ihre Daten (Passworteinstellungen, E-Maileinstellungen, Allgemeine Einstellungen) verwalten und ändern.

22

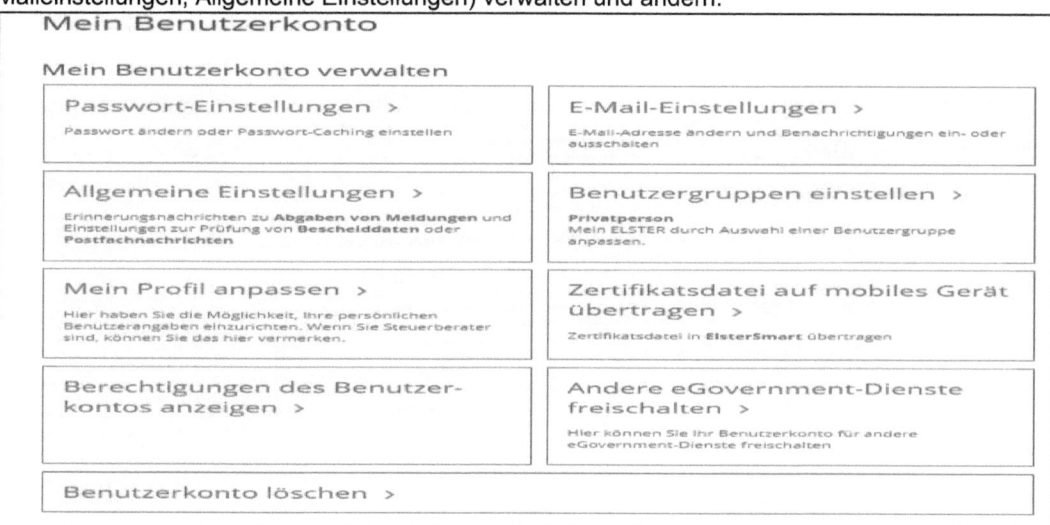

Zudem können Sie Benutzergruppen einstellen, Ihr Zertifikat auf ein mobiles Gerät (z.B. Smartphone, etc.) übertragen, weitere Dienste freischalten oder Ihren ELSTER-Account löschen.

23   Unter **"Formulare & Leistungen"** finden Sie **"alle Formulare"** (z.B. Einkommensteuererklärung, Einnahme-Überschuss-Rechnung, Feststellungserklärungen, Fragebogen zur steuerlichen Erfassung, Gewerbesteuer, Kapitalertragssteuer, Körperschaftssteuer, Lohnsteuer, Umsatzsteuer und sonstige Steuerformulare). Zudem haben Sie die Möglichkeit Anträge zu stellen und Einsprüche gegen Steuerverwaltungsakte einzulegen. Folgende Anträge können Sie stellen:

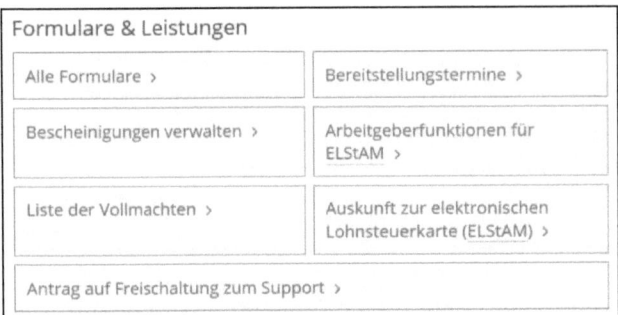

Antrag auf Fristverlängerung, Änderung der Adresse / Bankverbindung, Belegnachreichung zur Steuererklärung, Sonstige Nachrichten an das Finanzamt, Antrag auf Steuererleichterung aufgrund der Auswirkungen des Coronaviruses.

Unter dem Menüpunkt **Bereitstellungstermine** finden Sie Informationen, ab wann Ihnen die einzelnen Erklärungsformulare zur Verfügung stehen.

24   Unter „**Bescheinigungen verwalten**" können Sie die elektronisch dem Finanzamt übermittelten Bescheinigungen für mehrere Jahre einsehen bzw. als pdf-Datei herunterladen. Dabei können Sie alle eDaten einsehen, die meldepflichtige Stellen elektronisch an das Finanzamt übermittelt haben (z.B. Ihre Stammdaten, Religionsdaten, Lohnsteuerdaten Ihres Arbeitgebers, Rentendaten der Rentenversicherungsträgers, Krankenversicherungsdaten, Rürup- und Riesterrentendaten, sowie Lohnersatzleistungen der Sozialversicherungsträger.

Meine Bescheinigungen

✓   Sie haben Ihre Zustimmung zum Vorausfüllen der Einkommensteuererklärung erteilt.

Abrufen von Bescheinigungen

Identifikationsnummer   67

Veranlagungsjahr   Bitte auswählen ▼

| Bitte auswählen |
| 2023 |
| 2022 |
| 2021 |
| 2020 |
| 2019 |

Abbrechen   Weiter >

Legende
★ Felder oder Formularabschnitte mit diesem Symbol müssen aus[

42

Um diese Daten aber in eine Steuererklärung einfließen zu lassen bzw. zu übernehmen (sog. vorausgefüllte Steuererklärung) müssten Sie zunächst ein Steuererklärungsformular öffnen. Zum Abruf dieser Daten benötigen Sie jedoch den Abrufcode, den Sie als Brief erhalten haben. Es macht wenig Sinn, diese Daten außerhalb einer Steuererklärung abzurufen. Wenn Sie die Bescheinigungen dennoch aufrufen wollen, dann klicken Sie die Schaltfläche „Meine Bescheinigungen" an und wählen Sie danach das gewünschte Abrufjahr aus. Gegebenenfalls müssen Sie nun noch den Abrufcode eintragen. Dieser wurde Ihnen per Brief übersandt. Nun erhalten Sie eine Übersicht über die an die Finanzverwaltung übermittelten Daten (Liste der Bescheinigungen).

Liste der Bescheinigungen

Identifikationsnummer 6

Veranlagungsjahr **2023**

Bescheinigungen	Übermittler	Download als		Aktion
Lohnsteuerbescheinigung (vom 01.01. bis 31.12.)	FS	PDF	HTML	Anzeigen
Riester	Privatfonds GmbH	PDF	HTML	Anzeigen
Krankenversicherung	Krankenversicherung AG CK	PDF	HTML	Anzeigen
Vermögensbildungsbescheinigung	Bank	PDF	HTML	Anzeigen
Religionszugehörigkeit	Finanzverwaltung	PDF	HTML	Anzeigen
Stammdaten	Finanzverwaltung	PDF	HTML	Anzeigen

Alle Bescheinigungen als Zip-Format herunterladen

Hinweis **bei Zusammenveranlagung**: *Wenn Sie mit Ihrem Ehegatten eine gemeinsame Steuererklärung (sog. Zusammenveranlagung) erstellen und dazu von beiden Personen die eDaten abrufen wollen, so muss Ihr Zertifkat/Abrufcode auch für den Datenabruf Ihres Ehegatten freigeschaltet sein. Hat jeder Ehegatte getrennte Zertifikate ohne Freischaltung für den Ehegatten, so können Sie die eDaten nicht automatisch für beide abrufen. Wenn Sie die Zugriffsrechte für Ihren Ehegatten nicht schon bei Ihrer Anmeldung beantragt haben, können Sie das auch noch nachträglich nachholen. Loggen Sie sich bei „ELSTER" ein. Klicken Sie auf den Menüpunkt: "Formulare & Leistungen", dann auf "Bescheinigungen verwalten".*

Hier können Sie für Ihren Gatten die Abrufberechtigung über die Schaltfläche Bescheinigungen anderer Personen beantragen. Sie haben dort die Möglichkeit unter Angabe der Identifikationsnummer. und des Geburtsdatums eine Abrufberechtigung für Ihren Gatten zu beantragen. Ihr Gatte erhält anschließend einen Freischaltcode per Post. Dieser Freischaltcode muss Ihnen übergeben werden. Über die Schaltfläche Bescheinigungen anderer Personen können Sie dann durch die Eingabe des Freischaltcodes die Berechtigung für Ihren Ehegatten freischalten. Danach erst kann der Steuererklärungsersteller mit seinem eigenen Zertifkat und Abrufcode auch die eDaten des Ehegatten abrufen und in die gemeinsame Steuererklärung übernehmen.

Zusätzlich haben Sie als Arbeitnehmer unter dem Punkt „**Auskunft zur elektronischen Lohnsteuerkarte (ELSTAM)**" die Möglichkeit Ihre elektronischen Lohnsteuerdaten abzurufen (die Daten, die ehemals auf der Lohnsteuerkarte in Papierform vermerkt waren). Hier finden Sie Angaben zur Lohnsteuerklasse, zu eingetragenen Frei- oder Hinzurechnungsbeträgen, zum Kirchensteuerabzug und zur Zahl der Kinderfreibeträge. Beachten Sie, dass Ihnen diese Daten erst zeitverzögert zur Verfügung gestellt werden. Nach Anklicken dieser Funktion dauert es regelmäßig mehrere Stunden bis zu einem Tag bis Ihnen die gewünschten Daten in Ihrem ELSTER-Postfach zur Verfügung gestellt werden. Unter dem Punkt „Vollmachten" können Sie einsehen, welche Vollmachten von Ihnen bzw. auf Sie ausgestellt wurden (Vollmachtgeber und Vollmachtnehmer). Wenn Sie Arbeitgeber sind, können Sie unter dem Punkt " Arbeitgeberfunktion für ELSTAM" Ihre Arbeitgeberdaten eintragen.

25   ### 3.1.3. Das Erstellen der Einkommensteuererklärung mittels eDaten-Abruf (sog. vorausgefüllte Steuererklärung)

Durch den eDaten-Abruf können Sie alle Daten, die das Finanzamt von meldepflichtigen Stellen erhalten hat, abrufen, um Sie in das leere Einkommensteuererklärungsformular einfließen zu lassen. Das spart Zeit und Ihnen die Suche nach Ihren Belegen.

Wählen Sie zunächst im Mein ELSTER-Hauptmenü "Neues Formular -Einkommensteuererklärung unbeschränkte Steuerpflicht (ESt 1 A)" aus. Alternativ finden Sie das passende Formular auch unter "Alle Formulare".

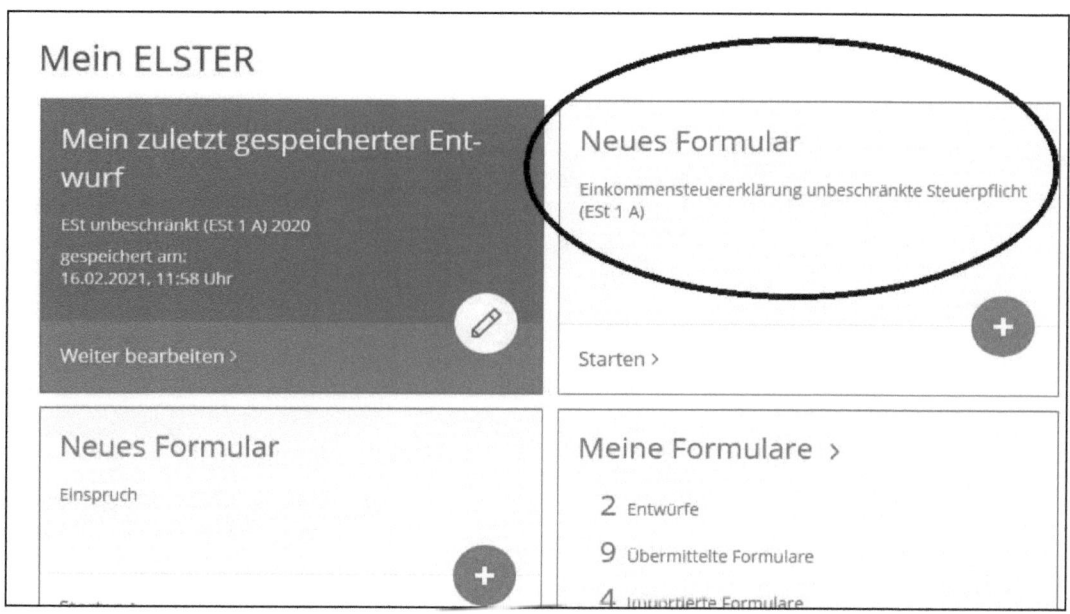

Wählen Sie nun das passende Jahr aus, für welches Sie die Einkommensteuererklärung abgeben möchten und bestätigen Sie die Auswahl mit "Weiter".

Nun können Sie sich entscheiden, ob Sie **Daten aus den Vorjahren importieren** möchten. Dann haben Sie Ihre alte Steuererklärung vorliegen und müssen nur die Änderungen (insbesondere die veränderten Werte) einarbeiten.

26

Datenübernahme

Möchten Sie Ihre Angaben aus einer früheren Abgabe übernehmen?

Bezeichnung des Formulars	Ordnungskriterium	Gesendet am	Status	Aktionen
ESt unbeschränkt (ESt 1 A) 2018	2	10.03.20 11:20 Uhr	Erfolgreich übermittelt	Übernehmen
ESt unbeschränkt (ESt 1 A) 2018	2	19.01.20 11:45 Uhr	Erfolgreich übermittelt	Übernehmen
ESt unbeschränkt (ESt 1 A) 2018	2	22.06.20 17:39 Uhr	Erfolgreich übermittelt	Übernehmen
ESt unbeschränkt (ESt 1 A) 2018	2	22.06.20 17:39 Uhr	Erfolgreich übermittelt	Übernehmen

Zurück

Ohne Datenübernahme fortfahren

Dazu wählen Sie bitte die entsprechende Steuererklärung aus dem Vorjahr aus, die Sie übernehmen möchten und bestätigen durch Anklicken von "Übernehmen".

Oder Sie fahren ohne Datenübernahme fort. In diesem Falle klicken Sie auf "Ohne Datenübernahme fortfahren". Vorliegend erläutere ich zunächst die Eingabe der Einkommensteuererklärung durch Abrufen der eDaten (sog. vorausgefüllte Steuererklärung) ohne Übernahme der importierten Daten der Altjahre.

Sie gelangen nun in das Hauptmenü der Steuerdateneingabe. Sie sollten sich nun zunächst einmal mit den Grundfunktionen vertraut machen:

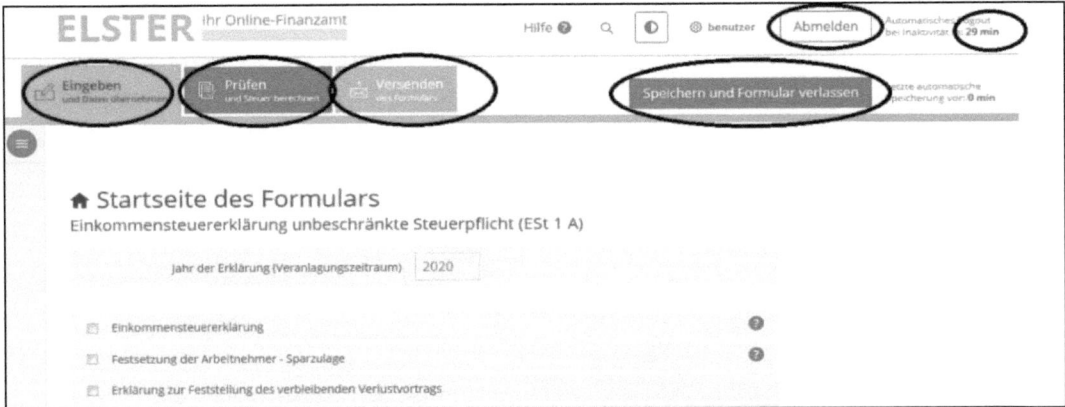

Die obere Leiste beinhaltet die Schaltflächen: **"Eingeben und Daten übernehmen"**, **"Prüfen und Steuer berechnen"**, **"Versenden des Formulars"**, **"Speichern und Formular verlassen"** sowie die Schaltfläche zum **Ausloggen**. Ganz oben rechts wird Ihnen noch die Zeit bis zum automatischen Ausloggen angezeigt, sofern Sie sich passiv verhalten.

Unter dem Menüpunkt **"Eingeben und Daten übernehmen"** können Sie die Erklärungsformulare ausfüllen und die eDaten übernehmen. Anders als bei den Papierformularen und bei dem alten Programm ElsterFormular können Sie bei Mein ELSTER immer nur ein paar Zeilen der thematischen Bereiche der Formulare auf dem Bildschirm gleichzeitig ansehen und bearbeiten. Wenn Sie zwischen

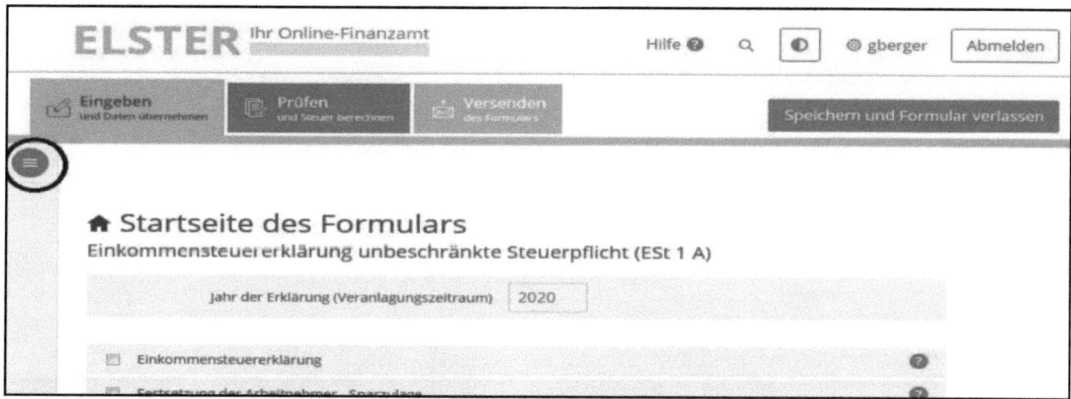

einzelnen Zeilen oder ganzen Formularen hin und her wechseln wollen, so müssen Sie in der linken Spalte die blaue runde Schaltfläche mit den 3 Strichen anklicken.

Dann können Sie zwischen den einzelnen Formularen hin und her wechseln und die einzelnen thematischen Abschnitte innerhalb des jeweiligen Formulars anklicken.

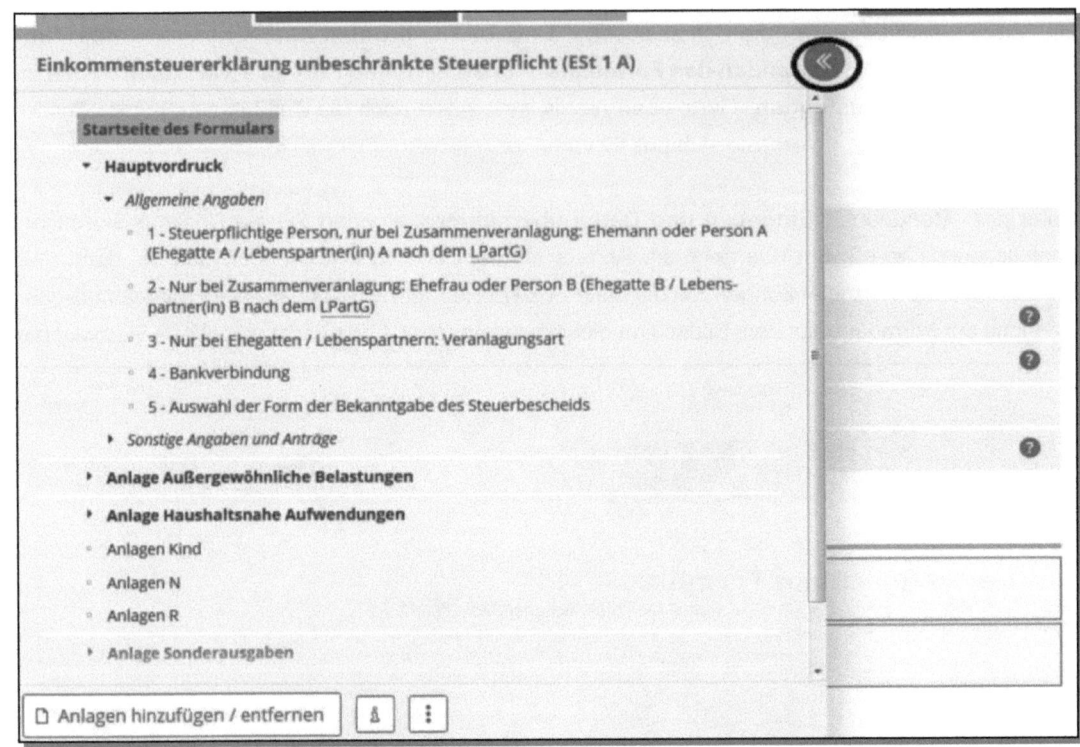

Zum Wechseln zwischen den Anlagen oder Abschnitten klicken Sie nun auf die jeweile Zeile bzw. Formular. Hier können Sie auch neue Anlagen hinzufügen oder nicht benötigte Anlagen entfernen. Klicken Sie dafür unten auf die Schaltfläche „Anlagen hinzufügen / entfernen". Mit dem Symbol können Sie das Auswahlfenster wieder schließen und zurück zur Anlage/Formular gehen. Mit dem Symbol können Sie Ihre eDaten (Bescheinigungen) abrufen und in Ihre Steuererklärung einfließen lassen.

Wenn Sie angeklickt haben, schließt sich das Übersichtsfenster und Sie kehren zur ausgewählten Stelle auf dem Steuererklärungsformular zurück.

27 Wenn Sie auf den Menüpunkt **"Prüfen und Steuer berechnen"** klicken, wird eine Schlüssigkeitsprüfung Ihrer Angaben vorgenommen. Sollten Ihre Eingaben unschlüssig sein oder fehlen zwingende Angaben, so erscheint folgende Fehlermeldung:

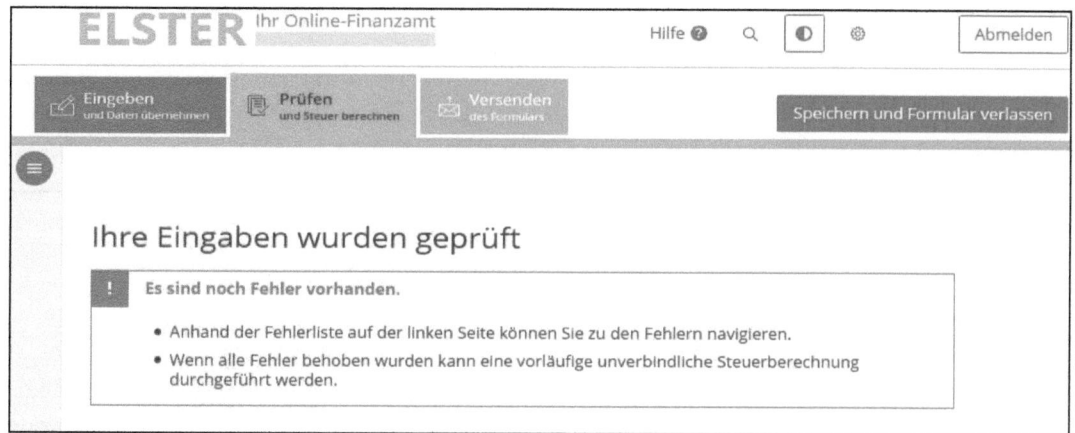

Fehler werden dabei in oranger Farbe und mit "!" angezeigt. Die Fehler werden in den jeweiligen Zeilen der Formulare in der linken Spalte angezeigt. Klicken Sie dazu auf das kreisrunde blaue Zeichen am linken Rand, um sich die einzelnen Fehler anzeigen zu lassen. Nun können Sie die einzelnen Fehler durch Anklicken abarbeiten.

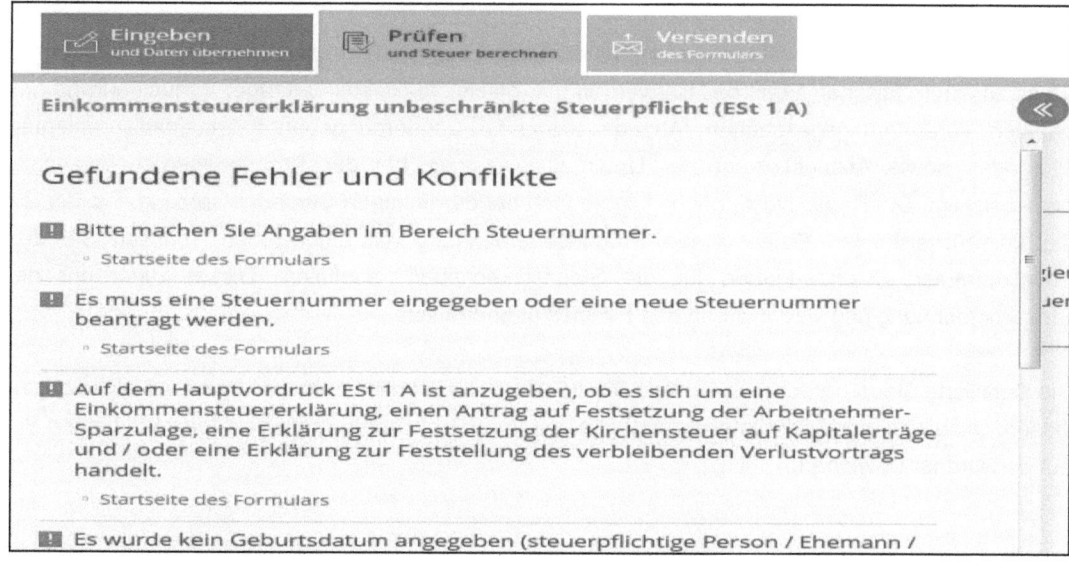

28

Wenn Sie alle Fehler abgearbeitet haben und Ihre Angaben vollständig sind, wird Ihnen das **prognostizierte Steuerergebnis** angezeigt.

Prüfungsmodus - Ihre Eingaben wurden geprüft

 Es sind keine Fehler vorhanden.
Hier kann eine vorläufige unverbindliche Steuerberechnung durchgeführt werden. Im nächsten Schritt erhalten Sie eine Übersicht Ihrer Eingaben und können das Formular versenden.

Steuerberechnung (unverbindlich)

Erstattung: **2.027,01 €**

Detaillierte Steuerberechnung

Wenn Sie nun unten auf „Detaillierte Steuerberechnung" klicken, erhalten Sie nun die prognostizierte Steuerberechnung, die vergleichbar mit der **Steuerberechnung** im Steuerbescheid ist – vorausgesetzt, das Finanzamt weicht von Ihren Angaben nicht ab.

Beachten Sie: Beachten Sie jedoch, dass eventuelle Einkommensteuer-Vorauszahlungen bei der oben dargestellten Steuerberechnung nicht berücksichtigt werden.

Einige steuerlich relevante Daten bleiben bei der Prognoseberechnung unberücksichtigt und führen damit zu einem falschen Ergebnis. So werden u.a. geleistete Riester-Beiträge, Verlustvorträge aus privaten Veräußerungsgeschäften, Abzugsbeträge für Sonderausgaben beim einzelveranlagten Ehegatten sowie Abzugsbeträge für Unterhaltsleistungen bei der Prognoseberechnung nicht berücksichtigt. Die Berücksichtigung erfolgt jedoch bei der richtigen Steuerfestsetzung. Wollen Sie die unberücksichtigten Daten in die Prognoseberechnung mit einbeziehen, müssen Sie das Zusatzformular „Zusatzangaben für die Steuerberechnung" ausfüllen. Dieses dient nur der Steuerberechnung und wird nicht an das Finanzamt übermittelt.

Die Detailierte Steuerberechnung können Sie sich durch Klick auf den entsprechenden Link anzeigen lassen. Dazu wird eine PDF-Datei erzeugt, die über Ihren Browser heruntergeladen wird. Gehen Sie auf den Ordner Download.

```
Steuernummer 232                                                    21.02.2024
UFA 10
                                   Berechnung
                                für  2023  über
                    Einkommensteuer,  Solidaritätszuschlag
                               und Kirchensteuer
                  sowie Feststellung der Steuerermäßigung
                          nach § 10a Absatz 4 EStG
+-------------------+----------------+----------------+----------------+---------------+
|                   | Einkommensteuer| evangelische   | Solidaritäts-  |   Insgesamt   |
|                   |                | Kirchensteuer  | zuschlag       |               |
|                   |       €        |       €        |       €        |       €       |
+-------------------+----------------+----------------+----------------+---------------+
| Festgesetzt werden|   11.539,00    |     903,51     |      3,90      |               |
| Abzug vom Lohn    |  -13.311,00    |   -1.049,91    |                |               |
| Kapitalertragsteuer|    -311,00    |     -27,94     |    -17,07      |               |
| verbleibende Beträge|  -2.083,00   |    -174,34     |    -13,17      |   -2.270,51   |
+-------------------+----------------+----------------+----------------+---------------+
                                                        €
Über die Altersvorsorgezulage hinausgehende Steuerermäßigung. .    584,00
Anbieter-Nr.  Zertifizierungs-Nr.  Vertrags-Nr.

B e s t e u e r u n g s g r u n d l a g e n

Berechnung des zu versteuernden Einkommens
                                                                         Insgesamt
                                                    €                        €

Einkünfte aus selbständiger Arbeit
   aus freiberuflicher Tätigkeit . . . . . . . . . . .    2.825
   Einkünfte . . . . . . . . . . . . .    2.825. . . . . . . . . . . . .    2.825

Einkünfte aus nichtselbständiger Arbeit
   Bruttoarbeitslohn . . . . . . . . . . . . . .    59.927
   ab
     Werbungskosten
       Wege zwischen Wohnung und erster Tätigkeitsstätte
       Entfernungspauschale für 213 Tage
       Wege mit PKW
       213 Tage x    20 km x 0,30 €. .  1.278,00
       213 Tage x     3 km x 0,38 €. . .  242,82
             Entfernungspauschale . . . . . .    1.521
     insgesamt . . . . . . . . . . . . .               -1.521

     Beiträge zu Berufsverbänden . . . . . . . . . .      -186

     Reisekosten bei Auswärtstätigkeiten  .      325
     Mehraufwendungen für Verpflegung . . . . .       56
     ab vom Arbeitgeber steuer-
       frei ersetzte Beträge . . . . . . . . .       97
     verbleiben . . . . . . . . . . . . . .              -284

       weitere Werbungskosten . . . . . . . . . . .      -528
       Summe der Werbungskosten . . . . . . . . . . .   2.519
   Einkünfte . . . . . . . . . . . . . . . . . . .    57.408. . . . . . . . . . . .   57.408
```

Um Ihre Steuererklärung an das Finanzamt zu versenden, klicken Sie bitte in der obersten Zeile auf die Schaltfläche **"Versenden des Formulars"**.

Nun werden Ihnen nochmals alle Eingaben angezeigt.

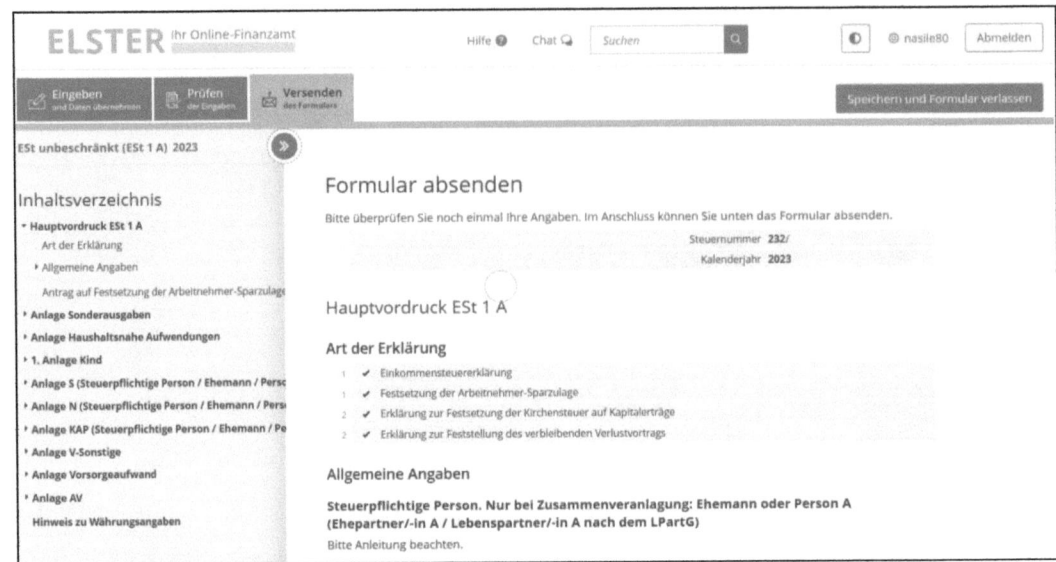

Wenn Sie Ihre Bearbeitung zwischenspeichern oder einstweilen unterbrechen wollen, so können Sie rechts oben auf **"Speichern und Formular verlassen"** klicken. Nun können Sie entscheiden, ob Sie das Formular speichern und verlassen wollen oder ob Sie es ohne Speichern verlassen (verwerfen) wollen.

29 Am Ende der angezeigten Eingaben können Sie auf **"Drucken"** klicken, um Ihre Erklärung auszudrucken. Danach können Sie auf **"Absenden"** klicken. Nachdem Sie auf "Absenden" geklickt haben, wird die erfolgreiche Übermittlung angezeigt.

4. Steuerliche Veränderungen in 2024 im Überblick

Für das Jahr 2024 ergeben sich zahlreiche steuerliche Veränderungen[24]:

- Anhebung des Grundfreibetrages rückwirkend von 10.908 EUR (2023) auf 11.784 EUR (2024)[25].
- Anpassung Einkommensteuertarif: Zum Ausgleich der sog. kalten Progression werden die Eckwerte des Einkommensteuertarifs (§ 32a Abs. 1 EStG) für 2024 nach rechts verschoben. Der Spitzensteuersatz von 42 % wird dann erst bei 66.761 EUR statt bisher ab 62.810 EUR (2023) greifen[26].
- Der Höchststeuersatz von 45 % wird dann erst bei über 277.826 Euro erreicht.
- Eine vom Arbeitsgeber bis zum 31.12.2024 gezahlte Inflationsprämie bis 3.000 EUR bleibt steuerfrei.
- Die Freigrenze beim Solidaritätszuschlag wurde auf 18.130 Euro Einkommensteuer angehoben.
- Erhöhung des Kinderfreibetrages auf 6.612 EUR (3.306 EUR pro Elternteil) zzgl. Freibetrag für Betreuungs, Erziehungs- und Ausbildungsbedarf in Höhe von 2.928 EUR (1.464 EUR pro Elternteil) entspricht einem Gesamtkinderfreibetrag von 9.540 EUR (4.770 EUR pro Elternteil)[27].
- Auch der Höchstbetrag für den Abzug von Unterhaltsleistungen nach § 33a Abs. 1 S.1 EStG steigt auf 11.784 EUR.
- Erhöhung der Übernachtungskostenpauschale pro Kalendertag für Berufskraftfahrer von 8 auf 9 EUR[28].
- Erhöhung der Umzugskostenpauschale für beruflich bedingte Umzüge auf 964 EUR zzgl. 643 EUR für jeden weiteren Angehörigen.

5. Steuerliche Veränderungen in 2025:

- Anhebung des Grundfreibetrages auf 12.096 EUR
- Anpassung Einkommensteuertarif: Zum Ausgleich der sog. kalten Progression werden die Eckwerte des Einkommensteuertarifs (§ 32a Abs. 1 EStG) für 2025 um 2,6% nach rechts verschoben. Der Spitzensteuersatz von 42 % wird dann erst bei 68.431 EUR statt bisher ab erreicht; die Grenze des Höchststeuersatz von 45% bleibt unverändert bei Überschreiten von 277.825 EUR.
- Erhöhung des Kinderfreibetrags auf 6.672 EUR (Gesamtkinderfreibetrag auf 6.600 EUR).
- Erhöhung Kindergeld auf 255 EUR je Kind.
- Kinderbetreuungskosten: Erhöhung des Sonderausgabenabzugs von 2/3 auf 80% der Kosten bis zu einem Maximalsatz von 4800 € pro Kind und Jahr.

---

[24] Die hier dargestellte Auswahl der Veränderungen ist nicht abschließend.
[25] Artikel 1 Nr.2 (1) Gesetz zur steuerlichen Freistellung des Existenzminimums 2024, BGBl. 2024 I Nr. 386 vom 05.12.2024.
[26] Artikel 1 Nr.2 (4) Gesetz zur steuerlichen Freistellung des Existenzminimums.
[27] Artikel 1 Nr.1 Gesetz zur steuerlichen Freistellung des Existenzminimums.
[28] § 9 Abs. 1 Satz 3 Nr. 5b EStG.

6. Grundlagen zur Einkommensteuer – kurz und vereinfacht erklärt

Für viele Privatpersonen ist das Einkommensteuerrecht ein Buch mit sieben Siegeln. Das Steuerrecht wird von vielen als zu schwierig und ungerecht empfunden. Das Einkommensteuerrecht ist ein wichtiges Thema, schließlich muss fast jeder Einkommensteuer bzw. Lohnsteuer zahlen.

32

Hinweis: Die Begriffe Einnahmen und **Einkünfte** werden einerseits allgemein in der Alltagssprache verwendet, andererseits stellen diese Wörter steuerliche Fachbegriffe dar, die abweichend von der Alltagssprache unterschiedliche Bedeutung haben. Das kann schnell zur Verwirrung im Steuerdschungel führen.

Werden steuerliche Fachbegriffe (wie z.B. Einkünfte) aufgrund der einfacheren Verständlichkeit entgegen ihrer fachlichen Bedeutung verwendet, so werden diese Begriffe durch An- und Ausführungszeichen besonders kenntlich gemacht.

33

Wer muss eigentlich wie viel **Einkommensteuer** zahlen? Eigentlich ganz einfach: Grundsätzlich muss jeder Einkommensteuer zahlen, der steuerlich relevante „Einnahmen" in einer bestimmten Höhe und nicht genügend „steuermindernde Faktoren" vorzuweisen hat. Vereinfacht ausgedrückt unterscheidet man „steuererhöhende" und „steuersenkende" Faktoren.

Umso höher die Summe aller steuerlich relevanten Einnahmen nach Abzug verschiedener steuermindernder Beträge ist, umso mehr Steuer muss gezahlt werden. Der Gesetzgeber besteuert aber nicht alle, sondern nur sieben bestimmte Einkunftsarten[29]:

34

Überschusseinkünfte:
- Einkünfte aus nichtselbständiger Arbeit[30] (z.B. Arbeitsentgelt, Lohn, Gehalt)
- Einkünfte aus Kapitalvermögen[31] (z.B. Zinsen, Aktiengewinne)
- Sonstige Einkünfte[32] (z.B. Renten, ggf. gewährter Unterhalt[33])
- Einkünfte aus Vermietung und Verpachtung[34]

Gewinneinkünfte:
- Einkünfte aus freiberuflicher Selbstständigkeit[35] (z.B. künstlerische Tätigkeiten)
- Einkünfte aus Gewerbe (z.B. auch Kleingewerbe)[36]
- Einkünfte aus Land- und Forstwirtschaft[37]

---

[29] siehe. § 2 Abs. 1 S.1 Nr. 1 bis 7 EStG.
[30] siehe § 19 EStG.
[31] siehe § 20 EStG.
[32] siehe §§ 22, 23 EStG.
[33] sofern der Unterhaltzahlende die Unterhaltsleistung als Sonderausgabe nach § 33a EStG geltend macht.
[34] siehe § 21 EStG.
[35] siehe § 18 EStG.
[36] siehe §§ 15, 16, 17 EStG.
[37] Siehe §§ 13, 13a, 14, 14a EStG.

Fallen Einkünfte nicht unter die oben genannten Einkunftsarten, so sind sie einkommensteuerfrei, wie z.B. Lotto- und Glücksspielgewinne. Einkünfte aus den oben genannten sieben Einkunftsarten stellen dabei die wichtigsten „steuererhöhenden Faktoren" dar. Die wichtigste Einkunftsart für die Gruppe der Arbeitnehmer, Beamten und Familien sind Einkünfte aus nichtselbständiger Arbeit, also Löhne, Gehälter oder Beamtenpensionen.

Auf der Seite der „steuermindernden Faktoren" stehen Werbungskosten; Sonderausgaben, außergewöhnliche Belastungen, Freibeträge und Steuerermäßigungen.

Hinweis: Streng genommen sind **Einkünfte aus nichtselbständiger Arbeit** nicht die Bruttoarbeitseinkünfte[38] (also der Bruttolohn), sondern die um die Werbungskosten geminderten Bruttoarbeitseinkünfte. Daher heißen sie auch Überschusseinkünfte[39].
Einkünfte aus nichtselbständiger Arbeit = Bruttoarbeitslohn[40] - Werbungskosten

---

Geringverdiener müssen jedoch keine Steuern zahlen. Der Staat gewährt, dass das Existenzminimum im Jahr 2024 von 11.784 EUR nicht besteuert wird (sog. **steuerlicher Grundfreibetrag**)[11]. Das bedeutet, dass man keine Einkommensteuer zahlen muss, wenn das maßgebliche zu versteuernde Einkommen im Jahr 2024 nicht mehr als 11.784 EUR beträgt. Die automatisch im Laufe des Jahres vom Arbeitgeber abgeführte Lohnsteuer würde man in diesem Fall vom Finanzamt vollständig zurückerhalten. 35

Betrug das zu versteuernde Einkommen in 2024 mehr als 11.784 EUR, so wird grundsätzlich[42] jeder Euro, der die Grenze von 11.784 EUR übersteigt, besteuert. Die Höhe der Steuer bemisst sich dabei an der Höhe des zu versteuernden Einkommens und wächst von 14%[43] (Eingangssteuersatz) bis 42% (Spitzensteuersatz) des zu versteuernden Einkommens.Der Steuersatz wächst in drei Zonen unterschiedlich stark an. 42% werden ab einem zu versteuernden Einkommen von 66.761 EUR erreicht[44]. Für ganz große „Einkommen" ab ab 277.826 EUR beträgt der diesen Betrag übersteigende Teil pauschal 45%[45].

Sie sehen also, die Steuerbelastung wächst nicht gleichmäßig, sondern in Stufen. Diese Stufen nennt man **Grenzsteuersätze**. Diese Grenzsteuersätze stellen aber nicht ihren persönlichen durchschnittlichen Steuersatz dar. Für den Steuerzahler ist hingegen insbesondere der tatsächlich 36

---

[38] Der Bruttoarbeitslohn ist der Lohn, den Ihr Arbeitgeber zahlt, noch bevor Lohnsteuer, Soldiaritätszuschlag, Kirchensteuer, Rentenversicherung, Krankenversicherung und Arbeitslosenversicherungsbeiträge abgezogen werden.
[39] siehe §§ 8ff EStG.
[40] Der Bruttoarbeitslohn ist der Lohn, den Ihr Arbeitgeber zahlt, noch bevor Lohnsteuer, Soldiaritätszuschlag, Kirchensteuer, Rentenversicherung, Krankenversicherung und Arbeitslosenversicherungsbeiträge abgezogen werden.
[41] Der steuerliche Grundfreibetrag beträgt für das Steuerjahr 2024: 11.604 EUR.
[42] Ausnahme: Bei Steuerermäßigungstatbeständen kann die Steuerschuld verrechnet werden, so z.B. bei Zuwendungen (Spenden) an politische Parteien (§ 34g EStG) oder bei haushaltsnahen Dienstleistungen oder Beschäftigungsverhältnissen (§ 35a EStG).
[43] Siehe auch § 32a Abs. 1 S.1 Nr.2 EStG.
[44] Siehe § 32a Abs.1 S.1 Nr.4 EStG.
[45] Siehe § 32a Abs.1 S.1 Nr.5 EStG.

zu zahlende, **effektive Durchschnittssteuersatz** interessant. Der Durchschnittssteuersatz[46] errechnet sich dem Verhältnis der zu zahlenden Einkommensteuer zum versteuernden Einkommen.

> **Beispiel:**
> Der unverheiratete Angestellte Felix Fleißig verdient 8.500 EUR brutto im Monat (102.000 EUR pro Jahr). Nach Abzügen aller Werbungskosten, Sonderausgaben und außergewöhnlichen Belastungen hat er ein zu versteuerndes Einkommen von 70.000 EUR. Das heißt, für die ersten 11.784 EUR muss er keine Steuern zahlen [Zone 1]. Für den Betrag zwischen 11.785 EUR bis 17.005 EUR muss Felix Fleißig zwischen 14% und 24% des zu versteuernden Einkommens an Einkommensteuer zahlen [Zone 2]. Für den Betrag zwischen 17.005 EUR und 66.760 EUR muss er 24%-42% [Zone 3] und für 66.761 EUR bis 70.000 EUR zahlt er 42% Einkommensteuer [Zone 4].
> Fleißig muss damit insgesamt 18.763,00 EUR Einkommensteuer (zzgl. 75,32 EUR Solidaritätszuschlag) zahlen[47]. Obwohl er in den Spitzensteuersatz von 42 % (mit einem Teil seiner zu versteuernden Einkünften) kommt, ergibt sich für ihn ein effektiver (realer) Durchschnittssteuersatz von 26,8%.

37 Sie sehen also, dass die Steuerbelastung mit wachsenden „Einkommen" nicht gleichmäßig zunimmt, sondern bis zu einem Betrag von 17.005 EUR sehr stark und danach bis 66.760 EUR weniger stark zunimmt und danach bis 277.825 EUR bei 42% gleich bleibt. Diesen Effekt nennt man **Progression**.

---

[46] zu zahlende (tarifliche) Einkommensteuer / zu versteuerndes Einkommen x 100.
[47] Die bei den Lohnzahlungen bereits abgezogene Lohnsteuer wird natürlich mit der Einkommensteuerlast (inkl. Solidaritätszuschlag) nachträglich verrechnet.

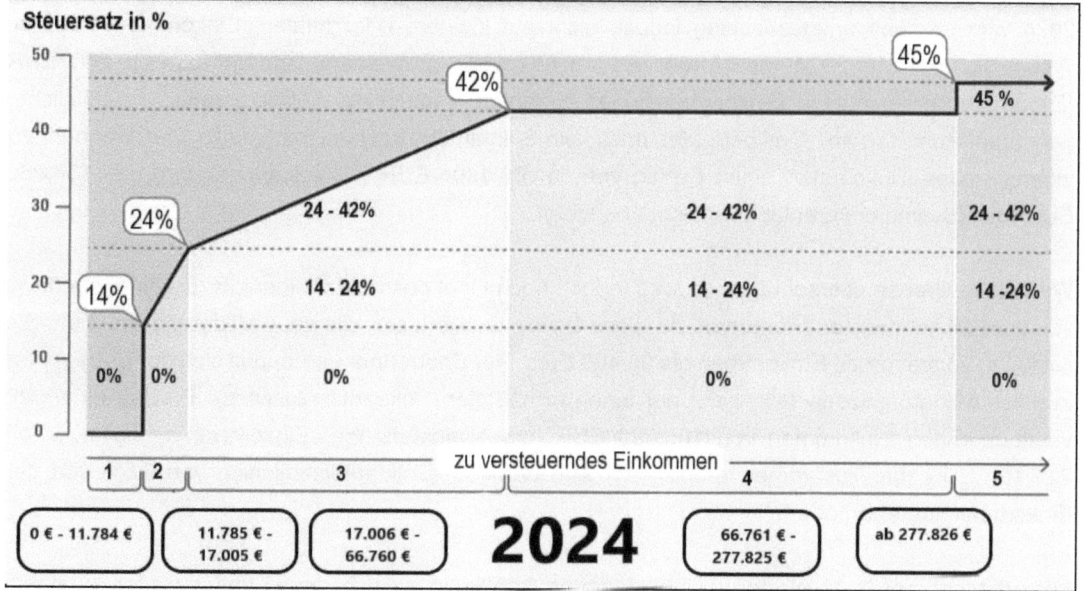

Hinweis:

Praktisch relevant ist für den Steuerzahler eigentlich nur der tatsächlich zu zahlende Durchschnittssteuersatz. Sie müssen nur Ihren persönlichen Durchschnittssteuersatz mit dem zu versteuernden Einkommen multiplizieren. Das Ergebnis ist die zu zahlende Einkommensteuer.

zu zahlende Einkommensteuer = persönlicher Durchschnittssteuersatz x zu versteuerndes Einkommen ./. 100

Die tarifliche Einkommensteuer errechnet sich aus komplexen mathematischen Formeln, die in § 32a Abs. 1 EStG normiert sind. Da die Berechnung der Durchschnittssteuersätze äußerst kompliziert ist, gibt es vom Bundesministerium der Finanzen Steuertabellen[48].

Gleich ob Ihnen Lohnsteuer vom Lohn abgezogen wird oder Sie Einkommensteuer entrichten müssen, wird Ihnen ggf. auch Solidaritätszuschlag und Kirchensteuer berechnet und abgezogen.

Solidaritätszuschlag und Kirchensteuer (Annexsteuern) sind unselbständige Steuern und hängen der Einkommensteuer, der Lohnsteuer oder der Kapitalertragssteuer an. Müssen Sie also Einkommensteuer zahlen, so wird <u>zusätzlich</u> 5,5 % von der zu zahlenden Einkommensteuer als **Solidaritätszuschlag** erhoben[49].

38

---

[48] https://www.bmf-steuerrechner.de/uebersicht_ekst/?
[49] Siehe §§ 1 Abs.1, 2 Nr.1, 3 Abs.1, 4 SolzG.

2024 wird der Solidaritätszuschlag jedoch nicht auf kleinere oder mittlere Einkommen erhoben. Wenn Sie im Jahr 2024 nicht mehr als 18.130 EUR (Einzelveranlagung) bzw. 36.260 EUR (Zusammenveranlagte) Einkommensteuer zahlen müssen, fällt kein zusätzlicher Solidaritätszuschlag an. Das bedeutet, dass kein Solidaritätszuschlag festgesetzt wird, wenn Ihr zu versteuerndes Einkommen einen Betrag von ca. 68.490 EUR (Einzelveranlagung) bzw.136.980 EUR (bei Zusammenveranlagung) nicht übersteigt.

Wird diese Grenze überschritten, so wird jedoch noch nicht der volle Solidaritätszuschlag von 5,5% von der Einkommensteuer erhoben. An diese Grenze schließt sich die neue Milderungszone an. Sie gilt für zu versteuernde Einkommen bis 96.408 Euro. Für Ehepartner verdoppelt sich der Betrag. Wer in diese Milderungszone fällt, zahlt nur einen ermäßigten Solidaritätszuschlag. Erst ab einem zu versteuernden Einkommen von 105.580 EUR (bei Alleinstehenden/Einzelveranlagung) bzw. ab 211.160 EUR (bei Zusammenveranlagten) wird der volle Solidaritätszuschlag von 5,5% von der Einkommensteuer erhoben.

Für Arbeitnehmer (Einzelveranlagung), kinderlos, konfessionslos, bedeutet das, dass bis zu einem Bruttolohn von monatlich ca. 6.915 EUR (Jahresbruttobetrag von 83.000 EUR) kein Solidaritätszuschlag vom Lohn abgezogen wird.

39 **Kirchensteuer** müssen Sie hingegen nur zahlen, wenn Sie einer kirchensteuerpflichtigen Kirche in Deutschland[50] angehören. Der Kirchensteuer beträgt unabhängig von der Kirche, der Sie angehören, 9 % von der Einkommensteuer (in Bayern und Baden-Württemberg dagegen nur 8%).

> **Beispiel:**
> Susanne verdient brutto 65.000 EUR im Jahr. Sie gehört der evangelischen Kirche an. Ihr zu versteuerndes Einkommen beträgt nach Abzug von Werbungskosten und Sonderausgaben 50.000 EUR.
> Ihr Einkommensteuer-Durchschnittssatz beträgt 21,74 %. Sie muss daher 10.872 EUR Einkommensteuer zahlen. Hinzu kommen 978,48 EUR Kirchensteuer (9% von 10.872 EUR). Susanne muss insgesamt 11.850,48 EUR Steuern bezahlen. Solidaritätszuschlag wird nicht erhoben.

Sofern Susanne angestellt war und keinen Freibetrag angemeldet hatte, hat ihr Arbeitgeber vom monatlich ausgezahlten Lohn bereits insgesamt 11.703 EUR Lohnsteuer und 1.053,27 EUR Kirchensteuer abgezogen und an das Finanzamt überwiesen. Diese Beträge werden vollständig auf

---

[50] Dazu zählen derzeit alle Gliedkirchen der Evangelischen Kirche in Deutschland (EKD); die Bistümer der Römisch-Katholischen Kirche; das Katholische Bistum der Alt-Katholiken in Deutschland; die Freireligiösen Gemeinden (Landesgemeinde Baden, Mainz, Offenbach und Pfalz); Unitarische Religionsgemeinschaft Freie Protestanten; jüdische Gemeinden.

die errechnete Steuer angerechnet. Susanne würde durch das Einreichen der Einkommensteuererklärung 2024 ca. 1.050 EUR vom Finanzamt erstattet bekommen.

7. Werbungskosten

Umso mehr Werbungskosten Sie erklären können, desto weniger Einkommensteuer müssen Sie zahlen. Ihr Ziel muss es daher sein, soviel wie möglich Werbungskosten anzugeben und nachzuweisen. Die Werbungskosten tragen Angestellte, Beamte und Versorgungsempfänger auf den Seiten 2-4 der Anlage N ein.

7.1 Allgemeines zu Werbungskosten

Werbungskosten sind Aufwendungen zur Erwerbung, Sicherung und Erhaltung der Einnahmen, § 9 Abs.1 S.1 EStG. Vereinfacht ausgedrückt sind Werbungskosten alle Ausgaben, die Sie haben, um derzeit oder künftig überhaupt Geld zu verdienen. Im Hinblick auf Ihr Beschäftigungsverhältnis (Arbeitnehmer, Arbeiter oder Beamter) sind Werbungskosten alle Ausgaben, um eine Arbeitsstelle zu bekommen (z.B. Ausbildungs- oder Bewerbungskosten) oder ein bestehendes Beschäftigungsverhältnis ausführen zu können (z.B. Arbeitsmittel, Kosten für den Weg zur Arbeit, etc.). Bei der Steuerberechnung sind Werbungskosten von Ihrem Bruttolohn abzuziehen und mindern so Ihre Einkünfte aus nichtselbständiger Arbeit, § 9 Abs. 1 S.2 EStG. Da der Werbungskostenbegriff sehr weit gefasst ist, hat der Gesetzgeber den Werbungskostenabzug teilweise stark begrenzt[51], um sich genügend Steuereinnahmen zu sichern[52].

Beachten Sie jedoch: Kosten der allgemeinen privaten Lebensführung stellen keine Werbungskosten im Sinne des § 9 EStG dar. Das bedeutet, dass Sie grundsätzlich keine Kosten für Verpflegung oder normale Kleidung geltend machen können.

> **Fall 1a:**
> Der 18-jährige Justin trägt in seiner Freizeit ausschließlich zerrissene Jeans und Basecaps. Da er eine Ausbildung zum Bankkaufmann begonnen hat, kauft er sich einen Anzug. Die Kosten für den Anzug will er als Werbungskosten geltend machen. Er behauptet glaubhaft, dass er in seiner Freizeit nie Anzüge trägt und das Tragen eines Anzuges in der Bank zwingend erforderlich ist. Kann er diese „beruflich bedingten" Ausgaben als Werbungskosten geltend machen?

Leider nein! Die Kosten für den Anzug kann Justin nicht als Werbungskosten geltend machen! Die Kosten für normale alltägliche Kleidung stellen Kosten der allgemeinen privaten Lebensführung dar. Es kommt nicht darauf an, ob Justin selbst keine Anzüge in seiner privaten Freizeit trägt[53]. Auch teilweise (anteilig) kann Justin diese Kosten nicht geltend machen[54].

---

[51] Nähere Angaben zu den Beschränkungen finden Sie im § 9 EStG.
[52] vgl. u.a. Steueränderungsgesetz 1966, vom 23.10.1966, BGBl. 1966 I S.702.
[53] BFH, Urteil vom 06.07.1989, Az.: IV R 91-92/87; Urteil vom 20.03.1992, Az.: VI R 55/89; Urteil vom 05.07.2012, Az.: VI R 50/10.
[54] BFH, Beschluss vom 13.11.2013, Az.: VI B 40/13.

43   Sofern Sie Einkünfte aus nichtselbständiger Arbeit (Lohn, Gehalt) erhalten, gewährt Ihnen das Finanzamt ohne jegliche Nachweise Werbungskosten pauschal in Höhe von 1.230 EUR (sog. **Werbungskosten-Pauschbetrag**)[55]. Das heißt, wenn Sie keine (oder weniger als 1.230,- EUR) Werbungskosten in Ihrer Steuererklärung angeben, werden dennoch pauschal 1.230 EUR von Ihren „Lohn" – Einkünften automatisch abgezogen, sofern sich dadurch keine negativen Einkünfte[56] ergeben. Der Pauschbetrag dient dabei der Vereinfachung. Erst wenn Sie höhere Werbungskosten geltend machen, müssen Sie diese in vollem Umfang nachweisen oder glaubhaft machen. Der Abzug des Werbungskosten-Pauschbetrages erfolgt automatisch durch das Finanzamt, sofern Sie nicht höhere Werbungskosten geltend machen.

In den folgenden Kapiteln möchte ich Ihnen die gebräuchlichsten Werbungskosten und deren Abzugsvoraussetzungen erläutern.

44   ### 7.2. Beruflich bedingte Fahrten und Reisekosten

Die häufigsten geltend gemachten Werbungskosten stellen Aufwendungen für beruflich bedingte Fahrten dar. Hier unterscheidet man 3 unterschiedliche Arten:

- „Pendlerpauschale" (Entfernungspauschale) bzw. entsprechende Anwendung (weiträumiges Tätigkeitsgebiet)
- Reisefahrtkosten
- Familienheimfahrten im Rahmen der doppelten Haushaltsführung

Die Pendlerpauschale (auch Entfernungspauschale genannt) können Sie nur dann geltend machen, wenn Sie von daheim aus zu Ihrem Hauptarbeitsplatz (sog. erste Tätigkeitsstätte) fahren. Voraussetzung dafür ist daher das Vorliegen einer ersten Tätigkeitsstätte[57].

Reisekosten können Sie geltend machen, wenn Sie berufsbedingt zu einem Ort fahren, der nicht Ihr Hauptarbeitsplatz (sog. erste Tätigkeitsstätte) ist. Familienheimfahrten können Sie nur dann zum Abzug bringen, wenn Sie berufsbedingt einen doppelten Haushalt führen und von Ihrer Zweitwohnung zur Hauptwohnung fahren. Eine exakte Unterscheidung ist sehr wichtig, da die unterschiedlichen Werbungskostenarten unterschiedliche Erstattungsvoraussetzungen aufweisen.

45   ### 7.2.1. Pendlerpauschale (Entfernungspauschale)

Wie bereits oben erwähnt, können Sie die Pendlerpauschale jeden Arbeitstag verkehrsmittelunabhängig geltend machen, an dem Sie von Ihrer Wohnung aus Ihre normale

---

[55] Siehe § 9a S.1 Nr.1 EStG.
[56] Negative Einkünfte ergeben sich, wenn die Einkünfte aus nichtselbständiger Arbeit geringer sind, als die Werbungskosten, d.h. die Einkünfte aus dem Beschäftigungsverhältnis müssen mindestens 1.230 EUR betragen, um den Werbungskosten-Pauschbetrag vom Finanzamt gewährt zu bekommen.
[57] Ausnahme: weiträumiges Tätigkeitsgebiet, § 9 Abs. 1 S. 3, Nr. 4a, S.3 und 4 EStG.

Arbeitsstelle aufgesucht haben. Das Gesetz spricht hier seit dem Jahr 2014 vom Aufsuchen der „ersten Tätigkeitsstätte", § 9 Abs.1, S.3, Nr.4 EStG. Voraussetzung für die Entfernungspauschale (Pendlerpauschale) ist das Vorliegen einer ersten Tätigkeitsstätte. Ein weiträumiges Tätigkeitsgebiet wird der ersten Tätigkeitsstätte nahezu gleichgestellt (§ 9 Abs. 4a S.3 EStG). Die Angaben zur Pendlerpauschale können Sie auf der Anlage N, Zeile 30-53 eintragen.

7.2.1.1. Erste Tätigkeitsstätte

Eine **erste Tätigkeitsstätte** ist nach § 9 Abs.4 EStG die <u>ortsfeste</u> <u>betriebliche</u> Einrichtung des Arbeitgebers oder eines vom Arbeitgeber bestimmten Dritten, der der Arbeitnehmer <u>dauerhaft</u> <u>zugeordnet</u> (vom Arbeitgeber) ist. Jeder Arbeitnehmer kann pro Arbeitsverhältnis <u>nur eine</u> „erste Tätigkeitsstätte" haben[58]. Wo Ihre erste Tätigkeitsstätte ist, definiert Ihr Arbeitgeber im Arbeitsvertrag oder durch Weisung.

Laut aktueller Verwaltungsanweisung des Bundesministeriums für Finanzen[59] ist von einer Dauerhaftigkeit dann auszugehen, wenn der Arbeitnehmer zu einer bestimmten betrieblichen Einrichtung vom Arbeitgeber zugeordnet ist, die Zuordnung für die gesamte Dauer des - befristeten oder unbefristeten – Arbeits-/Dienstverhältnisses oder die Zuordnung über einen Zeitraum von 48 Monaten hinaus erfolgt (§ 9 Absatz 4 Satz 3 EStG)[60].

Nicht entscheidend ist, ob an der vom Arbeitgeber nach § 9 Absatz 4 Satz 1 EStG festgelegten Tätigkeitsstätte der qualitative Schwerpunkt der Tätigkeit liegt oder liegen soll[61]. Entscheidend ist für die Zuordnung, ob der Arbeitnehmer bei einer in die Zukunft gerichteten Prognose nach den dienst- oder arbeitsrechtlichen Festlegungen an einer ortsfesten betrieblichen Einrichtung des Arbeitgebers, oder eines vom Arbeitgeber bestimmten Dritten tätig werden soll. Ausreichend ist dabei, dass der Arbeitnehmer am Ort der ersten Tätigkeitsstätte zumindest in geringem Umfang Tätigkeiten zu erbringen hat, die er arbeitsvertraglich oder dienstrechtlich schuldet und die zu dem von ihm ausgeübten Berufsbild gehören[62].

Die Zuordnung „bis auf Weiteres" ist eine Zuordnung ohne Befristung und damit dauerhaft. Eine Zuordnung ist unbefristet, wenn die Dauer der Zuordnung zu einer Tätigkeitsstätte nicht kalendermäßig bestimmt ist und sich auch nicht aus Art, Zweck oder Beschaffenheit der Arbeitsleistung ergibt. Auch der Umstand, dass der Arbeitnehmer jederzeit einer anderen Tätigkeitsstätte zugeordnet werden könnte, führt nicht zur Annahme einer befristeten Zuordnung[63].

---

[58] Siehe § 9 Abs. 4 S. 5 EStG.
[59] BMF-Schreiben „Steuerliche Behandlung der Reisekosten von Arbeitnehmern" vom 25.11.2020, Gz.: IV C 5 - S 2353/19/10011 :006; BStBl 2020 I S. 1228.
[60] Rn. 14f. des o.g. BMF-Schreibens vom 25.11.2020.
[61] Rn. 9 des o.g. BMF-Schreibens vom 25.11.2020.
[62] BFH-Urteil vom 4. April 2019, VI R 27/17, BStBl 2019 II S. 536 sowie BFH-Urteil vom 11. April 2019, VI R 40/16, BStBl 2019 II S. 546
[63] BFH-Urteil vom 4.4.2019, Az.: VI R 27/17, BStBl II S. 536.

Entscheidend sind allein die Festlegungen des Arbeitgebers und die dienstlich erteilten Weisungen.

Fall 2:

Daniel wurde von seinem Arbeitgeber der Dienststelle in Torgau zugeordnet. Dort arbeitet er laut Arbeitsvertrag nur freitags. Von Montag bis Donnerstag soll er laut Arbeitgeber in Eilenburg arbeiten. Wo liegt seine erste Tätigkeitsstätte?

Ganz einfach! Maßgeblich ist allein die Zuordnungsentscheidung seines Arbeitgebers. Daniel wurde der Dienststelle in Torgau zugeordnet. Dort befindet sich seine erste Tätigkeitsstätte. Dass er sich dort üblicherweise nur einen Tag pro Arbeitswoche aufhält, ist irrelevant.

Fall 2a:

Wie ist der Fall 2 zu beurteilen, wenn der Arbeitgeber Daniel vom Arbeitgeber keiner festen Dienststelle zugeordnet wurde? Vertraglich ist nur geregelt, dass Daniel von Montag bis Donnerstag in Eilenburg arbeiten soll und am Freitag in Torgau. Wo ist seine erste Tätigkeitsstätte?

Fehlt es an einer dauerhaften Zuordnung des Arbeitnehmers zu einer betrieblichen Einrichtung durch dienst- oder arbeitsrechtliche Festlegung nach den vorstehenden Kriterien (z. B. weil der Arbeitgeber ausdrücklich auf eine Zuordnung verzichtet hat oder ausdrücklich erklärt, dass organisatorische Zuordnungen keine steuerliche Wirkung entfalten sollen) oder ist die getroffene Festlegung nicht eindeutig, ist nach § 9 Absatz 4 Satz 4 EStG von einer ersten Tätigkeitsstätte an der betrieblichen Einrichtung auszugehen, an der der Arbeitnehmer

- typischerweise arbeitstäglich oder
- je Arbeitswoche zwei volle Arbeitstage oder mindestens ein Drittel seiner vereinbarten regelmäßigen Arbeitszeit

dauerhaft tätig werden soll[64].

Fall 2b:

Paul ist Paketlieferant. Er wurde von seinem Arbeitgeber angestellt, um arbeitstäglich Pakete auszuliefern. Paul, der von seinem Arbeitgeber keiner betrieblichen Einrichtung dauerhaft zugeordnet ist, sucht den Betrieb seines Arbeitgebers regelmäßig auf, um den Paketwagen samt Paketen zu übernehmen und die Stundenzettel vom Vortag abzugeben. Wo befindet sich seine erste Tätigkeitsstätte?

Paul hat keine erste Tätigkeitsstätte! Der Betrieb seines Arbeitgebers wird auch durch das regelmäßige Aufsuchen nicht zur ersten Tätigkeitsstätte, da er seine eigentliche berufliche Tätigkeit an diesem Ort nicht ausübt[65]. Bei der **quantitativen Zuordnung** ist allein das bloße Abrechnen der Kassen, die Führung der Personalakten sowie die Verpflichtung zur Abgabe der Krank- und Urlaubsmeldungen nicht ausreichend, um zu einer ersten Tätigkeitsstätte am Betriebshof oder in der

---

[64] Rn. 26. des o.g. BMF-Schreibens vom 25.11.2020.
[65] Rn. 27 des o.g. BMF-Schreibens vom 25.11.2020.

Geschäftsstelle zu kommen. Geht Paul daher steuerlich „leer" aus? Nein. Auch wenn keine erste Tätigkeitsstätte vorliegt, so muss Paul arbeitstäglich immer wieder denselben Ort aufsuchen. Paul kann dennoch die Entfernungspauschale entsprechend geltend machen, § 9 Abs. 1 S. 3, Nr. 4a, S.3 EStG.

Ordnet der Arbeitgeber die Arbeitnehmer hingegen dem Betriebshof oder der Geschäftsstelle arbeitsrechtlich zu, so genügen auch diese Hilfs- und Nebentätigkeiten, um dort eine erste Tätigkeitsstätte zu begründen[66].

Fall 2c:

Paketfahrer Paul aus dem Fall 2b, wird vom Arbeitgeber arbeitstäglich in das Büro in A-Stadt beordert, um dort für 12 Monate die schwangere Kollegin zu vertreten. Begründet er in A-Stadt seine erste Tätigkeitsstätte?

Nein. Die Abordnung nach A-Stadt führt mangels Dauerhaftigkeit noch nicht zu einer ersten Tätigkeitsstätte.

Fall 2d:

Der unbefristet beschäftigte Theo wird für ein Projekt von voraussichtlich 20 Monaten der betrieblichen Einrichtung in Köln zugeordnet. Nach 20 Monaten wird die Zuordnung um 36 Monate verlängert. Erste Tätigkeitsstätte?

Obwohl Theo insgesamt 56 Monate in Köln tätig wird, hat er dort keine erste Tätigkeitsstätte. Die prognostizierte Betrachtung ergibt, dass Theo weder im Zeitpunkt der erstmaligen Zuordnung noch im Zeitpunkt der Verlängerungsentscheidung für mehr als 48 Monate in Köln eingesetzt werden sollte.

Fall 3:

Der Beamte Martin war bisher in der Ausbildungstammdienststelle Schwäbisch Hall tätig. Zum 1. Januar 2024 wurde Martin bis Ende März nach Öhringen abgeordnet. Im Februar 2024 erhielt er die Verfügung, dass er ab 1. April 2024 an unbefristet –mit dem Ziel der Versetzung- nach Heilbronn abgeordnet wird. Dort ist er bis Jahresende tätig. Seine Stammdienststelle in Schwäbisch Hall hat Martin im Jahr 2024 nicht einmal aufgesucht. Wo ist seine erste Tätigkeitsstätte?

Die rechtliche Beurteilung dieser Fallgestaltung hat sich in den letzten Jahren geändert. Ursprünglich war Schwäbisch Hall seine erste Tätigkeitsstätte. Daran ändert auch die Abordnung Martins nach Öhringen vom 1. Januar bis 31. März nichts. Da die Abordnung nicht 48 Monate überschritt, liegt keine dauerhafte neue Zuordnung zu Öhringen vor. Ab 1. April hingegen wurde Martin unbefristet, mit dem Ziel der Versetzung nach Heilbronn abgeordnet. Da hier eine Abordnung ohne zeitliche Befristung vorliegt, findet eine neue dauerhafte Zuordnung zu Heilbronn statt, so dass Martin ab 1.4.

---

[66] Rn. 7 des o.g. BMF-Schreibens vom 25.11.2020.

die erste Tätigkeitsstätte in Heilbronn hat[67].

Beachten Sie aber: Die Zuordnung eines Arbeitnehmers zu einer betrieblichen Einrichtung allein aus tarifrechtlichen, mitbestimmungsrechtlichen oder organisatorischen Gründen (z. B. Personalaktenführung), ohne dass der Arbeitnehmer in dieser Einrichtung tätig werden soll, ist keine Zuordnung i. S. d. § 9 Absatz 4 EStG.

Fall 4:

Christian wohnt in Fürth und arbeitet bei einer Spedition aus Nürnberg, die täglich in ganz Bayern Konsumgüter transportiert. Christian fährt jeden Tag von Fürth nach Nürnberg, um dort seinen LKW vom Firmengelände abzuholen um dann den ganzen Arbeitstag auf Bayerns Straßen unterwegs zu sein. Christians Chef hat im Arbeitsvertrag keine erste Tätigkeitsstätte bestimmt. Wo ist seine erste Tätigkeitsstätte?

Das Bundesfinanzministerium hat klargestellt, dass allein das Abholen sowie ggf. die Pflege und Wartung des Fahrzeugs, als Nebentätigkeiten, nicht zu einer ersten Tätigkeitsstätte am Betriebssitz des Arbeitgebers führt.

47 Ohne weitere arbeitsrechtliche Zuordnung durch den Arbeitgeber handelt es sich in diesem Fall bei dem Betriebssitz um einen sogenannten **Sammelpunkt**, § 9 Abs. 1 Satz 3 Nr. 4a Satz 3 EStG[68]. Es liegt damit keine erste Tätigkeitsstätte vor. Jedoch hat Christians Arbeitgeber bestimmt, dass Christian arbeitstäglich den LKW auf dem Firmengelände abholen soll. Die Fahrten von der Wohnung zu dem vom Arbeitgeber bestimmten „Sammelpunkt" werden wie Fahrten zu einer ersten Tätigkeitsstätte behandelt. Christian kann daher nur die Entfernungspauschale geltend machen[69].

Aber Achtung: Ein Sammelpunkt im Sinne von § 9 Abs. 1 Satz 3 Nr. 4a Satz 3 EStG liegt nicht vor, wenn sich Arbeitnehmer freiwillig an einem verabredeten Punkt treffen, um dann in einer Fahrgemeinschaft zur ersten Tätigkeitsstätte zu fahren. Auch hier kann die Entfernungspauschale ganz normal (ohne den Umweg über § 9 Abs. 1 Satz 3 Nr. 4a Satz 3 EStG Sammelpunktregelung) geltend gemacht werden.

48 Mit dem Sammelpunkt ist auch das „**weiträumige Tätigkeitsgebiet**" vergleichbar. Dazu folgendes Beispiel:

Fall 5:

Horst arbeitet im Forst. Er ist Waldarbeiter und fährt täglich von seiner Wohnung in Chemnitz in ein bestimmtes großes Waldstück im Erzgebirge. Das Waldgebiet umfasst mehrere hundert Quadratkilometer. Dort ist er das ganze Jahr über tätig. Wie kann Horst die täglichen Fahrten von seiner Wohnung zum Forst steuerlich geltend machen?

---

[67] Der Umstand, dass ein Beamter unter Beachtung der dienstrechtlichen Vorschriften grds. jederzeit auch einer anderen Dienststelle zugeordnet werden könnte, führt nicht zur Annahme einer befristeten Zuordnung (BFH-Urteil vom 4. April 2019, VI R 27/17, BStBl 2019 II S. 536).
[68] Siehe auch Rn. 38ff. des o.g. BMF-Schreibens vom 25.11.2020.
[69] vgl. dazu auch FG Nürnberg, Urteil vom 13.05.2016, Az.: 4 K 1536/15.

Eine definierbare erste Tätigkeitsstätte liegt nicht vor, sofern Horsts Arbeitgeber keine erste Tätigkeitsstätte vertraglich definiert hat. Dies ist nicht der Fall. Da Horst auch nie am gleichen Ort arbeitet, sondern in einem weiträumigen Gebiet tätig wird, spricht der Gesetzgeber von einem „weiträumigen Tätigkeitsgebiet". Allerdings sind auch beim weiträumigen Tätigkeitsgebiet die Regeln der Entfernungspauschale entsprechend anzuwenden – allerdings mit der Besonderheit, dass die Wegstrecke von der Wohnung zum nächstgelegenen Zugang zum Tätigkeitsgebiet der Berechnung zugrunde zu legen ist, § 9 Abs. 1 S. 3 Nr. 4a S. 3 EStG. Für Fahrten innerhalb des weiträumigen Tätigkeitsgebietes gilt das allgemeine Reisekostenrecht.

Fall 6:

Der in München wohnende Matthias ist bei einem Autohersteller in München als Montagearbeiter angestellt. Da das Werk des Herstellers in Dingolfing gerade unterbesetzt ist, wird Matthias für das Jahr 2024 nach Dingolfing zur Arbeitsaushilfe entsandt. Matthias fährt täglich von München nach Dingolfing und zurück. Kann er die Entfernungspauschale geltend machen.

Nein! Die erste Tätigkeitsstätte ist und bleibt in München, da Matthias nur vorrübergehend durch seinen Arbeitgeber nach Dingolfing entsandt wurde. Matthias kann die Entfernungspauschale nicht geltend machen, da er keine erste Tätigkeitsstätte in Dingolfing hat. Die täglichen Fahrten kann er jedoch auf Reisekostenbasis nach § 9 Abs. 1, S. 3 Nr. 4a S. 1 und 2 EStG steuerlich geltend machen.

Fall 7:

Bauingenieur Reinhard betreut für die Bahn mehrere Großbaustellen in ganz Deutschland. Von Januar bis Mai betreut er den Bahnknoten in A-Stadt; von Juni bis September den Stellwerksneubau in B-Stadt und von Oktober bis Dezember die Gleiserneuerung in C-Stadt.

Kann Reinhard die Fahrtkosten steuerlich geltend machen, wenn der Arbeitgeber keine erste Tätigkeitsstätte festgelegt hat?

Ja, natürlich! Eine erste Tätigkeitsstätte liegt nicht vor, da Reinhard nicht dauerhaft an einem bestimmten Ort tätig ist und sein Arbeitgeber keine erste Tätigkeitsstätte festgelegt hat. Hier spricht man von einer sogenannten **Einsatzwechseltätigkeit**. Diese ist dadurch gekennzeichnet, dass der Arbeitnehmer typischerweise an ständig wechselnden Tätigkeitsstätten eingesetzt wird. Reinhard kann die Fahrten zu den Baustellen als Reisekosten geltend machen.

Fall 8:

Reinhard wird für ein Neubauprojekt in Berlin eingestellt. Reinhard arbeitet mehrere Jahre auf der Baustelle in Berlin. Im Mai 2024 entscheidet sich das Bauunternehmen, das Bauprojekt zu verlassen und die Bauarbeiten in Berlin gänzlich einzustellen. Reinhard soll ab Juni 2024 am Unternehmensstandort in D-Stadt für die Baukoordinierung tätig werden. Liegt eine erste Tätigkeitsstätte vor?

Von Januar bis Mai 2024 war die erste Tätigkeitsstätte in Berlin. Danach hat sein Arbeitgeber ihn dauerhaft nach D-Stadt versetzt, so dass er von Juni bis Dezember seine erste Tätigkeitsstätte in D-

Stadt begründet hat. Eine Einsatzwechseltätigkeit lag hier gerade nicht vor, da er grundsätzlich dauerhaft einem Standort zugeordnet war.

Auf die Art des Arbeitsvertrages –befristet oder unbefristet- kommt es bei der Bewertung nicht an.

Fall 9:

Marcus ist bei der Leiharbeitsfirma X beschäftigt. Von Januar bis Juni ist er bei der Firma A und von Juli bis Dezember bei der Firma B beschäftigt. Wo liegt seine erste Tätigkeitsstätte?

Für **Leiharbeitskräfte** gibt es keine Sonderregelungen. Leiharbeitnehmer sind regelmäßig für einen Kunden (Entleiher) ihres Arbeitgebers (Verleiher) tätig. Grundsätzlich wird keine erste Tätigkeitsstätte begründet, da es regelmäßig an der Dauerhaftigkeit fehlt[70].

Ob eine erste Tätigkeitsstätte beim Entleiher begründet wird hängt davon ab, ob der Einsatz beim jeweiligen Entleiher **"bis auf Weiteres"**, also unbefristet, für die gesamte Dauer des Leiharbeitsverhältnisses bzw. befristet aber länger als 48 Monate erfolgt. Dann liegt eine erste Tätigkeitsstätte vor. Anderenfalls läge keine erste Tätigkeitsstätte vor. Im o.g. Fall liegt keine erste Tätigkeitsstätte vor.

Fall 10:

Handwerksmeister Röhrich hat drei Gesellen. Geselle Eckhard fährt jeden Arbeitstag von seiner Wohnung zur Werkstatt und belädt den Transporter mit Material. Anschließend fährt er zur Baustelle. Geselle Werner fährt regelmäßig von seiner Wohnung aus direkt mit dem Moped zur Baustelle. Andi fährt mit seinem Moped arbeitstäglich zunächst zur Werkstatt, fertigt dort 2 ½ Stunden Bauteile und fährt danach mit seinem Moped zur Baustelle. Kurz vor Arbeitsende fährt er mit dem Moped zurück zur Werkstatt um Bauteile für den nächsten Arbeitstag zurecht zu legen. Danach fährt er nach Hause. Meister Röhrich hat im Ausbildungs- bzw. Arbeitsvertrag keine Tätigkeitsstätte festgelegt. Welche steuerlichen Auswirkungen hat das unterschiedliche Verhalten der Gesellen, wenn sich alle Gesellen regelmäßig 9 Stunden außerhalb der Wohnung aufhalten?

> **Geselle Eckhard:** Er übt eine Auswärtstätigkeit aus. Da er jedoch arbeitstäglich die Werkstatt aufsucht (Sammelpunkt), um den Transporter zu beladen, kann er von der Fahrt von der Wohnung zur Werkstatt nur die Entfernungspauschale geltend machen. Eine erste Tätigkeitsstätte liegt nicht vor.

> **Geselle Werner:** Auch Werner übt eine Auswärtstätigkeit (Einsatzwechseltätigkeit) aus. Er kann für die Fahrten von seiner Wohnung zur Baustelle und zurück Reisekosten und einen Verpflegungsmehraufwand geltend machen. Eine erste Tätigkeitsstätte liegt nicht vor.

> **Geselle Andi:** Andi begründet eine erste Tätigkeitsstätte am Ort der Werkstatt, da er diese arbeitstäglich aufsucht und dort tätig wird (er erbringt hier nicht nur Neben- und Hilfstätigkeiten). Für die Fahrten von der Wohnung zur Werkstatt kann er die

---

[70] BFH Urteil vom 12.06.2022, Az.: VI R 32/20.

Entfernungspauschale ansetzen. Für die Fahrten zwischen Werkstatt, Baustelle und zurück (zur Werkstatt) kann er Reisekosten geltend machen.

Fall 11:

Norman ist Straßenbahnfahrer in L-Stadt. Abhängig von seinem Arbeitsplan sucht er im Laufe des Jahres 2024 mit seinem Pkw verschiedenen Haltestellen auf, von denen aus er seine Fahrtätigkeit beginnt.

Abwandlung: Norman beginnt und beendet seine Schicht regelmäßig im Straßenbahndepot. Entfernungspauschale oder Reisekosten?

Im Ausgangsfall hat Norman keine erste Tätigkeitsstätte, da er nicht arbeitstäglich den gleichen Ort zum Dienstbeginn aufsucht. Er kann Reisekosten geltend machen.

In der Abwandlung sucht er arbeitstäglich den gleichen Ort auf, um von dort aus mit der Straßenbahn loszufahren. Es liegt ein sog. Sammelpunkt, jedoch keine erste Tätigkeitsstätte vor, da es an einer ortsfesten Betriebsstätte fehlt. Dennoch kann er die Entfernungspauschale geltend machen.

7.2.1.2. Berechnung der Pauschale

Sofern die Voraussetzungen zur Geltendmachung der Entfernungspauschale vorliegen, können für jeden Arbeitstag, an dem Sie die erste Tätigkeitsstätte[71] aufgesucht haben, eine Entfernungspauschale für jeden vollen Kilometer der Entfernung zwischen Wohnung und erster Tätigkeitsstätte –verkehrsmittelunabhängig- für die ersten 20 Kilometer 0,30 Euro und ab dem 21. Kilometer 0,38 EUR angesetzt werden, höchstens jedoch 4.500 Euro[72] im Kalenderjahr, § 9 Abs. 1, S. 3, Nr. 4 S. 2 EStG. Dabei ist es irrelevant, welches Verkehrsmittel (PKW, Roller, Moped, Rad, Inlineskates, Skateboard, Fahrgemeinschaft, etc.) Sie benutzen. Sie können ebenfalls die Strecke zu Fuß beschreiten.

Für die Bestimmung der Entfernung ist die **kürzeste Straßenverbindung** zwischen Wohnung und erster Tätigkeitsstätte maßgebend, § 9 Abs. 1, S. 3, Nr.4 S. 4 EStG. Sie können damit regelmäßig nur die einfache Entfernung der kürzesten Strecke geltend machen, d.h. Sie können **nicht** die tatsächlich zurückgelegte Strecke der Hin- und Rückfahrt zum Ansatz bringen.

Fall 12:

Andreas fährt täglich von seiner Wohnung (A) in sein Büro (B) und abends zurück. Die kürzeste Streckenverbindung (10 km) führt über eine Dorfstraße. Aus Bequemlichkeitsgründen fährt Andreas regelmäßig über die Autobahn (C) zur Arbeit. Die Strecke beträgt insgesamt 13 km. Er hat dadurch eine Zeitersparnis von durchschnittlich 3 Minuten. Welche Strecke kann er bei der Entfernungspauschale angeben?

---

[71] Ausnahme: Das trifft auch auf Personen zu, die keine erste Tätigkeitsstätte haben, sondern nur zum Sammelpunkt oder zum Zugang des weiträumigen Tätigkeitsgebiets fahren.
[72] Eine Ausnahme gilt für Personen, die mit dem eigenen oder ihnen zur Nutzung überlassenen Kraftwagen gefahren sind und die Plausibilität der gefahrenen Kilometer belegen können (z.B. durch Werkstattrechnungen).

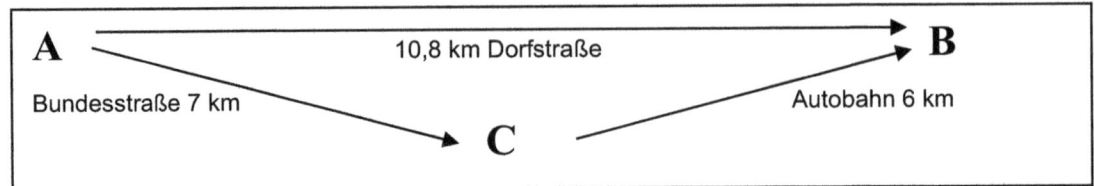

A   ——————————— 10,8 km Dorfstraße ——————————→ B

Bundesstraße 7 km   Autobahn 6 km

C

Die schlechte Nachricht: Andreas kann pro Arbeitstag nur die einfache Entfernung der kürzesten Streckenverbindung geltend machen, also 10 km.

Die Entfernung ist auf volle Kilometer zu runden, d.h. es muss <u>immer abgerundet</u> werden! Er darf die Hin- und Rückfahrt <u>nicht zusammen</u> ansetzen[73]. Außer Betracht bleibt auch, dass Andreas eine längere Streckenverbindung (13 km) zurückgelegt hat, da grundsätzlich die kürzeste Entfernung zum Ansatz kommen muss.

53   Eine andere als die kürzeste Straßenverbindung kann nur ausnahmsweise zugrunde gelegt werden, wenn diese **offensichtlich verkehrsgünstiger** ist und vom Arbeitnehmer regelmäßig für die Wege zwischen Wohnung und erster Tätigkeitsstätte benutzt wird[74].

Eine Fahrstrecke ist nicht offensichtlich verkehrsgünstiger, wenn sie bei ständig wechselnden Verkehrslagen nur bei bestimmten Verkehrssituationen Vorteile gegenüber der kürzesten Strecke bietet. Offensichtlich verkehrsgünstiger ist eine Streckenverbindung, wenn die Streckenverbindung tageszeitunabhängig von jeder unvoreingenommenen Person auf den ersten Blick als verkehrsgünstiger eingeschätzt werden kann.

Früher wurde als „Faustformel" verlangt, dass die Fahrzeitverkürzung mindestens 20 Minuten betragen müsse. Diese Rechtsprechung hat der BFH aber mittlerweile aufgegeben[75]. Es sind nun alle Umstände des Einzelfalles zu betrachten, z.B. Streckenführung, Zeitersparnis, regelmäßige Verkehrslage, Ampeln, etc. Eine Streckenführung kann dabei offensichtlich verkehrsgünstiger sein, auch wenn nur eine geringe Zeitersparnis zu erwarten ist.

Beachte:

Die angegebenen Wegstreckenentfernungen werden regelmäßig mit Routenberechnungsprogrammen, wie z.B. Google Maps überprüft. Diese Programme suchen dabei zumeist die kürzesten bzw. schnellsten Streckenverbindungen heraus.

Grundsätzlich ist die kürzere Strecke zu wählen. Nur ausnahmsweise kann eine längere Streckenverbindung gewählt werden, wenn folgende Merkmale vorliegen:

- Zeitersparnis von mind. 10 Prozent ggü. der kürzesten Strecke

---

[73] Die Hin- und Rückfahrt kann nur bei einer reisekostenrechtlichen Geltendmachung angesetzt werden.
[74] vgl. § 9 Abs. 1 S. 3 Nr. 4, S. 4, 2. HS. EStG
[75] BFH, Urteile vom 16.11.2011, Az.: VI R 19/11 bzw. VI R 46/10.

- Zeitvorteil sollte dabei unabhängig von der Tageszeit sein
- extrem schlechter Straßenzustand einer Dorfstraße

Beachten Sie:
Es sind alle Umstände des Einzelfalles zu beachten. Sie dürfen die längere verkehrsgünstigere Strecke aber nur dann ansetzen, wenn Sie diese auch regelmäßig fahren. Im Zweifel müssen Sie dem Finanzamt glaubhaft darlegen, wieso die von Ihnen gewählte Streckenverbindung die „verkehrsgünstigste Streckenführung" ist.

Für die Bestimmung der kürzesten Strecke ist es irrelevant, ob Sie die Strecke überhaupt befahren können oder ob Zusatzkosten[76] entstehen. Dazu folgendes Beispiel:

Fall 13:
Azubi Werner wohnt 20 km von seiner Tätigkeitsstätte entfernt. Die kürzeste Wegstrecke führt über die Autobahn. Da Werner jedoch mit seinem Mofa keine Autobahn befahren darf, muss er täglich die Bundesstraße befahren (Entfernung 40 km). Welche Strecke darf er ansetzen?

Werner muss die kürzeste Strecke (Autobahn, 20 km) ansetzen, obwohl er diese Strecke nicht befahren darf. Obwohl Werner täglich 2 mal 40 km fährt, darf er nur 20 km täglich ansetzen.
Im Fall 12 kommt es darauf an, wie groß die Zeitersparnis bei der Strecke über „C" ist.

Fall 14:
Horst wohnt in einer Großstadt. Seine Arbeitsstätte ist mit dem PKW 10km von seiner Wohnung entfernt. Da Horst keinen PKW besitzt, fährt er regelmäßig mit der S-Bahn auf Arbeit. Da S-Bahn fährt jedoch eine Strecke von 15km. Welche Strecke kann Horst in der Steuererklärung angeben?

Da die Entfernungspauschale verkehrsmittelunabhängig ist, muss Horst die kürzeste Streckenverbindung (=Straßenentfernung, hier 10 km) angeben. Dabei ist es irrelevant, dass die S-Bahn eine Wegstrecke von 15 km zurücklegt.

Neben der Streckenlänge ist auch die **Anzahl der Fahrten** zur Arbeitsstätte relevant.

54

Fall 15:
Ulf fährt täglich mit dem PKW zur Arbeit. Da er immer zwei Stunden Mittagspause hat, fährt er mittags zum Essen nach Hause und danach wieder auf Arbeit.

Die Entfernungspauschale kann nur einmal pro Arbeitstag geltend gemacht werden, unabhängig davon, wie oft am Tag nach Hause gefahren wird.
In der Steuererklärung müssen Sie die Anzahl der Tage angeben, an denen Sie die erste

---

[76] Es müssen ggf. auch mautpflichtige Strecken angesetzt werden, wenn diese die kürzesten Strecken darstellen; vgl. BFH, Urteil vom 12.12.2013, Az.: VI R 49/13.

Tätigkeitsstätte tatsächlich aufgesucht haben. Geben Sie mehr Tage an –als Sie tatsächlich auf Arbeit erschienen sind- so begehen Sie bereits die Straftat der Steuerhinterziehung. Bei regelmäßig fünf Arbeitstagen in der Woche akzeptieren die Finanzämter zumeist bis 230 Tage im Jahr, abhängig von der Anzahl der Urlaubs- und Krankheitstage[77]. Bei Lehrern werden allerdings nur bis zu 192 Tage ohne weitere Nachweise akzeptiert[78], da hier regelmäßig die Schulferien abgezogen werden müssen. Sollten Sie tatsächlich mehr als 230 Tage die Arbeitsstätte aufgesucht haben, so müssen Sie damit rechnen, dass das Finanzamt die Vorlage von Belegen zur Glaubhaftmachung verlangt.

Beachten Sie: Bei der Entfernungspauschale neigen einige Leute dazu, es mit der Wahrheit nicht ganz so genau zu nehmen und geben pauschal 230 Tage oder mehr an, obwohl sie weit weniger Tage die Erste Tätigkeitsstätte aufgesucht haben. Stellt sich im Nachhinein heraus, dass die Erste Tätigkeitsstätte beispielsweise nur an 180 Tagen aufgesucht wurde, so kann das Finanzamt bereits Ermittlungen wegen Steuerhinterziehung aufnehmen. Entsprechendes gilt für die Angabe von deutlich zu hohen Entfernungskilometern.

Fall 16:

Steve arbeitet 5 Tage die Woche 10 km von seiner Wohnung entfernt. Er hat 25 Arbeitstage Urlaub genommen und war an 5 Tagen krank. Im Sommer ist er mit dem Rad zur Arbeit gefahren, im Winter ist er selbst mit dem eigenen PKW gefahren, gelegentlich wurde er von seinem Nachbarn mitgenommen. Wie hoch ist die Entfernungspauschale?

Mangels näherer Angaben ist davon auszugehen, dass Steve an 220 Tagen seine Arbeitsstätte aufgesucht hat. Die Entfernungspauschale berechnet sich wie folgt:

Anzahl der Arbeitstage (Arbeitsstätte aufgesucht) x Entfernung in km[79] x 0,30 EUR = Entfernungspauschale (Werbungskosten)

220 Tage x 10km x 0,30 EUR = 660 EUR

Steve kann in seiner Steuererklärung 660 EUR Werbungskosten als Entfernungspauschale ansetzen. Dabei ist die Wahl des Verkehrsmittels irrelevant.

Fall 16a:

Mareike fährt täglich 75 km mit dem Motorrad auf Arbeit. Sie fuhr im Jahr 2024 an insgesamt 205 Tage auf Arbeit. Wie hoch sind Ihre Werbungskosten aus der Entfernungspauschale?

Mareike kann folgende Werbungskosten geltend machen:

---

[77] Bei einer 6-Tage-Arbeitswoche sogar bis zu 280 Tage.
[78] vgl. dazu FG Sachsen-Anhalt vom 17.12.2002, Az.: 4 K 483/01.
[79] Kürzeste Streckenverbindung, ggf. die verkehrsgünstigste Streckenverbindung.

20km zu je 0,30 EUR	6 EUR
55km zu je 0,38 EUR	20,90 EUR
	26,90 EUR pro Arbeitstag

205 Tage x 26,90 EUR pro Arbeitstag

5.514,50 EUR, jedoch Begrenzung auf einen **Maximalbetrag von 4.500 EUR.**

Mareike kann pro Arbeitstag, an dem sie ihre erste Tätigkeitsstätte aufgesucht hat, 26,90 EUR ansetzen. Da sie an 205 Arbeitstagen ihre erste Tätigkeitsstätte aufgesucht hat, könnte sie rechnerisch eigentlich 5.514,90 EUR ansetzen. Jedoch greift hier die grundsätzliche Begrenzung auf 4.500 EUR. Mareike kann daher nur 4.500 EUR geltend machen.

Die verkehrsmittelunabhängige Entfernungspauschale ist auf einen Betrag von 4.500 EUR begrenzt. Ein höherer Betrag als 4.500 EUR kann nur dann angesetzt werden, soweit der Arbeitnehmer einen eigenen oder einem ihm zur Nutzung überlassenen[80] Kraftwagen benutzt.
Macht man mehr als 4.500 EUR geltend, so muss damit gerechnet werden, dass die Finanzämter Nachweise über die hohe Fahrleistung[81] (z.B. aus Reparaturrechnungen, Wartungsrechnungen etc.) zur Glaubhaftmachung vorgelegt haben wollen.
Würde Mareike aus Fall 16a beispielsweise mit dem eigenen PKW auf Arbeit fahren, könnte sie 5.514,50 EUR geltend machen.

Sonderfall öffentliche Verkehrsmittel

Auch bei öffentlichen Verkehrsmitteln müssen Sie die kürzeste (verkehrsmittelunabhängige) Streckenverbindung (=Straßenentfernung) ansetzen.
Etwas anderes gilt jedoch ausnahmsweise, wenn die tatsächlichen Kosten der öffentlichen Verkehrsmittel höher sind, als die der Entfernungspauschale. Dann dürfen Sie auch die tatsächlichen Kosten geltend machen, § 9 Abs. 2 S.2 EStG. Beachten Sie aber, dass dieser Vergleich auf das ganze Jahr bezogen sein muss.

Zurück zum Fall 14: Sofern Horst seine 10 km entfernte Arbeitsstätte an 220 Tagen im Jahr aufsucht, kann er 660,- EUR Entfernungspauschale als Werbungskosten geltend machen, auch wenn die Jahreskarte für den öffentlichen Personennahverkehr nur 500,- EUR kostet. Kostet die Jahreskarte jedoch 700 EUR, so kann er abweichend von der Entfernungspauschale die tatsächlichen Kosten der öffentlichen Verkehrsmittel ansetzen. Hierzu sollte sich Horst die Rechnung für das Finanzamt gut aufheben.

---

[80] z.B., wenn Sie Zugriff auf einen Firmenwagen, Wagen des Lebenspartners, der Eltern, des Ehegatten haben.
[81] Fahrleistung pro Jahr allein vom „beruflichen Pendeln" mehr als 30.000 km.

Fall 17:

Jan fährt täglich (220 Tage im Jahr) mit dem Zug zu seiner 90 km entfernten Arbeitsstätte. Da er 2. Klasse reist, zahlt er monatlich einen Ticketpreis von 350 EUR.
In welcher Höhe kann Jan die Werbungskosten für das Pendeln geltend machen?

Setzt Jan die Entfernungspauschale an, so könnte er eigentlich 7.172 EUR (Berechnung: 20km zu 0,30 EUR, 70km zu 0,38 EUR x 220 Tage) rechnerisch geltend machen. Jedoch ist die Entfernungspauschale grundsätzlich auf **4.500 EUR** begrenzt, da Jan keinen eigenen oder ihm zur Nutzung überlassenen PKW gebraucht hat. Jan kann also nur den Höchstbetrag von 4.500 EUR steuerlich geltend machen.

Die tatsächlichen Kosten für die Monatskarten in Höhe von 4.200 EUR (12 x 350 EUR) kann Jan in diesem Fall nicht geltend machen, da die tatsächlichen Kosten die Entfernungspauschale in der (begrenzten) Höhe von 4.500 EUR nicht übersteigen. Etwas anderes würde gelten, wenn Jan beispielsweise für die Monatskarten der 1. Klasse 400 EUR jährlich 4.800 EUR (12 x 400 EUR) zahlen müsste. Dann könnte Jan die ganzen 4.800 EUR als tatsächliche Kosten geltend machen, da diese die Kostendeckelung der Entfernungspauschale übersteigen.

Auch hier muss sich Jan die Rechnungen bzw. Tickets gut aufheben, da er sie vermutlich beim Finanzamt einreichen muss.

56   Sonderfall Fahrgemeinschaften

Alle Teilnehmer einer Fahrgemeinschaft können die Entfernungspauschale entsprechend der für sie maßgebenden Entfernungsstrecke ansetzen. Umwege, die dadurch entstehen, dass andere Mitfahrer abgeholt werden, dürfen nicht miteinbezogen werden. Der Höchstbetrag von 4.500 EUR gilt auch bei wechselseitigen Fahrgemeinschaften für die Tage, an denen andere Personen Ihr Fahrzeug zur Verfügung stellen. Nur diejenigen Tage, an denen man selbst mit dem eigenen PKW fährt, dürfen zur Überschreitung des Höchstbetrages von 4.500 EUR herangezogen werden.

Zum Beispiel: Eine Fahrgemeinschaft fährt täglich (220 Tage im Jahr) 85 km pro Tag zur Arbeit. Person A fährt mit seinem eigenen PKW an 20 Tagen. An den restlichen 200 Tagen wird er mitgenommen. Person B besitzt keinen Führerschein und wird daher jeden Tag mitgenommen.

A kann im Hinblick auf seine Mitfahrten (200 Tage) insgesamt nur 4.500 EUR[82] geltend machen. Für die 20 Tage, an denen er mit dem eigenen PKW gefahren ist, kann er zusätzlich 614 EUR geltend machen. A könnte somit insgesamt 5.114 EUR Werbungskosten geltend machen. B kann hingegen nur den Höchstbetrag von 4.500 EUR geltend machen.

Entsprechendes gilt für sog. Park & Ride Fallkonstellationen. Sofern Sie unterschiedliche Verkehrsmittel benutzen, müssen Sie zunächst die kürzeste Streckenverbindung Wohnung – erste

---

[82] Begrenzung auf den Höchstbetrag von 4.500 EUR. (200 Tage x 85 km x 0,3 EUR = 5.100 EUR).

Tätigkeitsstätte ermitteln. Danach müssen Sie angeben, wie viele Kilometer Sie mit den einzelnen Verkehrsmitteln gefahren sind.

Unfallkosten

Grundsätzlich sind mit der Entfernungspauschale alle Kosten des Verkehrsmittels abgegolten, auch wenn diese tatsächlich höher ausfallen. Eine Ausnahme von diesem Grundsatz stellen jedoch Unfallkosten dar. Kommt es auf der (direkten) Fahrt zur Arbeit oder auf dem Rückweg nach Hause zu einem Verkehrsunfall, so können Sie die unfallbedingten Kosten (z.B. Reparaturkosten) zusätzlich neben der Entfernungspauschale als außergewöhnliche Aufwendung (Werbungskosten) geltend machen, unabhängig davon, ob Sie den Unfall selbst verursacht haben[83]. Bekommen Sie jedoch (teilweise) Leistungen von Dritten (Unfallgegner oder Versicherung), so sind diese Leistungen von den unfallbedingten Werbungskosten abzuziehen, auch wenn Sie ihre eigene Vollkaskoversicherung in Anspruch nehmen. Die Kosten, die durch die Höherstufung Ihrer Versicherung entstehen, können Sie allerdings nicht geltend machen.

Beachte aber:
Als öffentliches Verkehrsmittel gilt auch das **Taxi**. Die Entfernungspauschale gilt nicht für **Flugstrecken** und **Strecken mit steuerfreier Sammelbeförderung durch den Arbeitgeber** nach § 3 Nummer 32 EStG.
Für **behinderte Menschen** mit mind. einem Behinderungsgrad von 50 bzw. 70% gelten Sonderregelungen dahingehend, dass diese generell die tatsächlichen Beförderungskosten in voller Höhe geltend machen können.
Stellt der Arbeitgeber dem Arbeitnehmer steuerbegünstigte Leistungen zur Verfügung (z.B. Job-Ticket, Personalrabatte im Personennahverkehr, wird Ihnen das auf die Entfernungspauschale angerechnet. Sofern Ihr Arbeitgeber Ihnen einen dienstlichen PKW **(kostenlos) auch zum „Pendeln" zur Verfügung stellt**, so können Sie die Entfernung nicht als Werbungskosten (Pendlerpauschale) geltend machen[84].

Nicht zu den Werbungskosten gehört die neu eingeführte **Mobilitätsprämie** für Geringverdiener, die über 21 km zur Arbeit fahren müssen.

Die Mobilitätsprämie kann nur denjenigen gewährt werden, die so wenig verdienen, dass sie keine Einkommensteuer zahlen müssen, so dass sich die gestiegene Pendlerpauschale nicht auswirken kann. Diejenigen Personen, die mit ihrem zu versteuernden Einkommen unterhalb des Grundfreibetrages von 11.784 EUR liegen, erhalten auf Antrag bei Arbeitswegen über 20 km der

---

[83] Der Bundesfinanzhof sieht das jedoch anders und weicht dabei von der Auffassung der Finanzämter ab, vgl. BFH, Urteil vom 19.12.2019, Az.: VI R 8/18.

[84] vgl. BFH, Urteil vom 28.02.2013, Az. VI R 33/11 (betreffend Familienheimfahrten, jedoch auch auf die Entfernungspauschale übertragbar).

einfachen Entfernung ab dem 21. Kilometer 5,32 Cent[85] pro Kilometer[86], bis sie mit der Entfernungspauschale (Pendlerpauschale) den Grundfreibetrag überschreiten würden. Die Mobilitätsprämie gibt es zudem nur, wenn mit den Fahrtkosten der Arbeitnehmer Pauschbetrag von 1.230,- EUR überschritten wird.

Auch wenn Geringverdiener regelmäßig keine Einkommensteuererklärung abgeben müssen, so kann es sich wegen der Mobilitätsprämie lohnen.

Bsp: Der Hilfsarbeiter H fährt an 230 Tagen jeweils 60 km auf Arbeit. Er liegt aufgrund hoher Werbungskosten (über 1.230 EUR) unterhalb des Grundfreibetrages von 11.784 EUR. Daher muss er keine Einkommensteuer zahlen. Er kann daher ca. 490 EUR Mobilitätsprämie vom Staat erhalten. Geben Sie dazu die komplette Einkommensteuererklärung inkl. der Anlage „Mobilitätsprämie" ab.

59 ### 7.2.2. Reisekosten

Reisekosten sind alle Kosten, die berufsbedingt für Fahrten entstehen und keine Fahrten zwischen Wohnung und erster Tätigkeitsstätte oder Familienheimfahrten darstellen, § 9 Abs.1, S.3 Nr.4a EStG. *[->Anlage N, Zeile 68-80].*

Hinweis:

Reisekosten liegen vor, wenn:

- die Wohnung oder die erste Tätigkeitsstätte verlassen wird,
- dies berufsbedingt erfolgt,
- und dies keinen Weg zwischen Wohnung und erster Tätigkeitsstätte (bzw. zum weiträumigen Tätigkeitsgebiet oder zur Einsatzwechseltätigkeit) darstellt.

Bei den Reisekosten unterscheidet man Fahrtkosten, Verpflegungsmehraufwand und Übernachtungs- und Reisenebenkosten.

60 ### 7.2.2.1. Reisefahrtkosten

Im Gegensatz zur Entfernungspauschale (für Wege zwischen Wohnung und erster Tätigkeitsstätte)

 gibt es bei der Abrechnung nach Reisekostengrundsätzen den Vorteil, dass jeder tatsächlich gefahrene Kilometer zum Ansatz gebracht werden kann. Eine Beschränkung auf die kürzeste Wegstrecke gibt es hier nicht. So können grundsätzlich Hin- und Rückweg oder verkehrsbedingte Umwege (z.B. Stauumfahrung) steuerlich geltend gemacht werden.

---

[85] Die 5,32 Cent ergeben sich aus der erhöhten Kilometerpauschale von 38 Cent und dem Eingangssteuersatz von 14%. (14% von 38 Cent).
[86] Die Mobilitätsprämie beträgt 14% der Bemessungsgrundlage. Sie wird nur festgesetzt, wenn sie mindestens 10 EUR beträgt, vgl. § 101 EStG.

Zurück zu Fall 2 (Rn. 46): Die Fahrten von Leipzig nach Eilenburg und zurück stellen für Daniel Reisekosten dar, da er beruflich täglich von Leipzig nach Eilenburg und zurückfährt, ohne dabei seine erste Tätigkeitsstätte in Torgau aufzusuchen.

Bei den Reisefahrtkosten gibt es im Wesentlichen zwei Berechnungsmethoden, sofern ein privates Fahrzeug verwendet wurde:

- Abrechnung nach pauschalen Kilometersätzen
- Abrechnung nach den tatsächlich entstandenen Kosten

Die einfachste Möglichkeit ist die Abrechnung nach **pauschalen Kilometersätzen**[87]. Anders als bei der Entfernungspauschale wurden die pauschalen Kilometersätze bei den Reisekosten nicht erhöht und sind zudem fahrzeugspezifisch.

• PKW:	0,30 EUR pro km
• Motorrad/Motorroller/Moped:	0,20 EUR pro km
• Fahrrad (auch eBike)[88]/zu Fuß/Sonstiges:	keine Erstattung
• Mitnahme von Personen:	keine zusätzliche Pauschale

Der Vorteil ist, dass Sie bei der pauschalen Abrechnung nach Kilometersätzen kein Fahrtenbuch führen müssen. Mit der Pauschale gelten sämtliche Betriebskosten des Fahrzeugs als abgegolten (z.B. Kraftfahrzeugsteuer, Versicherungsprämien, Wartungskosten, Aufwendungen für Garage, Kreditfinanzierung, Abnutzung, etc.).

Unfallkosten können jedoch -wie bei der Pendlerpauschale- zusätzlich neben der Kilometer-Pauschale geltend gemacht werden, sofern sich der Unfall auf der Dienstreise ereignet hat. Unfallschäden sind dabei nicht nur große Schäden, sondern auch typische Parkschäden (Lackkratzer) oder Steinschlagschäden von vorausfahrenden unbekannten Dritten.

Praxis-Tipp:

Damit Sie gegenüber dem Finanzamt diese Unfallschäden glaubhaft darlegen können, sollten Sie in jedem Fall zeitnah Anzeige bei der Polizei -ggf. gegen Unbekannt- erstatten und die Schäden zeitnah reparieren lassen, um die Reparaturrechnung zur nächsten Steuererklärung einreichen zu können.

Eine **Abrechnung nach den tatsächlich entstandenen Kosten** setzt voraus, dass die Gesamtkosten des Betriebes des Fahrzeuges, die Jahresfahrleistung und die beruflich gefahrenen Kilometer anhand eines ordnungsgemäßen Fahrtenbuchs nachgewiesen werden. Die

61

62

63

---

[87] Ab dem Steuerjahr 2021 gelten neue Kilometerpauschalsätze.
[88] Bis 2013 konnte für die Benutzung eines Fahrrades noch 0,05 EUR pro km angesetzt werden. Dies ist jedoch ab VZ 2014 entfallen. Auch die Unterscheidung nach Motorrad und Mofa/Moped ist entfallen. Auch für die Mitnahme von weiteren Personen gibt es keine zusätzlichen 0,02 EUR mehr.

Betriebskosten des Fahrzeugs sind über einen längeren Zeitraum (mind. ein Jahr) zu summieren (Wartung, Reparaturen, Betriebsstoffe/Kraftstoff, Kraftfahrzeugsteuern, Versicherungsprämien, Abschreibung, Kreditfinanzierung, etc.) und dann in das Verhältnis privat veranlasste Fahrtkilometer und beruflich veranlasste (reisekostenrechtliche) Fahrkilometer ins Verhältnis zu setzen. Diese Abrechnungsmethode verursacht einen hohen Dokumentationsaufwand und lohnt sich nur bei hohen Fahrzeugskosten und bei einem hohen Dienstreiseaufkommen. Hier müssen Sie alle Belege aufbewahren und ein ordnungsgemäßes Fahrtenbuch[89] führen.

64   Benutzen Sie hingegen **öffentliche Verkehrsmittel** (Flugzeug, Zug, Nahverkehr, Fähre, Taxi, etc.) können Sie die Kosten in voller Höhe geltend machen. Heben Sie sich die Tickets als Belege gut auf. Diese müssen Sie ggf. beim Finanzamt zur Glaubhaftmachung einreichen.

65   ### 7.2.2.2. Übernachtungskosten

Auf Dienstreisen sind Sie oftmals gezwungen auswärts zu übernachten. Sofern Sie nicht am Ort der ersten Tätigkeitsstätte (oder in deren Umgebung) aus beruflichen Gründen übernachten müssen, können Sie die Übernachtungskosten in voller Höhe als Reisekosten (Werbungskosten) absetzen. In der Wahl der Unterkunft sind Sie frei (z.B. Hotel, Ferienwohnung, Herberge, Fremdenzimmer, Appartement oder Zweitwohnung). [siehe Anlage N, Zeile 70]

Zurück zum Fall 2, Rn. 46

Würde sich Daniel in Eilenburg eine Zweitwohnung nehmen, so könnte er sämtliche Kosten der Zweitwohnung als Reisekosten geltend machen (z.B. Miete, Mietnebenkosten, Energiekosten, ggf. Zweitwohnungssteuer, Rundfunkbeitrag, etc.). Wird bei einer Hotelübernachtung ein Pauschalpreis (Übernachtung inkl. Frühstück) angeboten und kann der Kostenanteil für das Frühstück nicht aus dem Paketpreis herausgerechnet werden, so ist der Gesamtbetrag bei einer Übernachtung im Inland um 5,60 EUR (20% von 28 EUR) und bei einer Übernachtung im Ausland um 20% des für den betreffenden Staat geltenden Pauschbetrages für Verpflegungsmehraufwand zu kürzen. Die Übernachtungskosten müssen mit Rechnungen, etc. belegt werden.

Für **Berufskraftfahrer** (z.B. LKW-Fahrer, die im LKW übernachten) gelten besondere Regeln. Entstehen einem Arbeitnehmer während seiner auswärtigen beruflichen Tätigkeit auf einem Kfz des Arbeitgebers oder eines vom Arbeitgeber beauftragten Dritten im Zusammenhang mit einer

---

[89] Die Anforderungen an ein ordnungsgemäßes Fahrtenbuch sind sehr umfangreich und streng. Ein Fahrtenbuch in **Papierform** muss fest gebunden sein. Die Eintragungen müssen unmittelbar und unverzüglich nach Fahrtende und vollständig erfolgen. Es muss enthalten: Datum und Kilometerstand zu Beginn und Ende jeder einzelnen Fahrt; Reiseziel und Reiseroute; Reisezweck bzw. aufgesuchte Geschäftspartner; Nachweis der privaten Fahrten. Zudem dürfen keine Lücken vorhanden sein; es dürfen keine nachträglichen Änderungen erfolgen und alle Angaben müssen für Außenstehende nachvollzogen werden können. Diktiergerät; Exceltabellen und private Zettel, die später ins Fahrtenbuch übertragen werden, werden nicht akzeptiert. **Elektronische Fahrtenbücher** werden angeboten. Oftmals genügen diese den gesetzlichen Anforderungen nicht und werden regelmäßig von den Finanzgerichten verworfen.

Übernachtung in dem Kfz Aufwendungen (z. B. Gebühren für die Toilettenbenutzung, Reinigung der Schlafkabine, Park- und Abstellgebühren), kann der Arbeitnehmer diese pauschal mit 9 EUR pro Tag als Werbungskosten abziehen[90].

Fall 17a:

Franz und Güther sind ständig auf Achse und fahren für eine Spedition Terminfracht in aller Herren Länder. Franz startet diesmal seine inländische Tour am 25.03.2024, 20 Uhr in München und kommt am 30.03.2024 9 Uhr wieder zuhause an. An den einzelnen Tagen übernachtet er in einer Schlafkabine des Lkw. Was kann er steuerlich geltend machen?

Für den An- und Abreisetag und die Zwischentage ist eine Verpflegungspauschale von 140 Euro (2 x 14 Euro + 4 x 28 Euro) steuerlich abzugsfähig. Zusätzlich kann er für die fünf Tage eine Übernachtungspauschale von 54 Euro (6 x 9 Euro) geltend machen.

7.2.2.3. Reisenebenkosten

66

Im Rahmen einer Dienstreise können neben Fahrt- und Übernachtungskosten auch weitere Kosten (sog. Reisenebenkosten) für z.B. Tiefgarage, berufliche Telefongespräche, Parkgebühren, Maut, Kosten für Fährtransport, Umbuchungs- und Stornierungskosten, Gebühren für Gepäckaufbewahrung. Alle Kosten müssen durch Belege nachgewiesen werden können.

Als nicht absetzbare (private) Kosten werden u.a. Aufwendungen für Pay-TV, Minibar, W-Lan-Zugang, Telefonate, Massagen, etc. angesehen.

7.2.2.4. Verpflegungsmehraufwand

67

Unter Verpflegungsmehraufwand sind zusätzliche Kosten für Verpflegung zu verstehen, die  gewöhnlich entstehen, wenn man sich berufsbedingt außerhalb der eigenen Wohnung und außerhalb der ersten Tätigkeitsstätte eine gewisse Zeit aufhalten muss. Für die Höhe des **pauschalisierten Verpflegungsmehraufwandes** ist nach § 9 Abs. 4a S.3 EStG die Dauer der Abwesenheit von Wohnung und erster Tätigkeitsstätte maßgebend:

• ganztägige Abwesenheit (24 Stunden):	**28 EUR**
• An- und Abreisetag bei mehrtägigen Reisen[91]:	**14 EUR**
• Abwesenheit von mehr als 8 Stunden am Tag:	**14 EUR**.

---

[90] Siehe § 9 Abs. 1 Nr. 5b EStG.
[91] unabhängig von der Anzahl der Stunden der Abwesenheit an diesem Tag.

Diese Pauschalen sind verbindlich, d.h., Sie können nicht die tatsächlichen Kosten für Restaurantbesuche ansetzen. [-> Anlage N, Zeile 75-80]

Sofern Sie im **Ausland** unterwegs sind, gibt es länderspezifische Richtsätze, die das Bundesfinanzministerium auf seiner Internetseite ständig aktualisiert[92].

Werden mehrere Dienstreisen an einem Tag durchgeführt, können die Abwesenheitszeiten addiert werden. Dies gilt auch, wenn der Arbeitnehmer seine auswärtige berufliche Tätigkeit über Nacht (also an zwei Kalendertagen) ausübt - somit nicht übernachtet - und dadurch ebenfalls insgesamt mehr als acht Stunden von der Wohnung und der ersten Tätigkeitsstätte abwesend ist[93].

Bei **Einsatzwechseltätigkeit** ist die Abwesenheit von der Wohnung maßgeblich, da der Arbeitnehmer keine erste Tätigkeitsstätte hat[94].

68

> **Hinweis:**
> Der Abzug von **Verpflegungsmehraufwendungen** bei einer längerfristigen Auswärtstätigkeit an derselben Tätigkeitsstätte ist auf einen **Zeitraum von maximal 3 Monaten begrenzt**, § 9 Abs. 4a, S. 6 EStG. Nach Ablauf der 3 Monate am gleichen auswärtigen Ort können Sie keine Verpflegungsmehraufwendungen mehr geltend machen.
> Unterbrechen Sie hingegen die Auswärtstätigkeit um mind. 4 Wochen, so beginnt die 3-Monatsfrist erneut. Der Grund der 4-wöchigen Unterbrechung ist dabei irrelevant, so dass Sie auch Ihren Jahresurlaub oder längere Krankheitsphasen zur Unterbrechung nutzen können[95].

69

Die 3-Monatsfrist gilt auch bei einer **Einsatzwechseltätigkeit**. Die Befristung auf 3 Monate gilt jedoch nicht für Arbeitnehmer, die einer **Fahrtätigkeit** nachgehen, z.B. LKW-Fahrer. Jede Fahrt, die neu begonnen wird, gilt dabei auch als Neubeginn der jeweiligen Auswärtstätigkeit.

Der Verpflegungsmehraufwand steht Ihnen nicht nur im Reisekostenrecht, sondern auch bei der **Begründung einer doppelten Haushaltsführung** für die ersten 3 Monate zu. Ging der doppelten Haushaltsführung jedoch eine Geschäftsreise am selben Ort voraus, wird diese Dauer auf die Dreimonatsfrist angerechnet. Ihnen stünden dann weniger als 3 Monate zur Verfügung.

70

Praxis-Tipp:
Beachten Sie, dass nach einem Unterbrechungszeitraum von mind. 4 Wochen die 3-Monatsfrist erneut beginnt. Die Ursache für die Unterbrechung von 4 Wochen ist dabei irrelevant. Der

---

[92]Bundesministerium der Finanzen 2. Dezember 2024, IV C 5 - S 2353/19/10010 :006 (DOK 2024/1050350). Im Internet finden Sie die Tabellen zum Download unter:
https://www.bundesfinanzministerium.de/Content/DE/Downloads/BMF_Schreiben/Steuerarten/Lohnsteuer/2024-12-02-steuerliche-behandlung-reisekosten-2025.pdf

[93] Rn. 47 des BMF-Schreibens „Steuerliche Behandlung der Reisekosten von Arbeitnehmern" vom 25.11.2020, Gz.: IV C 5 - S 2353/19/10011 :006; BStBl 2020 I S. 1228.,

[95] § 9 Absatz 4a Satz 7 EStG i.V.m. Rn 54 des o.g. BMF-Schreibens.

Verpflegungsmehraufwand beträgt für den klassischen Wochenpendler (Pendler fährt montags früh von seiner Hauptwohnung auf Arbeit und fährt freitags nach der Arbeit zur Hauptwohnung zurück) ca. 1.470 EUR[96]. Sofern der Pendler 2 Wochen krankheitsbedingt seine Zweitwohnung nicht aufgesucht hat, sollte er überlegen, ob er nicht noch 2 Wochen Urlaub dranhängt, um 4 Wochen von seiner Zweitwohnung abwesend gewesen zu sein. Danach könnte er erneut den Verpflegungsaufwand beanspruchen und ca. 1.470 EUR erneut steuerlich geltend machen.

Entsprechend gilt auch für eine längere Dienstreise. Überprüfen Sie ob Sie mit Urlaub einen 4 Wochen Abwesenheitszeitraum von ihrer Zweitwohnung „konstruieren" können. Bei einem Steuersatz von 25% entspräche dies einem steuerlichen Vorteil von ca. 360 EUR, d.h. Sie können mit einer um ca. 360 EUR höheren Steuererstattung rechnen.

Fall 18

Kai fährt gewöhnlich montags bis freitags von Leipzig aus in das Büro seines Arbeitgebers nach Halle/Saale (erste Tätigkeitsstätte). Da eine Kollegin in der Zweigstelle Torgau erkrankt ist, hat Kai von seinem Chef die Anweisung erhalten, für voraussichtlich ein halbes Jahr ab 01.04. arbeitstäglich in Torgau zu arbeiten. Kai pendelt nun von Montag bis Freitag von Leipzig nach Torgau und zurück. Kai verlässt früh morgens ca. gegen 06:00 Uhr seine Wohnung in Leipzig und kehrt abends gegen 18 Uhr zurück. Freitags macht er bereits 12 Uhr Schluss und ist immer schon 13:30 Uhr daheim. Vom 20.04.-10.05. hat Kai Urlaub

Zum 01.06. entscheidet sich der Arbeitgeber, Kai endgültig nach Torgau zu versetzen. Kai nimmt sich ab 15.6. eine Zweitwohnung in Torgau, um in der Woche nicht mehr pendeln zu müssen. Welchen Verpflegungsmehraufwand kann er geltend machen?

Kai kann an jedem Arbeitstag (montags bis donnerstags) ab 01.04. bis zum 31.05. -sofern er mehr als 8 Stunden von daheim abwesend war- 14 EUR ansetzen, da er sich berufsbedingt außerhalb seiner Wohnung und außerhalb seiner ersten Tätigkeitsstätte aufhält. Freitags kann er keinen Verpflegungsmehraufwand ansetzen, da er nicht mehr als 8 Stunden außerhalb seiner Wohnung war. Ab 01.06. begründet er seine erste Tätigkeitsstätte in Torgau, so dass er ab 01.06. keinen Verpflegungsmehraufwand mehr geltend machen kann. Ab 15.06. begründet Kai jedoch seinen zweiten Wohnsitz in Torgau (sog. doppelte Haushaltsführung), so dass er ab diesem Zeitpunkt wieder Verpflegungsmehraufwand geltend machen kann. An den Anreise- und Abreisetagen (montags Anreise; freitags Abreise) kann er 14 EUR ansetzen, dienstags, mittwochs und donnerstags kann er aufgrund seiner ganztägigen Abwesenheit sogar 28 EUR geltend machen. Obwohl Kai die doppelte Haushaltsführung erst am 15.06. begründet hat, kann er die Verpflegungsmehraufwendungen nur bis zum 30.06. geltend machen, da zu diesem Zeitpunkt die 3-

---

[96] z.B. ca. 14 Anreisetage zu 14 EUR; 13 Abreisetage zu 14 EUR; 39 ganze Tage zu je 28 EUR = 1.470 EUR.

Monatsfrist abläuft. Die Zeit, die Kai als Auswärtstätigkeit in Torgau verbracht hat, wird nämlich auf den 3-Monatszeitraum angerechnet.

71   **Kürzung des Verpflegungsmehraufwandes**
Werden Dienstreisende anlässlich oder während ihrer Dienstreise vom Arbeitgeber oder auf dessen Veranlassung von einem Dritten verpflegt, müssen die Pauschbeträge für Verpflegungsmehraufwendungen gekürzt werden.

- **Frühstück:** Für ein Frühstück werden 20% des maximalen Tagessatzes für eine 24-stündige Abwesenheit (20% von 28 EUR = **5,60 EUR**) angerechnet.
- **Mittag- und Abendessen:** Für ein Mittag- oder Abendessen werden 40% des maximalen Tagessatzes für eine 24-stündige Abwesenheit (40% von 28 EUR= **11,20 EUR**) angerechnet.

Fall 19:
Frithjof besucht berufsbedingt ein 3-tägiges Seminar im schönen Brühl bei Bonn. Am ersten Tag reist er an. Am zweiten und dritten Tag erhält er ein kostenloses Mittagessen des Seminarveranstalters und am dritten Tag reist er nachmittags ab und erreicht abends seine Wohnung.

Frithjof kann daher für den ersten Tag 14 EUR, für den zweiten Tag (28 EUR -11,20 EUR) = 16,80 EUR und für den dritten Tag (14 EUR - 11,20 EUR) = 2,80 EUR, insgesamt 33,60 EUR Verpflegungsmehraufwand ansetzen.

72   **7.2.3. doppelte Haushaltsführung**
Die Kosten für das Wohnen und die Verpflegung (sog. Haushaltsführung) gehören eigentlich zur privaten Sphäre und damit zu den nicht abziehbaren Lebenshaltungskosten, § 12 Nr. 1 EStG. Ausnahmsweise können „Mehrausgaben[97]", die dem Beschäftigten wegen einer beruflich

veranlassten doppelten Haushaltsführung entstehen, als Werbungskosten geltend gemacht werden.
Sofern eine doppelte Haushaltsführung vorliegt, können u.a. die Kosten für die Unterkunft, eine wöchentliche Heimfahrt und ein Verpflegungsmehraufwand[98] geltend gemacht werden. [-> Anlage N-Doppelte Haushaltsführung]

---

[97] sogenannte Mehraufwendungen.
[98] maximal 3 Monate.

7.2.3.1. Voraussetzungen der doppelten Haushaltsführung

Eine doppelte Haushaltsführung liegt nur dann vor, wenn der Beschäftigte:

- eine erste Tätigkeitsstätte hat (siehe Rn.46),
- Notwendigkeit einer Zweitwohnung (d.h. Pendeln muss unzumutbar sein)[99]
- am Ort (oder in der Nähe) der ersten Tätigkeitsstätte wohnt (Zweitwohnung),
- außerhalb des Ortes der ersten Tätigkeitsstätte einen eigenen Haushalt unterhält (Hauptwohnung),
- seinen Lebensmittelpunkt am Ort der Hauptwohnung hat und
- die Begründung der doppelten Haushaltsführung beruflich veranlasst ist.

Zunächst muss überhaupt eine **erste Tätigkeitsstätte** vorliegen. Hierzu sei auf Rn.46 verwiesen.

Der Arbeitnehmer muss außerhalb des Ortes der ersten Tätigkeitsstätte seine Hauptwohnung haben.

Gerne wird übersehen, dass die Wahl einer Zweitwohnung **aus objektiven Gründen notwendig** sein muss. Notwendig ist die Zweitwohnung, wenn das arbeitstägliche „Pendeln" von der Hauptwohnung nicht zumutbar wäre. Liegt nämlich die Hauptwohnung/Lebensmittelpunkt in zumutbarer Entfernung zur ersten Tätigkeitsstätte, so gilt die Hauptwohnung als am Ort der ersten Tätigkeitsstätte belegen, was die Geltendmachung der doppelten Haushaltsführung ausschließt[100]. Der in § 9 Absatz 1 Satz 3 Nummer 5 Satz 2 EStG genannte Begriff „Ort" ist weit zu verstehen. Hiermit ist kein Ort im Sinne eines Dorfes, Kommune oder Stadt gemeint, sondern ein Bereich. Zumutbar ist das Pendeln, wenn der Arbeitnehmer eine Fahrzeit von bis zu einer Stunde je Wegstrecke unter Zugrundelegung individueller Verkehrsverbindungen und Wegezeiten in der Regel nicht überschreitet oder die Entfernung nicht mehr als 50 km beträgt[101]. Wollen Sie die doppelte Haushaltsführung geltend machen, so muss die Hauptwohnung am Lebensmittelpunkt mindestens 50km von der ersten Tätigkeitsstätte entfernt liegen oder eine tägliche Pendelzeit von ca. 1 Stunde überschreiten.

Der Arbeitnehmer muss am **Ort der Beschäftigung wohnen** (Zweitwohnung). Die Art der Unterkunft ist frei wählbar (z.B. Hotel, Fremdenzimmer, Pension, Ferienwohnung, Jugendherberge, Mietswohnung, Eigentumswohnung, Kaserne, Wohnwagen, Wohnmobil, etc.).

Am Ort der Beschäftigung wohnen bedeutet, dass der Arbeitnehmer unabhängig von Gemeinde- oder Landesgrenzen eine Unterkunft unterhält, von der aus er in zumutbarer Weise (bis zu 1 Stunde Pendelzeit oder max. 50km Entfernung) arbeitstäglich seine erste Tätigkeitsstätte aufsuchen kann.

Es muss sich dadurch die **Fahrtstrecke oder Fahrzeit zur ersten Tätigkeitsstätte wesentlich**

---

[99] Dieses Tatbestandsmerkmal entspricht dem Tatbestandsmerkmal „außerhalb des Ortes der ersten Tätigkeitsstätte die Hauptwohnung unterhält" und dient nur zur besseren Darstellung.
[100] BFH, Urteil vom 16.11.2017, Az.: VI R 31/16 BStBl 2018 II S. 404.
[101] Rn. 102 des BMF-Schreibens „Steuerliche Behandlung der Reisekosten von Arbeitnehmern" vom 25.11.2020, Gz.: IV C 5 - S 2353/19/10011 :006; BStBl 2020 I S. 1228.

verkürzen[102]. Ausreichend ist dabei, wenn der Weg von der Zweitunterkunft zur ersten Tätigkeitsstätte weniger als die Hälfte der Entfernung von der Hauptwohnung zur ersten Tätigkeitsstätte beträgt oder die Fahrtzeit dadurch halbiert wird.

> **Beispiel:**
> Ist die kürzeste Streckenverbindung zwischen Hauptwohnung und erster Tätigkeitsstätte 80 km, muss die Zweitwohnung im Umkreis von weniger als 40 km der ersten Tätigkeitsstätte gelegen sein.

74 **Der Arbeitnehmer muss außerhalb des Ortes der ersten Tätigkeitsstätte einen eigenen Haushalt unterhalten** (Hauptwohnung).

Die Hauptwohnung muss eingerichtet und den Lebensbedürfnissen des Arbeitnehmers entsprechend. Der Arbeitnehmer muss in der Hauptwohnung einen eigenen Haushalt unterhalten. Er unterhält einen eigenen Haushalt, wenn er die **Haushaltsführung ganz oder wesentlich bestimmt**. Es reicht nicht aus, wenn er lediglich im Haushalt seiner Eltern eingegliedert ist. Dabei ist eine Gesamtwürdigung der Verhältnisse vorzunehmen, d.h. welche (mehrere) Indizien sprechen für eine eigene Haushaltsführung. Der Steuerpflichtige muss ein gesetzliches **Recht zur Nutzung der Wohnung** haben (z.B. Mietvertrag, Nießbrauchrecht oder Wohnungseigentum). Ausreichend ist aber auch ein gemeinsames oder abgeleitetes Nutzungsrecht, z.B. das Mitbewohnen einer Wohnung ohne Mietvertrag in der Wohnung des Lebensgefährten. Dies setzt in jedem Fall jedoch eine **gewisse finanzielle Beteiligung** an der Haushaltsführung in einem gewissen Umfang voraus[103]. Der Umfang sollte regelmäßig **mehr als 10%** der gesamten Haushaltskosten (Miete, Energie, Nebenkosten, Telefon, Verpflegung) betragen. Dabei braucht der Beitrag nicht zwangsläufig monatlich in Barleistungen erfolgen, sondern kann auch auf andere Weise ausgeglichen werden[104]. Die finanzielle Beteiligung an den Kosten der Lebensführung darf dabei nicht erkennbar unzureichend sein. Hier kommt es nicht starr auf die o.g. 10%-Grenze bei der Beteiligung der Kosten an, sondern auf die gesamten Umstände des Einzelfalls[105].

75 Nicht ausreichend ist, wenn der Steuerpflichtige nur ein Zimmer im Haus seiner Eltern bewohnt (z.B. **Studenten oder Azubis**). Zwar kann ein eigener Hausstand auch in Räumlichkeiten geführt werden, die nur über ein gemeinschaftlich genutztes Bad oder Küche[106] verfügen, jedoch nur dann, wenn andere gewichtige Indizien für eine eigene Wohnung sprechen. Eine fehlende Küche oder Bad ist ein gewichtiges Indiz, dass der Steuerpflichtige in einen fremden Haushalt eingegliedert ist[107]. Bei **jungen Steuerpflichtigen**, die noch im Haushalt der Eltern leben, ist trotz finanzieller Beteiligung an

---

[102] Rn. 104 des BMF-Schreibens „Steuerliche Behandlung der Reisekosten von Arbeitnehmern" vom 25.11.2020, Gz.: IV C 5 - S 2353/19/10011 :006; BStBl 2020 I S. 1228.
[103] Bis 2013 war eine eigene Kostenbeteiligung nicht zwingend notwendig. Ab VZ 2014 mind. 10%..
[104] Rn. 101 des BMF-Schreibens vom 25.11.2020, Gz.:IV C 5 - S 2353/19/10011 :006 BStBl 2020 I S. 1228.
[105] BFH, Urteil vom 12.01.2023, Az.: VI R 39/19.
[106] Vgl. BFH, Urteil vom 30.07.2009, BFH/NV 2009, S.1986; BFH/NV 2010, S.411.
[107] BFH, Urteil vom 28.08.2014, BFH/NV 2015 S. 17).

den Haushaltskosten <u>regelmäßig</u> davon auszugehen, dass sie <u>keinen eigenen Haushalt</u> führen. Anders bei erwachsenen, wirtschaftlich selbstständigen, (bereits in einer gefestigten Beziehung gelebt haben oder verheiratet waren[108]) Kindern, die schon einmal aus dem heimischen Elternhaus ausgezogen waren. Hier liegt die Vermutung nahe, dass es sich um einen sogenannten Mehrgenerationenhaushalt handelt.

Auch müssen dem Steuerpflichtigen nicht zwangsläufig Mietkosten entstehen. Jedoch stellt auch die unentgeltliche Nutzungsüberlassung einer Wohnung (z.B. Eltern stellen leeres Haus kostenlos und dauerhaft zur Verfügung) ein gewichtiges Indiz gegen einen eigenen Hausstand dar[109]. Ein gewichtiges Indiz für einen eigenen Hausstand stellt hingegen die entgeltliche (und fremdübliche) Überlassung einer Wohnung dar[110]. Ein ganz wesentliches Indiz ist auch die Ausstattung der Wohnung im Vergleich zur Zweitwohnung. Die Hauptwohnung sollte von der Größe und Ausstattung bedeutender sein als die Zweitwohnung. Es sollte für einen Außenstehenden deutlich werden, dass die Hauptwohnung nicht nur für gelegentliche Besuche vorgehalten wird.

Die Hauptwohnung muss am Mittelpunkt der Lebensinteressen liegen. 76

Das ist in der Regel dort, wo sich der Arbeitnehmer regelmäßig aufhält, d.h. der Ort, wo sich der Arbeitnehmer außer der arbeits- oder urlaubsbedingten Abwesenheit gewöhnlich aufhält und sein Privatleben führt.

Auch die Bestimmung des Lebensmittelpunktes erfolgt nicht starr, sondern anhand von Indizien.

Bei <u>Verheirateten</u>[111] wird davon ausgegangen, dass regelmäßig die Wohnung Hauptwohnung ist, wo der Ehegatte hauptsächlich lebt[112]. Bei <u>nicht verheirateten Arbeitnehmern</u> ist der Lebensmittelpunkt dort, wo enge persönliche Beziehungen bestehen. Hier ist die Frage zu stellen, wo der Arbeitnehmer gesellschaftlich „verwurzelt" ist, d.h., wo der Schwerpunkt der persönlichen Bindungen an Bezugspersonen (z.B. Eltern, Kinder, Freunde und Bekannte) bestehen. Sucht der Arbeitnehmer seine Hauptwohnung mindestens zweimal monatlich auf, so ist davon auszugehen, dass sich dort sein Lebensmittelpunkt befindet[113].

Gegen einen Lebensmittelpunkt kann aber auch die Größe und Ausstattung der Wohnung am Ort der ersten Tätigkeitsstätte sprechen, wenn diese qualitativ und quantitativ besser ausgestattet ist, als die Wohnung am „behaupteten" Ort des „Lebensmittelpunktes"[114].

---

[108] BFH, Urteil vom 28.03.2012, BStBl. II 2012 S.800.
[109] BFH, Urteil vom 14.06.2007, BStBl. II 2007, S.890.
[110] BFH, Urteil vom 14.07.2007, BStBl. II 2007, S.890; FG Baden-Württemberg, Urteil vom 09.06.2011, Az.: 2 K 4399/09.
[111] Dies trifft natürlich auch auf eingetragene Lebenspartnerschaften zu.
[112] Allerdings muss der Arbeitnehmer den Ehegatten mindestens 6 mal im Kalenderjahr besuchen, vgl. R 9.10. Abs. 1 S.4, S.5. LStR.
[113] siehe auch R 9.10 Abs.1 S.6 bis 8 LStR.
[114] BFH, Urteil vom 26.07.2012, BStBl. II 2013, S. 208; BFH, Urteil vom 2605.10.1994, BStBl. II 1995 S.180.

Fall 20:

Nach dem Studium bekommt Philipp eine Anstellung im 400 km entfernten München. In seinem Heimatort Frankfurt a.M. bewohnt er noch eine eigene 1-Zimmer-Wohnung (25m²) mit gemeinschaftlicher Küchennutzung im Haus seiner Eltern. In München lebt er in einer 3-Zimmer-Wohnung (75 m²). Philipp gibt an mindestens zweimal im Monat seine Wohnung in Frankfurt a.M. aufgesucht zu haben. Wo liegt sein Lebensmittelpunkt?

Grundsätzlich kann es ausreichend sein, wenn Philipp zweimal im Monat seine Wohnung in Frankfurt a.M. aufsucht. Im vorliegenden Fall sprechen jedoch eine Reihe von Indizien dafür, dass sich sein Lebensmittelpunkt nicht in Frankfurt a.M., sondern in München befindet. Zwar leben seine Eltern als Bezugspersonen in Frankfurt a.M. Jedoch spricht bei alleinstehenden Arbeitnehmern mit zunehmender Dauer der Auswärtstätigkeit immer mehr dafür, dass die eigentliche Haushaltsführung an den Ort der Beschäftigung verlegt worden ist[115]. Als gewichtiges Indiz spricht auch die Größe der Wohnung gegen den Lebensmittelpunkt in Frankfurt a.M. Die Finanzverwaltung wird daher davon ausgehen, dass Philipp seinen Lebensmittelpunkt in München hat und daher die Anerkennung der doppelten Haushaltsführung ablehnen.

Die melderechtliche Bestimmung Ihrer Wohnung (als Haupt- oder Nebenwohnung) kann ein Indiz sein.

Lebt ein alleinstehender Arbeitnehmer in der Wohnung am Beschäftigungsort mit seinem Lebensgefährten zusammen, so befindet sich der Lebensmittelpunkt regelmäßig am Beschäftigungsort, auch wenn die eigenen Eltern oder Freunde am anderen Ort wohnen[116].

Praxistipp:

Weisen Sie der Finanzverwaltung nach, dass Ihr Lebensmittelpunkt am gewünschten Ort liegt, indem Sie Belege für eine gesellschaftliche Teilhabe an diesem Ort vorlegen, z.B. Vereinsmitgliedschaften, Zeitungsabos auf Ihren Namen, Mitgliedschaft in einer Kirche, Benennung von Lebensgefährten, Kindern, etc.

Auch Hauptwohnungen (Lebensmittelpunkt) im Ausland werden grundsätzlich akzeptiert. Umso größer die Entfernung ist, umso geringer sind die Anforderungen. So muss der Arbeitnehmer mindestens einmal im Jahr seine Hauptwohnung im Ausland aufsuchen. Auch bei Abwesenheit des Arbeitnehmers muss sich in seiner Hauptwohnung im Ausland hauswirtschaftliches Leben abspielen und er muss sich persönlich am hauswirtschaftlichen Leben beteiligen und es maßgeblich finanziell unterstützen[117].

---

[115] BFH, Urteil vom 21.04.2010, BFH/NV 2010, S.1894.
[116] BFH, Urteil vom 08.10.2014, VI R 16/14; FG München, Urteil vom 25.07.2012, EFG 2012 S.2200.
[117] R 9.11. Abs.3, S.5 LStR.

Die Begründung der doppelten Haushaltsführung muss auch beruflich veranlasst sein.

Die Zweitwohnung am Ort der ersten Tätigkeitsstätte (oder in ihrer Umgebung) muss unterhalten werden, um von dort aus regelmäßig die erste Tätigkeitsstätte aufzusuchen.

Fall 21:

Konrad wohnt und arbeitet in Leipzig. Da Konrad eine Frau aus dem 80 km entfernten Chemnitz kennengelernt hat, zieht er ihr zuliebe nach Chemnitz. Seine Leipziger Wohnung behält Konrad, um unter der Woche von dort aus seine Arbeitsstelle aufzusuchen. Ist die doppelte Haushaltsführung beruflich veranlasst?

Die doppelte Haushaltsführung ist auch dann beruflich veranlasst, wenn der Arbeitnehmer aus privaten Gründen seinen Lebensmittelpunkt vom Arbeitsort wegverlegt, die Wohnung behält und sich am Ort des Lebensmittelpunktes eine neue Wohnung nimmt. Die doppelte Haushaltsführung von Konrad ist daher beruflich veranlasst. Allerdings darf im Zeitpunkt der Wegverlegung des Lebensmittelpunktes vom Arbeitsort nicht bereits geplant sein, den Lebensmittelpunkt an den Arbeitsort zurückzuverlegen[118].

Fall 22:

Paul und Paula sind seit 3 Jahren verheiratet und leben in der strukturschwachen Region Hof. Beide finden in der Metropolregion um München einen Arbeitsplatz und suchen sich in München eine gemeinsame Zweitwohnung. Beide pendeln montags nach München und freitags zurück nach Hof, wo ihre Freunde und ihre Familie leben. Liegt eine doppelte Haushaltsführung vor?

Ja, vermutlich. Beziehen beide berufstätigen Ehegatten am gemeinsamen Beschäftigungsort eine gemeinsame Wohnung, so ist dies beruflich veranlasst[119]. Unschädlich ist auch, dass beide gemeinsam pendeln. Allerdings stellt sich in einer solchen Konstellation die Frage des Lebensmittelpunktes. Hier müssten besondere Indizien vorliegen, die für einen Lebensmittelpunkt in Hof sprechen.

Fall 23:

Katharina und David sind verheiratet und wohnen mit ihrer Tochter Alexandra in Leipzig. David arbeitet in Leipzig und Katharina ist Hausfrau. Die Familie hat am Berliner Wannsee ein Ferienhaus, wo sie die Sommermonate gemeinsam leben. Während dieser Zeit fährt David montags nach Leipzig und freitags nach Berlin, um mit seiner Familie das Wochenende zu verbringen. Kann David die doppelte Haushaltsführung geltend machen?

Nein. Die doppelte Haushaltsführung ist nicht beruflich veranlasst, da die Wohnung in Leipzig nicht

---

[118] FG Köln Urteil vom 22.06.2023 - 11 K 3123/18.
[119] R 9.11 Abs.2 S.2,3 LStR.

ausschließlich aus beruflichen Gründen bewohnt wird. Es ist von vornherein geplant, die Wohnung in Leipzig in den Wintermonaten wieder gemeinsam zu nutzen.

Fall 24:

Mike wohnt mit seiner Ehefrau Mandy in Köln und hat eine kleine Zweitwohnung in Hamburg, da er dort arbeitet. Das Arbeitsverhältnis wird zum 30.04. fristlos gekündigt. Aufgrund der Kündigungsfrist wird das Wohnungsmietverhältnis in Hamburg erst zum 31.08. aufgelöst. Kann Mike die Miete der Zweitwohnung für die Monate Mai, Juni, Juli und August noch geltend machen?

Ja. Zwar liegen die Voraussetzungen der doppelten Haushaltsführung nicht mehr vor, jedoch stehen die Mietkosten noch im Zusammenhang mit der doppelten Haushaltsführung. Daher kann Mike diese Kosten noch geltend machen.

7.2.3.2. Auswirkungen der doppelten Haushaltsführung

7.2.3.2.1. Kosten der Unterkunft

78 Liegt eine doppelte Haushaltsführung vor, so kann der Arbeitnehmer die **Kosten der Unterkunft** am Arbeitsort bis zu einem (nachgewiesenen) Betrag von 1.000 EUR pro Monat steuerlich als Werbungskosten geltend machen (§ 9 Abs.1 S.3, Nr.5 S.4 EStG). In der Wahl der Unterkunft sind Sie frei (z.B. Hotel[120], Pension, Fremdenzimmer, Untermietverhältnis, WG, Mietwohnung, Eigentumswohnung, etc.).

Bei längerem Verbleib werden oft normale Wohnungen bevorzugt. Zu den Kosten der Zweitwohnung gehören (Kaltmiete, Nebenkosten, Strom, Rundfunkbeitrag, „Zweitwohnungssteuer", ggf. Mietkosten für Garage oder Stellplatz, Umzugskosten, Maklerkosten, Hausratsversicherung f. Zweitwohnung, Reinigungskosten, etc.). Der Arbeitnehmer kann sich aber auch eine Wohnung kaufen. Dann kann der Arbeitnehmer Finanzierungskosten (Zinsaufwand), Hausgeld, Versicherungsaufwendungen, öffentliche Abgaben und AfA[121] geltend machen.

79 Beziehen Sie eine unmöblierte oder teilmöblierte Wohnung, so können Sie außerdem eine **notwendige angemessene** Erstausstattung geltend machen[122]. Die Kosten für den Kauf der Erstausstattung der Zweitwohnung fallen nicht unter die o.g. 1000,- EUR Begrenzung. Das Notwendigkeitsgebot bezieht sich dabei auf die Art des Gegenstandes und auch auf die Höhe der Anschaffungskosten. Damit sind Einrichtungsgegenstände umfasst, die ihrer Art nach zum Leben einer Einzelperson in einer Zweitwohnung erforderlich sind, sofern die Anschaffungskosten nicht als überhöht anzusehen sind[123]. Anknüpfungspunkt sind dabei objektive Kriterien, die von den konkreten Einkommens- und Lebensverhältnissen des Steuerpflichtigen unabhängig sind. Aber auch die

---

[120] Zu den Unterkunftskosten gehören nicht die Kosten für das Frühstück. Das Frühstück muss aus dem Preis des Zimmers herausgerechnet werden.
[121] Abschreibung.
[122] BFH-Urteil vom 4. April 2019, Az.: VI R 18/17, BStBl 2019 II S. 449; BFH, Urteil vom 03.12.1982, Az.: VI R 228/80.
[123] BFH, Urteil vom 09.08.2007, Az.: VI R 10/06, BStBl. 2007 II S.820.

Anschaffung wohnraumbezogener Ausstattungsgegenstände kann geltend gemacht werden, sofern sie die Teilhabe am kulturellen Leben und der allgemeinen Informationsdeckung des Steuerpflichtigen dienen[124].

Beachten Sie dabei, dass Sie nur Einrichtungsgegenstände bis 952 EUR (brutto, also inkl. MwSt.)[125] sofort im aktuellen Jahr steuerlich abschreiben können[126].

Zur Erstausstattung gehören:

- Bett
- Stühle
- Tische
- Schränke
- Spüle
- Herd
- Kühlschrank
- Badezimmereinrichtung
- Vorhänge
- Waschmaschine
- Sofa
- Lampen
- Hausratsgegenstände, wie z.B. Töpfe, Geschirr, Pfannen, Staubsauger, Kaffeemaschine (wohl auch Kaffeevollautomaten)
- Fernseher[127] oder Radio[128]wecker bzw. Uhr
- ggf. Zweitfahrrad
- Festnetzanschluss ggf. Kabelanschluss (Telefon und Internetzugang)
- Zweit-PC (Laptop)

Fall 25:

Grit kauft für ihre Zweitwohnung einen italienischen Premium-Kaffeevollautomaten für 1.980,- EUR. In ihrer Hauptwohnung hat sie dagegen nur eine einfache Kaffeemaschine für 120 EUR. Kann Grit die Kaffeemaschine als Erstausstattung geltend machen?

---

[124] vgl. dazu Geserich, "Doppelte Haushaltsführung: Kosten der Unterkunft am Beschäftigungsort", in NWB 30/2016, S. 2258 (2261).

[125] Mit Wirkung zum 1.1.2018 wurde die Höchstgrenze der Sofortabschreibung bei Geringwertigen Wirtschaftsgütern (GWG) von 410,- EUR auf 800,- EUR netto erhöht. Der Betrag in Höhe von 952,- EUR entspricht dem Bruttobetrag.

[126] siehe dazu § 9 I 3 Nr. 7 EStG.

[127] Meines Erachtens zählt ein einfaches TV-Gerät zur Grundausstattung, da mit dem Fernsehgerät die kulturelle und informative Grundversorgung sichergestellt werden kann. Ob ein Fernseher zur Erstausstattung gehört ist jedoch rechtlich umstritten. Bejahend: Urteil Niedersächsisches FG vom 11.3.1998, II 459/96; Geserich (Richter am BFH), "Doppelte Haushaltsführung: Kosten der Unterkunft am Beschäftigungsort" in NWB 30/2016 S.2258 (2261); ablehnend: FG Berlin-Brandenburg, Urteil vom 22.06.2011, Az: 9 K 9079/08; FG Saarland, EFG 92, 596; FG Köln, Urteil vom 05.02.1992, Az.: 4 K 5056/87.

[128] FG Saarland, Urteil vom 29.08.2001, Az.: 1 K 120/00.

Es dürfte objektiv an der Angemessenheit des Einrichtungsgegenstandes fehlen. Eine Kaffeemaschine für 1.980,- EUR ist nach allgemeinen Verständnis Luxus und gehört nicht zur notwendigen angemessenen Ausstattung einer Wohnung.

Aus **Vereinfachungsgründen** hat das Bundesministerium für Finanzen allerdings eine Regelung erlassen, wonach Anschaffungskosten für Einrichtungsgegenstände von insgesamt **5.000 EUR** (inkl. MwSt) ohne weitere Prüfung als angemessen gelten[129].

Damit dürfte Grit die Anschaffungskosten für den Kaffeevollautomaten anerkannt kriegen, wenn Sie insgesamt nicht mehr als 5.000 EUR Anschaffungskosten beim Finanzamt geltend gemacht hat.

Praxistipp:
o   heben Sie sich die Kassenbelege gut auf;
o   versuchen Sie die Einrichtungsgegenstände am Ort der Zweitwohnung zu kaufen[130]
o   denken Sie an die sofortige Abschreibungsgrenze von 952,- EUR (brutto) pro Anschaffungsgegenstand

Fall 26:
Sandra kauft sich am 01.07.2024 für ihre Zweitwohnung einen Waschtrockner für 998,- EUR. Was muss Sandra beachten?

Der Kaufpreis übersteigt einen Betrag von 952,- EUR (brutto), d.h. Sandra kann die Waschmaschine nicht sofort abschreiben. Sie muss die Waschmaschine nun über die gesamte zu erwartende (pauschalisierte) Nutzungsdauer von 10 Jahren abschreiben. Die Nutzungsdauer sind in sog. AfA-Tabellen[131] pauschalisiert. Sandra muss nun die Anschaffungskosten auf 10 Jahre verteilen. Da sie die Waschmaschine erst im Juli gekauft hat, kann sie im Jahr 2024 nicht das volle Jahr, sondern nur sechs Monate geltend machen. Die Waschmaschine wird über 120 Monate abgeschrieben. Sandra kann daher in 2024 nur 6/120 von 998 EUR, also insgesamt nur 50,- EUR[132] als Anschaffungskosten abschreiben, d.h. steuerlich geltend machen. Sofern sie auch im ganzen Jahr 2024 die doppelte Haushaltsführung beibehält, kann sie 2024 ein volles Jahr, d.h. 12/120 von 998 EUR und damit insgesamt 100 EUR steuerlich absetzen.

---

[129] Rn. 108 des BMF-Schreibens „Steuerliche Behandlung der Reisekosten von Arbeitnehmern" vom 25.11.2020, Gz.: IV C 5 - S 2353/19/10011 :006; BStBl 2020 I S. 1228.
[130] Zwar sind Sie dazu nicht verpflichtet, jedoch stellt sich anderenfalls die berechtigte Frage, warum Sie am Hauptwohnsitz Gegenstände kaufen und diese dann an den Zweitwohnsitz verbringen. Hier könnte der Sachbearbeiter kritisch nachfragen.
[131] Waschmaschine 10 Jahre; Herd 5 Jahre; Spülmaschine, Kühlschrank, Waschtrockner 7 Jahre; Bett, Sofa 10 Jahre; Fernseher 6 Jahre.
[132] aufgerundet von 49,90 EUR.

Fall 27:

Sandra gibt in ihrer Steuererklärung an, dass sie eine Waschmaschine für 500,- EUR für ihre Zweitwohnung, als notwendigen Einrichtungsgegenstand im Rahmen der doppelten Haushaltsführung, von einem großen Elektrofachmarkt erworben hat. Dazu reicht sie die Kaufquittung ein. Aus der Kaufquittung ergibt sich, dass Sandra die Waschmaschine am Ort der Hauptwohnung gekauft. Die Hauptwohnung ist ungefähr 500 km von der Zweitwohnung entfernt. Wie wird das Finanzamt reagieren?

Das Finanzamt wird vermutlich bezweifeln, dass die Waschmaschine für die Zweitwohnung erworben wurde. Nach allgemeinen Erfahrungssätzen ist es unglaubwürdig, eine Waschmaschine am Ort der Hauptwohnung zu kaufen, um sie danach 500 km weit zur Zweitwohnung zu transportieren. Das Finanzamt wird zur Glaubhaftmachung Nachweise für einen Transport der Waschmaschine fordern. Kann Sandra den Transport der Waschmaschine nicht nachweisen, so wird das Finanzamt die 500,- EUR Kaufpreis vermutlich nicht als Werbungskosten anerkennen.

Praxis-Tipp:

Achten Sie bereits beim Kauf von Einrichtungsgegenständen darauf, dass Sie die Sachen am Ort oder in unmittelbarer Umgebung Ihres Zweitwohnsitzes erwerben. Das erspart Ihnen lästiges Nachfragen durch das Finanzamt.

7.2.3.2.2. Familienheimfahrten

Neben den Kosten für die Unterkunft können Sie auch einmal pro Woche eine Familienheimfahrt geltend machen. Die Familienheimfahrt ist mit der Entfernungspauschale (Pendlerpauschale) vergleichbar. Für die Familienheimfahrten ist die Entfernung zwischen Hauptwohnung und Zweitwohnung anzusetzen, sofern Sie diese Strecke tatsächlich zurücklegen[133].

Sie müssen hier die einfache Entfernung der kürzesten Strecke ansetzen, wobei Sie auch eine längere Strecke ansetzen können, sofern diese offensichtlich verkehrsgünstiger ist. Die Pauschale beträgt wie bei der Entfernungspauschale (Pendlerpauschale) verkehrsmittel- und aufwandsunabhängig 0,30 EUR für die ersten 20 Kilometer der Entfernung. Ab dem 21. Kilometer der Entfernung dürfen Sie 0,38 EUR[134] ansetzen. Im Unterschied zur Entfernungspauschale gilt bei der Familienheimfahrt die Obergrenze von 4.500 EUR nicht.

Fahren Sie öfters unter der Woche heim, so können Sie dennoch nur einmal die Familienheimfahrt zum Ansatz bringen. Auch ist irrelevant, ob Ihnen Kosten entstehen (z.B. ein Arbeitskollege nimmt Sie regelmäßig kostenlos mit).

Fahren Sie mit öffentlichen Verkehrsmitteln, können Sie alternativ die tatsächlich entstanden Kosten ansetzen, wenn diese im Jahr die Entfernungspauschale übersteigen.

---

[133] Berger in NWB 2015, S.3392ff.
[134] Vgl. § 9 Abs. 1 Nr.5, S.9 EStG.

Es werden ohne weitere Nachweise **maximal 46 Familienheimfahrten** akzeptiert, da das Finanzamt von 6 Wochen Jahresurlaub ausgeht.

Machen Sie mehr als 46 Familienheimfahrten geltend –z.B. da sie immer nur einzelne Tage Urlaub genommen haben- so wird Sie ggf. das Finanzamt auffordern, eine Bescheinigung Ihres Arbeitgebers vorzulegen, aus der entnommen werden kann, dass Sie an mehr als 46 Wochen die Arbeitsstätte aufgesucht haben.

Beispiel:

Der Arbeitnehmer fährt Sonntagabend von seiner Hauptwohnung in seine Zweitwohnung. Am Montagmorgen fährt er von der Zweitwohnung auf Arbeit und danach zurück zur Zweitwohnung. Dienstags, Mittwochs und Donnerstags und Freitags pendelt er von der Zweitwohnung zur Arbeitsstelle. Freitags fährt er ebenfalls von der Zweitwohnung aus zur Arbeitsstelle, danach fährt er noch kurz zur Zweitwohnung, um seine Sachen zu packen und reist danach zur Hauptwohnung.

Hier kann der Arbeitnehmer einmal pro Woche die Familienheimfahrt (einfache Entfernungsstrecke Hauptwohnung - Zweitwohnung geltend machen. Daneben kann er zusätzlich auch die Pendlerpauschale (Entfernungspauschale) geltend machen, da er arbeitstäglich von seiner (Zweit-) Wohnung aus zur Arbeit gefahren ist.

---

81 Fährt der Arbeitnehmer jedoch regelmäßig mehrfach pro Woche nach Hause, so kann es für ihn günstiger sein, wenn er auf die Geltendmachung der doppelten Haushaltsführung verzichtet und nach der allgemeinen Entfernungspauschale abrechnet. Insoweit steht dem Arbeitnehmer ein **Wahlrecht** zu.

Fall 28:

Kurt fährt 3 mal wöchentlich von der Hauptwohnung auf Arbeit (200 km Entfernung). 2 mal wöchentlich fährt er von seiner Zweitwohnung aus auf Arbeit (Entfernung 2km). Die Unterkunftskosten belaufen sich auf 300 EUR pro Monat. Der Arbeitnehmer hat an 230 Tagen gearbeitet. Welche Berechnungsmethode ist für Kurt günstiger?

Dazu folgende Berechnung:

a) Abrechnung doppelte Haushaltsführung

46 Familienheimfahrten zu je 20 km x 0,30 EUR	=	276,- EUR
46 Familienheimfahrten zu je 180 km x 0,38 EUR		3.147,- EUR
46 Familienheimfahrten zu je 200 km:		3.423,- EUR

90

92 Tage[135] x 2km x 0,30 EUR (Pendlerpauschale)		=	55,20 EUR
12 x 400 EUR (Unterkunftskosten)		=	4.800 EUR

Werbungskosten gesamt[136]:			**8.278,20 EUR**

b) Abrechnung nach Entfernungspauschale

138 Tage x 20 km x 0,30 EUR		=	828,- EUR
138 Tage x 180km x 0,38 EUR		=	9.440,- EUR
138 Tage[137]x 200km (Entfernungspauschale)		=	10.268,- EUR[138]
92 Tage x 2 km x 0,30 EUR		=	55,20 EUR

Werbungskosten gesamt:			**10.323,20 EUR**

Für Kurt wäre die Abrechnung nach der Entfernungspauschale günstiger. Aber Achtung! Das Finanzamt wird Nachweise dafür verlangen, dass Kurt diese Strecke tatsächlich gefahren ist. Arbeitnehmer können die Abrechnungsmethode pro Kalenderjahr einmal festlegen. Ein Wechsel im Jahr ist nicht möglich, es sei denn, die doppelte Haushaltsführung wird beendet und eine neue doppelte Haushaltsführung wird begründet.

Auch **Unfallkosten**, die auf Familienheimfahrten (oder Rückfahrten zur Zweitwohnung) entstehen, können -wie bei der Entfernungspauschale- zusätzlich geltend gemacht werden. Insoweit sei auf die Ausführungen zu den Unfallkosten im Rahmen der Entfernungspauschale (Rn. 62) verwiesen.

82

7.2.3.2.3. Verpflegungsmehraufwand:

83

Für die ersten 3 Monate der doppelten Haushaltsführung können Sie auch einen Verpflegungsmehraufwand geltend machen. Hier sei auf die Ausführungen zur Rn. 69ff. verwiesen.

Praxis-Tipp:

Beachten Sie, dass nach einem Unterbrechungszeitraum von mind. 4 Wochen die 3-Monatsfrist erneut beginnt. Die Ursache für die Unterbrechung von 4 Wochen ist dabei irrelevant. Der Verpflegungsmehraufwand beträgt für den klassischen Wochenpendler (Pendler fährt montags früh von seiner Hauptwohnung auf Arbeit und fährt freitags nach der Arbeit zur Hauptwohnung zurück) ca. 1.470,- EUR[139]. Sofern der Pendler 2 Wochen krankheitsbedingt seine Zweitwohnung nicht

---
[135] Ausgehend von insgesamt 230 Arbeitstagen (2/5)= 92 Tage.
[136] ggf. noch der Verpflegungsmehraufwand für die ersten 3 Monate.
[137] Ausgehend von insgesamt 230 Arbeitstagen (3/5) = 138 Arbeitstage.
[138] Beachten Sie jedoch die 4.500 EUR Obergrenze, d.h. Sie können den Betrag oberhalb von 4.500 EUR nur dann geltend machen, wenn Sie einen eigenen oder zur eigenen , freien Nutzung überlassenen PKW benutzen.
[139] z.B. ca. 14 Anreisetage zu 14 EUR; 13 Abreisetage zu 14 EUR; 39 ganze Tage zu je 28 EUR = 1.470 EUR.

aufgesucht hat, sollte er überlegen, ob er nicht noch 2 Wochen Urlaub dranhängt, um 4 Wochen von seiner Zweitwohnung abwesend gewesen zu sein. Danach könnte er ein weiteres Mal den Verpflegungsaufwand beanspruchen und ca. 1.470 EUR erneut steuerlich geltend machen. Entsprechendes gilt auch für eine längere Dienstreise. Überprüfen Sie, ob Sie mit Urlaub einen 4 Wochen Abwesenheitszeitraum von ihrer Zweitwohnung „konstruieren" können. Bei einem Grenzsteuersatz von 25% entspräche dies einem steuerlichen Vorteil von ca. 360 EUR, d.h. Sie können mit einer um ca. 360 EUR höheren Steuererstattung rechnen.

84   **7.2.3.2.4. Leistungen / Erstattungen durch den Arbeitgeber:**

Erhalten Sie (steuerfreie) Erstattungen Ihres Arbeitgebers für das Pendeln, für beruflich bedingte Reisen oder doppelte Haushaltsführung, so müssen Sie diese Erstattungen von den oben genannten Werbungskosten abziehen.

Wenn Ihr Arbeitgeber Ihnen Unterkunft und Verpflegung kostenfrei zur Verfügung stellt, dann ist Ihnen kein Aufwand entstanden. Sie können dann diesbezüglich keine Werbungskosten geltend machen.

85   **7.3. Bewerbungskosten**

Die Kosten für die Suche nach einem Arbeitsplatz stellen Werbungskosten dar. Folgende Kosten können Sie beispielsweise als Bewerbungskosten geltend machen:

Bewerbungsfotos, Bewerbungsmappen, amtliche Beglaubigungen, Ausfertigungen und Kopien von Zeugnissen, Briefpapier, Schreibmaterialien, Porto, Briefpapier, Zeitungsinserate, Telefongespräche mit potentiellen Arbeitgebern, Bücher (Bewerbungtraining), Bewerbungskurse, Fahrtkosten zu Vorstellungsgesprächen[140] (inkl. Verpflegungsmehraufwand ab 8 Stunden Abwesenheit vom Heimatort und ggf. Unfallkosten).

Nicht abzugsfähig sind die Kosten für Kleidung (z.B. Anzug) oder der Friseur vor einem Bewerbungsgespräch. Diese Kosten gehören zur privaten Lebenssphäre und werden nicht als Werbungskosten anerkannt.

Sämtliche Werbungskosten müssen Sie dem FA nachweisen oder zumindest glaubhaft machen. Welche Ausgaben sich das Finanzamt genau nachweisen lassen möchte, liegt im Ermessen des zuständigen Sachbearbeiters. Am besten ist, Sie weisen dem Finanzamt die konkreten Bewerbungskosten nach. Sammeln Sie dazu alle Quittungen und Rechnungen. Führen Sie eine Liste mit sämtlichen Bewerbungen. Um die Anzahl der Bewerbungen nachweisen zu können, sollten Sie von jeder Bewerbung (auch Initiativbewerbungen) eine Durchschrift (Kopie) anfertigen.

Bei Bewerbungen sollten Sie jedes Bewerbungsgespräch aufzeichnen und ggf. Einladungen zu Vorstellungsgesprächen gut aufbewahren. Die Fahrten zu den Vorstellungsgesprächen belegen Sie

---

[140] Siehe Reisekosten, Rn. 59ff.

92

am besten mit den Einladungsschreiben der Arbeitgeber. Wenn Sie keine Quittungen oder Rechnungen mehr haben, können Sie die Bewerbungskosten ausnahmsweise auch schätzen. Sie können sich dabei am Urteil des Finanzgerichtes Köln orientieren. Das Gericht hatte in einem konkreten Fall entschieden, dass man für eine Bewerbung ohne Bewerbungsmappe (z.B. auch Bewerbung per E-Mail) pauschal 5 DM (ca. 2,50 EUR) und mit Bewerbungsmappe sogar 17,- DM (ca. 8,50 EUR) ansetzen könne[141]. Bei der Ermittlung dieser Beträge hat das Gericht folgende Aufwendungen mit eingerechnet: Klarsichthüllen, Briefpapier, Bewerbungsmappe, Fotokopien, Druckkosten, Briefumschlag, Porto, Telefon, Archivierungskosten und ein Passbild.

Zusammenfassung:
- sammeln Sie alle Rechnungen und Quittungen im Zusammenhang mit Ihren Bewerbungen
- Führen Sie eine Liste mit allen Bewerbungen
- Fertigen Sie einen doppelten Ausdruck Ihres Bewerbungsschreibens mit Datum an und sammeln Sie Antwortschreiben der jeweiligen Arbeitgeber (zum Nachweis der Bewerbung)
- Fehlen Quittungen und Rechnungen, so schätzen Sie die Kosten. Orientieren Sie sich am Urteil des FG Köln

Praxis-Tipp:
Auch wenn Sie im betreffenden Jahr 2024 keine Einnahmen erzielt haben (z.B. wegen Arbeitslosigkeit), sollten Sie dennoch Ihre Bewerbungskosten geltend machen. Sind Ihre Bewerbungskosten höher als Ihre Einnahmen, so entsteht ein „steuerlichen" Verlust. Diese >**vorweggenommene Werbungskosten**< wirken sich zwar nicht im aktuellen Jahr aus. Sie können jedoch in Zukunft davon profitieren! Dieser Verlust kann in spätere Jahre übertragen werden. Wenn Sie später wieder mehr Geld verdienen, können Sie den Verlust aus den Vorjahren geltend machen und Ihre Steuerlast in diesen Jahren mindern.

Manchmal übernehmen auch Firmen die Kosten für Vorstellungsgespräche. Die **Kostenerstattung durch den (potentiellen) Arbeitgeber** ist zwar steuerfrei, jedoch müssen Sie die erstatteten Beträge von den Werbungskosten abziehen, da Ihnen insoweit keine Aufwendungen entstanden sind. Die Werbungskosten können Sie in-> Anlage N, Zeile 65 oder 66 eintragen.

Beispiel:
Frank wurde zu einem Vorstellungsgespräch der X-AG eingeladen. Ihm sind Reisekosten in Höhe von 100,- entstanden. Die X AG erstattet Frank pauschal 60,- EUR. Frank kann daher nur 40,- EUR als Werbungskosten ansetzen, da er nur insoweit einen eigenen Aufwand hatte.

Praxis-Tipp:
Erkennt das Finanzamt im Fall des Verlustvortrages Ihre Werbungskosten nicht in voller Höhe an, so können Sie gegen den Einkommensteuerbescheid bei einer Steuerfestsetzung von 0,- EUR (sog.

---

[141] FG Köln, Urteil vom 07.07.2004, Az.: 7 K 932/03.

Nullbescheid) mangels Beschwer keinen Einspruch einlegen. Bei einem verwehrten Verlustvortrag ist es daher erforderlich gegen den Verlustfeststellungsbescheid Einspruch einzulegen. Falls noch kein Verlustfeststellungsbescheid ergangen ist, müssen Sie innerhalb der Einspruchsfrist einen Verlustfeststellungsbescheid beantragen. Wurde hingegen der Verlust zurückgetragen, müssten sie gegen das Verlustrücktragsjahr Einspruch einlegen.

86   **7.4. Kontoführungskosten**

Nahezu alle Arbeitgeber überweisen das Gehalt auf ein privates Girokonto des Arbeitnehmers. Die Kontoführungsgebühren[142] der Kreditinstitute stellen daher teilweise Werbungskosten dar, da sie zu einem geringen Teil beruflich veranlasst sind. Eine Aufteilung in einen privaten und einen beruflich veranlassten Teil (nur dieser stellt Werbungskosten dar) ist nur schwer möglich. Daher erkennt die Finanzverwaltung einen Jahresbetrag von **16,- EUR** für die beruflich bedingte Kontoführung ohne Belege an.

Sofern Ihnen Kontoführungsgebühren entstehen (z.B. allgemeine Kontoführungsmonatsgebühr oder Gebühr für das Zusenden der Kontoauszüge, etc.), können Sie pauschal 16 EUR in Ihrer Steuererklärung angeben. Nur wenn offensichtlich keinerlei Gebühren im Zusammenhang mit ihrem Konto anfallen[143], dürfen Sie auch keine Kontoführungsgebühren geltend machen. Aufgrund des Wesens als Vereinfachungsregelung haben Sie jedoch keine Prüfungspflicht, ob überhaupt insgesamt 16 EUR angefallen sind. Nachweise müssen Sie regelmäßig keine erbringen.

Wenn Sie nachweisen, dass Sie mehrere Girokonten haben und ein Girokonto ausschließlich für Ihre Gehaltsabrechnung verwenden, könnten Sie auch theoretisch die tatsächlich nachgewiesene Kontoführungsgebühr für dieses Konto unbeschränkt geltend machen. Tragen Sie Ihre Kontoführungskosten in -> Anlage N, Zeile 65 oder 66 ein.

87   **7.5. Beiträge zu Berufsverbänden und Gewerkschaften**

Als Werbungskosten können auch Beiträge an Berufsverbände und Gewerkschaften geltend gemacht werden, § 9 Abs.1 S.3 Nr.3 EStG. Beiträge sind alle Mitglieds-, Pflicht- und Aufnahmebeiträge, Umlagen, Eintrittsgelder und auch freiwillige Umlagen, sofern sie zur Förderung der beruflichen Interessen dienen; nicht jedoch Aufwendungen für Tagungen und Sitzungen für gesellschaftliche Veranstaltungen (z.B. Weihnachtsfeiern der Gewerkschaften)[144]. [-> Anlage N, Zeile 56]

88   **7.6. Arbeitsmittel**

Regelmäßig stellt der Arbeitgeber dem Arbeitnehmer alle notwendigen Gegenstände, die dieser

---

[142] Streng genommen ist der Ausdruck "Gebühr" falsch, da es sich um vertraglich vereinbarte Entgelte handelt.
[143] z.B. bei einem kostenlosen Girokonto (z.B. bei einem monatlichen Mindesteingang).
[144] Von Beckerath in Kirchof EStG, § 9 Rn.40; Zenthöfer, ESt S. 738.

unmittelbar für die Erledigung der dienstlichen Aufgaben benötigt und der Aufgabenerledigung dienen (sog. **Arbeitsmittel**)[145]. So stellen u.a. die Bücher eines Lehrers Arbeitsmittel dar[146]. Grundsätzlich kann jeder Gegenstand ein Arbeitsmittel sein. Maßgeblich ist die tatsächliche bzw. bei Fehlmaßnahmen[147] die beabsichtigte Verwendung. In der täglichen Verwaltungspraxis ist eine Trennung zwischen beruflicher und privater Veranlassung bei den Anschaffungskosten oftmals schwierig. Sind Gegenstände ihrer Art nach dazu bestimmt, einer Berufsausübung zu dienen, ist deren Zuordnung relativ unproblematisch (z.B. **Werkzeuge, Maschinen**), die der Arbeitnehmer offensichtlich täglich zur Arbeit benötigt (z.B. Bauarbeiter einen eigenen Schutzhelm oder Schutzkleidung). [-> Anlage N, Zeile 57, 58]

Als Arbeitsmittel gelten auch: **Arbeitszimmerausstattung** (Teppiche, Gardinen, Möbel, Computer, Regale, etc.); Bücher (i.S.v. Fachliteratur, sofern sie im Zusammenhang mit dem Beruf stehen, Weiterbildungsliteratur; Diktiergerät, Aktentasche.

89

Problematischer ist **Berufsbekleidung**. Können Gegenstände sowohl der privaten, als auch der beruflichen Sphäre zugeordnet werden, so werden sie regelmäßig nicht anerkennt. Nur wenn die Gegenstände nach ihrer tatsächlichen Zweckbestimmung im Einzelfall ausschließlich oder zumindest ganz überwiegend der Ausübung der beruflichen Tätigkeit dienen, können sie als Arbeitsmittel anerkannt werden[148]. [[-> Anlage N, Zeile 57, 58]

90

91

Ein Problemschwerpunkt stellt hier bürgerliche Kleidung zu.

Ein Bankkaufmann kauft sich für seine Berufsausübung einen **Anzug**. Privat trägt er jedoch keinen Anzug. Die Anschaffungskosten kann er nicht steuerlich als Werbungskosten geltend machen, da die Finanzverwaltung davon ausgeht, dass er die bürgerliche Kleidung auch privat trägt[149]. Anders jedoch z.B. bei Handwerkern. Kaufen diese sich spezielle Arbeitsbekleidung, können die Kosten dafür steuerlich geltend gemacht werden, obwohl eine private Nutzung auch hier denkbar wäre.

Beispiel: Kauft sich ein Bäcker spezielle Berufsbekleidung in einem auf Berufsbekleidung spezialisierten Fachgeschäft, so werden die Anschaffungskosten regelmäßig als Werbungskosten durch die Finanzverwaltung anerkannt. Anders jedoch, wenn er sich die typische Bekleidung (weiße Hose, weißes T-Shirt, weiße Socken) in einem normalen Textildiscounter kauft[150].

Auch ein Firmenemblem hilft oftmals nicht weiter. Unterscheidet sich die Arbeitskleidung von bürgerlicher Kleidung hauptsächlich nur durch ein unauffälliges Firmenemblem auf der Brust, so

---

[145] Loschelder in Schmidt EStG, § 9 Rn.240.
[146] BFH, Urteil vom 20.05.2010, Az.: VI R 53/09.
[147] z.B. ein Lehrer kauft sich ein Buch, welches er für den Unterricht einsetzen möchte. Als er es durchgelesen hat, stellt er fest, dass es sich nicht für den Unterricht eignet.
[148] BFH, Urteil vom 30.06.2010, Az.: VI R 45/09, BStBl. II 11, 45.
[149] str.; Business-Kleidung nicht anerkannt: Rechtsanwalt: BFH, Urteil vom 24.07.1981, AZ.: VI R 171/78, BStBl. II 81, 781; anerkannt aber bei Kellner: BFH, Urteil vom 09.03.1979, Az.:VI R 171/77 BStBl. 79, 519; anerkannt bei einem Leichenbestatter: BFH I R 33/69, BStBl. II 71,50.
[150] vgl. dazu auch weiße Kleidung des Masseurs, BFH, Beschluss vom 16.08.1994, Az.: I B 5/94.

handelt es sich dennoch um Privatkleidung[151].Grundsätzlich muss es sich um typische, wegen der Eigenart des Berufs nötige Kleidung handeln[152], wobei eine Verwendung dieser Kleidungsstücke zum Zwecke der privaten Lebensführung aufgrund der berufsspezifischen Eigenschaften, so gut wie ausgeschlossen sein muss[153].

92   Sofern die Bekleidung im Grundsatz als Arbeitskleidung anerkannt ist, können neben den Anschaffungskosten auch die **Kosten für die Reinigung in der eigenen Waschmaschine** geltend gemacht werden[154]. **[-> Anlage N, Zeile 65, 66]**

Die Reinigungskosten der Arbeitskleidung können geschätzt werden, sofern nicht die tatsächlichen Reinigungskosten angeben werden können (z.B. Wäsche waschen in Wäscherei)[155].

Die Arbeitsgemeinschaft der Verbraucherverbände e.V. aus Bonn hat für unterschiedliche Haushaltsgrößen die Kosten pro Kilogramm Wäsche errechnet[156]:

	1-Pers. Haushalt	2-Pers. Haushalt	3-Pers. Haushalt	ab 4-Pers. Haushalt
Wäsche waschen:				
• Kochwäsche 95°	0,77 €	0,50 €	0,43 €	0,37 €
• Buntwäsche 60°	0,76 €	0,48 €	0,41 €	0,35 €
• Pflegeleichtwäsche	0,88 €	0,60 €	0,53 €	0,47 €
Wäsche trocknen:				
• Ablufttrockner	0,41 €	0,26 €	0,23 €	0,19 €
• Kondensattrockner	0,55 €	0,34 €	0,29 €	0,24 €
Wäsche bügeln:				
• Dampfbügeleisen	0,07 €	0,05 €	0,05 €	0,05 €

Fall 29:

Der angestellte Security-Mitarbeiter Markus trägt schwarze Berufskleidung mit großen Firmenemblemen und lebt mit seiner Frau zusammen. Er lässt von seiner Frau jede Woche 2 kg seiner Berufskleidung bei 60 Grad und 2 kg pflegeleichte Wäsche waschen. Die gesamte Wäsche (4 kg) wird in einem Ablufttrockner getrocknet und gebügelt. Markus arbeitet insgesamt 44 Wochen im Jahr. Wie hoch sind seine Reinigungskosten?

44 Wochen x 0,48 EUR x 2 kg   (Buntwäsche)   =   42,24 EUR

---

[151] FG Köln, Urteil vom 28.04.2009, Az.: 12 K 839/08.
[152] BFH, Urteil vom 29.06.1993, Az.:VI R 77/91, BStBl. II 93, 837.
[153] Loschelder in Schmidt, § 9 Rn.242; vgl. dazu auch R 3.31 Abs.1 LStR.
[154] BFH, Urteil vom 06.12.1994, Az.: VI R 64/92; FG Köln, Urteil vom 20.12.12, Az.: 11 K 2001/11, EFG 13, 771.
[155] Schätzung möglich, H 9.12 Berufskleidung LStH 2014.
[156] Stand: Dezember 2012, bis heute gültig.

44 Wochen x 0,60 EUR x 2 kg	(pflegel. Wäsche)	=	52,80 EUR
44 Wochen x 0,26 EUR x 4 kg	(Trockner)	=	45,76 EUR
44 Wochen x 0,05 EUR x 4 kg	(Bügeln)	=	8,80 EUR

149,60 EUR

Markus kann somit jährlich 149,60 EUR Waschkosten geltend machen.

Beachten Sie jedoch: Früher konnte man bundesweit Arbeitsmittel bis zu einem Betrag von 200 DM ohne Belege (pauschal) geltend machen[157]. Einige Landesfinanzverwaltungen verfügten in den 2000er Jahren, dass Arbeitsmittel bis zu einer Nichtaufgriffsgrenze von 110,- EUR auch ohne Belege aus Gründen der Verhältnismäßigkeit anzuerkennen seien[158]. Von solchen allgemeinen Verfügungen haben die Finanzverwaltungen der Länder mittlerweile Abstand genommen. Heute akzeptieren Finanzämter die pauschale Geltendmachung von Arbeitsmitteln regelmäßig nicht mehr.

Dennoch wird gerade im Internet immer noch dazu geraten, pauschal 110,- EUR für Arbeitsmittel geltend zu machen. Beachten Sie: Wenn Sie 110,- EUR für Arbeitsmittel angeben, obwohl Sie wissen bzw. ahnen, dass Sie weniger als 110,- EUR für Arbeitsmittel ausgegeben haben, so machen Sie sich ggf. wegen Steuerhinterziehung strafbar. Es hängt zumeist vom Zufall ab, ob das Finanzamt Sie zur Einreichung von Belegen auffordert. Machen Sie daher nur den Betrag geltend, den Sie auch tatsächlich für Arbeitsmittel ausgegen haben.

7.7. Kosten der Berufsausbildung bzw. Fortbildungskosten

Auch Berufsausbildungs- und Fortbildungskosten können steuerlich geltend gemacht werden. Dazu folgender Fall:

Fall 29a:

Die Zwillinge Anna und Wiebke beenden die Schule mit dem Abitur. Anna beginnt sofort ein fünfjähriges Medizinstudium und arbeitet nebenbei auf 520 EUR-Basis. Wiebke macht zunächst eine dreijährige Berufausbildung zur Krankenpflegerin. Danach studiert auch Wiebke Medizin. Können die Kosten des Studiums (Studiengebühren, Fahrtkosten, Lernmittel, etc.) steuerlich geltend gemacht werden?

Die steuerliche Anrechnung von Berufsausbildungskosten beschäftigte viele Jahren die Gerichte und den Gesetzgeber, bis das Bundesverfassungsgericht für Rechtssicherheit sorgte[159].

---

[157] vgl. z.B. Verfügung der OFD Karlsruhe vom 11.02.2003, DStR 2003 S. 371.
[158] vgl. OFD Karlsruhe, Verfügung vom 11.02.2003, Az.: S2270 A-27-ST322; OFD Chemnitz, Verfügung vom 08.09.2003, Az.: S2355- 10/02-St22 aus Christoffel/Geiß, Einkommensteuererklärung 2008, Rn. 647.
[159] BVerfG, Beschluss vom 19.11.2019, Az.: 2 BvL 22/14 bis 2 BvL 27/14.

94 Unterschieden werden muss zwischen Kosten der erstmaligen beruflichen Ausbildung (**Erstausbildung bzw. Erststudium**) ohne Dienstbezüge und den Kosten für eine **Zweitausbildung/Zweitstudium bzw. Fortbildung/ Erstausbildung mit Dienstbezügen.**

95 Das bedeutet im Regelfall für **Studenten**, dass die **Kosten der beruflichen Erstausbildung oder des Erststudiums** nur noch unter den restriktiven Voraussetzungen des § 10 Abs.1 Nr.7 EStG als Sonderausgaben zu berücksichtigen sind. Der Nachteil bei der Berücksichtigung der Berufsausbildungskosten als Sonderausgaben besteht einerseits in der Begrenzung auf 6.000 EUR im Kalenderjahr, andererseits können Verluste[160] nicht mehr in spätere Jahre vorgetragen werden und verfallen damit ungenutzt.

Hat der Steuerprlfichtige jedoch bereits eine Berufsausbildung/Studium abgeschlossen oder bekommt sie/er für die Erstausbildung Geld vom Arbeitgeber/Dienstherrn, so können die Kosten für die Aus- oder Fortbildung unbeschränkt als Werbungskosten geltend gemacht werden. Für diejenigen Studenten, die bereits vor dem Studium eine Berufsausbildung abgeschlossen hatten, bringt das einen entscheidenden Vorteil. Da Studenten aufgrund geringer Einkünfte regelmäßig keine Einkommensteuern zahlen, bringen ihnen die steuerlich relevanten Ausbildungskosten im Ergebnis nichts. Sie können jedoch die Verluste in kommende Jahre vortragen und damit später geltend machen. Die hohen Bildungsausgaben (z.B. Semestergebühren, Fahrtkosten, etc.) werden damit in Jahre verlagert, in denen die dann berufstätigen Studenten höhere Einkünfte erzielen und Steuern zahlen. Die künftigen Steuern werden dadurch gemindert.

Aus steuerrechtlicher Sicht macht es daher für Stundenten durchaus Sinn, wenn diese vor einem kostenintensiven Studium zunächst eine Berufsausbildung absolvieren.

	Erststudium/Erstausbildung	Zweit- bzw. weitere Berufsausbildung / weiteres Studium/ allgemeine Fortbildungskosten
Voraussetzung:	Steuerpflichtiger hat bisher kein Studium und keine Berufsausbildung abgeschlossen (z.B. Steuerpflichtiger kommt direkt aus der allgemeinen Schule, z.B. Gymnasium).	Steuerpflichtiger hat bereits ein Studium erfolgreich oder eine Berufsausbildung erfolgreich abgeschlossen. (z.B. Berufsabschluss als Krankenpfleger) Nun ist ein Medizinstudium geplant; oder das Bachelorstudium wurde abgeschlossen. Nun befindet sich der Steuerpflichtige im Masterstudium).
Folge:	Berufsausbildungs- oder Studienkosten	**Berufsausbildungs- oder Studienkosten**

---

[160] Gerade Studenten haben hohe bildungsbedingte Ausgaben, aber kaum steuerlich relevante Einnahmen, so dass regelmäßig ein Verlust entsteht.

	können nur als Sonderausgaben geltend gemacht werden.	können als Werbungskosten geltend gemacht werden
	Beschränkung auf 6.000 EUR jährlich	Keine Kostenbeschränkung
	kein Verlustvortrag möglich	Verlustvortrag möglich – nichts geht verloren
	regelmäßig keine positive steuerliche Auswirkung	regelmäßig hohe positive steuerliche Auswirkung

Unabhängig davon, ob die Berufsausbildungskosten nun Werbungskosten oder Sonderausgaben darstellen, können Sie folgende Ausgaben als Berufsausbildungskosten geltend machen:

- Studiengebühren
- (Zwangs-)Beiträge an Studentenwerk, Studentenrat/AstA, etc.
- Bibliotheksgebühren
- Fachbücher, Studienmaterial
- Kopierkosten
- Hefter/Schreibmaterial, Stifte, Büromaterial, etc.
- (nicht jedoch das Essen in der Mensa = da private Lebensführung)
- Das (Vollzeit-)Studium an einer Hochschule wird grds. wie eine erste Tätigkeitsstätte behandelt, § 9 Abs. 4 S. 8 EStG, so dass Studenten grds. auch die **Entfernungspauschale** und sogar ggf. eine **doppelte Haushaltsführung** geltend machen können. Fahrten, die nicht zur ersten Tätigkeitsstätte oder von dieser weg führen, können dagegen als Reisekosten abgerechnet werden (Fallbeispiele siehe unten); **Azubis** sind hingegen mit einem Angestellten vergleichbar, so dass sie aufgrund ihres Ausbildungsvertrages regelmäßig einer ersten Tätigkeitsstätte (im Betrieb) zugeordnet sind. Fahrten zur Berufsschule können als Reisekosten geltend gemacht werden.
- Kosten für Nachhilfe/Repetitorien
- ggf. Verpflegungsmehraufwand[161]
- Reisekosten bei Exkursionen
- Arbeitszimmer und Arbeitszimmerausstattung[162]
- Lehrgänge
- Computer (problematisch, da zumeist überwiegende private Nutzung)

---

[161] vgl. Berger, "Werbungskosten bzw. Sonderausgaben bei Studierenden nach der Reisekostenreform" in Steuer und Studium, 10/2016, S. 630.
[162] Studenten und Azubis können ebenfalls ein häusliches Arbeitszimmer geltend machen. Ob für Studenten die Obergrenze von 1.250 EUR gilt, hängt entscheidend davon ab, ob im Arbeitszimmer der Mittelpunkt der Berufsausbildung vorliegt. Hier sind die Vorlesungen, Prüfungen und Präsenzzeiten in der Uni in ein Verhältnis zu den Zeiten des Lernens und des Selbststudiums zu setzen. Regelmäßig wird die Obergrenze von 1.250 EUR jedoch gelten, anders jedoch bei einem Fernstudium. Bei Azubis hingegen wird der Mittelpunkt der Ausbildung im Betrieb bzw. Berufsschule liegen, so dass die Obergrenze von 1.250 EUR grundsätzlich zur Anwendung kommt. Bei Erststudium/Erstausbildung gilt jedoch immer die Obergrenze vom Sonderausgabenabzug von 6.000 EUR.

Zurück zum Fall 29a: Für Anna stellt das Studium die berufliche Erstausbildung dar. Die dadurch entstehenden Kosten kann sie nur als Sonderausgaben geltend machen. Da Anna jedoch aufgrund ihres Mini-Jobs (538 EUR-Basis) keine Steuern zahlt, bringt ihr der Sonderausgabenabzug steuerlich nichts. Wiebke hingegen hat zunächst eine Berufsausbildung abgeschlossen. Für sie stellt das Medizinstudium daher keine Erstausbildung, sondern eine weitere Ausbildung dar. Die dadurch verursachten Kosten kann sie, sofern sie keine Einkünfte während des Studiums hat, in künftige Jahre als Verlust vortragen, d.h. sie macht die Kosten in Jahren geltend, wo sie höhere Einnahmen erzielt und damit einen Steuerspareffekt generieren.

Fall 30:

Mirjam wohnt in Chemnitz und studiert an der Universität Leipzig Lehramt. Sie pendelt täglich von Chemnitz nach Leipzig, um abwechselnd

a) die Vorlesungen im Fakultätsgebäude

b) Vorlesungen im zentralen Hörsaal der Universität (Audimax) oder

c) die Zentralbibliothek (Albertina)

zu besuchen.

Alle o.g. Orte liegen mehrere Kilometer von einander entfernt. Wie werden in einem solchen Fall die Fahrtkosten berechnet?

Zunächst einmal muss der genaue Ort der ersten Tätigkeitsstätte bestimmt werden. Da die gesetzliche Definition der ersten Tätigkeitsstätte nicht passt, hat der Gesetzgeber durch § 9 Abs. 4 S. 8 EStG bestimmt, dass kraft Gesetzes die Hochschule die erste Tätigkeitsstätte darstellt. Der Gesetzgeber wollte damit Studierende den Arbeitnehmern gleichstellen[163]. Leider hat es der Gesetzgeber versäumt, den genauen Ort festzulegen. Bei Campus-Universitäten ist dies regelmäßig unproblematisch. Bei Volluniversitäten, deren Vorlesungsstätten über das gesamte Stadtgebiet verteilt sind, können sich dadurch reisekostenrechtliche Besonderheiten ergeben.

Als erste Tätigkeitsstätte kommt nur der Ort der Fakultät (a) in Betracht[164]. Sofern Mirjam zum Fakultätsgebäude (a) reist, kann sie nur die einfache Wegstreckenentfernung (Entfernungspauschale) geltend machen. Fährt Mirjam danach zur Zentralbibliothek (c) oder zum Zentralhörsaal (b), so kann sie diese (Zwischen-)Fahrten als Reisekosten geltend machen. Fährt sie allerdings ohne die Fakultät (a) aufzusuchen von Chemnitz zum Zentralhörsaal nach Leipzig und zurück, so kann sie die gesamte Fahrt als Reisekosten geltend machen. Zusätzlich kann sie auch einen Verpflegungsmehraufwand geltend machen, wenn sie länger als 8 Stunden von ihrem Wohnort in Chemnitz entfernt war.

Dazu folgendes Beispiel: Die Entfernung zwischen der Wohnung in Chemnitz und dem Fakultätsgebäude in Leipzig beträgt 100 km. Die Entfernung zwischen der Wohnung in Chemnitz

---

[163] BT-Drucks. 17/10774, Begründung zum Artikel 1 Nr. 4d), S.15.
[164] vgl. dazu Berger "Werbungskosten bzw. Sonderausgaben bei Studierenden nach der Reisekostenreform; ungeklärte Fragen nach aktueller Rechtslage" in Steuer und Studium, 10/2016 S. 630.

und dem Zentralhörsaal in Leipzig bzw. der Zentralbibliothek beträgt ebenfalls 100 km.

Fallbeispiel 1:

Mirjam fährt 08:00 Uhr in Chemnitz los und besucht eine Vorlesung (10 Uhr) im Fakultätsgebäude, danach (12 Uhr) fährt sie 5 km zum Zentralhörsaal, stellt dazu ihr Auto im Parkhaus (3 EUR Parkgebühr) ab und fährt danach wieder nach Hause nach Chemnitz (Ankunft 18 Uhr).

Mirjam kann die Entfernungspauschale 1 x 100 km -> (20km x 0,30 EUR) + (80km x 0,38 EUR)= 36,40 EUR geltend machen. Daneben kann Mirjam Reisekosten für die Fahrt vom Fakultätsgebäude (a) zum Zentralhörsaal (b) geltend machen (5 km x 0,30 EUR = 1,50 EUR) zzgl. der Parkgebühren 3,- EUR. Insgesamt kann Mirjam damit 40,90 EUR steuerlich geltend machen. Ein Verpflegungsmehraufwand steht ihr nicht zu, da sie sich nicht länger als 8h auf der Zwischenfahrt in Leipzig und im Zentralhörsaal aufgehalten hat. Die Zeit der Hin- und Rückreise (Entfernungspauschale) kann bei der zeitlichen Betrachtung nicht berücksichtigt werden.

Fallbeispiel 2:

Mirjam fährt 08:00 Uhr in Chemnitz los und besucht eine Vorlesung (10 Uhr) im Zentralhörsaal (b), danach (12 Uhr) fährt sie 5 km zur Bibliothek, stellt dazu ihr Auto im Parkhaus (3 EUR Parkgebühr) ab und fährt danach wieder nach Hause nach Chemnitz (Ankunft 18 Uhr). Da Mirjam nicht die erste Tätigkeitsstätte (Fakultätsgebäude) aufgesucht hat, kann sie die kompletten Fahrtkosten als Reisekosten geltend machen. Für die Hin- und Rückfahrt (Chemnitz-Leipzig-Chemnitz) und für die Zwischenfahrt in Leipzig (5km) kann sie 205 km x 0,30 EUR[165] = 61,50 EUR geltend machen. Zusätzlich kann sie die Parkgebühren in Höhe von 3 EUR und einen Verpflegungsmehraufwand von 12 EUR geltend machen, da Sie mehr als 8 Stunden außer Haus und nicht am Ort der ersten Tätigkeitsstätte war. Insgesamt kann Mirjam damit 76,50 EUR steuerlich geltend machen.

Praxis-Tipp
Sollte eine ähnliche Fallkonstellation bei Ihnen vorliegen, so rate ich Ihnen, genaue Aufzeichnungen anzufertigen, um dem Finanzamt Ihre Berechnung darstellen zu können.

Fall 31:
Die 19-jährige Ulrike beginnt nach dem Abitur ein Medizinstudium in Leipzig. Ihr Zimmer im Haus der Eltern bei Wittenberg behält sie bei. Sie bezieht ein Wohnheimzimmer in Leipzig. Ulrike fährt jedes Wochenende nach Hause zu ihren Eltern. Ulrike möchte die doppelte Haushaltsführung geltend machen. Wie wird das Finanzamt reagieren?

Die **doppelte Haushaltsführung ist bei Studenten** zwar denkbar, jedoch dürfte eine doppelte 96 Haushaltsführung regelmäßig schwer begründbar sein. Studenten wohnen meistens am Ort der Universität (eigene Wohnung, Wohnheim oder WG) bzw. und/oder im Haushalt der Eltern. Da sie

---

[165] Achtung! Bei Reisekosten gilt nicht der erhöhte Kilometersatz von 0,38 EUR ab dem 21. Kilometer. Für jeden vollen Kilometer kann man nur 0,30 EUR geltend machen, sofern man mit dem PKW gefahren ist.

meistens noch im Haushalt der Eltern leben, dürfte schon keine eigene Wohnung am Ort des Lebensmittelpunktes vorliegen. Nur wenn Studenten neben der Wohnung am Ort der Universität auch eine eigene Wohnung an einem anderen Ort haben und diese regelmäßig aufsuchen, und dort der Lebensmittelpunkt liegt, kommt eine doppelte Haushaltsführung zur Anerkennung durch das Finanzamt. Das Finanzamt wird Ulrike vermutlich auffordern zu belegen, dass sie in Wittenberg eine eigene Wohnung zur Nutzung zur Verfügung steht. Kann Ulrike keine eigene Wohnung in Wittenberg nachweisen, so wird das Finanzamt vermutlich die doppelte Haushaltsführung ablehnen.

7.8. Arbeitszimmer

Die Aufwendungen für ein häusliches Arbeitszimmer zählten zu den Klassikern bei den Streitigkeiten zwischen Steuerpflichtigen und den Finanzämtern. Mit der Einführung einer Homeoffice-Pauschale (neu: „Tagespauschale" siehe Abschnitt 6.9.) hat der Gesetzgeber die Voraussetzungen für den Abzug von Aufwendungen für ein häusliches Arbeitszimmer ab dem Steuerjahr 2023 drastisch verschärft[166]. Die Aufwendungen für ein klassisches häusliches Arbeitszimmer können nur noch in solchen Fällen geltend gemacht werden, wo das Arbeitszimmer „**den Mittelpunkt der <u>gesamten</u> betrieblichen <u>und</u> beruflichen Betätigung**" darstellt[167]:. In allen anderen Fällen, wo bis 2022 der Abzug auf 1.250 EUR begrenzt war, ist ab 2023 der Abzug gar nicht mehr möglich. In diesen Fällen kann dann nur noch die Homeoffice-Pauschale (sog. Tagespauschale) nach § 4 Abs.5, S.1 Nr.6b EStG geltend gemacht werden.

Fall 32:

Marko ist Lehrer. Er verfügt im Schulgebäude über keinen eigenen Schreibtischarbeitsplatz. Daher korrigiert Marko Klassenarbeiten und Klausuren im heimischen Arbeitszimmer. Für dieses hat er in den letzten Jahren immer 1.250 EUR geltend gemacht. Kann er weiterhin sein häusliches Arbeitszimmer steuerlich geltend machen?

Nein, ab dem Jahr 2023 kann er die Aufwendungen für das häusliche Arbeitszimmer nicht mehr direkt als Arbeitszimmeraufwendung geltend machen, da das heimische Arbeitszimmer nicht der Mittelpunkt seiner beruflichen Tätigkeit ist. Der Mittelpunkt ist die Schule, auch wenn ihm dort kein Schreibtischarbeitsplatz zur Verfügung steht. Aber keine Sorge, Marko geht nicht leer aus. Marko kann vermutlich unter einfacheren Voraussetzungen die neue Homeoffice-Pauschale (sog. Tagespauschale) geltend machen. Dazu mehr unter Abschnitt 6.9.

---

[166] Jahressteuergesetz 2022 (JStG 2022) vom 16. Dezember 2022 (BGBl. I S. 2294, BStBl I 2023 S. 7).
[167] vgl. § 4 Abs.5, S.1 Nr.6b, i.V.m. § 9 Abs. 5 S.1 EStG.

7.8.1. Mittelpunkt der gesamten betrieblichen und beruflichen Betätigung

Das Arbeitszimmer muss künftig den Mittelpunkt Ihrer gesamten betrieblichen und beruflichen Betätigung darstellen. Ein Steuerpflichtiger, der lediglich eine einzige berufliche Tätigkeit ausübt (also nicht zusätzlich nebenberuflich arbeitet) und dabei die einzige Tätigkeit teilweise zu Hause und teilweise auswärts ausübt, hat seinen beruflichen Mittelpunkt dort, wo er die berufsprägenden und wesentlichen Handlungen hauptsächlich ausübt.

Ein Lehrer wird die berufstypischen Handlungen (>Unterricht erteilen<) hauptsächlich im Schulgebäude ausüben. Die Vorbereitung der Schulstunden und die Korrektur von Schularbeiten stellen dabei quantitativ und qualitativ nicht den Schwerpunkt der Tätigkeit dar, so dass der Mittelpunkt der beruflichen Tätigkeit in der Schule liegt[168] und die Aufwendungen für ein Arbeitszimmer nicht geltend gemacht werden können.

Übt der Steuerpflichtige hingegen mehrere berufliche oder betriebliche Tätigkeiten nebeneinander aus, so ist keine Einzelbetrachtung durchzuführen, sondern die Tätigkeiten in ihrer Gesamtheit zu erfassen und zu bewerten.

7.8.2. Beschaffenheit des häuslichen Arbeitszimmers

Die Voraussetzungen für die Anerkennung eines häuslichen Arbeitszimmers waren lange Zeit umstritten[169]. Mittlerweile hat der Große Senat des Bundesfinanzhofes am 27.01.2016 einen Beschluss[170] veröffentlicht, wonach ein häusliches Arbeitszimmer nur dann steuerlich anerkannt werden kann, wenn es zudem:

- vorwiegend der Erledigung schriftlicher, gedanklicher oder verwaltungsorganisatorischer (ggf. auch künstlerischer[171]) Arbeiten dient,
- in die häusliche Sphäre des Steuerpflichtigen nach Ausstattung, Funktion und Lage eingebunden ist und
- ausschließlich oder nahezu ausschließlich (mind. 90%) zu betrieblichen und/oder beruflichen Zwecken genutzt wird[172].
-

Die Finanzämter verlangen daher, dass das häusliche Arbeitszimmer ein separater Raum ist, der

---

[168] BFH, Urteil vom 09.11.2005, Az.: VI R 19/04, BStBl. II 2006, 328.

[169] Ob ein häusliches Arbeitszimmer zwingend nahezu ausschließlich zu beruflichen Zwecken genutzt werden muss, war bis zum Beschluss des Großen Senats des BFH vom 27.07.15 rechtlich stark umstritten. Selbst die einzelnen Senate des BFH vertraten dazu unterschiedliche Meinungen. Aufteilbarkeit des häuslichen Arbeitszimmers, bejahend: IX.Senat, Beschluss vom 21.11.2013, Az.: IX R 23/12; verneinend: VI.Senat, Urteil vom 29.11.2006 VI R 3/04, BStBl II 2007, 308; Beschluss vom 13.11.2007 VI B 100/07, BFH/NV 2008, 219. Die Finanzverwaltung verneint die Aufteilbarkeit ebenfalls. Lediglich eine untergeordnete private Mitbenutzung soll unschädlich sein, vgl. Schreiben des BMF vom 2.3.2011, BStBl I 2011, 195, Tz 3.

[170] BFH, Beschluss vom 27.07.2015, Az.: GrS 1/14.

[171] Ein Berufsmusiker nutzt einen häuslichen Raum als „Arbeitszimmer" zum Einstudieren und Üben von Musikstücken, vgl. BFH-Urteil vom 10.10.2012, AZ.: VIII R 44/10.

[172] lesenswert dazu auch: Einkommensteuerliche Behandlung der Aufwendungen für ein häusliches Arbeitszimmer, BMF-Schreiben vom 06.10.2017, BStBl. I S. 195.

nicht als Durchgangszimmer genutzt wird, durch eine Tür abschließbar ist und mindestens zu 90% für betriebliche und/oder für berufliche Zwecke genutzt wird. Zudem muss die Wohnung insgesamt groß genug sein und für deren Bewohner insgesamt genügend Platz bieten. Die Wohnung muss über genügend Zimmer verfügen. Als Faustformel gilt, neben dem häuslichen Arbeitszimmer muss auf jeden Bewohner ein Zimmer entfallen. Gegebenenfalls ist bei kleinen Kindern ein doppelt genutztes Kinderzimmer –sofern es groß genug ist- noch akzeptabel. Eine „Arbeitsecke" in einem Schlaf- oder Wohnzimmer kann daher grundsätzlich nicht anerkannt werden, auch wenn die Arbeitsecke durch einen Raumteiler vom Wohnbereich getrennt ist.[173]. Das häusliche Arbeitszimmer muss sich nicht zwangsläufig in der Wohnung des Steuerpflichtigen befinden. So kann ggf. auch ein ausgebauter Keller- oder Dachbodenraum als häusliches Arbeitszimmer genutzt werden, wenn die Räumlichkeiten aufgrund der Nähe mit den privaten Wohn- und Schlafräumen des Steuerpflichtigen als gemeinsame Wohneinheit verbunden sind (z.B. in einem Einfamilienhaus, vermutlich aber nicht in einem Mehrparteienmietshaus)[174]. Rechnen Sie daher damit, dass SIe das Finanzamt zur Vorlage eines Raumplanes bzw. einer Wohnungsskizze und zu Angaben über die Nutzung des Raumes auffordert.

Inwieweit Belege für die Berücksichtigung eines häuslichen Arbeitszimmers vorgelegt werden müssen oder ob eine Schlüssigkeitsprüfung ausreicht, entscheidet das zuständige Finanzamt im Einzelfall im Rahmen der Bearbeitung der Einkommensteuererklärung.

Haben Sie nur einen Teil des Jahres daheim das Arbeitszimmer genutzt, so dürfen Sie die Kosten nur anteilig (zum Beispiel monatsweise) geltend machen. Wer die Voraussetzungen nur von Januar bis Ende April und von November bis Dezember 2023 die Voraussetzungen erfüllt, der kann die Kosten nur für diese Monate (6/12) geltend machen[175].

Ob neben dem häuslichen Arbeitszimmer ein anderer Büroarbeitsplatz zur Verfügung steht, ist irrelevant, sofern der Mittelpunkt im häuslichen Arbeitszimmer liegt.

100   ### 7.8.3. Kosten des häuslichen Arbeitszimmers

Liegen die Voraussetzungen für die Anerkennung des Arbeitszimmers dem Grunde nach vor (Mittelpunkt und Beschaffenheit des Arbeitszimmers), so steht dem Steuerpflichtigen ab 2023 ein **Wahlrecht** zu, ob er die tatsächlichen Aufwendungen für ein Arbeitszimmer in unbeschränkter Höhe oder die Jahrespauschale (ggf. zeitlich anteilig) von 1.260 EUR geltend macht.

---

[173] BFH, Urteil vom 17.02.2016, Az.: X R 32/11.
[174] BMF-Schreiben vom 02.03.2011, BStBl. I 2011, S.195, Nr.3.
[175] Rn. 21f. des BMF-Schreibens vom 15.08.2023, Gz.: IV C 6 - S 2145/19/10006 :027.

Die **Jahrespauschale** von 1.260 EUR ist ein Pauschbetrag, mit dem die Aufwendungen für die gesamte betriebliche und berufliche Betätigung im häuslichen Arbeitszimmer abgegolten sind. Die Jahrespauschale hat den Vorteil, dass dann keine Belege über die Kosten des Arbeitszimmers mehr einzureichen sind (.z.B. Mietvertrag, Grundriss der Wohnung, Belege zu Nebenkosten, etc.). Nutzen mehrere Personen das Arbeitszimmer und erfüllen die o.g. Voraussetzungen, so kann jede Person die volle Jahrespauschale geltend machen. Der Nachteil der Jahrespauschale ist, dass der Betrag auf 1.260 EUR begrenzt ist.

Das Wahlrecht zum Abzug der Jahrespauschale anstelle der Aufwendungen kann nur einheitlich für das gesamte Kalenderjahr ausgeübt werden..

Entscheiden Sie sich hingegen für die Geltendmachung der **tatsächlichen Kosten** für das häusliche Arbeitszimmer, sind Sie nicht an die Begrenzung in Höhe von 1.260 EUR gebunden. Dann müssen Sie aber zumindest im ersten Jahr der Geltendmachung zahlreiche Nachweise und Belege einreichen. Die tatsächlichen Aufwendungen kann nur diejenige Person steuerlich geltend machen, welche die Kosten für das Arbeitszimmer auch getragen hat.

Die Aufwendungen errechnen sich wie folgt: Die Grundfläche des häuslichen Arbeitszimmers wird in das Verhältnis zur Gesamtgröße der Wohnung gesetzt[176]. Folgende Kosten können anteilig steuerlich geltend gemacht werden:

bei Mietsobjekten:
- Miete (Kaltmiete, Nebenkosten)
- Energiekosten
- Versicherungen
- Reinigungskosten
- Renovierungskosten (inkl. Tapete, Zimmerausstattung (Lampen, Teppiche, Gardinen, Büromöbel, Computer, etc.)
- Versicherungen der Wohnung (z.B. Hausratsversicherung)
- etc.

bei Wohnungseigentum:
- Gebäudeabschreibung (AfA)
- Schuldzinsen für Kredite, die zur Anschaffung, Reparatur oder Herstellung des Gebäudes/Wohnung dienten
- Reinigungskosten
- Öffentliche Abgaben, wie Grundsteuer, Müllabfuhrgebühren, Wasser, Abwasser,

---

[176] Rn. 9 des BMF-Schreibens vom 15.08.2023, Gz.: IV C 6 - S 2145/19/10006 :027.

Schornsteinfegergebühren, Hausversicherungen, etc.

- Renovierungskosten (inkl. Tapete, Zimmerausstattung (Lampen, Teppiche, Gardinen, etc.)
- Energiekosten
- etc.

Gemischt genutzte Räume (z.B. Bad, Toilette, Küche, zusätzliche Abstellräume, Flur, etc.) können nicht (zusätzlich) als Kosten des Arbeitszimmers geltend gemacht werden[177].

Beispiel:

Die Wohnung verfügt über eine Gesamtfläche von 80 m². Auf das Arbeitszimmer entfallen 15 m². Somit kann der Steuerpflichtige nur 18,75% (15/80x100) der o.g. Kosten steuerlich geltend machen.

103 **Überblick über die Voraussetzungen der steuerlichen Geltendmachung des häuslichen Arbeitszimmers:**
- Mittelpunkt der gesamten betrieblichen und/oder beruflichen Betätigung
- dient vorwiegend der Erledigung schriftlicher, gedanklicher oder verwaltungsorganisatorischer (ggf. auch künstlerischer) Arbeiten,
- in die häusliche Sphäre des Steuerpflichtigen nach Ausstattung, Funktion und Lage eingebunden (Wohnung muss erforderliche Größe haben; neben dem Arbeitszimmer müssen genügend Räume für die in der Wohnung lebenden Personen übrig bleiben) und
- ausschließlich oder nahezu ausschließlich (mind. 90%) zu betrieblichen und/oder beruflichen Zwecken genutzt wird (str.). (eigener, abschließbarer Raum, kein Durchgangszimmer, keine Arbeitsecke)

Neben den Ausgaben für die notwendige Ausstattung des Arbeitszimmers (Tapete, Lampen, Teppiche, Gardinen) können unabhängig der 1.260,- EUR Obergrenze der Jahrespauschale auch zusätzliche Aufwendungen für Arbeitsmittel, z.B. Regal, Computer, Schreibtisch, Bürostuhl, etc. geltend gemacht werden. Insoweit sei auf die Ausführungen von Kapitel 6.6. verwiesen.

Fall 33:

Sabine arbeitet in Telearbeit, d.h. arbeitsvertraglich ist geregelt, dass sie Mo und Di sowie Do und Fr. vom heimischen Arbeitsplatz aus arbeitet. Am Mittwoch muss sie regelmäßig die Dienststelle aufsuchen. Sabine wohnt mit ihrem Ehemann in einer 85m² großen 4-Raumwohnung. Ein Zimmer (18 m²) nutzt sie als Arbeitszimmer. Die Warmmiete beträgt 1.200 EUR pro Monat. Was kann Sabine geltend machen?

Da Sabine überwiegend daheim arbeitet, liegt der Mittelpunkt der gesamten beruflichen Betätigung eindeutig im Bereich des häuslichen Arbeitszimmers und wird als solches auch für schriftliche und

---

[177] BFH, Urteil vom 17.02.2016, Az.: X R 26/13; BFH, Urteil vom 14.5.2019, Az.: VIII R 16/15, BStBl. 2019 II, S. 510.

verwaltungsorganisatorische Arbeiten von Sabine genutzt[178]. Die Wohnung ist mit einer Gesamtfläche von 85m² und 4 Räumen für 2 Personen auch groß genug, damit das Arbeitszimmer auch anerkannt werden kann. Und es kann auch unterstellt werden, dass Sabine das Arbeitszimmer auch überwiegend für die Ausübung ihrer Telearbeit nutzt. Sofern das Arbeitszimmer kein Durchgangszimmer ist, liegen die Voraussetzungen für die Anerkennung als Arbeitszimmer vor.

Sabine kann einerseits die Jahrespauschale (1.260 EUR) oder die tatsächlichen Kosten geltend machen. Die tatsächlichen Kosten belaufen sich auf 21,17%[179] der Jahreswarmmiete (12x1200 EUR). Folglich kann sie 3.048,48 EUR geltend machen.

Fall 34:

Anne ist Verwaltungsmitarbeiterin und arbeitet an 3 Tagen im dienstlichen Büroarbeitsplatz und 2 Tage im Homeoffice. Kann Anne die Aufwendungen für ein häusliches Arbeitszimmer geltend machen.

Nein. Der Schwerpunkt ihrer beruflichen Tätigkeit liegt mit 3 von 2 Arbeitstagen außerhalb der häuslichen Wohnung.

Fall 34a -Abwandlung-:

Anne schreibt neben ihrer Arbeit als Verwaltungsmitarbeiterin noch nebenberuflich am Wochenende Bücher. Kann sie das Arbeitszimmer geltend machen?

Vermutlich ja. Nach der Gesamtschau ihrer beruflichen und betrieblichen Tätigkeit liegt nun der Schwerpunkt vermutlich in der heimischen Sphäre. Das Finanzamt wird allerdings genau nachfragen, wie sich der zeitliche Umfang darstellt. Genau genommen müsste Anne die Aufwendungen für das Arbeitszimmer anteilig nach Zeitanteilen auf die einzelnen Einkunftsarten (einen Teil Werbungskosten auf der Anlage N und der andere Teil als Betriebsausgaben in der Anlage EÜR) aufteilen.

Das Finanzamt verzichtet jedoch aus Vereinfachungsgründen auf eine Aufteilung in solchen Fällen, wo mehrere betriebliche und beruflichte Tätigkeiten in einem Arbeitszimmer ausgeübt werden[180].

Fall 35:

Laurenz ist freiberuflicher Musiklehrer und unterrichtet hauptsächlich in seinem häuslichen Arbeitszimmer. Er wohnt zusammen mit seiner Lebensgefährtin Ingrid in einer 80m² großen Wohnung mit 3 Räumen. Das Arbeitszimmer ist jeoch nur 12m² groß. Ingrid ist ebenfalls Musiklehrerin und unterrichtet hauptsächlich im häuslichen Arbeitszimmer. Beide teilen sich das Zimmer. Die Warmmiete inkl. aller berücksichtigungsfähiger Nebenkosten beträgt 6.500 EUR pro Jahr und wird von Laurenz Konto abgebucht, auf den auch der Mietvertrag läuft. Was können beide geltend machen?

---

[178] BFH-Urteil vom 26. Februar 2014, Az.: VI R 40/12, BStBl II S. 568.
[179] 18/85x100
[180] Rn. 18 des BMF-Schreibens vom 15.08.2023, Gz.: IV C 6 - S 2145/19/10006 :027.

Laurenz und Ingrid erfüllen beide die grundsätzlichen Voraussetzungen für die Anerkennung eines Arbeitszimmers, so dass grundsätzlich beide die Aufwendungen geltend machen könnten. Jedoch hat nur Laurenz die Aufwendungen getragen, da diese von seinem Konto abgebucht worden sind. Ingrid kann daher mangels eigener Aufwendungen keine eigenen Aufwendungen geltend machen. Laurenz kann 15% von 6.500 EUR, d.h. insgesamt 975 EUR tatsächliche Aufwendungen geltend machen. Laurenz und Ingrid anzuraten, die jeweils die Jahrespauschale in Höhe von 1.260 EUR zu beantragen. Bei der Jahrespauschale kommt es nicht darauf an, wer die Aufwendungen getragen hat. Beide können unabhängig von einander die volle personenbezogene Jahrespauschale geltend machen[181].

104   ## 7.9. Tagespauschale / Homeoffice-Pauschale

Fall 36:
Bernd hat einen Büroarbeitsplatz in einer Firma. An 100 Tagen im Jahr arbeitet er im Homeoffice. Da Bernd in einer kleinen Wohnung lebt, arbeitet er am Küchentisch. Kann Bernd etwas steuerlich geltend machen?

Ein heimisches Arbeitszimmer kann Bernd nicht steuerlich geltend machen, da er weder über ein häusliches Arbeitszimmer verfügt, noch sein Tätigkeitsschwerpunkt in der häuslichen Sphäre liegt. Der Gesetzgeber berücksichtigt ab 2023 endgültig diese Konstellationen in § .4 Absatz 5 Satz 1 Nummer 6c Satz 1 EStG. Pro Arbeitstag, an dem der Steuerpflichtige nicht seine erste Tätigkeitsstätte aufsucht, kann eine Tagespauschale in Höhe von 6 EUR (begrenzt auf 210 Tage) geltend gemacht werden. Bernd kann somit 600 EUR (100 x 6 EUR) steuerlich geltend machen.

Fall 36a:
Manuela hat einen Büroarbeitsplatz in einer Verwaltungsbehörde. An 100 Tagen im Jahr arbeitet sie im Homeoffice. Manuela fährt an 40 Homeofficetagen früh morgens auf Arbeit, um sich ihre Akten abzuholen, damit sie diese dann am Küchentisch bearbeiten kann. An 60 Tagen verzichtet sie auf die Fahrt ins Amt und arbeitet ganztägig von dahim. Was kann Manuela steuerlich geltend machen?

Manuela kann die 40 Tage Tagespauschale nicht geltend machen, da sie ihre erste Tätigkeitsstätte kurz aufgesucht hat. Das Aufsuchen der ersten Tätigkeitsstätte schließt die Geltendmachung der Tagespauschale aus, wenn ein (Schreibtisch-)Arbeitsplatz an der ersten Tätigkeitsstätte eingerichtet ist[182]. Für diese Tage kann sie allerdings die Entfernungspauschale geltend machen.

Manuaela kann für 60 Tage Tagespauschale geltend machen, da sie an diesen Tagen nicht ihre erste Tätigkeitsstätte aufgesucht hat. 60 Tage entsprechen 360 EUR Werbungskosten.

---

[181] Rn.. 20 des o.g. BMF-Schreibens.
[182] Siehe § 4 Abs. 5 S. 1 Nr. 6c, S.1 EStG.

Fall 36b:

Zurück zu Fall 32:

Marko ist Lehrer. Er verfügt im Schulgebäude über keinen eigenen Schreibtischarbeitsplatz. Daher korrigiert Marko Klassenarbeiten und Klausuren im heimischen Arbeitszimmer.

Marko konnte im Fall 32 kein häusliches Arbeitszimmer mangels Mittelpunkt der beruflichen Betätigung in der häuslichen Sphäre geltend machen. Eigentlich ist die Geltendmachung der Tagespauschale (Homeoffice-Pauschale) für diejenigen Tage ausgeschlossen, wo Marko die erstet Tätigkeitsstätte (Schule) aufsucht. Ausnahmsweise ist das jedoch unschädlich, wenn an der ersten Tätigkeitsstätte dauerhaft kein eingerichteter (Büro-)Arbeitsplatz zur Verfügung steht[183].

Auch wenn Marko arbeitstäglich seine erste Tätigkeitsstätte (Schule) aufsucht, so kann Marko die Tagespauschale (Homeofficepauschale) für alle Tage geltend machen, wo er in der häuslichen Sphäre gearbeitet hat. Auf den zeitlichen Umfang der Arbeit kommt es nicht darauf an. Selbst wenn Marko an 210 Tagen nur jeweils 5 Minuten in der häuslichen Spähre gearbeitet haben sollte, so kann er den Maximalbetrag von 1.260 EUR (210 Tage zu je 6 EUR) geltend machen.

Die Voraussetzungen für die Geltendmachung der Tagespauschale (Homeoffice-Pauschale):

- am jeweiligen Tag die betriebliche oder berufliche Tätigkeit zeitlich "überwiegend" in der Wohnung ausgeübt und
- die erste Tätigkeitsstätte nicht aufgesucht wird

  oder

- am jeweiligen Tag die betriebliche oder berufliche Tätigkeit in der Wohnung ausgeübt und
- dauerhaft kein anderer Arbeitsplatz zur Verfügung steht

Die Tagespauschale ist zudem auf 1.260 EUR begrenzt und kann nicht gleichzeitig mit der doppelten Haushaltsführung, mit Aufwendungen für ein häusliches Arbeitszimmer oder mit der Jahrespauschale geltend gemacht werden. Tragen Sie die Tagespauschale in das Formular der jeweiligen Einkunftsart ein, z.B. die Anlage N Zeile 61 und 62.

Fall 36c:

Jochen ist Straßenbahnfahrer. Neben der nichtselbständigen Tätigkeit ist Jochen freiberuflich als Schriftsteller tätig und erzielt auch Einkünfte aus Vermietung und Verpachtung einer Eigentumswohnung. Jochen nutzt für seine schriftstellerische Tätigkeit und die die Verwaltung der Eigentumswohnung die häusliche Wohnung. Ein anderer Arbeitsplatz steht Jochen dafür dauerhaft nicht zur Verfügung. Was kann Jochen steuerlich geltend machen?

---

[183] Siehe § 4 Abs. 5 S. 1 Nr. 6c, S.2 EStG.

Jochen kann für jeden Tag, an dem er die schriftstellerische Tätigkeit bzw. die durch die Vermietung seiner Eigentumswohnung veranlassten Tätigkeiten in der häuslichen Wohnung ausübt, eine Tagespauschale von 6 €, insgesamt höchstens 1.260 € im Kalenderjahr abziehen. Dass Jochen am selben Tag auch der nichtselbständigen Tätigkeit nachgeht, ist für den Abzug der Tagespauschale für die weiteren Tätigkeiten unschädlich. Er kann die Tagespauschale anteilig den Einkünften aus freiberuflicher Tätigkeit und den Einkünften aus Vermietung und Verpachtung oder einer dieser beiden Einkunftsarten in voller Höhe zuordnen[184].

> **Praxis Tipp:**
> Notieren Sie sich formlos, wann Sie daheim gearbeitet haben. Im Zweifel müssen Sie dem Finanzamt die Tage anhand von einfachen Aufzeichnungen nachweisen.

105
7.10. Feiern mit den Kollegen

Auch berufsbedingte Feiern mit den Kolleginnen und Kollegen können als Werbungskosten geltend gemacht werden. Sowohl **Dienstjubiläen**[185], als auch **Weihnachts-**[186], **Einstand-, Ausstands-**[187] **und Ruhestandsversetzungsfeiern**[188] sind regelmäßig beruflich bedingt, wenn der Arbeitnehmer oder Beamte die Gäste nach abstrakten berufsbezogen Kriterien einlädt. Die Feier muss dazu nicht zwangsläufig in den Räumen des Arbeitgebers stattfinden. Auch die Feier in einem Restaurant kann anerkannt werden, wenn die Gäste ausschließlich aus der beruflichen Sphäre nach abstrakten Kriterien (z.B. alle Kollegen aus der gleichen Abteilung; alle Führungskräfte inkl. Sekretäre, alle Kollegen des gleichen Einstellungsjahrganges oder alle Kollegen mit der gleichen Berufsausbildung, etc.). Wichtig ist, dass Sie ggf. dem Finanzamt erklären können, an welchen sachlichen Kriterien Sie ihre Gäste ausgewählt haben. Sobald persönliche Kriterien (z.B. persönliche Sympathien) die Auswahl wesentlich beeinflusst hat, wird das Finanzamt die entstandenen Kosten nicht als Werbungskosten anerkennen.

Findet die Feier am Arbeitsplatz statt, so wird regelmäßig vermutet, dass die Feier beruflich bedingt ist. Umstritten war lange Zeit, ob auch beruflich bedingte **Geburtstagsfeiern** Werbungskosten darstellen können. Aufwendungen für Geburtstagsfeiern gehören eigentlich zum Kernbereich der allgemeinen privaten Lebensführung und sollten damit nicht als Werbungskosten anerkannt werden. Der Bundesfinanzhof hat jedoch entschieden, dass Kosten einer Geburtstagsfeier, außerhalb des Arbeitsplatzes, zu der ausschließlich Arbeitskollegen eingeladen sind, als **Werbungskosten** abziehbar sein können[189].

---

[184] Rn. 35 des. o.g. BMF-Schreibens.
[185] BFH, Urteil vom 20.01.16, Az.: VI R 24/15; BFH- Urteil vom 08.07.16, Az.: VI R 46/14 (BStBl. 2015 II S. 1013).
[186] BFH, Urteil vom 19.06.2008, Az.: BFH/NV 2008 S. 1997
[187] FG München, Urteil vom 21.07.2009, 6 K 2907/08.; FG Münster, Urteil vom 29.05.2015, Az. 4 K 3236/12 E.; FG Hessen, Urteil vom 23.04.13, Az.: 3 K 11/10.
[188] FG Hamburg, Urteil vom 24.6.2009, EFG 2009 S. 1633; BFH- Urteil vom 11.01.2007, Az.: VI R 52/03.
[189] BFH, Urteil vom 10.11.2016, VI R 7/16, BStBl 2017 II S. 409.

Danach müssten erst recht Kosten einer Geburtstagsfeier am Arbeitsplatz mit einer Gästeauswahl nach abstrakten beruflichen Kriterien als Werbungskosten absetzbar sein.

Die Kosten der beruflichen Feier können Sie grundsätzlich zu 100% geltend machen, auch wenn Sie selbst mitgegessen haben. Beachten Sie jedoch, dass die Kosten im Verhältnis zu Ihrem Anstellungsverhältnis und Ihrem beruflichen Status angemessen sein müssen. So sind die Kosten für eine Ausstandsfeier einer Bäckereifachverkäuferin, die ihre 3 Kolleginnen in ein nobles Sternerestaurant einlädt, offensichtlich unangemessen. Die Kosten für eine Einladung in ein normales kleines Restaurant dürften gerade bei einer längeren Betriebszugehörigkeit angemessen sein. Hier kommt es ganz auf den Einzelfall an.

Praxis Tipp:

Um dem Finanzamt im Zweifelfall die Einladung zu einer beruflich bedingten Feier nachweisen zu können, sollten Sie ihre Einladung immer per E-Mail versenden. Einen E-Mailausdruck an den beruflichen Adressatenkreis können Sie dann im Bedarfsfall dem Finanzamt zum Nachweis vorlegen. Beachten Sie jedoch, dass aus der E-Mail die Berufsbezogenheit deutlich entnehmbar sein muss.

7.11. Telekommunikationskosten

Sofern Sie Ihr privates Handy oder Ihren privaten Festnetz- oder Internetanschluss für berufliche Dinge nutzen (z.B. beruflich veranlasste Telefonate, Internetrecherchen oder Videokonferenzen), können Sie auch die damit verbundenen Kosten in Form von Gebühren oder laufenden Kosten als Werbungskosten steuerlich geltend machen[190]. Folgende beruflich bedingte Kosten kommen dabei in Betracht:

- Flatrate-Gebühr oder Grundgebühr für Mobiltelefon (Handy) oder Festnetz- und Internetanschluss
- Einzelgesprächsgebühren für Telefonate
- Gebühren für das Versenden von Telefaxen
- Mietkosten für Hardware (z.B. Internetrouter oder das Handy)
- Bereitstellungsentgelt für die Einrichtung eines neuen oder die Übernahme eines bestehenden Anschlusses

Beachten Sie jedoch, dass Sie nur die beruflich veranlassten Kosten steuerlich als Werbungskosten geltend machen können. Grundsätzlich haben Sie zwei Möglichkeiten:

Sie können die tatsächlich berufsbedingten Kosten ggf. mittels Aufzeichnungen der Telefonate (Einzelverbindungsnachweise) nachweisen oder Sie können pauschale Kosten geltend machen.

---

[190] Vgl. R 9.1 Abs. 5 Satz 1 LStR.

Wenn Sie die tatsächlich berufsbedingten Telefonkosten steuerlich geltend machen wollen, so müssen Sie für einen repräsentativen Zeitraum von drei Monaten im Einzelnen den ermittelten beruflichen Kostenanteil ermitteln. Dieser 3-Monatszeitraum kann dann auf das ganze Jahr hochgerechnet werden. Beim Einzelnachweis werden folgende Angaben verlangt: Datum des Gesprächs, Gesprächsteilnehmer, ermittelte und nachgewiesene Gesprächsgebühren bzw. Dauer des Gesprächs. Ein Aufwand, der den steuerlichen Nutzen in Zeiten von Flatrates kaum rechtfertigen wird.

Daher empfiehlt sich die pauschale Geltendmachung der Kosten.Ohne Einzelnachweise können pauschal 20% der Telekommunikationskosten, jedoch maximal 20,- EUR im Monat als Werbungskosten anerkannt werden, sofern Sie vom Arbeitgeber keine Erstattung der Telekommunikationsosten erhalten.

Fall 36d:

Matteo arbeitet im Jahr 2023 an 3 von 5 Werktagen im Homeoffice. Ob auf Arbeit, in der Pause oder im Homeoffice, Matteo muss aufgrund Kundenkontaktes immer telefonisch erreichbar sein.

Wenn er im Homeoffice arbeitet benötigt er zudem für sein Dienst-Notebook eine Internetverbindung, um Angebite schreiben oder an Videokonferenzen teilnehmen zu können. Matteo nutzt für die telefonische Erreichbarkeit sein privates Handy. Die monatlichen Handykosten belaufen sich auf 15 EUR (Flatrate). Für die Internetverbindung nutzt er den heimischen Anschluss. Dieser kostet 20 EUR im Monat. Was kann Matteo steuerlich geltend machen?

Matteo kann somit 20% von 35 EUR = 7 EUR pro Monat = 84 EUR im Jahr Telekommunikationskosten steuerlich als Werbungskosten geltend machen. Diese trägt er in Anlage N, Zeile 65 bzw. 66 ein.

Hinweis:

Wenn Sie berufliche Telekommunikationsaufwendungen erstmalig geltend machen, wird das Finanzamt von Ihnen vermutlich eine Bestätigung des Arbeitgebers anfordern, dass Sie beruflich ein privates Telefon bzw. nutzen dürfen/müssen.

---

107 ### 7.12. Umzugskosten

Auch die Kosten für einen **berufsbedingten Umzug** können steuerlich als Werbungskosten berücksichtigt werden. Berufsbedingt sind die Kosten für den Umzug, wenn sie im Zusammenhang mit der beruflichen Tätigkeit stehen, z.B. nach einem Jobwechsel; Verlagerung der ersten Tätigkeitsstätte oder wenn man verkehrsgünstiger an die erste Tätigkeitsstätte ziehen möchte und sich dadurch eine deutliche Zeitersparnis ergibt.

Es kommt dabei nicht auf die Länge des Weges, sondern auf die **Zeitersparnis** an. Gerade bei Umzügen innerhalb der gleichen Großstadt wird das Finanzamt auf die jeweilige Zeitersparnis achten. Diese muss mindestens eine Stunde betragen[191]. Sucht der Arbeitnehmer seine erste Tätigkeitsstätte jedoch nur sehr selten (ca. 10-20 mal im Jahr) auf, so dürfte eine Zeitersparnis von einer Stunde kein (beruflicher) Grund für den Umzug gewesen sein[192]. Die durchschnittliche Zeitersparnis berechnen Sie mit einem Routenplaner.

Ein Umzug infolge eines **Jobwechsels** oder einer **Verlagerung der ersten Tätigkeitsstätte** wird jedoch oftmals unkritisch von den Finanzämtern anerkannt. Auch bei einer **Rückkehr aus dem Ausland** nach Deutschland, sofern Sie Ihre erste Tätigkeitsstätte nach Deutschland verlegt haben, wird regelmäßig anerkannt. Auch Umzüge zur Arbeitserleichterung können berufsbedingt sein[193]. Ob hingegen ein Umzug in eine größere Wohnung, damit beide Ehegatten ein separates Arbeitszimmer haben, um aus dem Homeoffice arbeiten zu können, ist höchstrichterlich noch nicht entschieden[194].

Folgende **direkte Umzugskosten** können Sie geltend machen:
- Für Fahrten zur neuen Wohnung; Fahrtkosten von 0,30 EUR/km
- Maklergebühren für die Wohnungssuche
- Kosten für Umzugshelfer/Umzugsunternehmen
- Doppelte Mietzahlungen für alte und neue Wohnung, sofern sich diese vertrags- bzw. kündigungsbedingt zwingend ergibt; für die alte Wohnung bis zu sechs Monatsmieten (bei langen Kündigungsfristen); für die neue Wohnung (die noch nicht genutzt werden kann) bis max. 3 Monatsmieten; maßgeblich ist der Zeitpunkt des tatsächlichen Umzugs
- Ggf. Reparatur von Transportschäden
- Verpflegungsmehraufwand von 14 EUR bei Abwesenheit von daheim bei mir als 8h, sofern die neue Wohnung an einem anderen Ort belegen ist (bei ganztägiger Abwesenheit 28 EUR)

Kosten für neue Möbel oder Einrichtungsgegenstände können Sie hingegen nicht steuerlich geltend machen.

Sonstige Umzugskosten, wie Trinkgelder, Renovierungskosten/Schönheitsreparaturen in der alten Wohnung, Inseratskosten für die Wohnungssuche, Kosten für das Anschließen von elektrischen Geräten (Lampen/Herd, etc.) oder die Umschreibung von Dokumenten und Fahrzeugen, können ebenfalls als Werbungskosten direkt durch Nachweis oder pauschal geltend gemacht werden.

Die **Umzugskostenpauschale** beträgt für Umzüge ab 1. März[195] 2024[196] für eine Person 964 EUR[197]. Für jede weitere Person im Haushalt erhöht sich die Pauschale um 643 EUR. Für ein

---

[191] BFH, Urteil vom. 6.11.1986 VI R 106/85; Senatsbeschluss vom 11. September 1998 VI B 208/98, BFH/NV 1999, 178; Senatsurteile in BFHE 178, 345, BStBl II 1995, 728; in BFHE 170, 484, BStBl II 1993, 610; vgl. Bergkemper in Herrmann/Heuer/ Raupach, § 9 EStG Rz 313; von Bornhaupt, in: Kirchhof/Söhn/ Mellinghoff, EStG, § 9 Rz B 599, B 599a.

[192] BFH, Urteil vom 7.5.2015, VI R 73/13.

[193] BFH, Urteil vom 28.4.1988, Az. IV R 42/86.

[194] BFH, anhängiges Verfahren VI R 3/23, Vorinstanz: FG Hamburg Urteil vom 23.2.2023, Az.: 5 K 190/22.

[195] Maßgeblich für die Ermittlung der Pauschalen ist der Tag vor dem Einladen des Umzugsguts.

[196] Für Umzüge bis 29.02.2024 beträgt die Umzugspauschale 886 EUR und für jede weitere Person 590 EUR.

[197] BMF-Schreiben vom 28.12.2023, Gz.: V C 5 - S 2353/20/10004 :003.

Ehepaar mit zwei Kindern beträgt die Umzugskostenpauschale daher 2.893 EUR. Die Umzugskostenpauschale können Sie nur dann als Werbungskosten geltend machen, sofern Sie diese nicht von Ihrem Arbeitgeber als steuerfreien Lohnzuschuss erhalten haben.Zieht man innerhalb von fünf Jahren wiederholt berufsbedingt um, so erhöht sich die Umzugskostenpauschale um 50%. Ziehen schulpflichtige Kinder mit um, so kann zusätzlich pro Kind Kosten für Nachhilfeunterricht bis zu einem Höchstbetrag von 1.286 EUR geltend gemacht werden. Diese Kosten sind jedoch dem Finanzamt auf Nachfrage zu belegen.

Erfolgt der **Umzug allein aus privaten Gründen**, so können die Umzugskosten nicht als Werbungskosten geltend gemacht werden. Hier können die Kosten für ein Speditionsunternehmen, etc. ggf. als haushaltsnahe Dienstleistungen steuerlich berücksichtigt werden. Lesen Sie dazu nach unter Rn. 162ff.

8. Sonderausgaben

108

Während Werbungskosten immer bei den dazugehörigen Einkunftsarten abgezogen werden, werden Sonderausgaben vom Gesamtbetrag der Einkünfte abgezogen, sofern sie den Sonderausgabenpauschbetrag übersteigen, d.h. machen Sie keine Sonderausgaben geltend, wird Ihnen dennoch ein Betrag (Pauschbetrag) von 36 EUR[198] abgezogen, § 10c Abs. 1, 4 EStG.

Folgende Sonderausgaben kommen u.a. in Betracht:
- Vorsorgeaufwendungen (gesetzliche/private Rentenversicherung; Riester-, Kranken-, Pflege-, Berufsunfähigkeits-, Erwerbsminderungs-, Unfall- und Haftpflichtversicherungen, etc.)
- gezahlte Kirchensteuer (ausgenommen Kirchensteuer auf Kapitalerträge)
- Kinderbetreuungskosten
- Berufsausbildungskosten (bei der Erstausbildung)
- Schulgeld
- Unterhaltsleistungen an den geschiedenen oder dauernd getrennt lebenden unbeschränkt einkommensteuerpflichtigen Ehegatten
- u.a.

109

8.1. Berufsausbildungskosten

Aufwendungen für Berufsausbildung stellen nur dann Sonderausgaben dar, wenn sie nicht als Werbungskosten behandelt werden können. Sie sind auf 6.000 EUR pro Jahr beschränkt, § 10 Abs.1 Nr.7 EStG. Berufsausbildungskosten sind immer dann Sonderausgaben, wenn der Steuerpflichtige noch keine Berufsausbildung bzw. Studium erfolgreich abgeschlossen hat. Hat der Steuerpflichtige jedoch schon einen o.g. Abschluss, so stellen die Berufsausbildungskosten Werbungskosten dar. Nähere Ausführungen zu den Berufsausbildungskosten finden Sie im Kapitel

---

[198] Bei gemeinsam veranlagten Verheirateten bzw. eingetragenen Lebenspartnern 72 EUR.

7.7. [-> Anlage Sonderausgaben (Kosten der Erstausbildung), Zeile 13, 14; bzw. Angabe in der Anlage N, Zeile 63, (Kosten der Ausbildung, die keine berufliche Erstausbuildung darstellt /Werbungskosten)]

8.2. Kinderbetreuungskosten

110

Kinderbetreuungskosten können zu 2/3 bis zu einem Gesamtbetrag von 4.000 EUR pro Kind[199] als Sonderausgaben pro Jahr abgezogen werden, § 10 Abs.1 Nr.5 EStG. [-> Anlage Kind, Zeile 66-72]

Kinderbetreuungskosten sind alle Aufwendungen, die in Folge einer **behütenden und beaufsichtigenden Betreuung** entstehen, d.h. der Schwerpunkt der Leistung muss auf Beaufsichtigung, Pflege, Unterbringung und Erziehung des Kindes liegen. Aufwendungen für die Vermittlung von besonderen Fähigkeiten (frühkindliche Musikerziehung, kindlicher Sprachunterricht, allgemeiner Unterricht), sportliche oder kulturelle Freizeitaktivitäten und Verpflegung können steuerlich nicht berücksichtigt werden[200].

Klassische Aufwendungen sind:
- Elternbeiträge Kindergrippe/Kindergarten/Tagesmutter
- Hort
- private Kinderbetreuung (Babysitter, Au-Pair, etc.)

Fall 36a:

Marko sucht für die Betreuung seiner Tochter Clara am Abend einen Babysitter. Er bittet seine Mutter Gabriele um Hilfe. Mutter Gabriele fährt mit dem Auto insgesamt 70km, um ihre Enkelin zu betreuen. Marko gibt seiner Mutter Gabriele dafür 20 EUR. Kann er die 20 EUR steuerlich geltend machen?

Problematisch können Betreuungsaufwendungen durch die Betreuung von Verwandten sein. Sofern die 20 EUR für die Abgeltung der Fahrkosten gezahlt worden sind, können diese problemlos steuerlich geltend gemacht werden[201]. Auch bei familiären Gefälligkeiten können die damit verbundenen Aufwendungen nach reisekostenrechtlichen Grundsätzen abgegolten werden. Für jeden Kilometer mit dem Auto kann Marko seiner Mutter 0,30 EUR als Aufwendungsersatz zukommen lassen. Gabriele ist insgesamt 70 km gefahren und hatte damit einen Aufwand von insgesamt 21 EUR[202]. Gabriele muss daher die 20 EUR nicht versteuern, da es sich um eine Aufwandsentschädigung handelt.

---

[199] Ab dem Steuerjahr 2025 (d.h. wird erst für die Einkommensteuererklärung 2025 relevant, die Sie frühestens im Jahr 2026 einreichen können) erhöht sich der Maximalbetrag auf 80% der Betreuungskosten und einen Maximalbetrag von 4.800 EUR.
[200] BFH, Urteil vom 28.11.1986, Az.: III R 1/86, BStBl. II 1987, S.490.
201 FG Baden-Württemberg, Urteil vom 9.5.2012, Az.: 4 K 3278/11.
202 70 km * 0,30 EUR = 21 EUR.

115

Geldleistungen über die Abgeltung des Reiseaufwandes hinaus können allerdings nur dann berücksichtigt werden, wenn ein gültiger Vertrag abgeschlossen worden ist, der einem Fremdvergleich standhält (also branchenüblich ist) und eindeutige Vereinbarungen enthält.

Um die Kinderbetreuungskosten steuerlich geltend machen zu können, müssen die Voraussetzungen für den Sonderausgabenabzug vorliegen.

Das Kind/die Kinder müssen **betreuungsbedürftig** sein. Der Gesetzgeber geht <u>bis zur Vollendung des 14. Lebensjahres</u> davon aus. Eine Berücksichtigung über das 14. Lebensjahr hinaus kann nur dann ausnahmsweise erfolgen, wenn das Kind behindert ist, diese Behinderung vor der Vollendung des 25. Lebensjahres eingetreten ist und das Kind außerstande ist, sich aufgrund der Behinderung selbst zu unterhalten.

Das **Kind muss zudem zum Haushalt des Steuerpflichtigen gehören.** Das ist der Fall, wenn das Kind dauerhaft in der Wohnung des Steuerpflichtigen lebt (und mit ihm eine Haushaltsgemeinschaft bildet) oder sich mit der Einwilligung des Steuerpflichtigen vorübergehend außerhalb seiner Wohnung aufhält.

Sind die Eltern getrenntlebend, so ist maßgeblich, wo das Kind seinen Lebensmittelpunkt hat. Indizien stellen hier die Meldung des Kindes und der Bezug des Kindergeldes durch einen Elternteil dar. Nur ausnahmsweise kann es zu einer gleichzeitigen Zugehörigkeit des Kindes zu beiden - getrennt lebenden- Elternteilen kommen, sofern sich das Kind bei beiden Elternteilen zu gleichen Zeitanteilen aufhält, bei beiden Elternteilen ein eigenes Zimmer hat und die Schule/Kindergarten von beiden Elternteilen aus erreichbar ist[203].

Die Bezahlung der Kinderbetreuungskosten darf nicht in Bargeld erfolgen, sondern muss zwingend überwiesen werden, § 10 Abs.1 Nr. 5 S.4 EStG. Die Kinderbetreuungskosten tragen Sie in Anlage Kind, Zeile 66-72 ein.

8.3. Schulgeld

Auch besondere Aufwendungen die entstehen, weil Ihr Kind eine <u>Schule in freier Trägerschaft</u> oder eine <u>überwiegend privat finanzierte Schule</u> besucht, können in Höhe von 30 % bis zu einem Maximalbetrag von 5.000 EUR pro Kind als Sonderausgaben geltend gemacht werden, § 10 Abs.1 Nr.9 EStG.

Die Schule muss zu einem allgemeinbildenden oder berufsbildenden Schul-, Jahrgangs- oder Berufsabschluss führen, der staatlich anerkannt ist. Folgende Kosten können Sie geltend machen:

- Gebühren, die der Finanzierung des laufenden Schulbetriebes dienen
- Anmeldegebühren und

---

[203] BFH, Urteil vom 14.04.1999, Az.: X R 11/97, BStBl II 1999 S. 594.

- freiwillige Zahlungen.

Nicht anerkannt werden Aufwendungen für Unterbringung, Verpflegung, Lernmaterialien und Betreuung. Bei freiwilligen Aufwendungen, die über den normalen Bedarf des Schulbetriebes hinausgehen, kommt auch ein Spendenabzug in Betracht.

Die Kosten für das Schulgeld tragen Sie ins Anlage Kind, Zeile 55-57 ein.

8.4. Spenden und Mitgliedsbeiträge

112

Eine klassische Sonderausgabe stellen Spenden und Mitgliedsbeiträge an gemeinnützige Vereine und Organisationen zur **Förderung gemeinnütziger, mildtätiger, kirchlicher oder wissenschaftlicher Zwecke** dar. Diese Spenden sind als Sonderausgaben steuerlich absetzbar, § 10b EStG. [-> Anlage Sonderausgaben, Zeile 5-12]

> Unterscheiden Sie! Regelmäßig nicht davon umfasst sind Spenden und Mitgliedsbeiträge an **politische Parteien** und **Wählervereinigungen**. Diese Spenden und Beiträge können zwar auch steuerlich geltend gemacht werden, doch gelten für sie zumeist Sonderregelungen (sog. Steuerermäßigungstatbestände). Spenden und Mitgliedsbeiträge an politische Parteien und Wählervereinigungen stellen nur dann und insoweit Sonderausgaben dar, wenn sie einen Spendenbetrag von 1.650 EUR für Ledige und 3.360 EUR für Zusammenveranlagte übersteigen. Näheres erfahren Sie im Kapitel 10.1., Rn.159ff.

Doch auch bei Spenden und Mitgliedsbeiträgen müssen einige Voraussetzungen beachtet werden. Zuwendungen (Spenden und Mitgliedsbeiträge) werden nur dann anerkannt, wenn die **Organisation** als **gemeinnützig** anerkannt ist, da sie die oben genannten Förderkriterien erfüllen. Nicht anerkannt werden daher Mitgliedsbeiträge an Vereine, die zwar bestimmte Zwecke fördern, jedoch hauptsächlich der Freizeitgestaltung dienen (z.B. Heimatvereine, Karnevalsvereine, Laienchöre, Sportvereine).

113

114

Auch bei Spenden gibt es eine **Höchstgrenze**. Sie können bis zu **20% ihrer gesamten Jahreseinkünfte** (Gesamtbetrag der Einkünfte) spenden. Wird die Höchstgrenze überschritten, so können die Spenden ins nächste Jahr vorgetragen werden und gehen somit nicht verloren (sog. Zuwendungsvortrag)[204]. Auch sind Spenden „in den Vermögensstock von Stiftungen" möglich[205].

---

[204] vgl. Anlage Sonstiges, Zeile 16.
[205] Hier gilt ein Höchstbetrag von 1.000.000 EUR.

115   Das Finanzamt verlangt auf Anfrage oftmals besondere Nachweise und Belege. Bis zu einem **Spendenbetrag von 300,- EUR** ist ein Überweisungsbeleg (Kontoauszug) bei inländischen Empfängern ausreichend[206]. Dieser muss Angaben enthalten[207]:

- Vermerk über den steuerbegünstigten Zweck, z.B. „Welthungerhilfe"
- Überweisungsbeleg muss Name des Spenders, Kontonummer, Buchungstag und den Betrag der Spende enthalten
- Der Empfänger muss klar benannt werden; (ggf. muss dem Finanzamt bei unbekannten Organisationen auch nachgewiesen werden, dass Empfänger gemeinnützig ist[208])
- Es muss sich aus dem Überweisungsbeleg ergeben, ob es sich um eine Spende oder um einen Mitgliedsbeitrag handelt.

Bei **Einzelspenden über 300 EUR** müssen die Spendenempfänger Spendenbescheinigung erstellen und den Spendern aushändigen. Diese Bescheinigungen müssen Sie beim FA einreichen.

Manche Finanzämter erkennen Spenden bis 100,- EUR auch ohne Belege an, sofern eine Einzelauflistung mit den Empfängern und den Beträgen vorgelegt wird. Es handelt sich hierbei jedoch nicht um einen Rechtsanspruch, sondern um eine Nichtbeanstandungsregelung.

Fall 37:
Susi ist Studentin und hält sich mit 520,- EUR Jobs über Wasser. Sie möchte Ende 2024 200,- EUR für die Hilfe gegen den Hunger in der Welt spenden und fragt sich nach der steuerlichen Auswirkung.

Bei Susi wirkt sich die Spende leider nicht aus, da Susi aufgrund ihres geringen Verdienstes keine Einkommens- und Lohnsteuer zahlt.

Die steuerliche Auswirkung einer Spende hängt vom persönlichen Steuersatz (Grenzsteuersatz) somit von ganz individuellen Faktoren ab. Zur Übersicht ein paar verallgemeinerte Fallbeispiele ohne Berücksichtigung von sonstigen Werbungskosten oder Sonderausgaben[209].

monaticher Bruttoverdienst[210]	Steuertarif Grund/Splitting	Kirchensteuer 9%	Spendenhöhe	steuerliche Auswirkung, ca.
700	G	nein	200	0 EUR
1000	G	nein	200	0 EUR
1200	G	nein	200	33 EUR

---

[206] Diese Grenze wurde ab dem Steuerjahr 2021 auf 300,- EUR erhöht. Davor lag die Grenze bei 200,- EUR.

[207] Vereinfachter Nachweis nach § 50 EStDV.

[208] Nur auf Nachfrage des Finanzamtes.

[209] Achtung, insbesondere ohne Berücksichtigung von Vorsorgeaufwendungen, wie Kranken- und Pflegeversicherung, etc. Dadurch verringert sich regelmäßig die steuerliche Auswirkung.

[210] hochgerechnet auf ein volles Jahr, abzüglich Arbeitnehmerpauschbetrag ((Betragx12)-1.230 EUR) .

1200	G	ja	200	36 EUR
1800	G	nein	200	50 EUR
2500	G	nein	200	57 EUR
2500	G	ja	200	62 EUR
3000	G	nein	200	61 EUR
3000	G	ja	200	66 EUR
4000	G	ja	200	76 EUR
4000	G	nein	200	70 EUR
5000	G	ja	200	85 EUR
8000	G	ja	200	102 EUR

Umso höher das zu versteuernde Einkommen („Einnahmen" abzüglich aller Werbungskosten, Pauschbeträge und Sonderausgaben) ist, umso höher fällt die steuerliche Auswirkung einer Spende aus[211].

8.5. Vorsorgeaufwendungen (Kranken- und Rentenversicherungen)   116

Unter den Begriff „Vorsorgeaufwendungen" fallen zahlreiche Kosten für Altersvorsorge, Kranken-, Renten-, Arbeitslosigkeits-, Berufsunfähigkeits-, Erwerbsminderungs-, Risikolebens- und Haftpflichtversicherungen.

Man unterscheidet Altersvorsorgeaufwendungen und sonstige Vorsorgeaufwendungen.

8.5.1. Altersvorsorgeaufwendungen (ohne Riester-Rente)   117

Altersvorsorgeaufwendungen sind Aufwendungen, die für eine Basis-Altersversorgung verwendet werden, also Beiträge zur gesetzlichen Rentenversicherung[212], Beiträge an ein berufsständiges Versorgungswerk, landwirtschaftliche Alterskasse oder für eine Rürup-Rente (private Basisrentenversicherung), § 10 Abs.1 Nr.2 EStG. [-> Anlage Vorsorgeaufwand, Zeile 8]

Die o.g. Altersvorsorgeaufwendungen sind im Jahr 2024 mit **100%** bis zu einem Maximalbetrag von insgesamt 27.566 EUR bei Einzelveranlagten und maximal bis 55.132 EUR bei Zusammenveranlagten steuerlich zu berücksichtigen.

Nicht zu den Altersvorsorgeaufwendungen im oben genannten Sinne gehören Aufwendungen für die sog. Riester-Rente. Diese wird in Kapitel 7.5.3., Rn.124 dargestellt.

8.5.2. Sonstige Vorsorgeaufwendungen   118

Zu den sonstigen Vorsorgeaufwendungen zählen Aufwendungen für Kranken- und Pflegeversicherung (gesetzlich oder privat) und Aufwendungen für Arbeitslosigkeits-, Berufsunfähigkeits-, Risikolebens-, Erwerbsminderungs- und Haftpflichtversicherungen.

---

[211] bis zum Erreichen des Spitzensteuersatzes.
[212] Dies trifft auch auf freiwillig in der gesetzlichen Rentenversicherung und auf Künstler zu, die in die Künstlersozialkasse einzahlen.

8.5.2.1. Kranken- und Pflegeversicherung

Die Beiträge sind bei einem normalen Angestellten- oder Beamtenverhältnis **bis zu einem Betrag von 1.900,- EUR** steuerlich berücksichtigungsfähig, sofern dem Steuerpflichtigen vom Arbeitgeber ein steuerfreier Zuschuss zur Krankenversicherung gewährt wird[213] oder ein Beihilfeanspruch im Krankheitsfall (Beamte, Richter, etc.) besteht, [-> Anlage Vorsorgeaufwand, Zeile 11-33]. Bei Personen, die ihre Krankenversicherungsbeiträge allein aufbringen müssen (z.B. Selbstständige, freiwillig gesetzlich versicherte Personen ohne Kostenbeteiligung des Arbeitgebers; **Studenten**, die nicht mehr familienversichert sind und ihre Krankenversicherungsbeiträge selbst aufbringen müssen (z.B. privat versichert oder in der gesetzlichen studentischen Krankenversicherung oder freiwillig gesetzlich versichert) erhöht sich der Höchstbetrag auf 2.800 EUR.

Unabhängig vom **Höchstbetrag von 1.900 / 2.800** EUR werden jedoch die Aufwendungen für die Basiskranken- und Pflegeversicherung auf jeden Fall in voller Höhe[214] berücksichtigt, auch wenn sie den o.g. Höchstbetrag übersteigen.

Wahlleistungen, die den Basis-Krankenversicherungsschutz übersteigen, können nur dann zusätzlich zum Basisschutz berücksichtigt werden, wenn der Höchstbetrag von 1.900 / 2.800 EUR noch nicht (durch die Basis-Krankenversicherung) erreicht wurde.

Bei Angestellten, die durch ihre Krankenversicherung im Krankheitsfall einen Anspruch auf Krankengeld haben, werden die Beiträge zur Basiskrankenversicherung pauschal um 4% gekürzt, § 10 Abs. 1 Nr.3 S.4 EStG. Studenten, die in der gesetzlichen Krankenversicherung (sog. Studentische Krankenversicherung) versichert sind, haben keinen Anspruch auf Krankengeld. Ein Abzug erfolgt hier nicht.

Beitragsrückerstattungen der Krankenversicherungen (oftmals bei privaten Krankenversicherungen für das Nichteinreichen von Rechnungen) müssen dabei von den Aufwendungen für die Krankenversicherung abgezogen werden.

Hinweis:

Beitragsrücksterstattungen privater Krankenversicherer für das Nichteinreichen von Belegen können sich ggf. für Sie negativ auswirken.

Beachten Sie, dass Beitragsrückerstattungen der privaten Krankenversicherer Ihre Sonderausgaben im Jahr des Rückflusses mindern. Dazu folgenden Beispielsfall:

Behandlungskosten (nicht eingereichte Belege):	300,- EUR
Beitragsrückerstattung durch die private Krankenversicherung:	500,- EUR

---

[213] Dieser Arbeitgeberzuschuss erfolgt bei Angestellten über den Arbeitgeberbetrag zur Krankenversicherung und wird auf der Lohnabrechnung aufgeführt.

[214] Allerdings pauschale Kürzung der Krankenversicherungsbeiträge um 4 %, wenn ein Anspruch auf Krankengeld im Krankheitsfall besteht. Die 4%ige Kürzung ist unabhängig von der Obergrenze von 1.900/2.800 EUR.

Vorteil der Beitragsrückerstattung vor Steuer:	<u>200,- EUR</u>

ABER:

Steuernachteil durch Beitragsrückerstattung (ausgehend v. Steuersatz von 42%):   210,- EUR

Sie sehen am obigen Beispiel: Sie können ggf. nach Steuern schlechter gestellt sein, als wenn Sie alle Belege bei ihrer privaten Krankenversicherung eingereicht hätten.

Ob **Bonusleistungen** der Krankenkassen bzw. Krankenversicherungen für **120** gesundheitsbewusstes Verhalten oder bei der Teilnahme an Vorsorgeuntersuchungen, von den geleisteten Beiträgen zur Basisversicherung abgezogen werden müssen und damit den steuerlichen Vorteil mindern, ist trotz zahlreicher Urteile weiterhin umstritten und hochkomplex[215]. Es kommt maßgeblich auf die Bescheinigungen der Krankenkassen- und Versicherungen an. Nach BFH-Rechtsprechung werden nur diejenigen "Bonusleistungen" nicht von den geleisteten Beiträgen zur Basisversicherung abgezogen, sofern die Krankenversicherung "tatsächlich entstandene Kosten erstattet[216]. Pauschale Boni für gesundheitsbewusstes Verhalten oder für die Teilnahme an Vorsorgeuntersuchungen bzw. für das "Nichteinreichen von Rechnungen" bei privaten Krankenversicherungen stellen Bonusleistungen dar, die derzeit von den Finanzämtern von den geleisteten Beiträgen zur Basisversicherung abgezogen werden - leider zu Ihrem Nachteil-.

Das Bundesministerium der Finanzen hat sich jedoch aus Vereinfachungsgründen darauf verständigt, dass davon ausgegangen werden kann, dass Bonuszahlungen, die auf der Grundlage von § 65a SGB V (Bonus für gesundheitsbewusstes Verhalten) geleistet werden, bis maximal 150,- EUR pro versicherte Person den Sonderausgabenabzug nicht mindert. Wird der Betrag von 150,- EUR überschritten, wird davon ausgegangen, dass der übersteigende Teil keine Bonuszahlung, sondern eine Beitragsrückerstattung ist und damit den Sonderausgabenabzug verringert. Diese Annahme kann jedoch durch den Steuerpflichtigen widerlegt werden. Dieser muss dann den Nachweis erbringen, dass keine Beitragsrückerstattung vorliegt.

In Einzelfällen kann bei privat kranken- und pflegeversicherten Menschen nach Abgabe der Steuererklärung eine überraschende Nachzahlung resultieren. Dazu folgender Fall:

Fall 38:

Sebastian, ledig und kinderlos, hat sein Lehramtsstudium abgeschlossen. Er beginnt ein Lehramtsreferendariat (Vorbereitungsdienst). Das Referendariat wird im Beamtenverhältnis auf

---

[215] Vgl. BMF-Schreiben vom 16.12.2021, BStBl. 2022 I S.155.
[216] BFH, Urteil vom 01.06.2016, Az.: X R 17/15; BFH, Urteil vom 6. Mai 2020, X R 16/18.

Widerruf durchgeführt. Er wechselt von der gesetzlichen in die private Krankenversicherung und bekommt als Anwärter ein besonders günstiges Tarifangebot seiner Versicherung. Er muss nur 80 EUR Beitrag im Monat für die Kranken- und Pflegeversicherung zahlen. Sebastian erhält 1.200 EUR brutto monatlich von seinem Arbeitgeber (Dienstherrn). Im Juli des Folgejahres erhält Sebastian eine Aufforderung des Finanzamtes zur Abgabe einer Steuererklärung. Sebastian fragt sich, warum er überhaupt eine Steuererklärung abgeben muss und welche Folgen das hat.

Sebastian ist als Unverheirateter in der Lohnsteuerklasse 1, so dass er im Regelfall eigentlich keine Steuererklärung abgeben müsste. Da Sebastian vom Finanzamt zur Abgabe einer Einkommensteuererklärung aufgefordert wurde, ist er verpflichtet, eine Erklärung abzugeben[217]. Sein Arbeitgeber (Dienstherr) hat bei der Berechnung der Lohnsteuer vermutlich die Mindesvorsorgepauschale von 1.900 EUR (Beiträge Kranken- und Pflegepflichtversicherung) der Lohnsteuerberechnung zugrunde gelegt. Wenn Sebastian nun in seine Lohnsteuerjahresbescheinigung (vom Arbeitgeber im Folgejahr ausgehändigt) schaut, erkennt er in Zeile 28, dass sein Arbeitgeber einen Wert von 1.900 EUR eingetragen hat. Da Sebastian aber einen sehr günstigen Versicherungstarif von 80 EUR im Monat erhalten hat, musste er nur 960,- EUR Beiträge an seine Kranken- und Pflegeversicherung zahlen. Sein Arbeitgeber ging jedoch von mindestens 1.900 EUR aus. Folglich hat sein Arbeitgeber den Lohnsteuerabzug "falsch"[218] berechnet. Sebastian erhält nun einen Steuerbescheid, wonach er ca. 200 EUR nachzahlen muss. Die oben beschriebene Problematik kann bei allen verbeamteten Anwärtern, Soldaten, Feuerwehrleuten und Polizisten auftreten.

8.5.2.2. Unfall-, Haftpflicht-, Berufsunfähigkeitsversicherungen

Die Aufwendungen für die anderen genannten Versicherungen haben kaum eine praktische Relevanz, da der o.g. Höchstbetrag von 1.900 EUR regelmäßig bereits durch die Basiskranken- und Pflegeversicherung überschritten wurde. [-> Anlage Vorsorgeaufwand, Zeile 44-48.]
Der Höchstbetrag von 1.900 EUR wird bereits bei einem Angestellten mit einem durchschnittlichen monatlichen Bruttoverdienst von ca. 1.460 EUR durch die Arbeitnehmerabzüge zur gesetzlichen Kranken- und Pflegeversicherung erreicht[219].

Praxis-Tipp:
Sofern Sie als Angestellter in der gesetzlichen Kranken- und Pflegeversicherung mehr als 1.460 EUR brutto monatlich im Durchschnitt verdienen, brauchen Sie neben der gesetzlichen Kranken- und Pflegeversicherung (und der gesetzlichen Arbeitslosenversicherung) keine weiteren „sonstigen Vorsorgeaufwendungen" zusätzlich zu erklären. Sparen Sie sich diese Arbeit, denn es kann sich nicht mehr auswirken.

---

[217] § 149 Abs.1 S.2 AO.
[218] Die Lohnsteuerberechnung ist rechtlich korrekt, führt jedoch zu einem Nachzahlungsbetrag.
[219] Berechnung bei gesetzlich Krankenversicherten mit 2,5% Zusatzbeitrag zur gKV.

Versicherungen für berufliche Zwecke

Etwas anderes gilt jedoch für spezielle und gesonderte **Berufs- oder Diensthaftpflichtversicherungen**, die ausschließlich für berufliche Zwecke dienen. Diese Versicherungsbeiträge stellen in den meisten Fällen Werbungskosten dar und unterliegen nicht dem o.g. Höchstbetrag! Diese wären dann in Anlage N, Zeile 65-66 einzutragen.

Gleiches gilt für **Rechtsschutzversicherungen** und **private Unfallversicherungen**, die ausschließlich berufliche Rechtsstreitigkeiten oder Unfälle absichern. Speziell für den beruflichen Bereich vorgesehene Versicherungen sind jedoch unüblich. Im Regelfall umfasst eine Rechtsschutz- oder private Unfallversicherung die private und die berufliche Sphäre des Versicherten.

Bei **Rechtsschutzversicherungen,** die neben privaten auch berufliche Rechtsstreitigkeiten umfassen und damit eine private und berufliche Komponente haben, ist die Aufteilung hingegen schwierig.

Praxis-Tipp:

Wenn Ihre Rechtsschutzversicherung auch Arbeitsrechtsstreitigkeiten umfasst, haben Sie grds. zwei Möglichkeiten, um den Werbungskostenabzug geltend zu machen:

- Die Finanzverwaltung erkennt die Aufwendungen für diese Versicherungen nur dann anteilig an, wenn die Versicherung den auf den Arbeitsrechtsschutz entfallenen Anteil nach der Schadensstatistik dieser Versicherung belegt[220].

- Sie können jedoch auch probieren 40% der Versicherungsbeiträge für die Rechtsschutzversicherung als Werbungskosten geltend zu machen. In der Versicherungspraxis wird eine Quote von 40% die untere Grenze der Schadensstatistik darstellen. Es kann jedoch passieren, dass Sie das Finanzamt auffordert, eine Bescheinigung bei Ihrem Versicherer einzuholen und vorzulegen. Wenn Sie dieser Variante folgen, müssen Sie deutlich in Ihrer Steuererklärung vermerken, dass Sie hier pauschal aufgeteilt haben.

Wenn Sie 40 % als Werbungskosten geltend machen, sollten Sie (vorsorglich) die übrigen 60% als Sonderausgaben (Vorsorgeaufwand) geltend machen, auch wenn der Höchstbetrag von 1.900 EUR (bzw. 2.800 EUR) bereits durch die Krankenversicherung überschritten wurde.

Auch Versicherungsbeiträge für **private Unfallversicherungen** können (anteilig) als Werbungskosten geltend gemacht werden, wenn diese auch berufliche Unfälle mit umfassen[221]. Hier ist eine hälftige Aufteilung in Werbungskosten und Sonderausgaben zulässig[222].

---

[220] BMF-Schreiben vom 23.07.1998, Az.: IV B 6-S 2354-33/98.
[221] BFH, Urteil vom 22.6.1990, Az.: VI R 2/87.
[222] BMF-Schreiben vom 28.10.2009, Az.: IV C 5 -S 2332/09/10004, BStBl I 2009, S. 1275.

Versicherung	Versicherungs-umfang	Auswirkung	Eintragen in
Kranken- und Pflegeversicherung	allgemein	Sonderausgabenabzug in voller Höhe für Basisabsicherung; Wahlleistungen bis zur Höchstgrenze (1.900 bzw. 2.800 EUR), sofern Höchstgrenze noch nicht durch Basisabsicherung ausgeschöpft wurde.	Anlage Vorsorgeaufwand; Zeile 11 bis 27
Familienhaftpflicht-versicherung	umfasst normalerweise keine beruflichen Haftungsfragen	Sonderausgabenabzug nur, sofern 1.900 EUR Höchstgrenze noch nicht durch Krankenversicherung- und Pflegeversicherung überschritten wurde,	Anlage Vorsorgeaufwand; Zeile 46
Berufshaftpflichtversicherung	Sofern nur berufliche Schäden abgedeckt werden	Werbungskostenabzug in voller Höhe	Anlage N; Zeile 65 oder 66
Private Unfallversicherung	Sofern nur Unfälle im Privatbereich (ohne Wege zur Arbeit) abgesichert sind	Sonderausgabenabzug nur, sofern 1.900 EUR Höchstgrenze noch nicht durch Kranken- und Pflegeversicherung überschritten wurde.	Anlage Vorsorgeaufwand; Zeile 46
Private Unfallversicherung	Sofern sowohl private, als auch berufliche Risiken (auch Wege zur Arbeit) abgesichert sind	Hälftige Aufteilung (50%/50%) der Versicherungskosten als Werbungskosten und als Sonderausgaben. Sonderausgabenabzug nur dann, sofern 1.900 EUR Höchstgrenze noch nicht durch Kranken- und Pflegeversicherung überschritten wurde.	Aufteilung: Anlage Vorsorgeaufwand; Zeile 46 und Anlage N; Zeile 65 oder 66
Private Rechtsschutz-versicherung	Absicherung von privaten und arbeitsrechtlichen Streitigkeiten	Aufteilung nach den Angaben des Versicherers (Versicherer muss Beleg vorlegen); Oder ggf. pauschal 40% Werbungskosten und 60% Sonderausgaben, wobei Sonderausgabenabzug nur dann erfolgt, wenn die 1.900 EUR Grenze noch nicht überschritten wurde.	Aufteilung: Anlage Vorsorgeaufwand; Zeile 46 und Anlage N; Zeile 65 oder 66
private Haftpflichtversicherung (trifft auch auf private PKW Haftpflichtversicherung zu)	Absicherung privater Haftungsrisiken	Auch **private Haftpflichtversicherungen** und PKW-Haftpflichtversicherungen können grundsätzlich steuerlich geltend gemacht werden, scheitern jedoch ebenfalls regelmäßig an der 1.900/2.800 EUR Höchstgrenze	Anlage Versorgungsaufwand, Zeile 46

Beiträge zu **Berufs- und Erwerbsunfähigkeitsversicherungen** sowie zur gesetzlichen

Arbeitslosigkeitsversicherung sind generell nicht als Werbungskosten abziehbar[223]. Sie können nur als Sonderausgaben geltend gemacht werden [-> Anlage Vorsorgeaufwand, Zeile 44, 45] **Hausratversicherungen** sind grundsätzlich überhaupt nicht steuerlich absetzbar. Ausnahmen bestehen für die Hausratversicherung jedoch für das anerkannte Arbeitszimmer (anteilig absetzbar) oder für die Zweitwohnung im Rahmen der doppelten Haushaltsführung, wenn die Hausratversicherung vom Vermieter vertraglich vorausgesetzt wird (z.B. Vermietung einer möblierten Wohnung).

125

Auch **private Haftpflichtversicherungen** und PKW-Haftpflichtversicherungen können grundsätzlich steuerlich geltend gemacht werden, scheitern jedoch ebenfalls regelmäßig an der 1.900/2.800 EUR Höchstgrenze.

126

8.5.3. Beiträge zur Riester-Rente

127

Aufwendungen für die sogenannte Riester-Rente stellen eigentlich auch Altersvorsorgeaufwendungen dar. Dennoch werden diese Aufwendungen als zusätzliche Altersvorsorge in § 10a EStG separat von den übrigen Altersvorsorgeaufwendungen geregelt. Beiträge zur zertifizierten Riester-Rente werden bis zu einem Betrag von 2.100 EUR steuerlich berücksichtigt. Der Höchstbetrag von 2.100 EUR beinhaltet die eigenen Beiträge und die staatlichen Zulagen[224]. Für die steuerliche Anerkennung ist notwendig, dass das Riesterprodukt zertifiziert ist und dass Sie den Riester-Anbieter ermächtigt haben, die Daten elektronisch an die Finanzverwaltung zu übermitteln. [-> Anlage AV]

Fall 39:
Ruth ist angestellt und zahlt 3.000 EUR jährlich in die gesetzliche Rentenversicherung ein. Ihr Arbeitgeber bezahlt ebenfalls 3.000 EUR in die Rentenversicherung ein. Außerdem hat Ruth eine Rürup-Rente (Basis-Rentenversicherung) abgeschlossen und zahlt jährlich 1.200 EUR ein.
Ruth zahlt jährlich 60 EUR für eine private Haftpflichtversicherung; 200 EUR für eine PKW-Haftpflicht und 2000 EUR für eine Riesterrente. Sie erhält die maximale Grundzulage zur Riesterrente. Von ihrem Bruttolohn wird Ruth monatlich 300 EUR Kranken- und Pflegeversucherungsbeitrag abgezogen. Wie hoch ist der steuerlich abzugsfähige Vorsorgebetrag?

---

[223] BFH, Beschluss vom 15.06.2005, Az.: VI B 64/04.
[224] Die jährliche maximale Grundzulage beträgt 175,- EUR. Pro Kind erhalten Sie zusätzlich 185 bzw. 300 EUR; ggf. erhalten Sie auch einen Berufseinsteigerbonus von max. 200 EUR.

Arbeitnehmeranteil zur gesetzl. Rentenversicherung:	3.000	
+ Arbeitgeberanteil zur gesetzl. Rentenversicherung:	3.000	
+ Beiträge zur Rüruprente:	1.200	

Zwischensumme:	7.200	
davon 100% (max. 27.566€)	7.200	
- Arbeitgeberanteil zur gesetzl. Rentenversicherung:	- 3.000	-> 4.200 EUR
Beiträge zur Riesterrente:	2.000	
+ max. Grundzulage	175	
(begrenzt auf max. 2.100 EUR)	2.175	-> 2.100 EUR
Krankenversicherungsbeiträge (12x300 EUR)	3.600	
abzüglich 4% (da Ruth als Angestellte		
einen Krankengeldanspruch hat)	-144	-> 3.456 EUR

9.756 EUR

Ruth kann ggf. 9.756 EUR Vorsorgeaufwendungen als Sonderausgaben steuerlich geltend machen[225]. Die Beiträge für die Privathaftpflicht- und PKW-Haftpflichtversicherung kann Ruth nicht geltend machen, da der Höchstbetrag von 1.900 EUR allein durch die Beiträge zur Krankenversicherung (Basiskrankenversicherung) überschritten wurde.

128   **8.6. Gezahlte Kirchensteuer**

Auch die im Jahr 2024 gezahlte Kirchensteuer (mit Ausnahme der Kirchensteuer auf Abgeltungsbeträge bei Kapitalerträgen) kann unbeschränkt in voller Höhe als Sonderausgabe steuerlich geltend gemacht werden, § 10 Abs. 1 Nr.4 EStG. [Anlage Sonderausgaben, Zeile 4, Kennziffer 103] Dazu zählt:

- Kirchensteuerabzug vom Lohn (Lohnkirchensteuer)
- für das Jahr 2023 oder früher in 2024 nachgezahlte Kirchensteuer[226] oder
- in 2024 für das Jahr 2025 vorausgezahlte Kirchensteuer
- direkt an die Kirchgemeinde gezahlte Ortskirchensteuer (Kirchgeld)[227]
- besonderes Kirchgeld bei glaubensverschiedener Ehe.

---

[225] Ob Ruth tatsächlich den Sonderausgabenabzug nach § 10a EStG erhält (dann wird die Zulage abgezogen) oder die Riesterzulage nach §§ 79ff. EStG (dann wird der Sonderausgabenabzug verweigert), hängt von ihrem persönlichen Steuersatz ab. Das Finanzamt entscheidet, was für Ruth günstiger ist (sog. Günstigerprüfung).
[226] Siehe auch BFH, Urteil vom 23.8.2023, X R 16/21.
[227] Sofern Sie zur Zahlung verpflichtet waren.

Wurde Ihnen jedoch im Jahr 2024 durch das Finanzamt mit dem Einkommensteuerbescheid für 2023 oder früher Geld erstattet (beinhaltet meistens auch eine **Kirchensteuererstattung**), so müssen Sie den Kirchensteuererstattungsbetrag von den gezahlten Kirchensteuersonderausgaben abziehen. Tragen Sie dazu in der Anlage Sonderausgaben, Zeile 4 bei Kennziffer 104 den Betrag der Erstattung ein.

Mussten Sie mit dem Einkommensteuerbescheid für 2023 im Jahr 2024 Steuern nachzahlen, so beinhaltet dies zumeist auch eine Kirchensteuernachzahlung. Diese Kirchensteuernachzahlung können Sie mit der Steuererklärung für 2024 ebenfalls als Sonderausgabe geltend machen.

Ist die erfolgte Kirchensteuererstattung in 2024 höher, als Sie in 2024 Kirchensteuer gezahlt haben/oder noch zahlen müssen, so trägt das Finanzamt diesen sogenannten Erstattungsüberhang in das Jahr 2023 zurück. Der Steuerbescheid von 2023 würde dann automatisch rückwirkend geändert.

Wenn Sie Mitglied einer Religionsgemeinschaft sind, die mindestens in einem Bundesland als Körperschaft des öffentlichen Rechts anerkannt ist, aber keine Kirchensteuer erhebt, so können Sie Ihre freiwilligen Beiträge „wie Kirchensteuer" bis zur Grenze von 8 bzw. 9 % der üblichen Kirchensteuer absetzen. Den übersteigenden Betrag können Sie als Spende für kirchliche Zwecke geltend machen.

Ist die Religionsgemeinschaft in keinem Bundesland als Körperschaft des öffentlichen Rechts anerkannt, so können Sie die Beiträge als Spende für religiöse Zwecke geltend machen, wenn die Religionsgemeinschaft von der Finanzverwaltung als gemeinnützig anerkannt worden ist.

8.7. Unterhaltsleistungen an den geschiedenen / dauerhaft getrennt lebenden Ehegatten (Realsplitting)

Wenn Sie an Ihren Ehegatten / eingetragenen Lebenspartner Unterhalt zahlen müssen, da Sie von ihm geschieden sind oder dauerhaft getrennt leben, so können Sie diese Zahlungen ebenfalls als Sonderausgabe geltend machen, sofern der oder die „Ex" dem zustimmt.

Der Sonderausgabenabzug für den Unterhaltsleistenden (sog. **Realsplitting**) ist nur dann zulässig, wenn sich der Unterhaltsempfangende Ehegatte/ eingetragene Lebenspartner (in der Anlage U) damit einverstanden erklärt, diese Leistungen als „sonstige Einkünfte" zu versteuern. Muss der empfangende „Ex" keine Steuern auf diesen Unterhaltsbetrag zahlen, z.B. da er in Österreich lebt, so kommt ein Sonderausgabenabzug des Unterhaltsleistenden nicht in Betracht.

Wenn die oder der „Ex" dieser Vorgehensweise zustimmt, so können bis zu einem Höchstbetrag von 13.805 EUR zuzüglich der Beiträge für die Basis[228]-Kranken- und Pflegeversicherung als Sonderausgabe geltend gemacht werden.

Das Realsplitting orientiert sich am Steuervorteil von zusammen veranlagten Ehegatten. Es kann insgesamt zu einer niedrigeren Steuerlast führen, wenn ein Ehegatte/Lebenspartner ein hohes und

---

[228] Die Beiträge zur gesetzlichen Kranken- und Pflegeversicherung entsprechen der Basisabsicherung.

der andere Ehegatte ein geringes oder kein Einkommen hat.

Beachten Sie:

Die Geltendmachung der Unterhaltszahlungen nach § 10 Abs. 1 Nr. 1 EStG als Sonderausgaben gilt nur für dauerhaft getrenntlebende oder geschiedene Ehegatten bzw. eingetragene homosexuelle Lebenspartnerschaften[229].

Unterhaltszahlungen in (unverheirateten) Partnerschaften stellen keine Sonderausgaben dar. Gegebenenfalls liegen außergewöhnliche Belastungen nach § 33a EStG vor. Siehe dazu Rn. 143ff.

Sofern die oder der Ex dem nicht zustimmt, so können die Unterhaltszahlungen als außergewöhnliche Belastung i.S.v. § 33a EStG geltend gemacht werden. Siehe dazu Rn. 143ff.

131   **8.8. Ausgleichszahlungen im Rahmen des Versorgungsausgleichs**

Bei einer Ehescheidung oder Aufhebung einer eingetragenen Lebenspartnerschaft ist zumeist auch der Versorgungsausgleich zu regeln. Derjenige, der den Versorgungsausgleich leisten muss, kann den Betrag als Sonderausgabe nach § 10 Abs.1 Nr.1b EStG geltend machen, wenn der Ausgleichsberechtigte den Betrag als sonstige Einkünfte nach § 22 Nr.1a EStG versteuert.

[-> Anlage Sonderausgaben, Zeile 37ff.]

Als Sonderausgaben können auch laufende Rentenverpflichtungen und dauernde Lasten geltend gemacht werden. Auf die Darstellung wird verzichtet.

132   **9. Außergewöhnliche Belastungen**

Grundsätzlich berücksichtigt der Fiskus keine privaten Ausgaben steuermindernd. Die Finanzverwaltung berücksichtigt jedoch dann ausnahmsweise teilweise private Ausgaben, wenn diese den Steuerpflichtigen außergewöhnlich stark belasten und sich dieser diesen Kosten nicht entziehen kann, §§ 33ff. EStG. [-> Anlage Außergewöhnliche Belastungen]

Aufwendungen werden nur dann als außergewöhnliche Belastung anerkannt, wenn dem Steuerpflichtigen zwangsläufig größere Aufwendungen entstehen, als der überwiegenden Mehrzahl der Steuerzahler gleicher Einkommens- und Vermögensverhältnisse und gleichen Familienstandes, § 33 Abs.1 EStG.

Zwangsläufig entstehen dem Steuerpflichtigen Aufwendungen, wenn sich dieser aus tatsächlichen, rechtlichen oder sittlichen Gründen diesen Kosten nicht entziehen kann, § 33 Abs. 2 S.1 EStG. Diese Kosten müssen außerdem notwendig sein und dürfen einen angemessenen Betrag nicht überschreiten.

---

[229] vgl. § 2 Abs.8 EStG.

9.1. allgemeine außergewöhnliche Belastungen

Bei den allgemeinen außergewöhnlichen Belastungen sind die einzelnen Belastungsgründe nicht abschließend geregelt.

9.1.1. Zumutbare Belastung

Es ist zunächst anhand der Einkommensverhältnisse des Steuerpflichtigen dessen „**zumutbare Belastung**" zu ermitteln. Krankheitskosten könnten nur dann steuerlich als außergewöhnliche Belastungen berücksichtigt werden, wenn sie die Grenze dieser „zumutbaren Belastung" übersteigen. Steuerlich berücksichtigungsfähig ist dann der die Grenze der zumutbaren Belastung übersteigende Betrag. Der BFH hat ein sog. Stufenmodell eingeführt[230]. Danach wird nur der Teil des Gesamtbetrags der Einkünfte, der den im Gesetz genannten Grenzbetrag übersteigt, mit dem jeweils höheren Prozentsatz belastet.

Somit ist bestenfalls nur ein Teilbetrag als außergewöhnliche Belastung steuerlich berücksichtigungsfähig.

Eine weitere Voraussetzung ist, dass der Steuerpflichtige keine steuerfreie Erstattung dieser Kosten erhält (z.B. von der Krankenkasse, einer Versicherung oder eines Schädigers).

Gesamtbetrag der Einkünfte[231]	bis 15.340 EUR	über 15.340 bis 51.130 EUR	über 51.130 EUR
Steuerpflichtige hat keine Kinder (Grundtarif)	5 Prozent	6 Prozent	7 Prozent
Steuerpflichtige hat keine Kinder (Splittingtarif[232])	4 Prozent	5 Prozent	6 Prozent
Steuerpflichtige mit einem oder zwei Kindern	2 Prozent	3 Prozent	4 Prozent
Steuerpflichtige mit drei oder mehr Kindern	1 Prozent	1 Prozent	2 Prozent

---

[230] BFH, Urteil vom 19.01.2017, Az.: VI R 75/14.

[231] Der Gesamtbetrag der Einkünfte errechnet sich aus der Summe der Einkünfte (Werbungskosten abziehen) , ggf. abzüglich des Altersentlastungsbetrags, des Entlastungsbetrags für Alleinerziehende und des Freibetrags für Land- und Forstwirte.

[232] Steuerpflichtige ist verheiratet oder lebt in einer eingetragenen (homosexuellen) Partnerschaft und wird mit seinem Gatten/Partner zusammen veranlagt.

Die oben genannten Prozentangaben beziehen sich auf den Gesamtbetrag der Einkünfte und stellen die zumutbare Belastung dar. Kinder werden nur berücksichtigt, sofern dem Grunde nach ein Kindergeldanspruch besteht oder bestünde, d.h. dem Steuerpflichtigen steht grds. Kindergeld für das Kind zu. Es ist unschädlich, wenn der Steuerpflichtige kein Kindergeld beantragt hat, weil der andere Elternteil Kindergeld beantragt und ausgezahlt bekommt.

Fall 40:

Die angestellte Rechtsanwältin Sandra, 35 Jahre, unverheiratet, keine Kinder, benötigt Zahnersatz. Die Zahnarztrechnung beläuft sich auf 5.000 EUR. Ihre Krankenkasse übernimmt diese Kosten nicht. Sie verdient im Jahr 60.000 EUR brutto. Da sie ein gut verzinstes Sparguthaben hat, erhält sie auch Zinseinkünfte in Höhe von 1.500 EUR. Welchen Betrag kann sie als außergewöhnliche Belastung geltend machen?

Zunächst einmal muss der Gesamtbetrag der Einkünfte ermittelt werden.

Einkünfte aus nichtselbstständiger Arbeit:	60.000 EUR
abzüglich Werbungskostenpauschbetrag:	-1.230 EUR
Einkünfte aus Kapitalvermögen:	1.500 EUR
abzüglich Sparerpauschbetrag:	-1000 EUR
--	--
Gesamtbetrag der Einkünfte:	**59.270 EUR**

Das Stufenmodell sieht folgende Berechnung vor. Siehe obige Tabelle:

Gesamtbetrag der Einkünfte[233]	bis 15.340 EUR	von 15.340 bis 51.130 EUR	über 51.130 EUR
Steuerpflichtige hat keine Kinder (Grundtarif)	5 Prozent (5 Prozent von 15.340 EUR)= **767,- EUR** zumutbare Belastung im Bereich 0 bis 15.340 EUR	6 Prozent (6 Prozent aus der Differenz von 51.130 EUR und 15.340 EUR)= **2.147,40 EUR** zumutbare Belastung im Bereich zwischen 15.340 und 51.130 EUR.	7 Prozent (7 Prozent aus der Differenz von 59.270 und 51.130 EUR)= **569,80 EUR** zumutbare Belastung zwischen 59.699 und 51.131 EUR.
addierte zumutbare Belastung von insgesamt 3.484 EUR (gerundet)			

---

[233] Der Gesamtbetrag der Einkünfte errechnet sich aus der Summe der Einkünfte (Werbungskosten abziehen) , ggf. abzüglich des Altersentlastungsbetrags, des Entlastungsbetrags für Alleinerziehende und des Freibetrags für Land- und Forstwirte.

Von den Arztaufwendungen in Höhe von 5.000 EUR ist die zumutbare Belastung von 3.484 EUR abzuziehen. Sandra kann daher 1.516 EUR als außergewöhnliche Belastung steuerlich geltend machen.

Einen **Onlinerechner** für die zumutbare Belastung finden Sie auf der Seite: www.finanzamt.bayern.de/Informationen/Steuerinfos/Steuerberechnung/Zumutbare_Belastung/

9.1.2. Anerkannte Belastungsgründe   134

Es ist eine Vielzahl von außergewöhnlichen Belastungsgründen denkbar. Folgend werden die wichtigsten Gründe kurz dargestellt:

9.1.2.1. Krankheitskosten   135

Krankheitskosten können nur dann geltend gemacht werden, wenn der Steuerpflichtige keine steuerfreie Erstattung dieser Kosten erhalten hat oder künftig erhalten wird (z.B. von der Krankenkasse, einer Versicherung oder eines Schädigers). [-> Anlage Außergewöhnliche Belastungen, Zeile 19-21]

Folgende Krankheitskosten sind denkbar:
- Behandlungs-, Therapie- und Medikamentenkosten – soweit kein Ersatz von Dritten (z.B. Krankenkasse) möglich, (z.B. Homöopathische Mittel)
- Zuzahlung zu Medikamenten
- Fahrten zu Ärzten/Krankenhäusern/Therapien (Taxikosten, sofern notwendig; aber auch Fahrten mit dem privaten PKW (Reisekostenabrechnung; 0,30 EUR/km) oder öffentlichen Verkehrsmitteln

Die medizinische Notwendigkeit der Arznei-, Hilfs- und Heilmittel muss durch eine Verordnung des jeweiligen Arztes oder Heilpraktikers nachgewiesen werden. Dies trifft insbesondere auf alternative Heilmittel, wie z.B. **homöopathische Mittel** zu.

Entsprechendes gilt auch für verschreibungspflichtige Medikamente.

Bei nachfolgenden Heilbehandlungen oder dem Kauf von medizinischen Hilfsmitteln muss zuvor eine ärztliche Bescheinigung eines medizinischen Dienstes der Krankenkassen oder ein amtsärztliches Gutachten eingeholt werden[234]:
- psychotherapeutische Maßnahmen
- Kosten für eine notwendige künstliche Befruchtung[235]
- wissenschaftlich nicht anerkannte Behandlungs- und Heilmethoden (z.B. Sauerstoff- oder Eigenbluttherapie, Ayurveda-Behandlung[236])

---

[234] vgl. § 275 SGB V.
[235] Sofern die Notwendigkeit nicht durch eine vorherige, freiwillige Sterilisation hervorgerufen wurde, BFH, Urteil vom 03.03.2005, BStBl. 2005.
[236] BFH Beschluss vom 15.11.2007 III B 205/06, BFH/NV 2008, 368.

- Kuren
- Kosten für eine Begleitperson: Nachweis, dass die zu behandelnde Person einer Begleitperson bedarf
- Medizinische Hilfsmittel, die gleichzeitig allgemeine Gebrauchsgegenstände des täglichen Lebens darstellen[237]

Wenn aufgrund einer **chronischen Erkrankung** regelmäßig die gleichen Medikamente benötigt werden, ist es ausreichend, wenn nur einmal eine Verordnung dem Finanzamt vorgelegt wird. Wurde bereits eine Sehschwäche durch einen Augenarzt anerkannt, so kann eine erneute **Sehschärfenbestimmung** durch einen Augenoptiker erfolgen. Werden Teilkosten durch eine private Krankenversicherung oder eine Beihilfestelle anerkannt, so reicht dies dem Finanzamt regelmäßig als Nachweis aus. Bei einer Augen-Laser-Behandlung wird kein amtsärztliches Attest benötigt. Bei einer **homöopathischen Behandlung** (entsprechendes gilt für Pflanzenheilkunde und Heileurythmie) wird ebenfalls kein Gutachten benötigt. Eine Verordnung durch einen Arzt oder Heilpraktiker ist ausreichend[238]. Bei nahen Angehörigen (Ehegatte, Kinder, etc.) können **Besuchsfahrten** in ein Krankenhaus geltend gemacht werden, wenn diejenige Person länger im Krankenhaus liegt und der behandelnde Arzt bescheinigt, dass die regelmäßigen Besuche wesentlich zur Linderung oder Heilungsförderung beitragen können. Aufwendungen für eine **Diätverpflegung** können jedoch nicht geltend gemacht werden[239].

136   ### 9.1.2.2. Pflegekosten

Anerkannt sind außerdem die Kosten für Pflege naher Angehöriger oder des Steuerpflichtigen selbst durch eine ambulante Pflegekraft oder die Unterbringung in einem Pflegeheim, sofern diese Kosten nicht von einer gesetzlichen oder privaten Pflegeversicherung umfasst sind. [-> Anlage Außergewöhnliche Belastungen, Zeile 22-24]. Die Pflegenotwendigkeit der zu pflegenden Person muss dem Finanzamt nachgewiesen werden. In aller Regel wird vorab eine Pflegestufe durch eine Pflegekasse festgestellt worden sein.

Zieht der Steuerpflichtige aufgrund der Pflegebedürftigkeit in ein Heim, so muss die Ersparnis durch den Wegfall des eigenen Haushaltes gegengerechnet werden[240]. Für jeden Tag des Heimaufenthaltes wird 1/360 des Grundfreibetrages (11.784 EUR), also 32,73 EUR/Tag bzw. 982 EUR/Monat vom Pflegeaufwand abgezogen[241].

Beachten Sie, dass auch bei der Geltendmachung der tatsächlichen (und nachzuweisenden) Pflegekosten die Grenze der zumutbaren Belastung überschritten sein muss.

Wird ein Angehöriger beim Steuerpflichtigen zu Hause von einer ambulanten Pflegefachkraft

---

[237] vgl. § 33 Abs. 1 SGB V.
[238] BFH, Urteil vom 26.02.2014, Az.: VI R 27/13.
[239] § 33 Abs. 2 S.3 EStG; BFH, Urteil vom 21.06.2007, Az.: III R 48/04, BStBl. II 2007, S.880.
[240] BFH, Urteil vom 24.02.2000, Az.: III R 80/97, BStBl. II 2000, S.294.
[241] vgl. R 33.3 Abs. 2 EStR.

gepflegt, kann der Kostenanteil, der aufgrund der Grenze der zumutbaren Belastung nicht steuerlich geltend gemacht werden kann, ggf. als „haushaltsnahe Dienstleistung" steuerlich berücksichtigt werden.

Dazu folgendes Beispiel:

Fall 41:

Heinz, ledig, kein Kind, hat seine pflegebedürftige Mutter in seiner Wohnung aufgenommen. Die Mutter wird durch einen ambulanten Pflegedienst betreut, den Heinz vollständig bezahlt. Die Kosten für die ambulante Betreuung belaufen sich auf 4.800,- EUR pro Jahr. Der Gesamtbetrag der Einkünfte von Heinz beläuft sich auf 30.000 EUR.

Die zumutbare Belastung von Heinz beträgt 1.646,- EUR. Heinz kann als außergewöhnliche Belastung daher maximal 3.154,- EUR geltend machen. Der nicht berücksichtigungsfähige Teilbetrag von 1.646 EUR kann er jedoch ggf. als haushaltsnahe Dienstleistung geltend machen. Näheres dazu unter Rn.162ff.

Wenn Ihr Kind oder Sie selbst behindert sind, können Sie <u>alternativ</u> auch den **Behinderten-Pauschbetrag** in Anspruch nehmen [-> Anlage Außergewöhnliche Belastungen, Zeile 4-9]. | **137**

Der Vorteil ist, dass weder tatsächliche Kosten nachgewiesen werden müssen, noch eine zumutbare Belastung abgezogen werden braucht. Näheres dazu unter Rn. 155.

9.1.2.3. Bestattungskosten | **138**

Sofern Kosten für die Bestattung eines Angehörigen entstanden sind, können die unmittelbaren Kosten (z.B. Grabstelle, Blumen, Sarg, Todesanzeigen, Kränze -nicht jedoch Leichenschmaus und Reisekosten-) ebenfalls als außergewöhnliche Belastung geltend gemacht werden, soweit der Nachlass des Verstorbenen bzw. das Sterbegeld oder spezielle Sterbeversicherungen für die Beerdigung nicht ausreichen. Auch dabei ist wieder die zumutbare Belastung zu beachten [-> Anlage Außergewöhnliche Belastungen, Zeile 28-30].

9.1.2.4. Sonstige Gründe | **139**

Aufwendungen für existentiell notwendige Gegenstände: Darunter fällt die **Wiederbeschaffung von Hausrat** und Kleidung, z.B. nach einem unabwendbaren Ereignis (z.B. Brand, Unwetter, Krieg, Vertreibung)[242]. Anerkannt ist auch eine vom Gegenstand ausgehende **Gesundheitsgefährdung**, die beseitigt werden muss und die nicht auf Verschulden des Steuerpflichtigen, seines Mieters oder einen Baumangel zurückzuführen ist (z.B. Schimmelpilzbefall). Der Steuerpflichtige muss glaubhaft darlegen, dass er den Schaden nicht verschuldet hat und gegen Dritte (z.B. Versicherung) keine Ansprüche hat. Zudem darf der Steuerpflichtige auch keine zumutbaren Schutzmaßnahmen unterlassen oder eine allgemein zugängliche und übliche

---

[242] vgl. R33.2 EstR.

Versicherungsmöglichkeit nicht wahrgenommen haben. Zudem muss ein tatsächlicher finanzieller Aufwand bereits entstanden sein. Ein bloßer Schadenseintritt ist nicht ausreichend. Die Aufwendungen müssen außerdem der Höhe nach notwendig sein und dürfen den Wert des Gegenstandes nicht übersteigen. **Adoptionskosten** stellen keine außergewöhnliche Belastung dar[243]. Eine **Asbestbeseitigung** kann eine außergewöhnliche Belastung darstellen. Hier muss jedoch der Steuerpflichtige anhand eines Gutachtens nachweisen, dass eine konkrete Gesundheitsgefährdung bestanden hat[244]. **Erpressungsgelder** sind dann nicht als außergewöhnliche Belastung geltend zu machen, wenn der Erpressungsgrund selbst und ohne Zwang geschaffen worden ist[245]. Aufwendungen für die **Sanierung eines selbst genutzten Gebäudes** können nur dann als außergewöhnliche Belastung anerkannt werden, wenn durch die Baumaßnahme konkrete Gesundheitsgefahren abgewendet werden[246].

140   **Prozesskosten (Gerichtskosten)** sind ab dem Jahr 2013 vom Abzug ausgeschlossen, es sei denn, es handelt sich um Aufwendungen ohne die der Steuerpflichtige Gefahr liefe, seine Existenzgrundlage zu verlieren und seine lebensnotwendigen Bedürfnisse in dem üblichen Rahmen nicht mehr befriedigen zu können, § 33 Abs. 2 S.4 EStG.

141   Auch **Scheidungskosten** können grundsätzlich nicht mehr als außergewöhnliche Belastungen berücksichtigt werden, es sei denn, sie sind existenzgefährdend[247]. In 2016 hatte der BFH bereits entschieden, dass jedenfalls die Gerichts- und Anwaltskosten für die Klärung der Scheidungsfolgesachen (Kindes- und Trennungsunterhalt sowie der Zugewinnausgleich) nicht als außergewöhnliche Belastung anerkannt werden[248]. Auch Flutkosten können außergewöhnliche Belastungen darstellen.

142   Waren Sie beispielsweise vom **Hochwasser** betroffen, so können Sie Kosten für Abriß, Entsorgung von Bauschutt, Kosten für Wiederaufbau und Reparaturen, Baumaterial und notwendigen Hausrat als außergewöhnliche Belastung geltend machen, sofern Sie diese Kosten nicht von Versicherungen oder dritter Seite ersetzt bekommen.

---

[243] BFH, Urteil vom 13.03.1987, BStBl. II 1987, S.495.
[244] BFH, Urteil vom 29.03.2012, AZ.: VI R 47/10, BStBl. II 2012, S.570.
[245] BFH, Urteil vom 18.03.2004, Az.: III R 31/02, BStBl. II 2004, S.867
[246] BFH, Urteil vom 29.03.2012, Az.:VI R 47/10, BStBl. 2012, S.570.
[247] BFH, Urteil vom 14.12.2016, Az.: VI R 49/15; BFH, Urteil vom 18.05.2017, Az.: VI R 9/16.
[248] BFH, Urteil vom 10.3.2016, VI R 69/12.

> **Praxis-Tipp:**
> Sind Ihnen Scheidungskosten angefallen, so können Sie diese nur als außergewöhnliche Belastung dem Grunde nach geltend machen, wenn Sie eine persönliche Existenzgefährdung nachweisen können. Diese Beweisführung dürfte jedoch sehr schwer und auf extreme Ausnahmefälle beschränkt sein. Beachten Sie auch, dass die o.g. Scheidungskosten nur Prozesskosten umfassen. Die Scheidungsfolgekosten (z.B. Unterhalt, Umgangsrecht, Versorgungsausgleich, Auseinandersetzung, Güterrecht) sind nie als außergewöhnliche Belastungen abzugsfähig.

9.2. Besondere gesetzlich geregelte außergewöhnliche Belastungsgründe

9.2.1. Unterhaltszahlungen
143

Sofern der Steuerpflichtige zur Zahlung von Unterhalt verpflichtet ist, können die Unterhaltszahlungen als außergewöhnliche Belastungen steuerlich berücksichtigt werden, sofern dem Steuerpflichtigen oder einem Dritten kein Anspruch auf Kindergeld für die unterhaltene Person zusteht, § 33a EStG. Auf eine zumutbare Belastung kommt es hier nicht.

9.2.1.1. Unterhaltsberechtigter Personenkreis
144

Steuerlich berücksichtigt werden können nur Unterhaltsleistungen an Personen, denen gegenüber eine Unterhaltspflicht besteht.

Dauerhaft **getrenntlebende** oder geschiedene **Ehegatten** bzw. **eingetragene homosexuelle Lebenspartner** sind auch nach ihrer Trennung gegenseitig unterhaltsverpflichtet. Unterhalt kann hier auf zwei unterschiedliche Arten steuerlich berücksichtigt werden. Beim **Realsplitting** (Sonderausgaben) kommt eine steuerliche Berücksichtigung beim Unterhaltsleistenden nur dann in Betracht, wenn sich der andere Ehegatte/Lebenspartner (durch Unterzeichnung der zusätzlichen Anlage U) verpflichtet, die Unterhaltsleistung als sonstige Einkünfte zu versteuern. Eine Berücksichtigung ist bis zu einer Höchstgrenze von 11.784 EUR zuzüglich der Beiträge für die Basis[249]-Kranken- und Pflegeversicherung möglich. Der Unterhaltszahler ist also auf die Mitwirkung des Unterhaltsempfängers zwingend angewiesen. Weigert sich der/die „Ex" oder reagiert gar nicht, so kann anstatt dem Realsplitting auch eine **Unterhaltszahlung als außergewöhnliche Belastung** in Betracht kommen. Dazu müssen die weiteren Voraussetzungen (8.2.1.2. ff.) vorliegen.
145

Unterhaltszahlungen an **Kinder** können nur dann steuerlich als außergewöhnliche Belastung geltend gemacht werden, wenn niemand mehr einen Kindergeldanspruch oder einen Anspruch auf einen Kinderfreibetrag für die unterhaltsempfangende Person (Kind) hat. Grundsätzlich besteht bei Kindern ein Kindergeldanspruch bis zum vollenden 18. Lebensjahr. Darüber hinaus kann der Kindergeldanspruch fortbestehen, wenn das Kind noch zur Schule geht oder sich in der Erstausbildung befindet, aber noch nicht das 25. Lebensjahr vollendet hat.
146

---

[249] Die Beiträge zur gesetzlichen Kranken- und Pflegeversicherung entsprechen der Basisabsicherung.

Die klassischen Unterhaltszahlungen von Eltern an ihr Kind können folglich regelmäßig nicht steuerlich geltend gemacht werden, auch wenn dem unterhaltsleistenden Elternteil selbst kein Kindergeld für sein Kind ausgezahlt wird.

Beispiel:

Mutter und Vater leben getrennt. Das gemeinsame Kind (17 Jahre alt) lebt bei der Mutter. Der getrenntlebende Vater zahlt monatlich 500 EUR Unterhalt an sein Kind. Das Kindergeld wird der Mutter ausgezahlt. Dem Vater selbst wird kein Kindergeld ausgezahlt.

Der Vater kann den gezahlten Unterhalt von 12 mal 500 EUR nicht steuerlich geltend machen, da ihm dem Grunde nach ein Kinderfreibetrag bzw. Kindergeld zusteht.

---

147   Gegenüber **Geschwistern** besteht kein Unterhaltsanspruch, da nur Angehörige in gerader Linie unterhaltsverpflichtet sind. Somit kommen nur die **Eltern** oder **Großeltern** in Betracht. Auch **Partner einer nichtehelichen Lebensgemeinschaft**[250] sind grundsätzlich nicht zu Unterhaltsleistungen während oder nach Beendigung der Partnerschaft verpflichtet. Etwas anderes gilt jedoch für Unterhaltsleistungen des Kindsvaters an die (nicht eheliche) Kindsmutter (sog. **Betreuungsunterhalt**) während der Mutterschutzzeit (sechs Wochen vor und acht Wochen nach der Geburt). Hier ist der Kindsvater nach § 1615l Abs.1 BGB gegenüber der Kindsmutter unterhaltspflichtig. Die Unterhaltspflicht erstreckt sich auch auf die ersten 3 Jahren nach der Geburt des Kindes, wenn die Kindsmutter zur Betreuung und Erziehung des Kindes daheimbleibt und keine Arbeit wieder aufnimmt, § 1615l Abs.2 S.2 BGB[251]. Der Kindsvater kann auch über den 3-Jahreszeitraum hinaus gegenüber der Kindsmutter unterhaltspflichtig sein[252].

148   Besteht hingegen keine zivilrechtliche Unterhaltsverpflichtung, so können Unterhaltszahlungen ausnahmsweise dennoch steuerlich geltend gemacht werden, wenn die unterhaltsempfangende Person durch die **„freiwilligen Unterhaltsleistungen"** –bei **sozialrechtlichen Bedarfsgemeinschaften**- keine öffentliche Sozialleistungen erhält (z.B. Bürgergeld; Sozialhilfe, Grundsicherung), § 33a Abs. 1 S.3 EStG.

---

[250] also heterosexuelle oder homosexuelle Paare ohne „Trauschein"; nicht zu verwechseln mit einer eingetragenen (homosexuellen) Lebenspartnerschaft Diese ist mit der Ehe gleichgestellt.
[251] Auch die Kindsmutter kann zum Unterhalt gegenüber dem Kindsvater entsprechend verpflichtet sein, wenn das Kind beim Vater lebt und dieser die ersten 3 Jahre nach der Geburt des Kindes zu Hause bleibt, um das Kind zu erziehen.
[252] Hierzu müssen jedoch besondere Voraussetzungen vorliegen und nachgewiesen werden, vgl. § 1615l BGB.

> **Beispiel:**
>
> Paul und Paula sind unverheiratet und leben in einer Wohnung zusammen. Paula ist arbeitslos und hat kein Einkommen. Paul finanziert mit seinem Arbeitseinkommen die Wohnung und den Lebensunterhalt der beiden. Paula stünden lediglich Bürgergeld-Leistungen (ehemals „Hartz-4") zu. Paula bekommt jedoch nur ein vermindertes Bürgergeld, da sie mit Paul eine sog. „sozialrechtliche Bedarfsgemeinschaft bildet. Zwar ist Paul gegenüber Paula nicht unterhaltsverpflichtet. Dennoch behandelt der Gesetzgeber diesen Fall als „gleichgestellt". Dies hat zur Folge, dass auch Paul die Unterhaltsleistungen an Paula steuerlich geltend machen kann.

Für die Anerkennung von Unterhaltsleistungen an „gleichgestellte" Personen im Sinne von § 33a Abs.1 S.3 EStG muss dem Finanzamt vorgelegt werden[253]:

ein Kürzungs- oder Ablehnungsbescheid der Sozialbehörden
oder

> eine schriftliche Versicherung der unterstützten Person,
>
> dass sie für den jeweiligen Veranlagungszeitraum keine zum Unterhalt bestimmten Mittel aus inländischen öffentlichen Kassen erhalten und auch keinen entsprechenden Antrag gestellt hat,
>
> dass im jeweiligen Veranlagungszeitraum eine eheähnliche Gemeinschaft (§ 7 Absatz 3 Nummer 3 Buchstabe c i. V. m. Absatz 3a, § 9 Absatz 2 SGB II und des § 20 Satz 1 SGB XII) mit dem Steuerpflichtigen bestand und darüber hinaus darlegt,
>
> über welche anderen zum Unterhalt bestimmten Einkünfte und Bezüge sowie über welches Vermögen sie verfügt hat.

Bei Bedarfsgemeinschaften wird unterstellt, dass der unterhaltsempfangenden, gleichgestellten Person Unterhalt in Höhe des Höchstbetrages zugeflossen ist. Auf den Nachweis einer Barzahlung kommt es nicht an[254].

Die unterhaltsempfangende Person darf zudem **nur ein geringes Vermögen** besitzen. **149**

Die Geltendmachung der steuerlichen Berücksichtigung von Unterhaltsleistungen nach § 33a EStG ist ausgeschlossen, wenn die zu unterhaltende Person über ein Vermögen von mehr als **15.500 EUR** verfügt[255].

---

[253] Rn. 6ff., BMF-Schreiben vom 6.4.2022, IV C 8 - S 2285/19/10003 :001.
[254] Rn. 9. BMF-Schreiben vom 6.4.2022, IV C 8 - S 2285/19/10003 :001.
[255] vgl. R33a.1 Abs.2 EStR.

150	**9.2.1.2. Höchstbetrag**

Unterhaltszahlungen nach § 33a EStG können jedoch grundsätzlich nur bis zu einem Höchstbetrag des steuerlichen Grundfreibetrages (11.784,- EUR) zuzüglich der Beiträge für die Basis[256]-Kranken- und Pflegeversicherung berücksichtigt werden. Eigene Bezüge und Einkünfte mindern jedoch die steuerliche Berücksichtigung, sofern diese einen Betrag von 624 EUR im Jahr übersteigen.

151 **Einkünfte** sind alle „Einnahmen", die normal versteuert werden (z.B. Einkünfte aus einem Arbeitsvertrag; Einkünfte aus Selbstständigkeit/Gewerbe oder Renten, Pensionen; Einkünfte aus Kapitalvermögen, die nicht unter den Sparer-Pauschbetrag fallen, etc.

152 **Bezüge** sind u.a. Lohnersatzleistungen (Arbeitslosengeld, Krankengeld, Verletztengeld aus der gesetzl. Unfallversicherung, Mutterschaftsgeld, Elterngeld (inkl. Sockelbetrag von 300 EUR)); der über den Ertragsanteil hinausgehende Rentenbetrag aus der gesetzl. Rentenversicherung; nicht besteuerte Kapitaleinkünfte bis zur Höhe des Sparer-Pauschbetrages; pauschal versteuerter Arbeitslohn; Zuschussanteil am Bafög; Studienbeihilfen und Stipendien, die von Privatpersonen oder Stiftungen des öffentlichen Rechts gezahlt werden; Berufsausbildungsbeihilfen nach § 59 SGB III; Wohngeld; und Unterhaltsleistungen des geschiedenen oder dauern getrennt lebenden Ehegatten, soweit es keine sonstigen Einkünfte sind [257].

Fall 42:

Max[258] und Maxi haben am 05.01.2024 Nachwuchs bekommen und leben zusammen in einer Wohnung. Da Maxi vor der Geburt nicht gearbeitet hat (Studentin), bekommt sie im Jahr 2024 nur den Grundbetrag des Elterngeldes (12 mal 300 EUR). Da Maxi in der gesetzlichen Krankenversicherung (studentische Krankenversicherung) versichert ist, muss sie pro Monat 120 EUR an die gesetzliche Kranken- und Pflegeversicherung zahlen. Max verdient Geld und fragt sich, ob er irgendetwas steuerlich geltend machen kann, obwohl er keinen (Bar-) Unterhalt an Maxi gezahlt hat.

Max ist Maxi zur Zahlung von Unterhalt (Erziehungs- bzw. Betreuungsunterhalt) verpflichtet, da Maxi wegen der Erziehung des Babys zu Hause bleibt[259].

Wohnen alle gemeinsam in einem Haushalt (Wohnung), geht der Gesetzgeber davon aus, dass Max (fiktiv) Unterhalt in Höhe des Maximalbetrages an Maxi geleistet hat. Auf einen Nachweis der Unterhaltszahlung kommt es nicht an. Der Maximalbetrag beläuft sich auf 11.784,- EUR zuzüglich der gesetzlichen Kranken-/Pflegeversicherungsbeiträge (12 mal 120 EUR). Der Höchstbetrag liegt damit bei 13.224,- EUR. Allerdings hat Maxi ein eigenes „Einkommen in Höhe von 3.600 EUR

---

[256] Die Beiträge zur gesetzlichen Kranken- und Pflegeversicherung entsprechen der Basisabsicherung.
[257] vgl. R 33a.1 Abs.3 S.4 EStR.
[258] Max hat die Vaterschaft anerkannt.
[259] Vgl. § 1615l BGB. Die ersten 3 Jahre nach Geburt des Kindes wird ein Unterhaltsanspruch ohne weitere Voraussetzungen anerkannt, sofern ein Elternteil zur Erziehung und Betreuung des Kindes zu Hause bleibt.

(Elterngeld). Davon kann eine Kostenpauschale in Höhe von 180 EUR abgezogen werden. Von den verbleibenden Bezügen in Höhe von 3.420 EUR darf jetzt der unschädliche Betrag von 624 EUR noch abgezogen werden. Der übrigbleibende Betrag von 2.796 EUR ist schädlich und muss vom Höchstbetrag (13.224 EUR) abgezogen werden. Max könnte daher (13.224 EUR – 2.796 EUR) maximal **10428,- EUR Unterhaltsleistungen** an Maxi steuerlich als außergewöhnliche Belastung geltend machen, wobei er noch die Opfergrenze beachten muss. Näheres dazu unter Punkt 8.2.1.3.

Höchstbetrag:	11.784 EUR	
zzgl. Basis-Kranken- u. Pflegeversicherung	1.440 EUR	
	(12x120 EUR)	
erhöhter Unterhaltshöchstbetrag :	13.224 EUR	13.224 EUR
Einkünfte der unterstützten Person		0
Bezüge der unterstützten Person	3.600 EUR	
	(12x300 EUR)	
abzüglich Kostenpauschale (R 33a. 1 III S.5 EStR)	- 180 EUR	
Summe Einkünfte+Bezüge	3.420 EUR	
abzüglich unschädlicher Betrag:	- 624 EUR	
schädlicher Betrag:	2.796 EUR	- 2.796 EUR
gekürzter Unterhaltshöchstbetrag		**10.428 EUR**

Liegen die Voraussetzungen für die Berücksichtigung der Unterhaltszahlungen bzw. die der Einkünfte/Bezüge nicht für jeden Monat vor, so sind die o.g. Beträge durch 1/12 für jeden Monat zu kürzen, indem die Voraussetzungen nicht vorgelegen haben, § 33 Abs.3 S.1 EStG. So ermäßigt sich auch Unterhaltshöchstbetrag um je ein Zwölftel für jeden vollen Kalendermonat, in dem kein Unterhalt gezahlt worden ist. Wird beispielsweise das Kind von Max und Maxi erst im März geboren, so beträgt der erhöhte Unterhaltshöchstbetrag nur 10/12 von 13.224 EUR (d.h. insgesamt 11.020 EUR). Maxi hätte daher auch im Jahr 2024 nur 10x300 EUR (= 3000 EUR) Elterngeld erhalten. Auch der unschädliche Betrag in Höhe von 624 EUR müsste auf 10/12 (d.h. 520 EUR) beschränkt werden. Die Kostenpauschale[260] (180 EUR) ist von dieser monatlichen Kürzung nicht umfasst[261].

Zahlt der Unterhaltsleistende **an mehrere unterhaltsberechtigte Personen Unterhalt**, so ist ihm für jede unterhaltene Person der Unterhaltshöchstbetrag zu gewähren, sofern niemand für die unterhaltenen Personen einen Kindergeldanspruch oder Anspruch auf den Kinderfreibetrag hat. Erhält hingegen die unterhaltene Person **von mehreren Personen Unterhalt**, so ist der

---

[260] Vgl. R 33a. 1 III S.5 EStR.
[261] Die Kürzungspauschale nach R 33a. 1 III S.5 EStR ist eine Vereinfachungsregelung, die auf das ganze Kalenderjahr pauschal anzuwenden ist. Eine monatliche Kürzung erfolgt hier nicht, da diese Kürzungspauschale nicht in § 33a Abs.1 und 2 EStG genannt und somit nicht von § 33a Abs. 3 S.1 EStG umfasst wird.

Unterhalthöchstbetrag auf die einzelnen Personen anteilig nach dem insgesamt gezahlten Unterhalt aufzuteilen.

154   ### 9.2.1.3. Opfergrenze

Die Unterhaltsleistungen werden jedoch nur dann steuerlich anerkannt, wenn sie in einem angemessenen Verhältnis zum Nettoeinkommen des unterhaltsleistenden Steuerpflichtigen stehen. Die Unterhaltsleistungen können steuerlich maximal nur bis zur sogenannten Opfergrenze berücksichtigt werden. Die Opfergrenze beträgt 1 Prozent je volle 500,- EUR des Nettoeinkommens des Unterhaltsleistenden (Steuerpflichtigen). Dabei ist die so ermittelte Opfergrenze auf maximal 50% begrenzt. Muss der Unterhaltsleistende zusätzlich für Kinder und einen Ehegatten sorgen, so verringert sich die Opfergrenze um jeweils 5 % je Kind und Ehegatte (höchstens jedoch 25%)[262].
Beispiel:

Nettoeinkommen:	20.000 EUR
1 % je 500 EUR:	40%[263]
abzüglich Unterhalt 3 Kinder zu je 5%	-15%
abzüglich Unterhalt Ehegatte zu 5%	-5%
Opfergrenze:	20%
20% vom Nettoeinkommen:	4.000 EUR

Die Opfergrenze beträgt demzufolge 20% der Nettoeinkünfte, d.h. 20% von 20.000 EUR, insgesamt 4.000 EUR können maximal steuerlich geltend gemacht werden. Die Opfergrenze ist jedoch nicht auf Unterhaltsleistungen an (Ex-)Ehegatten anzuwenden und ist unabhängig davon zu beachten, ob die unterhaltene Person im Inland oder im Ausland lebt.

Zurück zum Fall 42: Würde Max einen Nettoverdienst in Höhe von 18.000 EUR haben, läge die Opfergrenze bei 5.580 EUR[264]; der gekürzte Unterhaltshöchstbetrag aber bei 10.428 EUR. Max kann daher den gekürzten Unterhaltshöchstbetrag nur bis zum Erreichen der Opfergrenze in Höhe von 5.580 EUR steuerlich geltend machen.

> **Fall 43:**
> Henry unterhält seine 28-jährige Tochter Henriette während ihres Studiums von März bis Dezember mit 200 EUR monatlich (2.000 EUR in 2024). Henriette jobbt neben dem Studium und erhält somit insgesamt 4700 EUR im Jahr 2024. Henriette zahlt 120 EUR pro Monat für Kranken- und Pflegeversicherung.
> Henry verfügt über ein jährliches Nettoeinkommen von 20.000 EUR.

---

[262] Rn. 23 BMF-Schreiben 06.04.2022 - IV C 8 - S 2285/19/10003 :001 BStBl 2022 I S. 617.
[263] Nettoeinkommen geteilt durch 500 (begrenzt auf maximal 50%); 20000/500=40.
[264] 18.000 EUR geteilt durch 500 EUR=36%-Punkte; abzüglich 5%-Punkte für die Unterhaltsverpflichtung für sein Kind. Die Opfergrenze beträgt daher 31% von 18.000 EUR=5.580 EUR.

Unterhaltszahlungen an Kinder können nicht steuerlich geltend gemacht werden, solange ein Kindergeldanspruch besteht. Hier besteht aber für Henriette kein Kindergeldanspruch mehr, da sie bereits 28 Jahre alt ist. Der Vater ist seiner Tochter allerdings noch zum Unterhalt verpflichtet, da diese noch keinen Berufs- bzw. Studienabschluss hat, § 1610 Abs.2 BGB. Der Unterhaltshöchstbetrag (11.784 EUR) erhöht sich zunächst um die Kosten für die Kranken- und Pflegeversicherung (12x120 EUR) auf insgesamt 13.224 EUR. Da Henry seine Tochter jedoch nur von März bis Dezember (10 Monate) unterstützt hat, ist der Unterhaltshöchstbetrag auf 10/12 zu begrenzen, insgesamt 11.020 EUR. Henriette hat Einkünfte (Arbeitslohn) in Höhe von insgesamt 4.700 EUR. Davon ist der Werbungskostenpauschbetrag in Höhe von 1.230 EUR abzuziehen. Es verbleiben 3.470 EUR. Davon ist der anrechnungsfreie Betrag (auch unschädliche Betrag) in Höhe von 10/12 von 624 EUR, insgesamt 520 EUR abzuziehen. Danach verbleibt ein „schädlicher Betrag" von 2.950 EUR. Vom o.g. Unterhaltshöchstbetrag (11.020 EUR) ist nun der schädliche Betrag (2.950 EUR) abzuziehen. Der gekürzte Unterhaltshöchstbetrag beträgt 8.070 EUR. Die Opfergrenze von Henry beträgt 7.000 EUR. Damit kann Henry seine Unterhaltsleistungen in Höhe von 2.000 EUR in voller Höhe steuerlich geltend machen, da dieser Betrag weder durch den gekürzten Unterhaltshöchstbetrag noch durch die Opfergrenze begrenzt wird.

Höchstbetrag:	11.784	
zzgl. Basis-Kranken- u. Pflegeversicherung	1.440 EUR (12x120 EUR)	
erhöhter Unterhaltshöchstbetrag :	13.224 EUR	
10/12 erhöhter Unterhaltshöchstbetrag:	11.020	11.020
Einkünfte der unterstützten Person	4.700	
abzüglich Werbungskosten-Pauschbetrag	-1.230	
Einkünfte	3.470	
Bezüge der unterstützten Person	0	
Summe Einkünfte+Bezüge	3.470	
abzüglich 10/12 unschädlicher Betrag:	- (624 EURx10/12)	
schädlicher Betrag:	2950	-2.950
gekürzter Unterhaltshöchstbetrag:		8.070
Opfergrenze:		7.000
tatsächlich gezahlter Unterhalt:		**2.000**

Der tatsächlich gezahlte Unterhalt überschreitet weder die Opfergrenze noch den gekürzten Unterhaltshöchstbetrag. Somit kann Henry die 2.000 EUR steuerlich geltend machen.

Beachten Sie: Ist Ihr volljähriges Kind -für das Sie noch einen Kindergeldanspruch/Anspruch auf Kinderfreibetrag haben- während der Berufsausbildung auswärtig untergebracht, können Sie

141

pauschal einen Freibetrag bis zu 1.200 EUR geltend machen (sog. Freibetrag zur Abgeltung des Sonderbedarfs), § 33a Abs. 2 EStG. Lesen Sie dazu Rn.189.

9.2.2. Pauschbeträge für behinderte Menschen, Hinterbliebene und Pflegepersonen

Behinderte, oder deren Eltern[265], können anstelle der Steuerermäßigungen nach § 33 EStG (unter Punkt 9.1.2.2. dargestellt) einen Behinderten-Pauschbetrag vollständig jährlich geltend machen, auch wenn die Behinderung erst am letzten Tag des Jahres (31.12.) eingetreten ist. Insoweit steht behinderten Menschen ein Wahlrecht zu. Während bei den Steuerermäßigungen nach § 33 EStG die einzelnen behindertenbedingten Mehrausgaben einzeln nachgewiesen werden müssen, wird beim Behinderten-Pauschbetrag ein pauschaler Satz –abhängig vom Grad der Behinderung- ohne Einzelnachweise der Mehrausgaben berücksichtigt, § 33b EStG. [-> Anlage Außergewöhnliche Belastungen, Zeile 4-9].

Die Höhe des **Behinderten-Pauschbetrages** für das Steuerjahr 2021 richtet sich nach dem dauernden Grad der Behinderung:

Der Gesetzgeber hat für das Steuerjahr 2021 die Pauschbeträge stark erhöht[266].

Grad der Behinderung:	Höhe des Pauschbetrages:
von 20 %	384 EUR
von 30 %	620 EUR
von 40 %	860 EUR
von 50 %	1.140 EUR
von 60 %	1.440 EUR
von 70 %	1.780 EUR
von 80 %	2.120 EUR
von 90 %	2.460 EUR
von 100 %	2.840 EUR
Blindheit (Merkmal BL) oder hilflos (Merkmal H) unabhängig vom Grad der Behinderung § 33b Abs. 6 EStG. In diesem Fall kann der Pauschbetrag nach § 33b Abs. 3 Satz 2 EStG nicht zusätzlich in Anspruch genommen werden.	7.400 EUR

Zudem wird zusätzlich eine behindertenbedingte Fahrkostenpauschale neben dem o.g. Behindertenpauschbetrag eingeführt. Menschen mit einem Grad der Behinderung (GdB) von mindestens 80 oder mit einem GdB von mindestens 70 und einem Merkzeichen "G" erhalten zusätzlich neben dem Behindertenpauschbetrag einen Jahrespauschbetrag von 900 EUR.

---

[265] § 33b Abs. 5 EStG.
[266] **vgl.** Gesetz zur Erhöhung der Behinderten-Pauschbeträge und Anpassung weiterer steuerlicher Regelungen.

Menschen mit dem Merkzeichen "aG", "Bl", "TBl" oder "H" steht ein zusätzlicher Pauschbetrag von 4.500 Euro neben dem Behindertenpauschbetrag zu. Diesen können sie verwenden, ohne die Kosten nachweisen zu müssen.

Bei einer Behinderung unter 50%, aber mindestens 25%, muss diese zu einer dauernden Einbuße der körperlichen Beweglichkeit geführt haben oder auf einer typischen Berufskrankheit beruhen[267]. Die Geltendmachung des Behinderten-Pauschbetrages schließt jedoch die Geltendmachung von außergewöhnlichen Belastungen, die durch die Behinderung entstehen, aus. Untypische, nicht direkt durch die Behinderung bedingte außergewöhnliche Kosten können jedoch weiterhin daneben geltend gemacht werden, u.a. Krankheitskosten (nur aus akutem Anlass); Kurkosten inkl. Fahrtkosten; Schulkosten.

> **Praxis-Tipp:**
> Heben Sie sich alle ärztlichen Gutachten und Kostenbelege/Abrechnungen gut auf. Im Zweifel müssen Sie alles dem Finanzamt nachweisen können. Sie sollten den Behinderten-Pauschbetrag dann geltend machen, wenn die behindertenbedingten Aufwendungen nach Einzelnachweis geringer sind als der jeweilige Pauschbetrag oder Sie einige Einzelnachweise nicht vorlegen können.

Witwen, Witwer oder Waisen, die eine bestimmte Art von Hinterbliebenenrente[268] beziehen, **156** erhalten auf Antrag einen **Hinterbliebenen-Pauschbetrag** von 370,- EUR[269]. Der Tod muss dabei regelmäßig aufgrund eines Unfalls oder bei der Dienstausübung eingetreten sein. Zudem muss in 2023 mindestens 1 Monat diese Rente bezogen worden sein. Der Hinterbliebenen-Pauschbetrag muss im Formular Anlage Außergewöhnliche Belastungen in Zeile 10 durch Setzen einer „1" beantragt werden.

Menschen, die Angehörige oder nahestehende Menschen mit einem Pflegegrad von mindestens **157** 2 unentgeltlich pflegen, erhalten auf Antrag abhängig von der Pflegebedürftigkeit einen **Pflege-Pauschbetrag** von:

- Pflegegrad 2: 600 Euro
- Pflegegrad 3: 1.100 Euro
- Pflegegrad 4: 1.800 Euro

---

[267] Es ist allerdings nach § 33b Abs.2 Nr. 2a EStG auch ausreichend, wenn der behinderten Person wegen ihrer Behinderung nach gesetzlichen Vorschriften eine Rente oder andere laufende Bezüge dem Grunde nach zustehen.
[268] Bezug nach dem Bundesversorgungsgesetz, dies betrifft vor allem Opfer des Zweiten Weltkriegs, Bezug nach dem Soldatenversorgungsgesetz, Bezug nach dem Zivildienstgesetz, Bezug nach dem Häftlingshilfegesetz, Unterhalt für Angehörige von Kriegsgefangenen, Bezug nach dem Gesetz über die Bundespolizei, Bezug nach dem Gesetz über den Zivilschutzkorps, Bezug nach dem Gesetz zur Regelung der Rechtsverhältnisse der unter Art. 131 GG fallenden Personen, Bezug nach dem Gesetz zur Einführung des Bundesversorgungsgesetzes im Saarland, Bezug nach dem Infektionsschutzgesetz, zum Beispiel bei Tod infolge einer empfohlenen Impfung Bezug nach dem Gesetz über die Entschädigung für Opfer von Gewalttaten, Rente aus der gesetzlichen Unfallversicherung,, Bezüge nach dem Tod eines Beamten aufgrund eines Dienstunfalls, Bezüge nach dem Bundesentschädigungsgesetz für Schäden an Leben, Körper oder Gesundheit.
[269] Vgl. § 33b Abs. 4 EStG.

- Pflegegrad 5: 1.800 Euro[270].

Der Jahresbetrag wird gewährt, wenn die zu pflegende Person mind. einen Monat lang von Ihnen gepflegt wurde. Es ist unschädlich, wenn Sie dabei von einem professionellen Pflegedienst bei der Pflege unterstützt werden. Ihre Pflegeleistung darf dabei nicht nur geringfügig sein[271]. Die Pflegeleistung muss dabei mindestens 10% der Gesamtpflegeleistung ausmachen. Sie dürfen jedoch dann keinerlei geldwerte Entschädigung für die Pflege erhalten (auch nicht das Pflegegeld der gepflegten Person). Teilen sich z.B. mehrere Personen die häusliche Pflege eines Angehörigen, wird der Pflege-Pauschbetrag entsprechend ihrer Anzahl aufgeteilt. Den Pflege-Pauschbetrag beantragen Sie in der Anlage Außergewöhnliche Belastungen in Zeile 11 bis 16.

158   ## 10. Steuerermäßigungstatbestände

Während Werbungskosten, Sonderausgaben und außergewöhnliche Belastungen das zu versteuernde Einkommen mindern, werden einige Ausgaben (u.a. Parteienspenden und Aufwendungen für sog. haushaltsnahe Dienstleistungen oder Beschäftigungsverhältnisse sowie Aufwendungen für energetische Sanierungen) teilweise direkt von der Steuerschuld abgezogen, senken diese und wirken sich abhängig vom persönlichen Steuersatz deutlich positiver auf die Steuerschuld aus.

159   ### 10.1. Spenden an politische Parteien / Wählervereinigungen

50% gibt es vom Finanzamt zurück. Klingt gut, ist gut! Spenden und Mitgliedsbeiträge an politische Parteien und Wählervereinigungen werden gegenüber sonstigen Spenden (z.B. für karitative Zwecke) privilegiert.

160   Aufwendungen für Spenden und Mitgliedsbeiträge an politische Parteien und Wählervereinigungen werden bis zu einem **Spendenhöchstbetrag** von 1.650 EUR (Ledige) bzw. 3.360 EUR (zusammenveranlagte Verheiratete) zu 50% von der Steuerschuld abgezogen, § 34g EStG.

Übersteigen die Mitgliedsbeiträge bzw. Spenden an Parteien die o.g. Höchstbeträge, so wird der übersteigende Betrag „nur" als gewöhnliche Sonderausgabe[272] mit bis zu weiteren 1.650 EUR für Ledige und bis zu 3.360 für Zusammenveranlagte berücksichtigt. Mandatsträgerbeiträge stellen Parteispenden dar[273]. [-> Anlage Sonderausgaben, Zeile 7, 8].

Fall 44:

Frank, unverheiratet, spendet an eine Partei 4.000 EUR. Wie wird diese Summe steuerlich berücksichtigt?

In Höhe von 1.650 EUR wird die Spende zur Steuerermäßigung nach § 34g EStG anerkannt. Seine

---

[270] Vgl. § 33b Abs. 6 EStG.
[271] Sächsisches Finanzgericht, Urteil vom 24. Januar 2024, Az. 2 K 936/23, rkr..
[272] Die steuerliche Auswirkung ist dann -abhängig vom persönlichen Steuersatz- geringer.
[273] BMF-Schreiben vom 10.04.2003, BStBl. 2003 I S. 286.

Steuerschuld verringert sich um 825 EUR.

In Höhe von weiteren 1.650 EUR wird die Spende als Sonderausgabe nach § 10b Abs.2 EStG anerkannt und verringert damit in gleicher Höhe das zu versteuernde Einkommen.

Der Restbetrag von 700 EUR kann steuerlich nicht berücksichtigt werden.

Maximal können daher für nicht Verheiratete 3.300 EUR steuerlich berücksichtigt werden (1.650 EUR als Steuerermäßigung und weitere 1.650 EUR als Sonderausgabe). Für zusammenveranlagte Verheiratete verdoppeln sich die Beträge.

Übersteigen hingegen Spenden oder Mitgliedsbeiträge an Wählervereinigungen die o.g. Höchstbeträge, kann der übersteigende Betrag nicht als Sonderausgabe nach § 10b Abs.2 EStG berücksichtigt werden.

Wählervereinigungen im Sinne dieses Gesetzes sind Vereine ohne Parteicharakter, wenn diese **161** Vereine mit eigenen Wahlvorschlägen auf Bundes-, Landes- oder Kommunalebene mitgewirkt haben. Zudem muss der Verein bei der letzten Wahl mindestens ein Mandat errungen haben oder dem zuständigen Wahlorgan angezeigt haben, dass er mit eigenen Wahlvorschlägen an der nächsten Wahl teilnehmen möchte.

Fall 45:

Michael ist Angestellter. Er erhält jährlich eine Steuererstattung von ca. 300 EUR. Da sich an den steuerlichen Rahmenbedingungen nichts verändert hat, fragt sich Michael, ob er am 27.12.2024 noch 200 EUR an seine Lieblingspartei oder doch lieber an eine karitative Organisation überweisen solle und wie hoch die steuerliche Auswirkung ist.

Vorausgesetzt, Michael bekäme ohne Spende eine Steuererstattung von 300 EUR, so bekäme Michael bei einer Parteispende von 200 EUR im Jahr 2024 vermutlich eine Steuererstattung von 400 EUR, da 50% der Spende auf die bestehende Steuerschuld angerechnet wird. Michael hat bereits durch den Lohnsteuerabzug mehr Steuern abgeführt, als er nach der Einkommensteuererklärung hätte zahlen müssen. Dieser Effekt wird durch die Parteispende weiter verstärkt. Spendet Michael hingegen die 200 EUR an eine karitative Einrichtung, so beträgt die steuerliche Auswirkung abhängig vom persönlichen Steuersatz und ggf. Kirchensteuerpflicht ca. 20-90 EUR[274]. Parteispenden oder Spenden an Wahlvereinigungen können bis 300 EUR einfach per Überweisungsbeleg nachgewiesen werden[275]. In aller Regel stellen Parteien auch bei kleineren Beträgen Zuwendungsbestätigungen aus.

---

[274] Bei kleinen bis mittleren Einkommen ca. 20-50 EUR.
[275] § 50 Abs. 4 Satz 1 Nr. 2 EStDV.

162

10.2. Haushaltsnahe Aufwendungen

20% gibt es vom Finanzamt zurück! Aufwendungen für haushaltsnahe Dienstleistungen (u.a. für Hausmeister, Handwerker oder Haushaltshilfe) senken mit 20% Ihre Steuerschuld. Für diese Steuerermäßigung gelten jedoch unterschiedliche Höchstbeträge. [-> Anlage Haushaltsnahe Aufwendungen, Zeilen 4-9]

> **Beispiel:**
> Sie müssen einen Klempner beauftragen, da der Abfluss in Ihrer Wohnung verstopft ist. Der Klempner stellt eine Rechnung (inkl. MwSt., ohne Materialkosten) in Höhe von 100,- EUR aus, die Sie per Überweisung begleichen. Wenn Sie diese Rechnung beim Finanzamt einreichen, verringert sich Ihre Einkommensteuersteuerschuld um 20,- EUR, d.h. Sie müssen insgesamt 20 EUR weniger Steuern zahlen[276].

163

Zunächst muss es sich um eine **haushaltsnahe Tätigkeit** handeln. Sie müssen dazu als Privatperson bei einem Dienstleister Tätigkeiten in Auftrag geben, die üblicherweise von Mitgliedern des Haushaltes übernommen werden. Diese Dienstleistung muss in ihrem Haushalt, auf dem Haushaltsgrundstück oder auf dem angrenzenden Grundstück vorgenommen werden (z.B. Reinigen der Wohnung oder des Treppenhauses, Gartenarbeiten, Zubereiten von Mahlzeiten, Pflegedienstleistungen, Kinderbetreuung zu Hause, Versorgung und Betreuung von Haustieren zu Hause[277], etc.). Zu den haushaltsnahen Dienstleistungen gehören auch alle Tätigkeiten, die auch Gegenstand eines Beschäftigungsverhältnisses sein können.

Aber auch Handwerkerleistungen können darunterfallen, die einen typischen engen Bezug zum Haushalt haben: Klempnerleistungen; Schornsteinfegerleistungen, Klavierstimmer, Reinigung Wohnung oder Treppenhaus, Winterdienst, "TÜV-Prüfung" von Fahrstühlen, etc.

164

Der **Begriff des Haushaltes** umfasst dabei nicht nur Ihre Hauptwohnung, in der Sie ständig leben, sondern auch eine Zweitwohnung[278], Ihre (eigene) Wochenend- oder Ferienwohnung oder eine Wohnung, in dem Ihr (kindergeldberechtigtes) Kind wohnt, sofern dieses keine Miete zahlt.

> **Beachten Sie jedoch:**
> Vermieten Sie hingegen Ihre Zweitwohnung/Wochenend-/Ferienwohnung, so stellen die Aufwendungen Werbungskosten bzw. Betriebsausgaben dar und schließen somit eine Steuerermäßigung nach § 35a EStG aus.

Der Gesetzgeber unterscheidet beim jeweiligen maximalen Höchstbetrag drei unterschiedliche Fallkonstellationen:

---

[276] Die Steuerermäßigung wirkt sich jedoch nur dann positiv aus, wenn der Steuerpflichtige überhaupt Steuern zahlen muss. Einem Geringverdiener, der keine Steuern zahlen braucht, da er bspw. den Grundfreibetrag nicht überschreitet, dem kann auch keine Steuer ermäßigt werden. Eine eingereichte Handwerkerrechnung würde sich folglich nicht auswirken.

[277] vgl. BFH-Urteil vom 03.09.2015, Az.: VI R 13/15.

[278] Berücksichtigung der Zweitwohnung im Rahmen der Steuerermäßigung nach § 35a EStG allerdings nur dann, wenn Sie für die Zweitwohnung nicht die doppelte Haushaltsführung geltend machen oder geltend machen können, da diese Kosten somit Werbungskosten darstellen würden und die Steuerermäßigung nach § 35a EStG ausschließen, § 35a Abs.5 S.1 EStG.

Haushaltsnahe Dienstleistungen/Beschäftigungsverhältnisse/Handwerkerleistungen		
können mit 20% die Steuerschuld verringern, bis zu einem Höchstbetrag von:		
Tätigkeit:	**max. Steuerermäßigung**	**max. berücksichtigungsfähiger Rechnungsbetrag**
Handwerker: (für Renovierungs-, Erhaltungs-(Reparatur-) und Modernisierungsmaßnahmen § 35a Abs. 3 EStG	höchstens 1.200,- EUR	max. 6.000 EUR -Zeile 6 bis 8-
Dienstleister oder Beschäftigtenverhältnis: (kein Mini-Jobber und kein Handwerker) § 35a Abs. 2 EStG	höchstens 4.000 EUR	max. 20.000 EUR -Zeile 5-
Mini-Jobber (auf 538,- EUR Basis) von Ihnen angestellt § 35a Abs. 1 EStG	höchstens 510 EUR	max. 2.550 EUR -Zeile 4-

Die Steuerermäßigung ist nur dann zulässig, wenn die Aufwendungen keine Werbungskosten/Betriebsausgaben, Sonderausgaben oder außergewöhnliche Belastungen darstellen. Bei Handwerkerleistungen können Sie nur den Arbeitslohn, nicht jedoch die Kosten für Material oder Ersatzteile geltend machen.

Beispiele begünstigter haushaltsnaher Dienstleistungen oder Handwerkerleistungen:

147

165   **Begünstigt sind[279]:**

- Abflussrohrreinigung
- Abwasserentsorgung (Wartung und Reinigung innerhalb des Grundstücks)
- Arbeiten an Dach, Bodenbelägen, Fassade, Garagen (soweit auf dem Haushaltsgrundstück gelegen), Innen- und Außenwände, Zu- und Ableitungen (soweit auf dem Grundstück gelegen)
- Aufstellen eines Baugerüstes
- Austausch oder Modernisierung von Einbauküchen, Bodenbelägen und Fenstern und Türen
- Wartung und Reparatur (allgemein) auf dem Grundstück
- Errichten eines Carports oder Terrassenüberdachung
- Dachgeschossausbau
- Dachrinnenreinigung
- Erhaltungsmaßnahmen (auf dem Grundstück)
- Gassi-geh-Service (str.)[280]
- Gärtner (innerhalb des Grundstücks)
- Hausanschlusskosten an die Ver- und Entsorgungsnetze[281]
- Hausarbeiten, wie reinigen, Fenster putzen, bügeln
- Hausmeister
- Hausreinigung
- Haustierversorgung daheim
- Kellerausbau
- Kinderbetreuungskosten, soweit sie keine Sonderausgaben darstellen
- Klavierstimmer
- Kleider- und Wäschepflege und Reinigung (soweit es im Haushalt des Steuerpflichtigen geschieht)
- Kontrollmaßnahmen des TÜVs bei Fahrstühlen oder Blitzschutzanlagen
- Laubentfernung (soweit auf dem Grundstück)
- Montageleistungen, z.B. beim Erwerb neuer Möbel
- Pflasterarbeiten auf dem Grundstück
- Reinigung der Wohnung, des Treppenhauses und der Zubehörräume
- Schädlingsbekämpfung
- Schornsteinfegerleistungen (komplett; seit Ende 2015 auch Mess- oder Überprüfungsarbeiten, Feuerstättenschau[282])
- Straßenreinigung auf dem privaten Grundstück
- Tierbetreuungs- und Pflegeleistungen bei Ihnen daheim[283]
- Umzugsdienstleistungen (für Privatpersonen)
- Winterdienst (inkl. Streumittel) auf privatem Grundstück und auf den anliegenden öffentlichen Gehwegen[284]
- Wärmedämmaßnahmen

Nicht begünstigt sind:

- alle Materialkosten
- Mietkosten
- öffentliche Straßenausbaubeiträge[285]
- soweit Aufwendungen Werbungskosten oder Sonderausgaben darstellen
- Hauslehrer
- Hausverwalterkosten
- Müllabfuhr

---

[279] vgl. BMF-Schreiben vom 09.11.2016.
[280] bejahend: Hessisches FG, Urteil vom 01.02.2017, Az.: 12 K 902/17 (n. rkr.; NZB Az.: VI B 25/17)
[281] vgl. Rn. 22 des Anwendungsschreiben zur Erweiterung der Steuerermäßigung für haushaltsnahe Dienstleistungen vom 9.11.16.

[282] vgl. BFH-Urteil vom 06.11.2014, Az.: VI R 1/13, BStBl II 2015, S.481; vgl. dazu auch BMF-Schreiben vom 10.11.2015.
[283] Abweichend vom o.g. BMF-Schreiben durch BFH-Urteil vom 03.09.2015, Az.: VI R 13/15.
[284] vgl. BFH-Urteil vom 20.03.2014, Az.: VI R 55/12.
[285] BMF-Schreiben vom 09.11.2016, Rn. 22, BStBl. I S. 1213.

Praxis-Tipp:

Es ist unerheblich, ob Sie zur Miete oder im Eigenheim wohnen. So können Sie u.a. folgende Positionen Ihrer Mietnebenkostenabrechnung steuerlich geltend machen:

- Treppenhausreinigung
- Schornsteinfegerleistungen
- Wartung und Reinigung der Heizung
- Hausmeister/Gärtner Tätigkeiten
- Wartung Fahrstuhl; TÜV-Kontrolle von Fahrstuhl, Brandschutzanlagen, etc.

Ihr Vermieter ist verpflichtet, die o.g. steuerlich absetzbaren Kosten separat in der Betriebskostenabrechnung aufzuführen, damit Sie diese Kosten steuerlich geltend machen können.

Sie werden die Mietnebenkostenabrechnung für das Jahr 2024 regelmäßig erst Mitte 2025 bekommen. Vermieter haben mit der Erstellung der Betriebskostenabrechnung bis zum 31.12.2025 Zeit.

Daraus ergibt sich der Konflikt, dass Mieter oftmals mit der Abgabe der Steuererklärung warten, weil sie die Betriebskostenabrechnung noch nicht erhalten haben. Fristverlängerungsanträge zur Abgabe der Einkommensteuererklärung aufgrund fehlender Betriebskostenabrechnungen werden grundsätzlich abgelehnt. Sie haben nun zwei Möglichkeiten.

Wenn Ihnen im Zeitpunkt der Abgabe der Steuererklärung 2024 im Jahr 2025 die Betriebskostenabrechnung für 2024 noch nicht vorliegt, dürfen Sie die letzte Betriebskostenabrechnung des Vorabrechnungszeitraumes (also die von 2023) angeben. Sie sind dann aber verpflichtet das Finanzamt ausdrücklich darauf hinzuweisen, dass es die Betriebskostenabrechnung des Vorabrechnungszeitraumes ist. Die Betriebskostenabrechnung von 2024 können Sie dann in der Steuererklärung für 2025 im Jahr 2026 geltend machen.

Sollte die Betriebskostenabrechnung 2024 höher ausfallen als die des Vorjahres, da diese neben den regelmäßig wiederkehrenden Ausgaben auch außergewöhnliche Ausgaben (z.B. für umlagefähige Reparaturen) enthält, so können Sie per Antrag auch noch nachträglich Ihren Steuerbescheid 2024 ändern lassen, auch wenn die Einspruchsfrist schon abgelaufen sein sollte.

Beachten Sie jedoch: Sie dürfen die steuerbegünstigten Leistungen **nicht in Bar bezahlen!** Eine Barzahlung (auch gegen Quittung) schließt die Geltendmachung der Steuerermäßigung unheilbar aus. Sie müssen vom Dienstleister eine **ordnungsgemäße Rechnung** erhalten und müssen den **Betrag auf dessen Konto überweisen**, § 35a Abs.5 S.3 EStG.

Fall 46:

Gert wohnt in einem Einfamilienhaus. Er will seinen runden Geburtstag mit einer großen Party in seinem Garten, welches zum Hausgrundstück gehört, feiern. Für die Bewirtung seiner Gäste überlegt er sich, ob er das Essen von einem Caterer anliefern lässt, oder ob er einen Koch bestellt, der das Essen frisch vor Ort auf einem Grill zubereitet. Kann er die Kosten steuerlich geltend machen?

Grundsätzlich können die Kosten für eine private Geburtstagsfeier nicht steuerlich geltend gemacht werden, da es sich hierbei um Kosten der allgemeinen Lebensführung handelt. Lässt Gert also das Essen durch einen Caterer fertig anliefern, kann er keine Kosten steuerlich geltend machen. Beauftragt Gert hingegen einen Koch, der das Essen vor Ort zubereitet, kann er ausnahmsweise die Kosten des Kochs als haushaltsnahe Dienstleistung steuerlich absetzen, sofern der Koch seinen Arbeitslohn separat auf der Rechnung ausweist. Das Material (Lebensmittel) kann Gert jedoch nicht steuerlich geltend machen.

Somit kann Gert das Finanzamt teilweise an den Kosten seiner Geburtstagsparty beteiligen.

Fall 47:

Die im Gewandhausorchester zu Leipzig beschäftigte Pianistin Pia hat in ihrer Wohnung ein Klavier, welches sie zum Üben benutzt. Sie beauftragt jährlich einen Klavierstimmer. Dieser stellt für seine Dienstleistung eine Rechnung in Höhe von 600,- EUR aus. Kann Pia diese Kosten steuerlich geltend machen?

Die Dienstleistung (Klavierstimmen) wurde in der Wohnung von Pia durchgeführt und stellt damit grundsätzlich eine steuerlich begünstigte haushaltsnahe Dienstleistung dar. Jedoch kann Pia die Steuerermäßigung nicht beanspruchen, da die Aufwendungen für den Klavierstimmer für Pia Werbungskosten darstellen. Werbungskosten schließen die Geltendmachung der Steuerermäßigung nach § 35a EStG aus. Für Pia liegen Werbungskosten vor, da sie das Klavier zum Üben verwendet und damit die Klavierstimmerkosten im Zusammenhang mit ihrem Beruf stehen. Wenn Pia jedoch „in Rente geht" und keine Einnahmen mehr mit ihrer musikalischen Tätigkeit erzielt, stellen die Kosten für das Klavierstimmen keine Werbungskosten mehr dar. Folglich kann Pia ab diesem Zeitpunkt die Kosten für ein erneutes Stimmen des Klaviers als haushaltsnahe Dienstleistung geltend machen.

10.3. Aufwendungen für energetische Sanierungen

166   Die Finanzämter fördern steuerlich im Rahmen der Klimaschutzanstrengungen des Bundes die ernergetische Gebäudesanierung von selbstgenutztem Wohneigentum, § 35c EStG. Folgende Maßnahmen können ab 1.1.2020 gefördert werden:

- Wärmedämmung von Wänden
- Wärmedämmung von Dachflächen
- Wärmedämmung von Geschossdecken
- Erneuerung von Fenstern oder Außentüren

- Sommerlicher Wärmeschutz
- Erneuerung oder Einbau einer Lüftungsanlage
- Erneuerung der Heizungsanlage
- Einbau von digitalen Systemen zur energetischen Betriebs- und Verbrauchsoptimierung
- die Optimierung bestehender Heizungsanlagen, sofern diese älter als zwei Jahre ist
- energetische Baubegleitung und Fachplanung zu den vorgenannten Punkten

Für diese energetischen Sanierungsmaßnahmen geltend Mindestanforderungen, die Sie der „Energetische Sanierungsmaßnahmen-Verordnung (ESanMV) entnehmen können[286].

Voraussetzung für die steuerliche Förderung ist:　　　　　　　　　　　　　　　　**167**
- grds. förderfähige Maßnahme (siehe oben), welche nicht vor dem 1.1.2020 begonnen wurde
- technische Mindestanforderung an förderfähige Maßnahme erfüllt (siehe ESanMV);
- bauliche Maßnahme wird von einer Fachfirma ausgeführt
- Fachfirma stellt ein Nachweis über die Ausführung der Maßnahme nach amtlichem Muster[287] aus, Rechnung in deutscher Sprache, energetische Sanierungsmaßnahmen müssen aufgeschlüsselt sein, die Immobilie/Wohnung muss sich eindeutig daraus bestimmen lassen, Rechnungsbetrag muss auf das Konto des Leistungserbringers (der Fachfirma) überwiesen werden (Barzahlung ausgeschlossen)
- es handelt sich ausschließlich um selbstgenutztes Wohneigentum
- Wohnung oder Immobilie muss bei Beginn der Sanierungsmaßnahme mindestens zehn Jahre alt sein
- Es handelt sich nicht (auch nicht teilweise) um ein Vermietungsobjekt. Wird in einem Haus auch nur ein Zimmer an Dritte vermietet, so entfällt die Förderung komplett (§ 35c Abs. 2 S.1 EStG).
- Die Aufwendungen für die Sanierung dürfen nicht als Betriebsausgaben, Werbungskosten, Sonderausgaben oder außergewöhnliche Belastungen steuerlich berücksichtigt werden.

Die **Höhe des Steuerbonus** bei Einzelmaßnahmen beträgt 20% der Aufwendungen, jedoch **168** maximal 40.000 EUR pro Wohnobjekt, verteilt über drei Jahre abzugsfähig. Das bedeutet, Sie können pro Objekt maximal Gesamtaufwendungen in Höhe von 200.000 EUR steuerlich geltend machen. Im Jahr des Abschlusses der Baumaßnahme können Sie 7% geltend machen, d.h. Sie bekommen einen Steuerbonus von maximal 14.000 EUR, im darauffolgenden Jahr erneut 7%

---

[286] https://www.gesetze-im-internet.de/esanmv/index.html; siehe auch Dritte Verordnung zur Änderung der Energetische Sanierungsmaßnahmen-Verordnung vom 5.6.2024, BT-Drs.: 20/11646.
[287] Sie BMF-Schreiben „Steuerermäßigung für energetische Maßnahmen bei zu eigenen Wohnzwecken genutz-ten Gebäuden (§ 35c EStG)" vom 23.12.2024, Gz.: IV C 1 - S 2296-c/20/10003 :008.

(entspricht einem Steuerbonus von 14.000 EUR) und im dritten Jahr können Sie 6% geltend machen (entspricht einem Steuerbonus von höchstens 12.000 EUR). Die Steuerermäßigung und der Höchstbetrag beziehen sich dabei auf eine energetische Sanierungsmaßnahme eines einzelnen Objekts.

Für die energetischen Baubegleitung und Fachplanung sind abweichend davon 50% der anfallenden Kosten abzugsfähig, wenn der Energieberater mit der planerischen Begleitung oder Beaufsichtigung der energetischen Maßnahmen beauftragt worden ist. Die Aufwendungen für den Energieberater sind nicht prozentual über drei Jahre aufzuteilen, sondern können im Jahr der Entstehung abgezogen werden. Beachten Sie dabei jedoch, dass die Aufwendungen für den Energieberater in die Förderungshöchstgrenze von 40.000 € je Objekt einzubeziehen sind.

Fall 47a:

Malte möchte dem Klima etwas Gutes tun und in seinem 40 Jahre alten Einfamilienhaus die normalen Fenster gegen besonders gedämmte Energiesparfenster austauschen. Malte lässt sich von einem Baufachberater dazu beraten. Die Beratung kostet 1000 EUR. Mit dem Austausch beauftragt Malte eine zertifizierte Fachfirma. Der Austausch sämtlicher Fenster kostet 45.000 EUR. Im Keller des Hauses befindet sich ein Zimmer, welches Malte regelmäßig an Monteure vermietet.

Die Baumaßnahme wurde im Jahr 2024 abgeschlossen. Insgesamt zahlte Malte 46.000 EUR. Kann Malte die energetische Sanierung steuerlich geltend machen?

Vorweggenommen: Malte kann hier nicht den Steuerbonus für die energetische Sanierung geltend machen, da er aufgrund der teilweisen Vermietung (Ferienwohnung) sein Haus nicht ausschließlich selbst bzw. durch seine Familie bewohnt und das Zimmer entgeltlich vermietet. Damit fehlt es an den Voraussetzungen für die steuerliche Förderung. Malte kann jedoch die Kosten der Sanierung, die auf den vermieteten Raum entfallen, bei seinen Einnahmen aus Vermietung und Verpachtung als Werbungskosten (Instandhaltungsaufwendungen) steuerlich geltend machen.

Etwas anderes würde nur für den Fall gelten, wenn es mehrere abtrennbare Wohnungen in dem (Mehr-) Familienhaus gäbe. Bei einem Mehrfamilienhaus können dann die Kosten auf die Wohnungen aufgeteilt werden. Für die selbstgenutzte Wohnung könnte man dann den Steuerbonus geltend machen. Für die vermietete Wohnung(en) kann man dann nur Werbungskosten (für Instandhaltung) bei den Einkünften aus Vermietung und Verpachtung geltend machen.

Fall 47b:

Torben lebt mit seiner Freundin und den Kindern in seinem 40 Jahre alten Einfamilienhaus. Er möchte die normalen Fenster gegen besonders gedämmte Energiesparfenster austauschen lassen. Er lässt sich von einem Energiefachberater dazu beraten. Die Beratung kostet 1000 EUR. Mit dem Austausch beauftragt Torben eine zertifizierte Fachfirma. Gleichzeitig lässt er neue Elektroleitungen verlegen. Der Austausch der Fenster kostet 50.000 EUR, die neue Elektrik kostet 10.000 EUR. Die Baumaßnahme wurde im Jahr 2024 abgeschlossen. Insgesamt zahlte Torben 61.000 EUR.

Die Bemessungsgrundlage für den Steuerbonus errechnet sich wie folgt: Von den gezahlten 61.000 EUR sind die Kosten für die Elektroanlagen abzuziehen, da die Elektroanlagen nichts mit der energetischen Sanierung zu tun haben. Die Kosten für den Energieberaten können zu 50% angesetzt werden, so dass 500 EUR (50% von 1000 EUR) abzuziehen sind. Die Bemessungsgrundlage beträgt daher 50.500 EUR.

Im Jahr des Abschlusses der Baumaßnahme (2024) kann Torben daher 7% von 50.500 EUR, also 3.535 EUR Steuerbonus beantragen. (Der Höchstbetrag von 14.000 EUR pro Jahr und Sanierungsmaßnahme/Objekt wird nicht überschritten). Im Jahr 2025 kann Torben erneut 7% von 50.500 EUR beantragen, also 3.535 EUR Steuerbonus.Im dritten Jahr (2026) kann Torben dann 6% von 50.500 EUR, also 3.030 EUR beantragen. (Der Höchstbetrag von 12.000 EUR wird ebenfalls nicht überschritten). Somit erhält Torben vom Finanzamt (bestenfalls) insgesamt 10.100 EUR Steuerbonus.

Beachten Sie jedoch: Der Steuerbonus wird Ihnen nicht ausgezahlt, sondern nur mit den anfallenden Einkommensteuern verrechnet. Das bedeutet, dass die Einkommensteuerlast (ohne die energetische Sanierungsmaßnahme) mindestens so hoch wie der Steuerbonus ist – anderenfalls würde sich der Steuerbonus nicht auswirken.

Würde wie im Fall 47b Torben ohne die energetische Sanierungsmaßnahme im Jahr 2024 insgesamt 3.000 EUR Einkommensteuer zahlen[288] müssen, so würde sich der Steuerbonus nur in Höhe von 3.000 EUR auswirken. Die restlichen 535 EUR Steuerbonus wären verloren. Wenn Torben gar keine Steuern zahlen müsste, weil er nur einen Minijob ausübt, so würde sich der Steuerbonus gar nicht auswirken.

---

[288] Im Sinne der festgesetzten Einkommensteuer; nicht der „Nachzahlungsbetrag".

169 **11. Einkünfte aus Kapitalvermögen**

Im folgenden Kapitel werden nur die Grundzüge des Kapitalertragssteuerrechts beschrieben.

170 Kapitalerträge (z.B. Zinsen von einem Tages-, Festgeldkonto oder Sparbuch, Erträge aus Fondsveräußerungen, Dividenden oder Fondsausschüttungen bzw. Aktienveräußerungen) werden in Deutschland automatisch mit der **Abgeltungssteuer** von 25% zuzüglich Solidaritätszuschlag[289] und ggf. Kirchensteuer an der Quelle besteuert, d.h. die Bank bzw. die auszahlende Stelle zieht automatisch die Steuern von Ihren Erträgen ab, sofern Sie keinen **Freistellungsauftrag** an Ihre Bank bzw. auszahlende Stelle erteilt oder der auszahlenden Stelle eine **Nichtveranlagungsbescheinigung**[290] vorgelegt haben.

171 Der Gesetzgeber stellt jeder steuerpflichtigen natürlichen Person pro Jahr 1.000 EUR als **Sparer-Pauschbetrag** (steuerfrei) zur Verfügung, d.h. bis 1.000 EUR Kapitaleinkünfte muss man keine Steuern auf diese zahlen, § 20 Abs.9 EStG[291]. Bei Zusammenveranlagten[292] beträgt der Sparer-Pauschbetrag 2.000 EUR.

172 Die Banken wissen aber in der Regel nicht, ob der Kunde bereits den Sparer-Pauschbetrag ausgenutzt hat. Damit die Bank die Abgeltungssteuer nicht automatisch einzieht, muss man die Bank durch einen sogenannten **Freistellungsauftrag** darüber informieren, bis zu welchem Betrag die Bank bzw. auszahlende Stelle keine Abgeltungssteuer abführen soll. Den Sparer-Pauschbetrag kann man dabei auf verschiedene Banken bzw. auszahlende Stellen verteilen. Man darf jedoch in der Summe nicht mehr als 801 EUR freistellen lassen.

Aber auch wenn man keinen Freistellungsauftrag an die auszahlende Stelle erteilt, ist die zuviel abgezogene Abgeltungssteuer nicht verloren. Sie können sich das Geld vom Finanzamt zurückholen. Dafür müssen Sie jedoch die Anlage KAP (steht für Kapitaleinkünfte) ausfüllen.

Beispiel:

Richard Reich, nicht kirchensteuerpflichtig, hat aus seiner Festgeldanlage bei der S-Bank im Jahr 2024 insgesamt 1000,- EUR Zinsen erhalten. Da Richard Reich seiner Bank keinen Freistellungsauftrag erteilt hat, schreibt die Bank ihm nicht 1.000 EUR Zinsen gut, sondern zieht 250,- EUR (25%) Kapitalertragssteuer und 13,75 EUR Solidaritätszuschlag (5,5% von der Kapitalertragssteuer) ab. Daher werden Richard Reich nur 736,25 EUR Zinsen gutgeschrieben. Den Steuerabzug in Höhe von 263,75 EUR nimmt die Bank automatisch vor.

Richard Reich muss die Zinseinkünfte nicht extra in seiner Steuererklärung angeben, da mit dem Abzug der „Abgeltungssteuer" seine Steuerschuld bereits abgegolten ist. In der Regel bleiben Kapitalerträge bei der Einkünfteermittlung im Steuerbescheid grundsätzlich außer Betracht. Nur in

---

[289] Der Solidaritätszuschlag ist bei der Abgeltungssteuer nicht entfallen.
[290] Eine Nichtveranlagungsbescheinigung (NV) ist ein Dokument des Finanzamtes, dass Ihnen bescheinigt, dass Sie voraussichtlich keine Einkommensteuer zahlen müssen, z.B. bei Geringverdienern.
[291] Beachten Sie aber: Der Abzug der tatsächlichen Werbungskosten ist ausgeschlossen, § 20 Abs. 9 S.1 EStG.
[292] Dies betrifft zusammenveranlagte Verheiratete oder zusammenveranlagte Partner einer eingetragenen homosexuellen Partnerschaft.

Ausnahmefällen sind diese relevant (z.B. Ermittlung der zumutbaren Belastungen bei außergewöhnlichen Aufwendungen; ggf. Berechnung des Spendenhöchstbetrages; bzw. falls ein Antrag auf Günstigerprüfung gestellt worden ist).

Richard Reich sollte jedoch freiwillig eine Steuererklärung mit der Anlage KAP abgeben, um sich den Steuerabzug in Höhe von 263,75 EUR zurückzuholen. Durch den Abzug der Abgeltungssteuer wurde sein Sparer-Pauschbetrag in Höhe von 1.000 EUR (bisher) nicht ausgenutzt.

Sofern der Steuerpflichtige **kirchensteuerpflichtig** ist, wird von der Bank bzw. auszahlenden Stelle auch die Kirchensteuer (Kirchenkapitalertragssteuer) einbehalten. Gleichzeitig ermäßigt sich jedoch der Abgeltungssteuersatz um ein Viertel der auf die Kapitalerträge entfallenden Kirchensteuern.

Der Grund für die Ermäßigung der Abgeltungssteuer liegt darin, dass die Kirchenkapitalertragssteuer nicht als Sonderausgabe absetzbar ist.

Für die Berechnung der geminderten Abgeltungssteuer bei Kirchensteuerpflicht können Sie folgende Formel nutzen:

Kapitalerträge / (4+0,09)= Abgeltungssteuer (Bundesländer[293] außer Bayern und Ba-Wü)
Kapitalerträge / (4+0,08)= Abgeltungssteuer (Bundesländer Bayern und Ba-Wü).

Wäre Richard Reich im oben genannten Beispiel kirchensteuerpflichtig und in Hessen wohnhaft, so würde die Bank von den Zinseinkünften 245,10 EUR Abgeltungssteuer, 13,48 EUR Solidaritätszuschlag und 19,60 EUR Kirchenkapitalertragssteuer abziehen und daher nur 721,82 EUR gutschreiben.

Zu den kapitalertragssteuerpflichtigen Erträgen gehören u.a.:

- Zinsen aus Guthaben (Tagesgeld; Festgeld; Sparkonten; Sparbücher; Bausparguthaben; festverzinslichen Papieren, wenn sich die auszahlende Stelle im Inland befindet etc.)
- Dividenden und Erträge aus Aktien, wenn sich die auszahlende Stelle im Inland befindet
- Erträge aus Lebensversicherungen, die nicht ermäßigt besteuert werden
- Gewinne aus einer unternehmerischen Beteiligung, wenn der Antrag auf Anwendung des progressiven Steuersatzes nicht gestellt wurde
- Einnahmen aus einer stillen Beteiligung
- Gewinne aus Aktienverkäufen, oder sonstigen Wertpapieren, wenn die Aktien/sonstige Wertpapiere bei einer inländischen Bank verwahrt oder verwaltet werden oder die Veräußerung von einer inländischen Bank durchgeführt wurde

---

[293] Es kommt auf den Hauptwohnsitz des Steuerpflichtigen an.

175 Haben Sie **Kapitalerträge im Ausland** erzielt (auszahlende Stelle befindet sich im Ausland), wird keine deutsche Kapitalertragssteuer automatisch abgezogen. Sie müssen daher diese Kapitalerträge mit Hilfe der Anlage KAP erklären, sofern diese Kapitalerträge abgeltungssteuerpflichtig sind und der Sparer-Pauschbetrag insgesamt überschritten wird. Ausländische Zinsen betreffen zunehmend auch Kleinsparer, die über Sparportale wie „Weltsparen" oder „Zinspilot" Gelder anlegen. Ausländische Quellensteuer können Sie gegebenenfalls anrechnen lassen. Dies ist abhängig von den jeweiligen Doppelbesteuerungsabkommen (DBA) der Länder. Näheres erfahren Sie auf der Seite des Bundeszentralamtes für Steuern (BZSt)[294].

176 Bei **Verlusten** aus Kapitalerträgen muss differenziert werden: Verluste und Gewinne aus Aktienveräußerungen müssen getrennt werden von Gewinnen und Verlusten aus sonstigen Kapitalerträgen.
Aktienverluste können nur mit Aktiengewinnen verrechnet werden. Sonstige Verluste (z.B. aus Fondsveräußerungen) können bspw. mit Zinsgewinnen aus Tagesgeldkonten verrechnet werden. Überwiegen die Verluste, können diese in andere Steuerjahre übertragen werden.

177 Die pauschale 25%ige **Abgeltungssteuer** wurde im Jahr 2009 eingeführt. Bis dahin mussten die Kapitalerträge nach Abzug der Werbungskosten mit dem persönlichen Steuersatz versteuert werden, d.h. die Kapitalerträge flossen in die Steuerberechnung mit ein.

178 Für geringverdienende Personen mit einem geringeren persönlichen (Grenz.-)Steuersatz als 25% hätte sich daher ab 2009 eine Schlechterstellung ergeben. Der Gesetzgeber hat daher eine Wahlmöglichkeit geschaffen, wonach man abweichend vom pauschalen Steuersatz von 25% (Abgeltungssteuer) seine Kapitaleinkünfte auch nach der alten Methode (mit dem persönlichen Steuersatz) versteuern kann, sofern dies für den Steuerpflichtigen günstiger ist. Welche "Methode" für den Steuerpflichtigen günstiger ist, ermittelt das Finanzamt auf Antrag automatisch mit der sogenannten "**Günstigerprüfung**". Diese Günstigerprüfung sollten Sie beantragen, damit die für Sie günstigste Berechnungsmethode gewählt wird.

179 Wenn Sie **kirchensteuerpflichtig** sind, dann wird neben der Kapitalertragssteuer/Abgeltungssteuer und dem Solidaritätszuschlag auch Kapitalertragskirchensteuer von den Kapitalerträgen durch die Bank oder die auszahlende Stelle abgezogen. Die Bank bzw. auszahlende Stelle kann den Kirchensteuerabzug jedoch nur dann vornehmen, wenn Sie ihr mitgeteilt haben, dass Sie kirchensteuerpflichtig sind. Bisher war es möglich, diese Angabe zu unterlassen. Dann waren Sie zur Abgabe einer Steuererklärung (Anlage KAP) verpflichtet. Ein Teil dieser Personen hatte jedoch keine Anlage KAP abgegeben und damit

---

[294] http://www.bzst.de/DE/Steuern_International/Auslaendische_Quellensteuer/auslaendische_quellensteuer_node.html

gegebenenfalls den Straftatbestand der Steuerhinterziehung[295] bzw. Betrugs[296] erfüllt. Um diese Lücke zu schließen, bekommen die Banken bzw. auszahlenden Stellen die Daten zu einer möglichen Kirchensteuerpflicht ab 2015 automatisch vom Bundeszentralamt für Steuern übermittelt, sofern Sie dieser Übermittlung nicht ausdrücklich gegenüber Ihrer Bank widersprochen haben.

Zusammenfassung:

- Kapitalerträge werden grundsätzlich pauschal mit 25% (zzgl. Solidaritätszuschlag und ggf. Kirchensteuer) besteuert
- 1.000 EUR werden von den Kapitaleinkünften pauschal abgezogen (sog. Sparer-Pauschbetrag) und können von der Bank bzw. auszahlenden Stelle freigestellt werden (sog. Freistellungsauftrag)
- Wenn Sie keinen oder einen zu geringen Freistellungsauftrag ausgelöst und damit die 1.000 EUR nicht voll ausgeschöpft haben, dann sollten Sie die Anlage KAP ausfüllen, um sich das Geld vom Finanzamt zurückzuholen.
- Sie sollten immer eine Günstigerprüfung beantragen, damit sichergestellt ist, dass Sie geringmöglichst besteuert werden
- Sind Sie kirchensteuerpflichtig, hat die Bank jedoch keine Kapitalertragskirchensteuer abgeführt, so sind Sie verpflichtet, eine Steuererklärung (Anlage KAP) beim Finanzamt einzureichen

---

12. Steuerfreie Einkünfte   180

12.1. Steuerfreie Einkünfte mit Progressionsvorbehalt

Gerade staatliche Sozialleistungen sowie Lohnersatzleistungen sind oftmals steuerfrei, das heißt, sie selbst sind nicht zu versteuern.

Dennoch werden sie zur Berechnung des persönlichen Steuersatzes herangezogen und erhöhen   181
diesen zum Teil erheblich (sog. **Progressionsvorbehalt**).

Das bedeutet, obwohl die streuerfreien Einnahmen für Sie steuerfrei sind, erhöht sich Ihr Steuersatz auf die regulären (nicht steuerfreien) Einkünfte und das führt dazu, dass Sie mehr Steuern zahlen müssen.

Steuerfreie Einkünfte mit Progressionsvorbehalt sind[297]:

- Insolvenzgeld
- Kurzarbeitergeld
- Mutterschaftsgeld

---

[295] Die Verwirklichung des Strattatbestandes der Steuerhinterziehung von Kirchensteuer ist nur im Land Niedersachsen möglich, da das Kirchensteuergesetz des Landes Niedersachsen den § 370 AO nicht ausschließt, § 6 Abs. 1 KiStRG (Niedersachsen).

[296] In allen Bundesländern außer Niedersachsen kann der Straftatbestand der Steuerhinterziehung auf Kirchensteuern nicht begangen werden, da die entsprechenden Kirchensteuergesetze der Länder die Anwendbarkeit von § 370 AO ausschließen. Ob in diesen Ländern die "Hinterziehung" von Kirchensteuern straffrei bleibt, ist umstritten; vgl. dazu *Kohlmann*, Steuerstrafrecht, Loseblattsammlung, § 386 Rn. 16; Rolletschke/*Kemper*, Steuerverfehlungen, Loseblattsammlung, § 386 Rn. 19; abweichend als Betrug zu werten: *Randt* in Franzen/Gast/Joecks, Steuerstrafrecht, 6. Aufl., § 386 Rn. 21a; wohl auch BGH, Beschluss vom 17.04.2008, Az.: 5 StR 547/07.

[297] siehe § 32b EStG.

- Elterngeld (inkl. Sockelbetrag von 300 EUR)
- Unterhaltsgeld als Zuschuss
- Arbeitslosengeld
- Krankengeld

Fall 48:

Enrico, ledig, kinderlos, ist als Ingenieur vom 1.1.2024 bis zum 30.06.2024 angestellt und verdient monatlich 3.538,34 EUR brutto (Brutto im Bezugszeitraum 21.230 EUR). Vom 01.07.24 bis 31.12.24 ist er arbeitslos und erhält Arbeitslosengeld I, im Bezugszeitraum insgesamt 7.576 EUR. Wie stellen sich die steuerlichen Auswirkungen dar?

Die Einkünfte aus seiner nichtselbständigen beruflichen Tätigkeit (Ingenieurtätigkeit) sind (ohne Betrachtung von Sonderausgaben, etc.) abzüglich 1.230 EUR Werbungskostenpauschbetrag[298] in Höhe von 20.000 EUR[299] steuerbar, d.h. er muss auf diese Einkünfte Steuern zahlen. Die Höhe der Einkommensteuerlast ist dabei unabhängig vom jeweiligen Lohnsteuerabzug[300]. Betrachtet man nur die Lohneinkünfte (20.000 EUR), so ergibt sich eine Einkommensteuerlast von 1.725 EUR (ggf. zzgl. Kirchensteuer). Das entspricht einem durchschnittlichen Steuersatz von ca.8,6%.

Da Enrico zusätzlich 7.576 EUR steuerfrei Arbeitslosengeld I erhalten hat, erhöht sich sein (fiktives) Gesamteinkommen auf (20.000 EUR Lohneinkünfte + 7.576 EUR Arbeitslosengeld I) auf insgesamt 27.576 EUR. Dadurch steigt sein persönlicher Steuersatz von 8,6% auf 13,5%, so dass er nun insgesamt ca. 2.703 EUR Einkommensteuer (ggf. zzgl. Kirchensteuer) auf seine steuerpflichtigen Einnahmen (vom 1.1.-30.6.21) zu zahlen hat. Die Arbeitslosengeld-Bezüge bleiben hingegen steuerfrei.

Der Grund für dieses umständliche Vorgehen liegt im Prinzip der leistungsgerechten Besteuerung. Auch wenn Lohnersatzleistungen steuerfrei gestellt werden, erhöht sich Ihre steuerliche Leistungsfähigkeit. Hätte Enrico im o.g. Beispiel kein Arbeitslosengeld I, sondern z.B. ein vermindertes Arbeitsentgelt in gleicher Höhe vom 01.07.-31.12. bekommen, so hätte er ca. 3.727 EUR[301] Einkommensteuer, ggf.zzgl. Kirchensteuer zahlen müssen.

Fall 49:

Beate erhält vom 01.01.2024 bis zum 30.09.2024 monatlichen Lohn in Höhe von 1.300 EUR (insgesamt 11.700) EUR. Ab 01.10.2024 erhält sie monatlich 600 EUR ALG I. Beate meint, dass sie im Jahr 2024 (auch bei Nichtberücksichtigung der Sonderausgaben) keine Steuern zahlen muss, da sie mit ihren nicht steuerfreien Einkünften die Grenze des Grundfreibetrages nicht übersteigt. Hat sie recht?

---

[298] Der Werbungskostenabzug in Höhe des Werbungskosten-Pauschbetrages (1.230 EUR) kommt automatisch zum Ansatz, wenn keine höheren Werbungskosten einzeln nachgewiesen werden.

[299] Außer Betracht bleiben im oben genannten Beispiel Sonderausgaben oder außergewöhnliche Belastungen, etc.

[300] Der Lohnsteuerabzug ist für die Berechnung der Einkommensteuer irrelevant. Der Lohnsteuerabzug stellt nur eine Art "Abschlag" bzw. Vorauszahlung auf die Einkommensteuer dar.

[301] Beachten Sie die Rundungsdifferenzen.

Nein! Beate erhält Lohn in Höhe von 11.700 EUR. Abzüglich 1.230 EUR Werbungskostenpauschbetrag erhält sie steuerbare Einkünfte aus nichtselbständiger Tätigkeit in Höhe von 10.470 EUR. Der Grundfreibetrag im Jahr 2024 beträgt 11.784 EUR.

Damit liegt Beate mit ihren steuerbaren Einkünften unterhalb des Grundfreibetrages und müsste eigentlich keine Steuern zahlen.

Allerdings müssen die steuerfreien Einnahmen (ALG I) in Höhe von insgesamt 1.800 EUR beachtet werden. Diese führen dazu, dass wegen des Progressionsvorbehaltes die Grenze des Grundfreibetrages überschritten wird und Beate nach dem Eingangssteuertarif besteuert wird[302]. Beate muss daher ca. 59 EUR Einkommensteuer (ggf. zzgl. Kirchensteuer) zahlen[303].

Hätte Beate ab 01.10.2024 nicht ALG I, sondern einen Arbeitslohn (1.800 EUR) in gleicher Höhe erhalten, so würden nicht 59 EUR, sondern 70 EUR Einkommensteuer anfallen, wobei die bereits vom Lohn abgezogene Lohnsteuer gegenzurechnen wäre.

Bei Berücksichtigung der Sonderausgaben (Abzug Kranken- und Pflegeversicherungsbeiträge) überschreitet Beate nicht den Grundfreibetrag und muss daher keine Einkommensteuer zahlen.

Die **steuerlichen Auswirkungen des Progressionsvorbehaltes** können Sie mit einem Programm der Steuerverwaltung im Internet berechnen:
http://www.finanzamt.bayern.de/Informationen/Steuerinfos/Steuerberechnung/Progressionsvorbehalt/
Steuerfreie Lohnersatzleistungen tragen Sie in Anlage N, Zeile 23 ein. Sonstige Einkommensersatzleistungen tragen Sie in den Hauptvordruck, Zeile 35 ein.

12.2. Steuerfreie Einkünfte ohne Progressionsvorbehalt 182
Ehrenamtlich tätige Menschen fördert der Gesetzgeber. Sofern Sie sich nebenberuflich in Vereinen oder in sonstigen Organisationen engagieren, welche gemeinnützigen, mildtätigen oder kirchlichen Zwecken dienen, können Sie Aufwandsentschädigungen bis 840,- EUR steuerfrei erhalten (sog. **Ehrenamtspauschale**)[304].

Wenn Sie allerdings ausbildende, erzieherische, betreuende, künstlerische oder pflegerische 183
Arbeiten für einen solchen Verein oder Organisation ehrenamtlich erbringen, so erhöht sich der Freibetrag auf insgesamt 3.000,- EUR (sog. **Übungsleiter-Freibetrag**)[305]. [-> Anlage N, Zeile 22].
Für die steuerliche Anerkennung muss aber der Verein oder die Organisation per Satzung die

---

[302] Unter Nichtbeachtung von Sonderausgaben und weiteren Abzugsbeträgen.
[303] Auch hier ist davon auszugehen, dass Beate aufgrund des Bezuges von Lohn erheblich mehr Lohnsteuer gezahlt hat, so dass Beate insgesamt mit einer Steuererstattung rechnen kann.
[304] z.B. Bürokräfte, Kassenwart, etc.
[305] Mittlerweile werden auch ehrenamtliche Vormünder oder rechtliche Betreuer anerkannt.

Aufwandserstattung geregelt haben. Verzichtet der ehrenamtlich Tätige auf die ihm zustehende Erstattung, so kann er sich diesen Verzicht ebenfalls als Spende (sog. Rückspende) bescheinigen lassen[306].

184

13. Familien - Kindergeld - Kinderfreibetrag - Alleinerziehende

Der Staat unterstützt Familien und Eltern bei der Erziehung ihrer Kinder mit dem Kinderfreibetrag **oder** mit Kindergeld, § 31 EStG. Beide Leistungen sind eng aneinandergekoppelt.

185

13.1. Kindergeld oder Kinderfreibetrag

Der **grundsätzliche Anspruch auf Kindergeld bzw.** entsteht im Monat der Geburt des Kindes,

§ 32 Abs. 4 EStG. Irrelevant ist, ob die Geburt am Anfang, in der Mitte oder am 31. des jeweiligen Monats stattgefunden hat.

Der Kindergeldanspruch (wie auch der Anspruch auf Kinderfreibetrag) besteht grundsätzlich bis zum 18. Lebensjahr. Er kann sich bis zum 25. Lebensjahr verlängern, wenn sich das Kind noch in (Erst-)Ausbildung oder im (Erst-) Studium befindet. Über das 25. Lebensjahr hinaus ist eine Verlängerung nur ausnahmsweise möglich, wenn das Kind behindert und außerstande ist, sich selbst zu unterhalten. Füllen Sie daher die Anlage Kind für jedes Kind aus.

186

Es wird entweder Kindergeld oder der Kinderfreibetrag gewährt.

Das **Kindergeld** ist ein Betrag, der einem Elternteil monatlich von der zuständigen Familienkasse überwiesen wird. Das Kindergeld wird dem antragstellenden Elternteil überwiesen, der mit dem Kind gewöhnlich zusammenwohnt. Das Kindergeld ist unabhängig vom Einkommen. Das Kindergeld beträgt im Jahr 2024 für jedes Kind 250 EUR monatlich.

187

Im Gegensatz zum Kindergeld ist der **Kinderfreibetrag** ein steuerlicher Freibetrag, der vom zu versteuernden Einkommen der Eltern abgezogen wird und damit die Steuerlast der Eltern - abhängig zu versteuernden Einkommen- verringert. Der (Gesamt-)Kinderfreibetrag wird in Höhe von 9.540 EUR (d.h. 4.770 EUR pro Elternteil) im Jahr 2024 gewährt und setzt sich aus 6.612 EUR für das sächliche Existenzminimum des Kindes (Kinderfreibetrag im engeren Sinne) und aus 2.928 EUR für den Erziehungs-, Ausbildungs- und Betreuungsaufwand zusammen. Liegen die Voraussetzungen für den (Gesamt-) Kinderfreibetrag/Kindergeld nur für ein paar Monate vor (z.B., weil das Kind erst im 3. Monat des Jahres geboren wurde), so verringert sich der Freibetrag

---

[306] BMF- Schreiben vom 25.11.2014, Az.: IV C 4 -S 2223.

anteilig[307].

Der Kinderfreibetrag wird nur dann gewährt, wenn seine steuerliche Auswirkung größer ist, als das bisher ausgezahlte Kindergeld. Es sollte daher immer Kindergeld beantragt werden, auch wenn bereits bei Antragstellung absehbar ist, dass der Kinderfreibetrag günstiger ist. Der Kinderfreibetrag ist grundsätzlich nur bei Gutverdienern günstiger als das ausgezahlte Kindergeld. Erst wenn das zu versteuende Einkommen[308] bei Einzelveranlagungen einen Betrag von ca. 40.000 EUR und bei Zusammenveranlagten einen Betrag von ca. 80.000 EUR übersteigt ist der Kinderfreibetrag günstiger als das Kindergeld. Das ausgezahlte Kindergeld wird in jedem Fall auf die Einkommensteuerersparnis angerechnet. Dies trifft nur auf die Einkommensteuer zu. Bei der Berechnung der Kirchensteuer und des Solidaritätszuschlags werden immer die Kinderfreibeträge berücksichtigt. Das Finanzamt prüft selbstständig, welche Förderung für Sie günstiger ist (sog. Günstigerprüfung).

Beim **Lohnsteuerabzug** wirkt sich der Kinderfreibetrag teilweise aus, d.h. Solidaritätszuschlag und Kirchensteuerabzug verringern sich. Auf den Abzug der Lohnsteuer haben Kinderfreibeträge keine Auswirkung. Für Kinder von Eltern, die nicht miteinander verheiratet sind, wird regelmäßig ein Kinderfreibetrag von 0,5 (pro Kind) in die ELSTAM[309] eingetragen. Ausnahmsweise wird der volle Kinderfreibetrag von 1,0 eingetragen, wenn der andere Elternteil seiner Unterhaltsverpflichtung nicht mindestens zu 3/4 nachkommt. Bei Verheirateten erhält derjenige den vollen Kinderfreibetrag (1,0) eingetragen, der die Lohnsteuerklasse III oder IV hat. Bei Lohnsteuerklasse V erfolgt kein Eintrag. Ausnahmsweise kann der Kinderfreibetrag und der **Freibetrag** für den Betreuungs- und Erziehungs- oder Ausbildungsbedarf auf einen Stiefelternteil oder auf einen Großelternteil **übertragen** werden, § 32 Abs. 6 S.7 EStG. Voraussetzung dafür ist, dass die Stief- bzw. Großeltern das Kind in ihren Haushalt aufgenommen haben und die Eltern der Übertragung zugestimmt haben. Dazu muss zwingend die zusätzliche Anlage K ausgefüllt und unterschrieben werden.

13.2. Entlastungsbetrag für Alleinerziehende 188

Alleinerziehende erhalten eine zusätzliche steuerliche Förderung. Ihnen wird ein zusätzlicher Freibetrag (sog. Entlastungsbetrag für Alleinerziehende) in Höhe von 4.260,- EUR gewährt, der von der Summe der Einkünfte abzuziehen ist, § 24b EStG[310]. Für jedes weitere Kind erhöht sich der Betrag um weitere 240 Euro. Sie können den Entlastungsbetrag für Alleinstehende nur dann beanspruchen, wenn Sie alleinstehend sind und zu Ihrem Haushalt ein Kind gehört, für das Ihnen ein Anspruch auf Kindergeld oder Kinderfreibetrag zusteht. Die Zugehörigkeit zum Haushalt ist

---

[307] Im o.g. Beispiel lägen die Voraussetzungen seit März vor, der Kinderfreibetrag würde in einer Höhe von 10/12 von 9.540 EUR (insgesamt 7.950 EUR) gewährt.
[308] Das bedeutet, dass von den "Einkünften" Werbungskosten, Sonderausgaben und außergewöhnliche Belastungen bereits abgezogen worden sind.
[309] Elektronische Lohnsteuerabzugsmerkmale (ELSTAM) haben die ehemalige Lohnsteuerkarte ersetzt.
[310] Ab dem Steuerjahr 2021 erhöht sich der Entlastungsbetrag für Alleinerziehende auf

anzunehmen, wenn das Kind in Ihrer Wohnung gemeldet ist. Alleinstehend sind Sie nur dann, wenn außer Ihnen und Ihren Kindern[311] keine weitere erwachsene Person in Ihrem Haushalt lebt. Leben weitere volljährige Personen im Haushalt der alleinerziehenden Person (z.B. in einer Wohngemeinschaft), so wird widerlegbar vermutet, dass alle volljährigen Personen einen gemeinsamen Haushalt führen. Der Entlastungsbetrag wird dann regelmäßig nicht zuerkannt. In diesem Fall müssen Sie dem Finanzamt nachweisen, dass Sie getrennt wirtschaften und keine Haushaltsgemeinschaft führen. Für jeden vollen Kalendermonat, in denen die o.g. Anspruchsvoraussetzungen nicht vorgelegen haben, wird der Entlastungsbetrag um ein Zwölftel reduziert. [-> Anlage Kind, Zeile 44-50].

189 ### 13.3. Freibetrag für auswärtige Unterbringung

Unterstützen Sie Ihr **auswärtig untergebrachtes volljähriges Kind** während der Berufsausbildung, können Sie ab 2024 pauschal einen Freibetrag bis zu 1.200 EUR geltend machen (sog. **Freibetrag zur Abgeltung des Sonderbedarfs**), § 33a Abs. 2 EStG. Voraussetzung dafür ist, dass Ihnen für das Kind noch ein Anspruch auf Kindergeld/Kinderfreibetrag zusteht. Jedem Elternteil steht grundsätzlich die Hälfte des Freibetrages zu. Auf gemeinsamen Antrag der Eltern ist jedoch auch eine andere Aufteilung möglich.

Auswärtig ist das Kind untergebracht, wenn es zur Zeit der Berufsausbildung/Studium räumlich und hauswirtschaftlich vom Haushalt der Elternteile[312] getrennt lebt. Gelegentliche Besuche (z.B. am Wochenende) sind unschädlich. Bei einer Fallkonstellation, bei der ein Student unter der Woche in einer Wohngemeinschaft am Studienort lebt und regelmäßig am Wochenende und in den Semesterferien im Haushalt der Eltern verbringt, kommt es auf eine Einzelfallbetrachtung an. Machen Sie hier auf jeden Fall den Freibetrag geltend, wenn das Kind seinen Haushalt am Studienort selbständig führt.

190 ### 14. Rentner und Pensionäre

Mit dem Alterseinkünftegesetz hat der Gesetzgeber 2005 die **Besteuerung von Renten und Pensionen** grundsätzlich verändert.

Der Gesetzgeber unterscheidet zwischen:

- **Altersrenten**
- **Beamtenpensionen**
- **sonstigen Renten**

---

[311] Erwachsene Kinder, die im Haushalt des alleinerziehenden Elternteils leben, lassen den Anspruch auf den Entlastungsbetrag für Alleinerziehende entfallen, wenn der Elternteil für diese Kinder keinen Anspruch mehr auf Kindergeld/Kinderfreibetrag hat. Besteht hingegen noch ein Kindergeldanspruch/Anspruch auf Kinderfreibetrag für diese volljährigen Kinder, so bleibt der Elternteil weiterhin "alleinerziehend". Der Anspruch auf den Entlastungsbetrag bleibt erhalten.
[312] BFH, Urteil vom 05.02.1988, AZ.: III R 21/87, BStBl II 1988, 579.

Zu den **Altersrenten** gehören die Renten aus der gesetzlichen Rentenversicherung, aus berufsständischen Versorgungseinrichtungen (z.B. Versorgungswerke der freien Berufe, z.B. Rechtsanwälte, Ärzte oder Architekten), aus landwirtschaftlichen Alterskassen und die Renten aus einer privaten, kapitalgedeckten Leibrentenversicherung im Sinne von § 10 Abs.1 Nr. 2 EStG (sog. **Basis-Rente** oder auch **Rürup-Rente** genannt). Für diese Altersrenten hat der Gesetzgeber die nachgelagerte Besteuerung eingeführt. Einkünfte aus Altersrente sind auf der **Anlage R** zur Steuererklärung anzugeben.

191

14.1. Nachgelagerte Besteuerung der Altersrente

192

Bis 2004 wurden Renten nur mit dem Ertragsteil und damit nur zu ca. 1/3 mit dem persönlichen Steuersatz besteuert. Ab 2005 sollte bis in das Jahr 2040 die Besteuerung stufenweise auf 100% der Bemessungsgrundlage erhöht werden, so dass Renteneinkünfte mit normalen Einkünften (z.B. mit Lohneinkünften) vergleichbar sind.

Spätestens seit der Rechtsprechung des Bundesfinanzhofes[313] zur möglichen Doppelbesteuerung von Renten will der Gesetzgeber die stufenweise Erhöhung der Besteuerung für Neurentnern verlangsamen. Geplant ist daher ab dem Veranlagungszeitraum 2023 die Besteuerung nur noch um 0,5 %-Punkte für Neurentner zu erhöhen, so dass die 100% erst im Jahr 2058 erreicht werden[314].

Damit wird zu einem System der **nachgelagerten Besteuerung bis ins Jahr 2058** übergegangen. Nachgelagerte Besteuerung bedeutet, dass eine Versteuerung erst dann erfolgt, wenn die Alterseinkünfte (z.B. gesetzliche Renten, private Basisrente, Pensionen, Betriebsrenten, Riesterrenten) an den Steuerpflichtigen ausgezahlt werden - also gewöhnlich in einer Phase, wo die Einkünfte regelmäßig geringer sind und daher auch der persönliche Steuersatz geringer ist.

Hingegen bleiben die Beiträge zur Altersvorsorge in der Ansparphase (Phase der Erwerbstätigkeit), in der gewöhnlich die Einkünfte und damit der persönliche Steuersatz höher ist, bis zu einem Höchstbetrag unversteuert. Die Beiträge zur Altersvorsorge mindern damit das zu versteuernde Einkommen und damit auch die Steuerlast. Hingegen wird die Steuerlast im Ruhestand erhöht.

14.2. Besteuerung der Altersrente

193

Seit dem 1.1.2005 steigt der Bemessungssatz bei der Besteuerung der Renten von 50% bis in das Jahr 2020 um jährlich 2%-Punkte auf dann 80%. Ab dem Jahr 2023 um jährlich 0,5%-Punkte. Im Jahr 2058 sollen Altersrenten dann zu 100% mit dem persönlichen Steuersatz besteuert werden. Es wird daher davon ausgegangen, dass diese o.g. Maßnahmen nicht ausreichen werden, um die künftige Doppelbesteuerung von Renten zu vermeiden.

---

[313] BFH, Urteil vom 19.5.2021, Az. X R 33/19.
[314].Gesetz zur Stärkung von Wachstumschancen, Investitionen und Innovation sowie Steuervereinfachung und Steuerfairness (Wachstumschancengesetz), vom 27.3.24, BGBl. 2024 I Nr. 108 vom 27.03.2024.

Maßgeblich für die Besteuerung einer Altersrente ist dabei das **Jahr des Renteneintritts**. Auf das Lebensalter beim Renteneintritt kommt es nicht mehr an.

Besteuerungsanteil der Rente nach der geplanten Änderung im Jahr 2024[315]

Jahr	Besteuerungsanteil in %	Jahr	Besteuerungsanteil in %
2005 und davor liegende Jahre	50,0 %	2006	52,0 %
2021	81,0 %	2022	82,0 %
2023	82,5 %	2024	83,0 %
2025	83,5 %	2026	84,0 %
2028	85,0 %	2030	86,0 %
2032	87,0 %	2034	88,0 %
2036	89,0 %	2038	90,0 %
2040	91,0 %	2042	92,0 %
2045	93,5 %	2048	95,0 %
2050	96,0 %	2053	97,5 %
2055	98,5 %	2058	100 %

194   Renteneinkünfte bestehen damit vermutlich bis in das Jahr 2058 aus einem **steuerfreien** und einem **zu versteuernden Teil (sog. Besteuerungsanteil)**.

Der im Jahr des Rentenbeginns ermittelte Prozentsatz der Rente, der nicht zu versteuern ist, wird im zweiten Jahr des Rentenbezuges (ersten vollen Jahr Rentenbezug) betragsmäßig festgeschrieben. Dieser jährliche Betrag bleibt lebenslang steuerfrei. Bei künftigen Rentenerhöhungen erhöht sich nur noch der zu versteuernde Teil der Rente. Der steuerfreie Betrag bleibt gleich.

Fall 50:
Monika geht zum 1.7.2005 in Rente (Altersrente). Sie erhält eine monatliche Bruttorente aus der gesetzlichen Rentenversicherung von 1.000 EUR. Im Jahr 2006 wird die Rente nicht erhöht. Im Jahr 2007 wird die Rente um monatlich 20 EUR erhöht. Im Jahr 2024 beträgt die Jahresbruttorente 13.050 EUR. Welchen Betrag muss Monika versteuern und wie wirkt sich das aus?

Der Besteuerungsanteil im Jahr 2005 liegt bei 50%. Im darauffolgenden Jahr (erstes Jahr des vollen Jahresbezuges der Rente) wird wird der steuerfreie Jahresbetrag ermittelt. Die Jahresbruttorente im Jahr 2006 beträgt -da keine Rentenerhöhung stattgefunden hat- 12.000 EUR. Davon sind 50% -

---

[315] Artikel 4, Nr. 10 Wachstumschancengesetz (Entwurf) BT-Drs. 20/8628.

6.000 EUR- zu versteuern. Die steuerfreie Teil beträgt ebenfalls 6.000 EUR. Der steuerfreie Betrag in Höhe von 6.000 EUR wird festgeschrieben. Fortan bleiben 6.000 EUR steuerfrei.

Im Jahr 2007 beträgt die Jahresbruttorente 12.240 (12x1020EUR). Von der Jahresbruttorente in Höhe von 12.240 EUR ist der im Jahr 2006 fest definierte steuerfreie Betrag von 6.000 EUR abzuziehen. Es verbleibt der zu versteuernde Betrag von 6.240 EUR. Der Rentenerhöhungsbetrag ist damit voll zu versteuern.

Da im Jahr 2007 der Grundfreibetrag bei 7.664 EUR lag, muss Monika im Jahr 2007 keine Steuern zahlen, sofern sie keine weiteren Einkünfte hat.

Im Jahr 2024 beträgt die Jahresbruttorente 13.050 EUR. Davon wird erneut der im Jahr 2006 bestimmte steuerfreie Rentenbetrag von 6.000 EUR abgezogen, so dass der zu versteuernde Teil der Rente 8.850 EUR beträgt. Zieht man den Grundfreibetrag (11.784 EUR) ab, so wäre die Rente insgesamt nicht zu versteuern.

Fall 51:

Hans geht zum 30.11.2012 in Rente. Er erhält eine monatliche Bruttorente von 1.400 EUR. Im Jahr 2013 erfolgte eine Rentenerhöhung um 5 EUR zum 01.03.13. Die Jahresbruttorente in 2013 beträgt damit 16.850 EUR. Im Jahr 2024 erhält er eine jährliche Bruttorente von 19.100 EUR. Wie wirkt sich der Rentenbezug steuerlich aus, wenn Hans über keine weiteren Einkünfte verfügt?

Der Renteneintritt war im Jahr 2012. Der Besteuerungsanteil beträgt 64%. Im darauffolgenden Jahr (2013; erstes Jahr des vollen Rentenjahresbezuges) erhält er eine Jahresbruttorente in Höhe von 16.850 EUR. Davon sind 64% -insgesamt 10.784 EUR zu versteuern. Der Rest von 6.066 EUR bleibt als steuerfreier Rentenbetrag unversteuert.

Im Jahr 2024 ist der steuerfreie Rentenbetrag (6.066 EUR) von der Jahresbruttorente in Höhe von 20.100 EUR abzuziehen. Damit beträgt der **Besteuerungsanteil seiner Rente insgesamt 13.034 EUR**.

Wie auch bei Lohneinkünften gibt es bei Renteneinkünften einen **Werbungskosten-Pauschbetrag**, allerdings nur in Höhe von 102 EUR pro Jahr, § 9a S.1 Nr.3 EStG. Allerdings steht es auch Rentnern frei, höhere Werbungskosten, die im Zusammenhang mit dem Rentenbezug stehen, einzeln nachzuweisen. Insoweit haben auch Rentner ein Wahlrecht. Den Werbungskosten-Pauschbetrag erhalten Sie nur einmal, auch wenn Sie mehrere Renten beziehen. Auch steht Ihnen dieser Pauschbetrag in voller Höhe zu, auch wenn Sie erst im letzten Monat des Jahres Ihre Rente erstmalig beziehen und nur einen Teil Ihrer Rente versteuern müssen. Ehegatten erhalten diesen Pauschbetrag jeweils gesondert, wenn beide eine eigene Rente beziehen.

195

Praxis-Tipp:

Der Werbungskosten-Pauschbetrag in Höhe von 102,- EUR ist schnell erreicht. Sie sollten daher schauen, ob Sie höhere Werbungskosten geltend machen können, z.B.:

- Gewerkschaftsbeiträge
- pauschale jährliche Kontenführungskosten (16 EUR)
- Kosten im Zusammenhang mit der Beantragung der Rente (Reisekosten, um auf die zuständigen Ämter zu gelangen); Prozess- und Rechtsanwaltskosten bei Rechtsstreitigkeiten im Zusammenhang mit ihrer Rente; Beauftragung eines Renten- bzw. Versicherungsberaters, sofern die Beratung im Zusammenhang mit Ihrer Rente steht
- Kreditzinsen für die Nachzahlung von Rentenversicherungsbeiträgen
- Steuerberatungskosten bzw. Steuerberatungsliteratur im Zusammenhang mit ihrer Steuererklärung

Im Fall 51 wären daher vom Besteuerungsanteil der Rente noch 102 EUR Werbungskosten-Pauschbetrag abzuziehen. Außerdem sind noch die Vorsorgeaufwendungen (Beiträge zur Kranken- und Pflegeversicherung, ggf. noch Beiträge für Versicherungen, etc. als Sonderausgaben) abzuziehen. Damit erreicht Hans in etwa den Grundfreibetrag. Dieser liegt im Jahr 2024 für ledige Personen bei 11.784 EUR. Es hängt nun vom jeweiligen Einzelfall ab, ob Hans überhaupt Steuern zahlen muss.

Wenn die **Rente wegen einer Einkommensanrechnung gekürzt** wird oder Sie vorübergehend eine Teilrente erhalten, wird auch der steuerfreie Teil der Rente entsprechend angepasst.

Praxis-Tipp:

Nachfolgende Tabelle gibt Ihnen einen ersten groben Anhaltspunkt, ob Sie bei Renteneinkünften Steuern zahlen müssen[316].

Beispiel:

Jürgen, alleinstehend, keine weiteren Einkünfte, geht im Jahr 2012 in Rente. Wenn Jürgens Rente im Jahr 2024 nicht wesentlich 17.905 EUR übersteigt, so muss er keine Steuern bezahlen, sofern er keine weiteren Einkünfte hat..

Jahr des Rentenbeginns (maßgeblich für den Besteuerungsanteil)	Höchste Jahresbruttorente 2024, die noch steuerunbelastet bleibt	entspricht		Besteuerungs- anteil nach dem Jahr des Renten- beginns
		Monats- brutto- rente (1. Halb- jahr) [2)]	Monats- brutto- rente (2. Halb- jahr) [2)]	
	in €	in €	in €	in %
2005 (oder früher)	19.758	1.610	1.683	50,0
2006	19.393	1.580	1.652	52,0
2007	19.085	1.555	1.626	54,0
2008	18.897	1.540	1.610	56,0
2009	18.656	1.520	1.589	58,0
2010	18.327	1.493	1.561	60,0
2011	18.081	1.473	1.540	62,0
2012	17.905	1.459	1.525	64,0
2013	17.724	1.444	1.510	66,0
2014	17.511	1.427	1.492	68,0
2015	17.379	1.416	1.481	70,0
2016	17.255	1.406	1.470	72,0
2017	17.047	1.389	1.452	74,0
2018	16.831	1.371	1.434	76,0
2019	16.615	1.354	1.416	78,0
2020	16.320	1.330	1.390	80,0
2021	16.252	1.324	1.385	81,0
2022	16.268	1.325	1.386	82,0
2023	16.357	1.333	1.394	82,5
2024	16.243	1.323	1.384	83,0

---

[316] Angaben basieren auf dem bis November 2024 gültigen Grundfreibetrag von 11.604 EUR, Quelle: BMF
https://www.bundesfinanzministerium.de/Content/DE/Standardartikel/Themen/Steuern/Steuerliche_Themengebiete/Rentenbesteuerung/2024-07-22-Rentenbesteuerung-2024.pdf

196   **14.3. Beamtenpensionen und Werkspensionen**

Pensionen sind Versorgungsleistungen, die sich auf Einnahmen aus einer früheren nichtselbstständigen Arbeit beziehen. Dazu müssen die früheren Dienstleistungen in einem Dienst- oder Arbeitsverhältnis erbracht und der Arbeitnehmer/Beamte muss aus dem aktiven Dienst ausgeschieden sein[317]. Zu den Versorgungsbezügen gehören nach § 19 Abs.2 EStG:

- **(öffentlich-rechtliche Ansprüche):** das Ruhegehalt, Witwen- oder Waisengeld, der Unterhaltsbeitrag oder ein gleichartiger Bezug auf Grund beamtenrechtlicher oder entsprechender gesetzlicher Vorschriften oder nach beamtenrechtlichen Grundsätzen von Körperschaften, Anstalten oder Stiftungen des öffentlichen Rechts oder öffentlich-rechtlichen Verbänden von Körperschaften. Darunter fallen auch beamtenähnliche Versorgungsbezüge der Richter, Soldaten, Abgeordneten, Ehrensoldempfänger oder Wahlbeamten[318].

- **(privatrechtliche Ansprüche):** Bezüge und Vorteile aus früheren Dienstleistungen wegen Erreichens einer Altersrente, verminderter Erwerbsfähigkeit oder Hinterbliebenenbezüge. Zu den privatrechtlichen Ansprüchen gehören Altersversorgungsleistungen wie Werkspensionen, z.B. von Unterstützungskassen, Pensionen aufgrund vertraglicher Pensionszusagen. Jedoch liegen nur dann Versorgungsbezüge im o.g. Sinne vor, soweit diese Zahlungen nach Erreichen der Altersgrenze von 63 Jahren erfolgen[319].

Nicht zu den Beamtenpensionen und Werkspensionen gehören Renten der VBL (Betriebsrente des Öffentlichen Dienstes).

Versorgungsbezüge der Beamten (Beamtenpensionen) und Werkspensionen gelten nicht als Renten, sondern als Einkünfte aus nichtselbstständiger Tätigkeit und werden daher größtenteils wie "normale Lohneinkünfte" behandelt. Versorgungsbezüge sind daher in **Anlage N** der Steuererklärung einzutragen.

Bis 2004 waren daher Beamtenpensionen -im Gegensatz zu Altersrenten- voll zu versteuern.

Um die Ungleichbehandlung bei der Besteuerung von Renten und Pensionen abzumildern, hat sich der Gesetzgeber daher auf Druck des Bundesverfassungsgerichtes entschlossen, Beamtenpensionen durch Gewährung eines Freibetrages bis zu einer Maximalhöhe und einem Zuschlag zum Versorgungsfreibetrag steuerlich zu entlasten. Dabei wird die steuerliche Entlastung bis zu den Jahrgängen 2058 schrittweise abgebaut.

Von Versorgungsbezügen bleiben ein nach einem Prozentsatz ermittelter, auf einen Höchstbetrag

---

[317] vgl. BFH, Urteil vom 18.10.2006, Az.: XI R 45/05.
[318] vgl. R 19.8 LStR.
[319] bei Schwerbehinderten ab 50% Behinderungsgrad ab dem 60. Lebensjahr.

begrenzter Betrag (Versorgungsfreibetrag) und ein Zuschlag zum Versorgungsfreibetrag steuerfrei, § 19 Abs. 2 S.1 EStG.

Abzustellen ist dabei -wie bei der Besteuerung der Altersrenten- auf das Jahr des Versorgungsbeginns.

Jahr des Versorgungsbeginns	Versorgungsfreibetrag[320]		Zuschlag zum Versorgungsfreibetrag in EUR
	% der Höhe der Versorgungsbezüge	Maximalbetrag in EUR	
2005 und früher	40%	3000	900
2006	38,4%	2880	864
2007	36,8%	2760	828
2008	35,2%	2640	792
2020	16,0%	1200	360
2022	14,4%	1080	324
2023	14,0%	1050	315
2024	13,6%	1020	306
2025	13,2%	990	297
2028	12,0%	900	270
2030	11,2%	840	252
2032	10,4%	780	234
2034	9,6%	720	216
2036	8,8%	660	198
2040	7,2%	540	162
2045	5,2%	390	117
2050	3,2%	240	72
2054	1,6%	120	36
2056	0,8%	60	18
2058	0%	0	0

Bemessungsgrundlage für den Versorgungsfreibetrag ist:
- bei Versorgungsbeginn vor 2005 das Zwölffache des Versorgungsbezugs für Januar 2005;
- bei Versorgungsbeginn ab 2005 das Zwölffache des Versorgungsbezugs für den ersten vollen Monat,

jeweils zuzüglich voraussichtlicher Sonderzahlungen im Kalenderjahr, auf die zu diesem Zeitpunkt ein Rechtsanspruch besteht. Der so ermittelte Freibetrag wird durch den Höchstbetrag begrenzt. Der

---

[320] Siehe Artikel 4, Nr. 9 Wachstumschancengesetz vom 27. März 2024, BGBl. I Nr. 108.

Zuschlag zum Versorgungsfreibetrag darf nur bis zur Höhe der um den Versorgungsfreibetrag geminderten Bemessungsgrundlage berücksichtigt werden, d.h. der Zuschlag darf nicht höher sein, als die Differenz aus Bemessungsgrundlage und Versorgungsfreibetrag. Der Zuschlag zum Freibetrag wird hinzugerechnet. Der so ermittelte Gesamtfreibetrag gilt für die gesamte Laufzeit des Versorgungsbezugs, auch wenn sich die Versorgungsbezüge später regelmäßig erhöhen. Nur ausnahmsweise ist der Versorgungsfreibetrag und der Zuschlag zum Versorgungsfreibetrag neu zu berechnen, wenn sich der Versorgungsbezug wegen Anwendung von Anrechnungs-, Ruhens, Erhöhungs,- oder Kürzungsregelungen erhöht oder vermindert, § 19 Abs. 2 S. 10 EStG.

Beachten Sie im ersten Jahr des Versorgungsbezugs: Für jeden vollen Kalendermonat, für den keine Versorgungsbezüge gezahlt werden, ermäßigen sich der Versorgungsfreibetrag und der Zuschlag zum Versorgungsfreibetrag in diesem Kalenderjahr um je ein 1/12.

Fall 52:
Der Bundesbeamte Lahm geht mit Ablauf des 31.03.2020 in Pension und erhält ab April 2020 Ruhebezüge in Höhe von 2.000 EUR. Sonderzahlungen werden 2020 nicht gewährt. Wie wird sein Ruhegehalt (Beamtenpension) steuerlich behandelt?

Lahm erhält in 2020 insgesamt 18.000 EUR (brutto) Versorgungsbezüge.

Versorgungsbezüge (brutto):	18.000 EUR
Versorgungsfreibetrag:	-900EUR
18.000 EUR x 16,0%= 2.880 EUR (höchstens: 1.200 EUR)	
1.200 EUR x 9/12= 900 EUR (Kürzung wg. Bezug ab April):	
Zuschlag zum Versorgungsfreibetrag (360 EUR) x 9/12 :	-270 EUR
Werbungskostenpauschbetrag:	-102 EUR
zu versteuernde Versorgungsbezüge in 2020:	**16.728 EUR**

Lahm muss daher 16.728 EUR Versorgungsbezüge versteuern. Insgesamt bleiben damit 1.272 EUR Versorgungsbezüge unversteuert.

Für die Jahre 2021 und folgende muss dann auf die fiktiven Bezüge abgestellt werden, die Lahm in 2020 erhalten hätte, wenn er zwölf Monate Versorgungsbezüge erhalten hätte. Dabei ist der erste Monatsbezug mit 12 zu multiplizieren. Das bedeutet:

Versorgungsbezüge (brutto): -fiktive Bezüge für 2021 und folgende Jahre:	24.000 EUR
Versorgungsfreibetrag:	-1.200 EUR
24.000 EUR x 16,0%= 3.840 EUR (höchstens: 1.200 EUR)	
Zuschlag zum Versorgungsfreibetrag (360 EUR):	-360 EUR
Werbungskostenpauschbetrag:	-102 EUR
zu versteuernde Versorgungsbezüge in 2021 und folgende Jahre:	22.338 EUR

| **dauerhaft nicht zu versteuernder Betrag:** | **1.662 EUR** |

Insgesamt bleiben Lahm damit ab 2021 und Folgejahre Jahresversorgungsbezüge in Höhe von 1.662 EUR dauerhaft unversteuert, auch wenn die Versorgungsbezüge später regelmäßig steigen.

Bei **mehreren Versorgungsbezügen mit unterschiedlichem Bezugsbeginn** bestimmen sich der insgesamt berücksichtigungsfähige Höchstbetrag des Versorgungsfreibetrages und der Zuschlag zum Versorgungsfreibetrag nach dem Jahr des Beginns des ersten Versorgungsbezuges, § 19 Abs. 2 S. 6 EStG.

14.4. Sonstige Renten

Die unterschiedlichen sonstigen "Renten" werden unterschiedlich besteuert:

Riester-Renten: Riester-Renten werden in der Ansparphase steuerlich gefördert. Daher sind sie   **197** in der Regel inkl. der Erträge und Wertsteigerung in der Auszahlphase <u>voll zu versteuern</u>, § 22 Nr. 5 S.1 EStG. Etwas anderes gilt nur dann, wenn die Riester-Rente auf Beiträgen beruht, die nicht steuerlich gefördert wurden, weil entweder kein Förderantrag gestellt wurde, die Fördervoraussetzungen nicht vorlagen oder bei der Beitragszahlung die Förderhöchstgrenze überschritten wurde.

Bei Renten aus **privaten Rentenversicherungen**, die keine Riester- oder Rürup-Verträge   **198** darstellen, noch steuerlich gefördert werden, erfolgt eine Besteuerung mit dem Ertragsteil, § 22 Nr. 1, S. 3 a) bb) EStG. Dies trifft auch auf einige Zusatzversorgungsrenten im Öffentlichen Dienst (z.B. teilweise auf die VBL-Klassik) zu[321]. Diese sind oftmals nur in Höhe des Ertragsteils steuerpflichtig.

Auch einige Betriebsrenten aus einer Direktversicherung oder einer Pensionskasse sind zumeist nur mit dem Ertragsteil steuerpflichtig. Hingegen sind Betriebsrenten aus einer Pensionszusage oder Unterstützungskasse steuerlich wie Pensionen zu behandeln.

Besteuerung nach dem Ertragsteil: **199**

Der Errtragsteil einer lebenslänglichen Rente wird pauschal nach dem Lebensjahr im Zeitpunkt des Renteneintritts bestimmt:

---

[321] Dies trifft insbesondere auf Altverträge zu. Beachten Sie jedoch, dass ab 2011 durch Tarifverträge eine unterschiedliche Behandlung der Betriebsrenten der VBLklassik -insbesondere in Ost und West- möglich ist. Beruht die Betriebsrente auf Umlagen und Beiträgen, die pauschal bzw. individuell versteuert worden sind, so sind diese insoweit nur mit dem sogenannten Ertragsanteil zu versteuern. Es ist jedoch dazu übergegangen worden die Beiträge an die VBL zunehmend steuerlich zu begünstigen, so dass diese Anteile voll zu versteuern sind. Fragen Sie im Zweifel bei der VBL nach.

Bei Beginn der Rente vollendetes Lebensjahr	Ertragsteil der vollen Rente in %
57	25%
58	24%
59	23%
60-61	22%
62	21%
62	20%
63	20%
64	19%
65-66	18%
67	17%

Fall 53:

Rentner Mike geht mit 66 in Rente. Neben der gesetzlichen Rente erhält er auch eine Rente von monatlich 200 EUR aus einer privaten Rentenversicherung, deren Beiträge nicht gefördert wurden. Wie hoch ist diese Rente zu versteuern?

Mike ist mit 66 in Rente gegangen. Er erhält von der privaten Rentenversicherung eine Bruttojahresrente von 2.400 EUR. Der Ertragsteil der Rente liegt bei 18%, so dass Mike jährlich 432 EUR dieser Rente versteuern muss. Hingegen sind **Renten aus einer gesetzlichen Unfallversicherung** steuerfrei.

200

14.5. Altersentlastungsbetrag

Der Altersentlastungsbetrag nach § 24a EStG begünstigt alle Einkünfte außer Renten und Pensionen und wird von der Summe der Einkünfte abgezogen und verringert damit den Gesamtbetrag der Einkünfte. Der Altersentlastungsbetrag wird einem Steuerpflichtigen gewährt, der vor dem Beginn des Kalenderjahres, in dem er sein Einkommen bezogen hat, das 64. Lebensjahr vollendet hatte, § 24a S.3, 5 EStG.

Den maßgebenden Prozentsatz und den Höchstbetrag können Sie der nachfolgenden Tabelle entnehmen:

Das auf die Vollendung des 64. Lebensjahres folgende Kalenderjahr	Altersentlastungsbetrag[322]	
	in % der Einkünfte	Höchstbetrag in EUR
2010	32,0%	1520
2011	30,4%	1444
2012	28,8%	1368
2013	27,2%	1292
2014	25,6%	1216
2015	24,0%	1140
2017	20,8%	988
2018	19,2%	912
2019	17,6%	836
2020	16,0%	760
2021	15,2%	722
2022	14,4%	684
2023	14,0%	665
2024	13,6%	646
2025	13,2%	627
2028	12,0%	570
2030	11,2%	532
2032	10,4%	494
2035	9,2%	437
2040	7,2%	343
2045	5,2%	247
2050	3,2%	152
2058	0,0%	0

Im Fall der Zusammenveranlagung von Ehegatten/Lebenspartnern zur Einkommensteuer ist der Altersentlastungsbetrag für jeden Ehegatten gesondert zu bestimmen und anzuwenden.

Der Altersentlastungsbetrag wird bereits bei der Berechnung der Lohnsteuer berücksichtigt.

15. Arbeitnehmersparzulage 201

Die Arbeitnehmersparzulage ist ein staatlicher Zuschuss für Geringverdiener für vermögenswirksame Leistungen. Vermögenswirksame Leistungen sind Geldzahlungen, die der

---

[322] Vgl. Wachstumschancengesetz, Artikel 4, Nr. 11 Wachstumschancengesetz vom 27. März 2024, BGBl. I Nr. 108.

Arbeitgeber für den Arbeitnehmer anlegen lässt. Die Arbeitnehmersparzulage erhalten Sie nur dann, wenn Sie die gesetzlichen Voraussetzungen erfüllen und die Sparzulage in Zeile 1 & 34 auf dem Hauptvordruck beantragen.

Beim **Beteiligungssparen** beträgt die Arbeitnehmersparzulage 20%, begrenzt auf einen Höchstbetrag von 400 EUR (Ledige) bzw. 800 EUR (Verheiratete)[323]. Die staatliche Zulage beträgt damit maximal 80 EUR (Ledige) bzw. 160 EUR (Verheiratete).

Dazu muss der Arbeitgeber die vermögenswirksamen Leistungen in ein zertifiziertes Finanzprodukt eingezahlt haben. Der Steuerpflichtige muss der elektronischen Datenübermittlung zwischen dem Finanzproduktanbieter (Bank) und der Finanzverwaltung zugestimmt haben.

Die Arbeitnehmersparzulage wird jedoch nur gewährt, wenn das zu versteuernde Einkommen des Steuerpflichtigen nicht über 40.000 EUR bzw. 80.000 EUR (zusammenveranlagte Ehegatten) liegt. Das zu versteuernde Einkommen (sämtliche "Einkünfte" abzüglich Werbungskosten, Sonderausgaben, außergewöhnliche Belastungen, Freibeträge (inkl. Kinderfreibeträge), jedoch ohne Steuerermäßigungen). Schauen Sie einfach in den letzten Steuerbescheid[324]. Dort ist das zu versteuernde Einkommen ausgewiesen.

Beim Besparen eines **Bausparvertrages** gelten abweichende Grenzen: Die Arbeitnehmersparzulage beträgt hier 9%. Der Höchstbetrag beträgt hier 470 EUR bzw. 940 EUR (zusammenveranlagte Ehegatten). Damit beträgt hier die maximale Arbeitnehmersparzulage 43 EUR bzw. 86 EUR (zusammenveranlagte Ehegatten), wobei das zu versteuernde Einkommen nicht einen Betrag von 40.000 EUR für Ledige bzw. 80.000 EUR (zusammenveranlagte Ehegatten) überschreiten darf.

202 ### 16. Ehegatten und eingetragene Lebenspartner

Für Ehegatten und eingetragene Lebenspartner stellt sich bei der Steuererklärung regelmäßig die Frage, ob eine **Einzelveranlagung** oder eine **Zusammenveranlagung** günstiger ist. Die Zusammenveranlagung kann nur gewählt werden, wenn beide Ehegatten nicht dauerhaft getrennt leben. Bei einer Zusammenveranlagung wird ein gemeinsamer Steuerbescheid erstellt. Es kommt von beiden Ehegatten quasi "alles in einen Topf", wobei sich Höchstbeträge zumeist verdoppeln. Bei der getrennten Veranlagung müssen zwei getrennte Einkommensteuererklärungen abgegeben werden. Es ergehen zwei getrennte Steuerbescheide. Das kann dazu führen, dass einzelne Frei- oder Höchstbeträge nicht vollständig ausgenutzt werden können. In der Regel wird die Zusammenveranlagung vorteilhafter sein[325]. Nur in einzelnen Ausnahmefällen kann die

---

[323] § 13 Abs.2 Fünftes Vermögensbildungsgesetz.
[324] Maßgeblich ist jedoch das Jahr, in dem die vermögenswirksamen Leistungen angelegt worden sind, § 13 Abs.1 S.2. Fünftes Vermögensbildungsgesetz.

Einzelveranlagung günstiger sein:

- Ein Ehegatte hat Verluste gemacht: Verluste des Einen werden mit positiven Einkünften des Anderen verrechnet. Höchstgrenzen bei Sonderausgaben, Kinderfreibeträgen und außergewöhnliche Belastungen werden ggf. nicht vollständig ausgeschöpft.
- Ein Ehegatte hat steuerfreie Einnahmen erhalten, die dem Progressionsvorbehalt unterliegen: Die steuerfreien Einnahmen wirken sich durch den Progressionsvorbehalt negativ auf den gemeinsamen Steuersatz und damit auf die Steuerlast aus.
- Ein Ehegatte ist selbständig, der andere Ehegatte ist angestellt. Bei Zusammenveranlagung würden die Arbeitgeberleistungen für Kranken- und Pflegeversicherung den Sonderausgabenabzug des Selbstständigen verringern.

Sollten Sie unsicher sein, so sollten Sie mit Hilfe von Elster Ihre Steuererklärung elektronisch eingeben. Das Elster-Programm bietet eine Steuerberechnungsfunktion an. Die einmal eingegebenen Daten können Sie als "Einzelveranlagung" und als "Zusammenveranlagung" berechnen lassen. Das Ergebnis (Höhe der Steuererstattung / Höhe der Steuernachzahlung) können Sie schwarz auf weiß lesen und sich ausdrucken lassen.

17. Mehr Netto vom Brutto beantragen -Das Lohnsteuerermäßigungsverfahren- 203

Sie haben in den letzten Jahren immer sehnsüchtig auf die hohen Erstattungen vom Finanzamt nach Abgabe der Steuererklärung gewartet und finden das ungerecht? Das muss nicht sein! Sie können als Arbeitnehmer einfach mehr Netto vom Lohn beantragen. Dazu müssen Sie einen sog. Antrag auf Lohnsteuerermäßigung stellen.

Dazu folgender Fall:

Fall 54:

Frank, kinder- und konfessionslos, verdient jährlich 42.500,- EUR brutto, ist Wochenendpendler und fährt jeden Montag mit seinem PKW eine Strecke von 450 km mit seinem Privat-PKW zum Arbeitsort. Dort übernachtet er in einer kleinen Wohnung, die 10 km von seiner Arbeitsstelle entfernt liegt. Er zahlt pauschal 279,16 EUR pro Monat für diese Wohnung. Freitags fährt er dann heim zu seiner Familie. Er ärgert sich darüber, dass er so viel Steuern zahlen muss und immer erst nach Abgabe der Steuererklärung eine hohe Rückzahlung durch das Finanzamt erhält. Frank findet es ungerecht, dass er immer so lange auf die Erstattung vom Finanzamt warten muss. Was kann Frank für das Jahr 2025 tun?

Frank könnte einen Antrag auf Lohnsteuerermäßigung stellen. Ohne Lohnsteuerermäßigungsantrag wird ihm im Jahr 2025 monatlich ca. 454 EUR Lohnsteuer[326] vom Lohn abgezogen[327].

---

[326] Die Berechnung erfolgt auf Grundlage der Steuersätze für 2025.
[327] Lohnsteuerabzug 2025 mit 0 EUR Jahresfreibetrag=454 EUR..

Ein Lohnsteuerermäßigungsantrag macht Sinn, wenn während des laufenden Jahres erkennbar wird, dass hohe Werbungskosten, Sonderausgaben oder gewisse außergewöhnliche Belastungen entstehen. Dann kann Frank diese Kosten bereits im laufenden Jahr berücksichtigen lassen, was dazu führt, dass sein Arbeitgeber weniger Lohnsteuer von seinem Bruttoarbeitslohn abziehen muss und Frank mehr "Netto" vom "Brutto" erhält. Gleichzeitig bedeutet das allerdings auch, dass Frank dann weniger Steuererstattungen nach der Abgabe seiner Steuererklärung im Folgejahr vom Finanzamt erhält.

Welche Kosten können geltend gemacht machen:

- **Entfernungspauschale (Pendlerpausch.)** (Wege zwischen Wohnung und erster Tätigkeitsstätte)
- **Reisekosten** (Fahrtkosten, Übernachtungskosten, Verpflegungsmehraufwand)
- **Kosten der doppelten Haushaltsführung** (Wochenendheimfahrten, Unterkunftskosten, Verpflegungsmehraufwand)
- **Beiträge zu Berufsverbänden**
- **Aufwendungen für häusliches Arbeitszimmer**
- **sonstige Werbungskosten**
- **haushaltsnahe Beschäftigungsverhältnisse, Dienst- und Handwerkerleistungen**
- **Kinderbetreuungskosten, Schulgeld**
- **Kinderfreibetrag**
- **Unterhaltsleistungen** (an geschiedenen/dauernd getrennt lebenden Ehegatten/Lebenspartner)
- **Unterhalt** an gesetzlich unterhaltsberechtigte und ihnen gleichgestellte Personen
- **Ausgleichsleistungen zur Vermeidung des Versorgungsausgleiches**
- **Aufwendungen für die eigene Berufsaufbildung** (Erstausbildung)
- **Kirchensteuer** (Abzug vom Lohn und von Kapitalerträgen)
- **Spenden und Mitgliedsbeiträge** zur Förderung steuerbegünstiger Zwecke bzw. an politische Parteien bzw. in den Vermögensstock einer Stifung
- **Pauschbetrag für behinderte Menschen und Hinterbliebene**
- **Pflegepauschbetrag**
- **sonstige außergewöhnliche Belastungen allgemeiner Art** (Krankheit, Todesfall)

Hier könnte Frank die Kosten der Wochenendheimfahrten in Höhe von **7.793 EUR** (die ersten 20 km mit 0,30 EUR/km und die Kilometer 21 bis 450 mit 0,38 EUR/km ((20km x 0,30 EUR= 6 EUR) + (430km x 0,38 EUR=163,40 EUR) x 46 Wochen= 7.793 EUR); die arbeitstägliche Entfernungspauschale (Wege zwischen Wohnung am Arbeitsplatz und erster Tätigkeitsstätte) (230 Arbeitstage x 10km x 0,30 EUR= **690 EUR**) und die Kosten der Unterkunft am Arbeitsort (12 x 279,16 EUR=**3.350,- EUR**) geltend machen. Abzüglich des Arbeitnehmerpauschbetrages von 1.230 EUR könnte sich Frank somit einen **Freibetrag** in Höhe von **10.603 EUR** eintragen lassen.

Nachdem der Freibetrag eingetragen worden ist, muss Frank nur noch ca. 206 EUR Lohnsteuer monatlich vom Lohn abziehen lassen. Frank hat also monatlich 248 EUR mehr vom Lohn.

Beachten Sie jedoch, dass Ihre oben berechneten Aufwendungen mindestens 1.600,- EUR betragen müssen, bevor Ihnen das Finanzamt einen Freibetrag gewährt, da der Arbeitnehmerpauschbetrag in Höhe von 1.230 EUR abgezogen wird und die übrigen Aufwendungen mindestens 600,- EUR betragen müssen. Sie können einen Antrag auf Lohnsteuerermäßigung jederzeit stellen. Auf Antrag kann die Lohnsteuerermäßigung sogar auf zwei Jahre gewährt werden. Dafür steht das gleichnamige Antragsformular "Antrag auf Lohnsteuer-Ermäßigung" inkl. der dazugehörigen Anlagen "Werbungskosten", "Kinder", "Sonderausgaben / außergewöhnliche Belastungen" zur Verfügung. Sie können diesen Antrag auch über ELSTER stellen.

Füllen Sie auch die Anlage „Haushaltsnahe Aufwendungen" aus. Hier können Sie grundsätzlich die in der (heimischen[328]) Betriebskostenabrechnung gesondert ausgewiesenen Lohnbestandteile (z.B. Hausreinigung, Hausmeister, Fahrstuhlwartung, Schornsteinfeger, etc.) geltend machen. Wenn Sie einer Kirche oder Partei/Wählervereinigung angehören oder voraussichtlich Spenden wollen, dann sollten Sie auch die Anlage „Sonderausgaben" ausfüllen.

Wenn Ihnen allerdings eine Lohnsteuerermäßigung gewährt wird, sind Sie verpflichtet, für dieses Jahr im nächsten Jahr eine Einkommensteuererklärung abzugeben. Weiterhin sind Sie verpflichtet, nachträglich eintretende Umstände, die zur Reduzierung des Freibetrages führen, dem Finanzamt umgehend mitzuteilen. Das Finanzamt wird dann den Freibetrag anpassen, um hohe Steuernachzahlungen zu vermeiden.

So beantragt Frank die gewünschte Lohnsteuerermäßigung:

---

[328] Betriebskostenabrechnung der Wohnung am heimischen Wohnort (Familienwohnung). Die Betriebskosten der Zweitwohnung können nicht als haushaltsnahe Aufwendungen berücksichtigt werden, da es sich hierbei um Werbungskosten handelt.

Antrag auf Lohnsteuer-Ermäßigung und zu den Lohnsteuerabzugsmerkmalen

Hauptvordruck

Eingangsstempel

Folgende Anzahl der Anlagen sind beigefügt:

1	Anlage Vereinfachter Antrag/ Sonstiges		Anlage Werbungskosten	X	Anlage Steuerklassenwechsel	
2	Anlage Sonderausgaben/ außergewöhnliche Belastungen	X	Anlage Haushaltsnahe Aufwendungen/ Energetische Maßnahmen		Anlage elektronische Lohnsteuerabzugsmerkmale (ELStAM)	
3	Anlage Kinder	X				

4	Ich beantrage eine zweijährige Gültigkeit des Freibetrags für	antragstellende Person	X	Ehegatte / Lebenspartner	

5	Steuernummer	999/999/99999

6	An das Finanzamt	Musterstadt-Süd

7	Bei Wohnsitzwechsel: bisheriges Finanzamt		Ausdruck der ELStAM gewünscht	X

Angaben zur Person

8		Telefonische Rücksprache unter Nummer

9	Antragstellende Person Identifikationsnummer (IdNr.) 1 1 6 5 4 8 6 7 6 4 8	Geburtsdatum 05.07.1991

10	Name Mustermann

11	Vorname Gabi

12	Straße, Hausnummer Mustergasse 3

13	Postleitzahl 99999	Wohnort Musterhausen

14	Verheiratet/Verpartnert seit	Verwitwet seit	Geschieden/Lebenspart. aufgehoben seit	Dauernd getrennt lebend seit

15	Ehegatte/Lebenspartner(in) nach dem Lebenspartnerschaftsgesetz Identifikationsnummer (IdNr.)	Geburtsdatum

16	Name

17	Vorname

18	Straße, Hausnummer (falls abweichend)

19	PLZ (falls abweichend)	Wohnort (falls abweichend)

20	Bei der Ausfertigung des Antrags hat mitgewirkt:

3.11.2024 *Gabi Mustermann*

Datum   Unterschrift antragstellende Person   Unterschrift Ehegatte/Lebenspartner(in)

2025

Anlage Kinder
(Lohnsteuer-Ermäßigung)

Sofern die Eintragungsmöglichkeiten nicht ausreichen, füllen Sie bitte eine weitere Anlage Kinder aus.

1	Name **Mustermann**
2	Vorname **Gabi**
3	Steuernummer **999/999/99999**

Angaben zu Kindern

4	Vorname **Steve**	ggf. abweichender Familienname

	Identifikationsnummer (IdNr.)	Geburtsdatum	bei Wohnort im Ausland: Staat
4a	2 2 3 4 5 3 3	10.10.2014	

4b Kindschaftsverhältnis
- **X** leibliches Kind / Adoptivkind antragstellende Person
- leibliches Kind / Adoptivkind Ehegatte / Lebenspartner(in)
- Pflegekind antragstellende Person
- Pflegekind Ehegatte / Lebenspartner(in)

5	Vorname	ggf. abweichender Familienname

	Identifikationsnummer (IdNr.)	Geburtsdatum	bei Wohnort im Ausland: Staat
5a			

5b Kindschaftsverhältnis
- leibliches Kind / Adoptivkind antragstellende Person
- leibliches Kind / Adoptivkind Ehegatte / Lebenspartner(in)
- Pflegekind antragstellende Person
- Pflegekind Ehegatte / Lebenspartner(in)

6	Vorname	ggf. abweichender Familienname

	Identifikationsnummer (IdNr.)	Geburtsdatum	bei Wohnort im Ausland: Staat
6a			

6b Kindschaftsverhältnis
- leibliches Kind / Adoptivkind antragstellende Person
- leibliches Kind / Adoptivkind Ehegatte / Lebenspartner(in)
- Pflegekind antragstellende Person
- Pflegekind Ehegatte / Lebenspartner(in)

7	Vorname	ggf. abweichender Familienname

	Identifikationsnummer (IdNr.)	Geburtsdatum	bei Wohnort im Ausland: Staat
7a			

7b Kindschaftsverhältnis
- leibliches Kind / Adoptivkind antragstellende Person
- leibliches Kind / Adoptivkind Ehegatte / Lebenspartner(in)
- Pflegekind antragstellende Person
- Pflegekind Ehegatte / Lebenspartner(in)

Kindschaftsverhältnis der in Zeile 4 bis 7 genannten Kinder zu weiteren Personen

Zeile	ist durch Tod des anderen Elternteils erloschen am:	bestehht/ bestanden zu: Name, Geburtsdatum und letztbekannte Anschrift dieser Personen, Art des Kindschaftsverhältnisses (einschließlich Pflegekindschaftsverhältnis)
8	4	Müller, Max, Musterweg 3, 99999 Musterhausen
9		
10		
11		

Aufwendungen zur Betreuung eines Kindes und Schulgeld (Sonderausgaben)

12	Das Kind/Die Kinder in Zeile(n) 4 gehört/gehören zu meinem Haushalt	von 0 1 0 1	bis 0 1 1 2

13 Das Kind **X** hat das 14. Lebensjahr noch nicht vollendet. / ist wegen einer vor Vollendung des 25. Lebensjahres eingetretenen Behinderung außerstande, sich selbst finanziell zu unterhalten. [1]

	Art der Kinderbetreuungskosten	EUR	steuerfreier Ersatz
14	**Hort**	450 .—	, —

	Schulgeld an Privatschulen für das/die Kind(er) lt. Zeile(n)	Bezeichnung der Schule	EUR
15			, —

6.24

Kinder unter 18 Jahre

.1 Das Kind in Zeile [____] ist als ELStAM noch zu berücksichtigen. (Bitte Nachweise beifügen, z. B. Geburtsurkunde)

Kinder über 18 Jahre

Ich beantrage die Berücksichtigung als ELStAM, weil das Kind

a) ohne Beschäftigung und bei einer Agentur für Arbeit oder einem Jobcenter als arbeitsuchend gemeldet ist [2]

b) in Schul-, Berufsausbildung steht (ggf. Angabe der Schule, der Ausbildungsstelle usw.) [3]

c) sich in einer Übergangszeit von höchstens 4 Monaten zwischen zwei Ausbildungsabschnitten oder zwischen einem Ausbildungsabschnitt und der Ableistung eines freiwilligen Dienstes (Buchst. e) oder des freiwilligen Wehrdienstes nach § 58b des Soldatengesetzes befindet [3]

d) eine Berufsausbildung mangels Ausbildungsplatzes nicht beginnen oder fortsetzen kann [3]

e) ein freiwilliges soziales oder ökologisches Jahr (Jugendfreiwilligendienstegesetz), eine europäische Freiwilligentätigkeit, einen entwicklungspolitischen Freiwilligendienst, einen Freiwilligendienst aller Generationen (§ 2 Abs. 1a SGB VII), einen Bundesfreiwilligendienst, einen Int. Jugendfreiwilligendienst oder einen anderen Dienst im Ausland (§ 5 Bundesfreiwilligendienstgesetz) leistet [3]

f) sich wegen einer vor dem 25. Lebensjahr eingetretenen körperlichen, geistigen oder seelischen Behinderung nicht selbst finanziell unterhalten kann [1]

Hinweis: In den Fällen b) bis e): Nach Abschluss einer erstmaligen Berufsausbildung oder eines Erststudiums werden Kinder nur berücksichtigt, wenn sie keiner Erwerbstätigkeit nachgehen (Ausnahme z. B. Minijob).

Kind in Zeile	Antragsgrund		Berücksichtigung (ggf. für mehrere Jahre)	
			von	bis
.2				
.3				
.4				
.5				

Hinweis: In den Zeilen 36 bis 40 sind keine Eintragungen für Kinder nicht dauernd getrennt lebender Ehegatten vorzunehmen, für die bei jedem Ehegatten dasselbe Kindschaftsverhältnis vorliegt.

Ich beantrage den vollen/halben Kinderfreibetrag, weil der andere/leibliche Elternteil des Kindes/der Kinder in der/den Zeile(n) [____] [4 bis 7]

.6		– seine Unterhaltsverpflichtung nicht mindestens zu 75 % erfüllt und ich keinen Unterhaltsvorschuss erhalte
.7		– mangels finanzieller Leistungsfähigkeit nicht unterhaltspflichtig ist und ich keinen Unterhaltsvorschuss erhalte
.8		– im Ausland lebt, sein Wohnsitz / gewöhnlicher Aufenthalt nicht zu ermitteln ist oder er als Vater des Kindes amtlich nicht feststellbar ist
.9		– der Übertragung lt. Anlage K auf den Stief-/Großelternteil zugestimmt hat
.0		**Nur bei Stief-/Großelternteil:** – weil ich das Kind in meinem Haushalt aufgenommen habe oder ich als Großelternteil gegenüber dem Kind unterhaltspflichtig bin

Entlastungsbetrag für Alleinerziehende (Steuerklasse II / Freibetrag), Erhöhungsbetrag als Freibetrag

(Sofern die Eintragungsmöglichkeiten nicht ausreichen, reichen Sie bitte ein gesondertes Blatt ein.)

		von	bis
.1	Das Kind/Die Kinder in Zeile(n) [____] ist/sind mit mir in der gemeinsamen Wohnung gemeldet		
.2	Für das Kind/die Kinder in Zeile(n) [____] habe ich Anspruch auf Kindergeld		

.3 Außer mir ist/sind in der gemeinsamen Wohnung eine/mehrere volljährige Person(en) gemeldet, die nicht als Kind(er) in den Zeilen 4 bis 7 genannt ist/sind [4]   ☐ Nein ☐ Ja

.4 Es besteht eine Haushaltsgemeinschaft mit mindestens einer weiteren volljährigen Person, die nicht als Kind in den Zeilen 4 bis 7 genannt ist [4]   ☐ Nein ☐ Ja

.5 Name, Vorname (weitere Personen bitte auf gesondertem Blatt angeben)

.6 Verwandtschaftsverhältnis [____]   Beschäftigung / Tätigkeit [____]

.7 Für das Kind/die Kinder in Zeile(n) [____] beantrage ich den Erhöhungsbetrag

Freibetrag zur Abgeltung eines Sonderbedarfs bei Berufsausbildung

Hinweis: Ein Freibetrag zur Abgeltung eines Sonderbedarfs kommt nur in Betracht, wenn Ihnen Aufwendungen für ein volljähriges, zur Berufsausbildung auswärtig untergebrachtes Kind entstehen, für das Sie Anspruch auf einen Freibetrag für Kinder oder auf Kindergeld haben.

		von	bis	Anschrift
.8	Das Kind in Zeile [____] ist auswärtig untergebracht.			

1) Berücksichtigt werden auch Kinder mit einer vor 2007 und vor dem 27. Lebensjahr eingetretenen Behinderung.

2) Die Kinder werden nur bis zum 21. Lebensjahr berücksichtigt.   3) Die Kinder werden nur bis zum 25. Lebensjahr berücksichtigt.

4) Dies gilt auch für volljährige Kinder, für die Sie keinen Anspruch auf Kindergeld oder einen Freibetrag für Kinder haben. Außerdem gilt dies auch für den Ehegatten / Lebenspartner z.B. im Jahr der Trennung bzw. im Jahr der Eheschließung.

180

– Bitte stets den Hauptvordruck ausfüllen und die **Anleitung** beachten –

Anlage Werbungskosten
(Lohnsteuer-Ermäßigung)
Jede(r) Ehegatte / Lebenspartner(in) hat eine eigene Anlage Werbungskosten abzugeben.

1 **Name**
Mustermann

2 **Vorname**
Gabi

Antragstellende Person X

Ehegatte /
Lebenspartner(in)

3 **Steuernummer**
999/999/99999

4 **Werbungskosten**

Behinderungsgrad mind. 70 oder mind. 50 und Merkzeichen „G" — Ja

1. Wege zwischen Wohnung und erster Tätigkeitsstätte (Entfernungspauschale)

erste Tätigkeitsstätte / Sammelpunkt / weiträumiges Tätigkeitsgebiet in (Ort und Straße)

Arbeitstage je Woche

Urlaubs-, Krankheits- und Heimarbeits- und Dienstreisetage

5 Musterweg 3, Musterstätte 99908 | 5 | 30

6

Ort lt. Zeile	aufgesucht an Tagen	einfache Entfernung (auf volle Kilometer abgerundet)	davon mit eigenem oder zur Nutzung überlassenem Pkw zurückgelegt	davon mit Sammelbeförderung des Arbeitgebers zurückgelegt	davon mit öffentl. Verkehrsmitteln, Motorrad, Fahrrad o. Ä., als Fußgänger, als Mitfahrer einer Fahrgemeinschaft zurückgelegt	Aufwendungen für öffentl. Verkehrsmittel (ohne Flug- und Fährkosten)	EUR
7 | 5 | 230 | 19 km | 19 km | km | km | | 1.311 |
8 | | | km | | km | km | | |

9 abzgl. steuerfreier oder pauschal mit 15 Prozent besteuerter Fahrtkostenersatz des Arbeitgebers / der Agentur für Arbeit | |

10 ¹ **Hinweis:** Für die einfache Entfernung von bis zu 20 km können 0,30 € / km berücksichtigt werden. Bei Entfernungen über 20 km hinaus können für die übersteigenden Kilometer 0,38 € / km angesetzt werden. | Summe zu 1. | 1.311

2. Beiträge zu Berufsverbänden (Bezeichnung der Verbände) | EUR

11 Gewerkschaftsbeitrag | 230

3. Aufwendungen für Arbeitsmittel (Art der Arbeitsmittel) - soweit nicht steuerfrei ersetzt -

12

13

4a. tatsächliche Aufwendungen oder Jahrespauschale (ggf. zeitanteilig) für ein häusliches Arbeitszimmer

14

4b. Tagespauschale bei beruflicher Tätigkeit im Homeoffice

15

5. Weitere Werbungskosten (z. B. Fortbildungskosten) - soweit nicht steuerfrei ersetzt -

16 Kontoführungspauschale | 16

17

18

19 Summe zu 2. bis 5. | 246

6. Reisekosten bei beruflich veranlassten Auswärtstätigkeiten

6.1 Fahrt- und Übernachtungskosten, Reisenebenkosten
Die Fahrten werden ganz oder teilweise mit einem Firmenwagen oder im Rahmen einer

20 unentgeltlichen Sammelbeförderung des Arbeitgebers durchgeführt. — Ja — Nein
- Falls 'Ja': Mangels Aufwand bitte insoweit keine Eintragungen zu Fahrtkosten vornehmen - | EUR

21

22

23 Pauschbeträge für Berufskraftfahrende bei Übernachtung im Kfz — Tage x 9 € | 0

24 abzgl. steuerfreier Arbeitgeberersatz

25 Summe zu 6.1 | 0

6.24 ab 2024

181

204

– 2 –

6.2 Pauschbeträge für Mehraufwendungen für Verpflegung bei Auswärtstätigkeit
Bei einer Auswärtstätigkeit im Inland:

EUR

1 Abwesenheit von mehr als 8 Stunden (bei Auswärtstätigkeit ohne Übernachtung) — Tage x 14 € — 0,—

2 An- und Abreisetage (bei mehrtägiger Auswärtstätigkeit mit Übernachtung) — Tage x 14 € — 0,—

3 Abwesenheit von 24 Stunden — Tage x 28 € — 0,—

4 abzgl. Kürzungsbeträge wegen Mahlzeitengestellung (eigene Zuzahlungen sind ggf. gegenzurechnen) ,—

5 Bei einer Auswärtstätigkeit im Ausland ,—

Summe zu 6.2

6 abzgl. steuerfreier Arbeitgeberersatz ,— 0,—

7. Mehraufwendungen für doppelte Haushaltsführung

7 Der doppelte Haushalt wurde aus beruflichem Anlass begründet am: — voraussichtlich bis:

8 Grund — Ort der ersten Tätigkeitsstätte

9 Eigener Hausstand am Lebensmittelpunkt:
☐ Nein ☐ Ja, in — seit

0 Die Fahrten werden ganz oder teilweise mit einem Firmenwagen oder im Rahmen einer unentgeltlichen Sammelbeförderung des Arbeitgebers durchgeführt.
- Falls "Ja" Mangels Aufwand bitte insoweit keine Eintragungen in den Zeilen 41 und 43 vornehmen - ☐ Ja ☐ Nein

Kosten der ersten Fahrt zum Ort der ersten Tätigkeitsstätte und der letzten Fahrt zum eigenen Hausstand

EUR

1 mit privatem Kfz (gefahrene Kilometer) — km x € = 0,—

2 mit öffentlichen Verkehrsmitteln ,—

Fahrtkosten für Heimfahrten:
3 einfache Entfernung (ohne Flugstrecke) — km x Anzahl — x 0,30 €/ x 0,38 € = ,—

4 mit öffentlichen Verkehrsmitteln ,—

5 Kosten der Unterkunft am Ort der ersten Tätigkeitsstätte (lt. Nachweis) - höchstens 1.000 € im Monat bei doppeltem Haushalt im Inland - ,—

Pauschbeträge für Mehraufwendungen für Verpflegung
Bei einer doppelten Haushaltsführung im Inland:

6 An- und Abreisetage — Tage x 14 € — 0,—

7 Abwesenheit von 24 Stunden — Tage x 28 € — 0,—

8 abzgl. Kürzungsbeträge wegen Mahlzeitengestellung (eigene Zuzahlungen sind ggf. gegenzurechnen) ,—

9 Bei einer doppelten Haushaltsführung im Ausland ,—

Sonstige Aufwendungen (z.B. Kosten für den Umzug)

0 ,—

Summe zu 7

1 abzgl. steuerfreier Leistungen des Arbeitgebers / der Agentur für Arbeit ,— 0,—

2 Gesamtsumme 1. bis 7.[2] 1.557,—

[1] Hinweis: Für die einfache Entfernung von bis zu 20 km können 0,30 €/km berücksichtigt werden. Bei Entfernungen über 20 km hinaus können für die übersteigenden Kilometer 0,38 €/km angesetzt werden.
[2] Ein Freibetrag für Werbungskosten kann nur berücksichtigt werden, soweit die Aufwendungen den Arbeitnehmer-Pauschbetrag von 1.200 €, bei Empfängern von Versorgungsbezügen 102 €, jährlich übersteigen.

182

2025

**Anlage Sonderausgaben /
außergewöhnliche
Belastungen**
(Lohnsteuer-Ermäßigung)

1	Name: Mustermann
2	Vorname: Gabi
3	Steuernummer: 999/999/99999

Sonderausgaben

Hinweis: Versicherungsbeiträge (z. B. Beiträge zu Renten-, Kranken-, Pflegeversicherung usw.) können **nicht im Ermäßigungsverfahren** geltend gemacht werden. Diese so genannten Vorsorgeaufwendungen werden beim laufenden Lohnsteuerabzug über die Vorsorgepauschale berücksichtigt.

		EUR
4	1. Renten, dauernde Lasten, schuldrechtlicher Versorgungsausgleich (Empfänger, Art und Grund der Schuld)	
5	2. Unterhaltsleistungen an geschiedenen / dauernd getrennt lebende(n) Ehegatten / Lebenspartner(in) lt. Anlage U	
6	3. Ausgleichsleistungen zur Vermeidung des Versorgungsausgleichs, Anlage U	
7	4. Kirchensteuer, soweit diese nicht als Zuschlag zur Kapitalertragsteuer erhoben wird	678
8	5. Aufwendungen für die eigene Berufsausbildung (bitte auf gesondertem Blatt erläutern)	
	6. Spenden und Mitgliedsbeiträge	
9	a) Spenden und Mitgliedsbeiträge zur Förderung steuerbegünstigter Zwecke	250
10	b) Spenden in das zu erhaltende Vermögen (Vermögensstock) einer Stiftung	
11	c) Spenden und Mitgliedsbeiträge an politische Parteien	150
12	Summe 1. bis 6.	1.078

Außergewöhnliche Belastungen

¹ Merkzeichen 'Bl', 'TBl', 'H' oder Pflegegrad 4 oder 5
² Merkzeichen 'G'   ³ Merkzeichen 'aG'

1. Pauschbetrag für Menschen mit Behinderung und Hinterbliebene (bei Kindern bitte auch Anlage Kinder ausfüllen)
– bei erstmaliger Beantragung / Änderung bitte Nachweis einreichen –

					Ausweis / Rentenbescheid / Bescheinigung		unbefristet
					gültig von	bis	gültig
13	Name, Vorname						
14	Grad der Behinderung	blind/taubblind/ständig hilflos, schwerstpflegebedürftig ¹	erheblich gehbehindert ²	außergewöhnlich gehbehindert ³			hinterblieben

					Ausweis / Rentenbescheid / Bescheinigung		unbefristet
					gültig von	bis	gültig
15	Name, Vorname						
16	Grad der Behinderung	blind/taubblind/ständig hilflos, schwerstpflegebedürftig ¹	erheblich gehbehindert ²	außergewöhnlich gehbehindert ³			hinterblieben

Hinweis: Sofern Sie die behinderungsbedingte Fahrtkostenpauschale beantragen möchten, füllen Sie bitte Zeile 49 und/oder 50 aus.

2. Pflege-Pauschbetrag
– bei erstmaliger Beantragung / Änderung bitte Nachweis einreichen –
Hinweis: Ein Pflege-Pauschbetrag kommt in Betracht, wenn Sie oder Ihr(e) Ehegatte / Lebenspartner(in) eine nicht nur vorübergehend pflegebedürftige Person **unentgeltlich** in Ihrer Wohnung oder in deren Wohnung persönlich pflegen.

17	Angaben zur pflegebedürftige Person:	Pflegegrad (2, 3, 4 oder 5)		Merkzeichen 'H'
18	Vorname	Name		
19	PLZ	Wohnort		
20	Straße, Hausnummer		Verwandtschaftsverhältnis	
21	Pflegende Personen:	Antragstellende Person / Ehegatte / Lebenspartner(in)	beide Ehegatten / Lebenspartner(innen)	Anzahl weiterer pflegender Personen

6.24

183

3. Unterhalt für gesetzlich unterhaltsberechtigte und ihnen gleichgestellte Personen
(für jeden unterstützten Haushalt bitte eine eigene Anlage abgeben)

	Name und Anschrift (ggf. ausländischer Wohnsitz) der unterhaltenen Person	Identifikationsnummer (IdNr.) der unterhaltenen Person
31		
32		

	Geburtsdatum	Verwandtschaftsverhältnis	Familienstand, Beruf
33			

34	Hat jemand Anspruch auf einen Freibetrag für Kinder oder Kindergeld für diese Person?	☐ Nein ☐ Ja, für die Monate von ____ bis ____

35	☐ Die unterstützte Person ist der/die geschiedene oder dauernd getrennt lebende Ehegatte/Lebenspartner(in).
36	☐ Die unterstützte Person ist als Kindesmutter/Kindesvater gesetzlich unterhaltsberechtigt.
37	☐ Die unterstützte Person ist nicht unterhaltsberechtigt, jedoch können bei ihr öffentliche Mittel wegen der Unterhaltszahlungen gekürzt oder nicht gewährt werden.

	Aufwendungen für die unterhaltene Person (Art)	von	bis	Höhe - EUR
38				

39	davon für die Basiskranken- und gesetzliche Pflegeversicherung der unterhaltsberechtigten Person tatsächlich aufgewendete Beiträge, soweit diese nicht als Sonderausgaben bei dem Unterhaltsverpflichteten abziehbar sind		

Diese Person hat im Antragsjahr	Bruttoarbeitslohn EUR	darauf entfallende Werbungskosten	öffl. Ausbildungshilfen[4] (z.B. BAföG-Zuschüsse)	Renten, andere Einkünfte, Bezüge (z.B. aus Minijob)	Vermögen
40 a) im Unterhalts-zeitraum					
41 b) außerhalb des Unterhalts-zeitraums					

4) bei Zahlung von Ausbildungshilfen in monatlich unterschiedlicher Höhe bitte Art, Höhe und Zeitraum auf gesondertem Blatt erläutern

Diese Person lebt

42	☐ in meinem Haushalt
	zusammen mit folgenden Angehörigen:
43	☐ im eigenen/anderen Haushalt

44	Zum Unterhalt dieser Person tragen auch bei (Name, Anschrift)
45	

		von	bis	Höhe - EUR
45				

4. Außergewöhnliche Belastungen allgemeiner Art
Voraussichtlicher Jahresarbeitslohn

	Antragstellende Person einschl. Sachbezüge, Gratifikationen, Tantiemen usw. - EUR	darin enthaltene Versorgungs-bezüge - EUR	Ehegatte/Lebenspartner(in) einschl. Sachbezüge, Gratifikationen, Tantiemen usw. - EUR	darin enthaltene Versorgungs-bezüge - EUR
46				

Art der Belastung (z. B. durch Krankheit, Todesfall)	Gesamtaufwendungen EUR	abzüglich erhaltene oder zu erwartende Ersatzleistungen	zu berücksichtigende Aufwendungen
47			
48			

49	Ich beantrage die Berücksichtigung der **behinderungsbedingten Fahrtkostenpauschale** und/oder die Übertragung der dem Kind/den Kindern lt. Zeile(n) ____ der Anlage Kinder zustehenden **behinderungsbedingten Fahrtkostenpauschale**. Die nachstehenden Voraussetzungen sind erfüllt:

		Antragstellende Person	Ehegatte / Lebenspartner(in)	Kind/Kinder
50	Grad der Behinderung von mindestens 80 oder Grad der Behinderung von mindestens 70 und Merkzeichen 'G'	☐	☐	☐
51	Außergewöhnlich gehbehindert/blind/taubblind/ständig hilflos (Merkzeichen 'aG'/'Bl'/'TBl' und /oder 'H'), schwerstpflegebedürftig (Pflegegrad 4 oder 5)	☐	☐	☐

18. Ausfüllen der Steuererklärungsformulare[329]

Die ersten zwölf Kapitel haben Ihnen einen umfassenden Einblick in die Theorie des Einkommensteuerrechts gewährt.

Im zweiten Schritt möchte ich Ihnen zeigen, wie Sie die Steuerformulare ausfüllen müssen.

Um sich besser auf den Steuerformularen zurechtfinden zu können, sind sie in Zeilen unterteilt. Diese finden Sie am jeweiligen linken Rand des Formulars. Die Papierformulare unterscheiden sich geringfügig von den elektronischen Formularen der Onlineanwendung von Mein ELSTER. In Mein ELSTER sind manche Eintragungsmöglichkeiten der einzelnen Zeilen nicht vorgesehen (z.B. Namen und Steuernummer der einzelnen Anlagen). Die Zeilennummern sind jedoch identisch. Es wird nachfolgend auf die Papierformulare Bezug genommen. Die elektronischen Formulare lassen sich mit den Hinweisen jedoch entsprechend ausfüllen. Auf einige Unterschiede möchte ich Sie bereits vorab hinweisen: Wenn in den Papierformularen "1" oder "2" für ja oder nein in Kästchen eingesetzt werden muss, so müssen Sie bei Mein ELSTER "Kreuzchen" setzen. In den Papier-Anlagen zur Einkommensteuererklärung müssen Sie regelmäßig auf den ersten 3 Zeilen Ihren Namen, Vornamen und Steuernummer einsetzen. Diese Angaben entfallen bei Mein ELSTER. Müssen zusammenveranlagte Ehegatten/Lebenspartner jeweils getrennte Anlagen einreichen, so ist auf den identischen Papierformularen zu vermerken, ob es sich um den Ehemann/Lebenspartner A oder um die Ehefrau/Lebenspartner B handelt. Bei der Onlineanwendung Mein ELSTER gibt es für beide Ehegatten jeweils getrennte Formulare.

Beachten Sie bitte auch, dass sich die Formulare seit dem Vorjahr teilweise verändert haben.

Seit vielen Jahren übermitteln die Arbeitgeber die Lohndaten, die Sozialversicherungsträger Daten zu Rentenversicherungen, Lohnersatzleistungen und Krankenkassenbeiträgen, private Kranken- und Pflegeversicherungen und Riesterversicherungen die Beiträge elektronisch an die Finanzverwaltung. Ab der Einkommen-Steuererklärung für 2019 brauchen Sie daher diese elektronisch übermittelten Beträge nicht mehr gesondert in Ihrer Steuererklärung zu erklären[330]. Die Angaben in den Anlagen N, R und Vorsorgeaufwand können entfallen, sofern die elektronisch übermittelten Daten zutreffend sind und im Formular dunkelgrün (bzw. dunkelgrau) mit einem (e) gekennzeichnet sind. Beachten Sie jedoch, dass der Hauptvordruck (ESt 1A) auf jeden Fall abzugeben ist.

---

[329] Bei den dargestellten Formularen handelt es sich um die amtlichen Einkommensteuerformulare des Bundesministeriums der Finanzen sowie der Obersten Finanzbehörden der Länder, insbesondere dem Finanzministerium Schleswig-Holstein bzw. Sächsischen Staatsministerium der Finanzen.

[330] Gemäß § 93c AO gelten die an die Finanzverwaltung elektronisch übermittelten Daten als Angaben des Steuerpflichtigen.

Praxis-Tipp:

Sofern Sie die elektronischen Daten nicht selbst mit Mein ELSTER[331] elektronisch abrufen, empfehle ich Ihnen die o.g. Daten dennoch in das Formular einzutragen. Es kommt nämlich immer wieder vor, dass die Arbeitgeber, Sozialversicherungsträger oder Versicherungen abweichende Daten elektronisch übermitteln. Wenn Sie allerdings die von den Papierbescheinigungen übernommenen abweichenden Daten eintragen, werden Sie von der Finanzverwaltung spätestens im Einkommensteuerbescheid darauf hingewiesen, dass von Ihren Daten abgewichen worden ist. Dann haben Sie immer noch die Möglichkeit mit einem Einspruch den Sachverhalt zu klären.

Folgende Steuerformulare können für Sie relevant werden:

Hauptvordruck: **(ESt 1A)**	**Das Hauptformular für allgemeine Angaben:** Allgemeine Angaben, Anschrift, Bankverbindung, Einkommensersatzleistungen (Progressionsvorbehalt), Arbeitnehmersparzulage, Unterschrift
Anlage Sonderausgaben:	**Das Formular für Kirchensteuer, Spenden und Mitgliedsbeiträge für Vereine und Parteien, Berufsausbildungskosten, Unterhaltsleistungen an geschiedene Ehegatten** (inkl. Ausgleichszahlungen für Versorgungsausgleich)
Anlage Außergewöhnliche Belastungen:	**Das Formular für Behinderten-Pauschbeträge, Hinterbliebenen-Pauschbetrag, Pflege-Pauschbetrag, Krankheitskosten, Pflegekosten, behinderungsbedingte Aufwendungen, Bestattungskosten, sonstige außergewöhnliche Belastungen**
Anlage Haushaltsnahe Aufwendungen:	**Das Formular für haushaltsnahe Aufwendungen** (Beschäftigung von Minijobber im Haushalt, Handwerkerleistungen und haushaltsnahe Dienstleistungen in der Nebenkostenabrechnung)
Anlage Sonstiges:	**Belastung mit Erbschaftssteuer; Spendenvortrag, Verlustabzug, etc.**
Anlage N:	**Das Formular für Angestellte, Arbeiter, Beamte und Pensionsempfänger für Einkünfte aus nichtselbständiger Tätigkeit:** In dieses Formular werden Ihre Lohndaten von der Jahreslohnsteuerbescheinigung und Ihre Werbungskosten (Pendlerpauschale, Weiterbildungen, Reisekosten, doppelte Haushaltsführung, Arbeitszimmer) detailliert eingetragen.
Anlage N-Doppelte Haushaltsführung:	Die Anlage für **doppelte Haushaltsführung**
Anlage R:	**Das Formular für Rentner:** Hier tragen Rentner ihre Renteneinkünfte aus der gesetzlichen Rentenversicherung, aus einer berufsständigen Versorgungseinrichtung, aus landwirtschaftlicher Alterskasse, aus einer Rürup-Versicherung oder privaten Rentenversicherung und die dazu gehörenden Werbungskosten ein.

---

[331] Dazu müssen Sie zum Abrufverfahren registriert sein. Ein sog. Abrufcode wird benötigt.

Anlage R-AV / bAV	**Das Formular für Rentner**: Hier tragen Rentner ihre Renteneinkünfte aus inländischen Altersvorsorgeverträgen (z.B. Riester-Verträgen) oder Einkünfte aus betrieblicher Altersvorsorge (z.B. VBL, Renten aus Pensionsfonds, Pensionskassen) ein.
Anlage R-AUS	**Das Formular für Rentner mit ausländischen Renteneinkünften**
Anlage KAP:	**Das Formular für Sparer und Anleger:** Hier tragen Sie Ihre Zinseinkünfte und sonstigen Einkünfte aus **Kap**italanlagen ein
Anlage Vorsorgeaufwand:	**Das Formular für Versicherungen:** Hier können Sie Ihre **Vorsorgeaufwendungen** für Kranken- und Pflegeversicherungen, gesetzliche Rentenversicherung (inkl. sonst. Renten**pflicht**versicherungen) sowie ggf. für weitere Versicherungen (z.B. Haftpflicht) eintragen
Anlage VL:	**Das Formular für die Arbeitnehmersparzulage:** Sie müssen dieses Formular verwenden, wenn Sie vermögenswirksame Leistungen erhalten haben und die Arbeitnehmersparzulage geltend machen wollen.
Anlage AV:	**Das Formular für Riesterverträge:** Hier können Sie die Beiträge zu Ihrer Riester-Versicherung eintragen.
Anlage Kind:	**Das Formular für Eltern:** Hier können Sie Angaben zu Ihrem **Kind** eintragen.
Anlage K:	**Zustimmungserklärung zur Übertragung von Kinderfreibeträgen** und Freibeträgen für den Betreuungs- und Erziehungs- oder Ausbildungsbedarf
Anlage Unterhalt:	**Das Formular für Unterhaltszahler:** Sofern Sie Unterhalt zahlen, können Sie dieses Formular verwenden.
Anlage U:	**Zustimmungserklärung für Unterhaltsleistungen** an den geschiedenen oder dauerhaft getrennt lebenden Ehegatten/Lebenspartner
Anlage S:	**Das Formular für Selbständige:** Wer einer selbständigen Tätigkeit nachgeht und Einkünfte erhält, sollte die Anlage S ausfüllen. (Nur für freie Berufe; künstlerische, schriftstellerische und geisteswissenschaftliche Tätigkeiten; keine gewerbliche Einkünfte!)
Anlage V:	**Das Formular für Vermieter oder Verpachter:**
Anlage SO:	**Das Formular für Abgeordnete oder sonstige Einkünfte:**
Anlage Energetische Maßnahmen:	**Die Anlage für Energetische Maßnahmen und Sanierungen**
Anlage AUS oder N-AUS	**Das Formular für ausländische Einkünfte:**

18.1. Der Hauptvordruck 205

Der Hauptvordruck (auch Mantelbogen genannt) stellt das Hauptelement der Einkommensteuererklärung dar. Hier sind u.a. folgende Angaben einzutragen: Name, Anschrift,

Bankverbindung, Steuernummer, sowie Einkommensersatzleistungen, die dem Progressionsvorbehalt unterfallen (z.B. Elterngeld, Kurzarbeitergeld, Mutterschaftsgeld, Arbeitslosengeld, Krankengeld und Insolvenzgeld).

Dann kann es auch schon losgehen:

2024

Hauptvordruck ESt 1 A

— Eingangsstempel —

1. X Einkommensteuererklärung ☐ Festsetzung der Arbeitnehmer-Sparzulage
2. X Erklärung zur Festsetzung der Kirchensteuer auf Kapitalerträge ☐ Erklärung zur Feststellung des verbleibenden Verlustvortrags
3. ☐ Festsetzung der Mobilitätsprämie

4. Steuernummer 999/999/99999

An das Finanzamt
Daten für die mit ⑭ gekennzeichneten Zeilen liegen so Rechtsbehelf vor und müssen nicht eingetragen werden. Bitte Anleitung beachten.

5. Musterstadt-Süd

6. Bei Wohnsitzwechsel: bisheriges Finanzamt

Belege müssen Sie nur einreichen, wenn Sie in den Vordrucken / Anleitungen darauf hingewiesen werden. Bitte reichen Sie in diesen Fällen ausschließlich Kopien und keine Originalbelege ein.

Allgemeine Angaben

7. Telefonische Rückfragen tagsüber unter Nummer

Steuerpflichtige Person
Nur bei Zusammenveranlagung: **Ehemann oder Person A** (Ehepartner/-in A / Lebenspartner/-in A nach dem LPartG) – Bitte Anleitung beachten.

Identifikationsnummer | Geburtsdatum | im Sterbefall: Sterbedatum
8. 11 654 867 648

Religionsschlüssel:
Evangelisch = EV
Römisch-Katholisch = RK

Name
9. Mustermann

nicht kirchensteuerpflichtig = VD
Weitere siehe Anleitung

Vorname
10. Gabi

Titel, akademischer Grad
11. Religion | R K

Ausgeübter Beruf
12. Krankenschwester | Änderung der Religion im Jahr 2024 | 1 = Austritt 2 = Wechsel 3 = Eintritt

Straße (derzeitige Adresse)
13. Mustergasse

Hausnummer | Hausnummernzusatz | Adressergänzung
14. 3

Postleitzahl (Inland) | Postleitzahl (Ausland)
15. 99999

Wohnort
16. Musterhausen

Staat (falls Anschrift im Ausland)
17.

Verheiratet / Lebenspartnerschaft begründet seit dem | Verwitwet seit dem | Geschieden / Lebenspartnerschaft aufgehoben seit dem | Dauernd getrennt lebend (Tag der Trennung)
18.

Nur bei Ehegatten / Lebenspartnern: Veranlagungsart

19. ☐ Zusammenveranlagung ☐ Einzelveranlagung von Ehegatten / Lebenspartnern ☐ Wir haben Gütergemeinschaft vereinbart

Nur bei Zusammenveranlagung: **Ehefrau oder Person B** (Ehepartner/-in B / Lebenspartner/-in B nach dem LPartG)

Identifikationsnummer | Geburtsdatum | im Sterbefall: Sterbedatum
20.

Religionsschlüssel:
Evangelisch = EV
Römisch-Katholisch = RK

Name
21.

nicht kirchensteuerpflichtig = VD
Weitere siehe Anleitung

Vorname
22.

Titel, akademischer Grad
23. Religion

Ausgeübter Beruf
24. Änderung der Religion im Jahr 2024 | 1 = Austritt 2 = Wechsel 3 = Eintritt

2024ESt1A011NET — September 2024 — 2024ESt1A011NET

188

Abweichende Anschrift der Ehefrau oder Person B

Bitte füllen Sie die Zeilen 25 bis 29 nur aus, wenn die Adressangaben von den Zeilen 13 bis 17 abweichen.

25 Straße

26 Hausnummer | Hausnummerzusatz | Adressergänzung

27 Postleitzahl (Inland) | Postleitzahl (Ausland)

28 Wohnort

29 Staat (falls Anschrift im Ausland)

Bankverbindung – Bitte stets angeben –

IBAN (inländisches Geldinstitut)

30 D E 12 3456 1112 1314 5

IBAN (ausländisches Geldinstitut)

31

BIC zur IBAN des ausländischen Geldinstituts

32

Kontoinhaber/-in

33 X Steuerpflichtige Person / Ehemann / Person A | ☐ Ehefrau / Person B | oder | Name (im Fall der Abtretung bitte amtlichen Abtretungsvordruck einreichen)

Antrag auf Festsetzung der Arbeitnehmer-Sparzulage | 15

		Steuerpflichtige Person / Ehemann / Person A	Ehefrau / Person B
34 Für alle vom Anbieter und / oder Arbeitgeber übermittelten elektronischen Vermögensbildungsbescheinigungen wird die Festsetzung der Arbeitnehmer-Sparzulage beantragt.		17 ☐ 1 = Ja	18 ☐ 1 = Ja

Einkommensersatzleistungen | 18

– ohne Beträge laut Zeile 23 der Anlage N –

	Steuerpflichtige Person / Ehemann / Person A		Ehefrau / Person B	
	EUR		EUR	
35 Einkommensersatzleistungen, die dem Progressionsvorbehalt unterliegen, z. B. Arbeitslosengeld, Elterngeld, Insolvenzgeld, Krankengeld, Mutterschaftsgeld, Verdienstausfallentschädigung (Infektionsschutzgesetz)	120	–	121	–
36 Leistungen aus einem EU- / EWR-Staat oder der Schweiz, die mit Einkommensersatzleistungen i. S. d. Zeile 35 vergleichbar sind	136	–	137	–

Ergänzende Angaben zur Steuererklärung

37 Über die Angaben in der Steuererklärung hinaus sind weitere oder abweichende Angaben oder Sachverhalte zu berücksichtigen. Diese ergeben sich aus der beigefügten Anlage, welche mit der Überschrift **„Ergänzende Angaben zur Steuererklärung"** gekennzeichnet ist. | 175 ☐ 1 = Ja

Hinweis: Wenn über die Angaben in der Steuererklärung hinaus weitere oder abweichende Angaben oder Sachverhalte berücksichtigt werden sollen, tragen Sie bitte eine „1" ein. Gleiches gilt, wenn bei den in der Steuererklärung erfassten Angaben bewusst eine von der Verwaltungsauffassung abweichende Rechtsauffassung zugrunde gelegt wurde. Falls Sie mit Abgabe der Steuererklärung lediglich Belege und Aufstellungen einreichen, ist keine Eintragung vorzunehmen.

Unterschrift

Datenschutzhinweis:
Die mit der Steuererklärung / dem Antrag angeforderten Daten werden aufgrund der §§ 149, 150 und 181 Abs. 2 der Abgabenordnung, der §§ 25, 46 und 51a Abs. 2d des Einkommensteuergesetzes sowie des § 14 Abs. 4 des Fünften Vermögensbildungsgesetzes erhoben.
Informationen über die Verarbeitung personenbezogener Daten in der Steuerverwaltung und über Ihre Rechte nach der Datenschutz-Grundverordnung sowie über Ihre Ansprechpartner in Datenschutzfragen entnehmen Sie bitte dem allgemeinen Informationsschreiben der Finanzverwaltung. Dieses Informationsschreiben finden Sie unter www.finanzamt.de (unter der Rubrik „Datenschutz") oder erhalten Sie bei Ihrem Finanzamt.

38 25.3.2025 _Gabi Mustermann_

Datum, Unterschrift(en). Steuererklärungen sind eigenhändig – bei Ehegatten / Lebenspartnern von beiden – zu unterschreiben.

39 Die Steuererklärung wurde unter Mitwirkung einer selbständig und eigenverantwortlich tätigen und zur Hilfeleistung in Steuersachen nach den §§ 3 und 4 des Steuerberatungsgesetzes befugten Person oder Vereinigung angefertigt. | ☐ 1 = Ja

Bei der Anfertigung dieser Steuererklärung hat mitgewirkt:

40

2024ESt1A012NET | 2024ESt1A012NET

189

In Zeile 1 kreuzen Sie "Einkommensteuererklärung" an, da Sie diese abgeben wollen. Das zweite Kästchen (Antrag auf Festsetzung der Arbeitnehmer-Sparzulage) können Sie ankreuzen, wenn Sie diese beantragen wollen. Dann müssen Sie allerdings auch noch in Zeile 42 einen Haken setzen. Siehe dazu auch Kapitel 15. In Zeile 2 müssen Sie die "Erklärung zur Festsetzung der Kirchensteuer auf Kapitalerträge" ankreuzen, wenn Sie kirchensteuerpflichtig sind und Kapitaleinkünfte erzielt haben, bei denen zwar die Kapitalertragssteuer, jedoch nicht die Kirchensteuer abgezogen worden ist. Hier bedarf es dann einer Korrektur. Die "Erklärung zur Feststellung des verbleibenden Verlustvortrages müssen Sie nur dann ankreuzen, wenn Einkünfte negativ sind und Sie den Verlust ins nächste Jahr vortragen möchten. Im Zweifelsfall kreuzen Sie alles an. In Zeile 3 setzen Sie ein Kreuzchen, wenn Sie die Mobilitätsprämie beantragen wollen. Siehe auch Rn. 58. In Zeile 4 tragen Sie Ihre Steuernummer ein. Falls Sie erstmalig eine Steuererklärung abgeben, dann lassen Sie dieses Feld frei. (In der Onlineanwendung Mein ELSTER können Sie dies auch extra einstellen). In Zeile 5 tragen Sie das für Sie zuständige Finanzamt ein[332]. Wenn Sie umgezogen sind und nun ein neues Finanzamt zuständig ist, dann tragen Sie in Zeile 6 das bisherige Finanzamt ein.

In Zeile 7 bis 18 tragen Sie bitte Ihre Personendaten ein. Wichtig ist insbesondere die Angabe Ihrer persönlichen **Identifikationsnummer** in Zeile 8.

206   Diese Nummer wurde Ihnen bereits in einem gesonderten Schreiben vom Bundeszentralamt für Steuern mitgeteilt und wird auf Lebenszeit vergeben. Sie finden diese regelmäßig auf allen amtlichen Schreiben des Finanzamtes. In den Zeilen 9 bis 16 tragen Sie bitte Ihre Anschrift ein. Sofern Sie als Ehegatten[333] zusammenveranlagt werden wollen, müssen Sie in Zeile 19 das erste Kästchen ankreuzen. Anderenfalls müssen Sie Einzelveranlagung ankreuzen. Dann kann jeder Ehegatte seine eigene Steuererklärung einreichen (siehe Kapitel 16). Haben Sie in einem Ehevertrag Gütergemeinschaft vereinbart, so müssen Sie Gütergemeinschaft ankreuzen. Bei Zusammenveranlagung müssen Sie die Zeilen 20 bis 29 für den Ehegatten ausfüllen.

207   Die **Religionskürzel** in Zeile 11 bzw. Zeile 23 sind für die Zuordung der abgeführten Kirchensteuer notwendig. VK= nicht kirchensteuerpflichtig; EV=Evangelische Kirche; RK=Römisch Katholische Kirche; AK=Alt-Katholische Kirche; FA=Freie Religionsgemeinschaft Alzey; FB=Freireligiöse Landesgemeinde Baden; FG=Freireligiöse Landesgemeinde Pfalz; FM=Freireligiöse Gemeinde Mainz; FS=Freireligiöse Gemeinde Offenbach/M.; IB=Israelitische Religionsgemeinschaft Baden; IL=Israelitische Kultussteuer Land Hessen; IS=Israelitische Bekenntnissteuer (Bayern), Israelitische Kultussteuer Frankfurt; Jüdische Kultusgemeinden Koblenz und Bad Kreuznach; Synagogengemeinschaft Saar; IW=Israelitische Religionsgemeinschaft Württemberg; JD=Jüdische Kultussteuer NRW; JH= Jüdische Kultussteuer Hamburg.

---

[332] Wenn Sie nicht wissen, welches Finanzamt für Sie zuständig ist, so können Sie es beim Bundeszentralamt abfragen: https://www.bzst.de/DE/Service/Behoerdenwegweiser/Finanzamtsuche/GemFa/finanzamtsuche_node.html
[333] Gleiches trifft auf eingetragene homosexuelle Lebenspartnerschaften zu.

Hauptvordruck: Zeile 30 bis 33: -Bankverbindung-

In den Zeilen 30 bis 33 tragen Sie Ihre Bankverbindung ein. Achten Sie in Zeile 33 auf die korrekte Angabe des Kontoinhabers. Das erste Kästchen steht für den Ehemann (bzw. Ehegatte A/ Lebenspartner A) und das zweite Kästchen für die Ehefrau (bzw. Ehegatte B/ Lebenspartner B). Ist eine andere Person außer den Ehegatten Kontoinhaber, so können Sie den Namen dahinter eintragen.

Hauptvordruck: Zeile 34: -Antrag auf Festsetzung der Arbeitnehmer-Sparzulage-

Wenn Sie die Arbeitnehmer-Sparzulage beantragen wollen, so müssen Sie in Zeile 34 bei Kennziffer 17 eine Eins (für den Steuerpflichtigen bzw. Ehemann, Person A) bzw. bei Kennziffer 18 eine Eins (für die Ehefrau oder Person B) setzen. Zur Arbeitnehmer-Sparzulage finden Sie Hinweise unter Rn.201.

Hauptvordruck: Zeile 35 und 36:
Einkünfte mit Progressionsvorbehalt / Einkommensersatzleistungen

In Zeile 35 müssen Sie sämtliche **steuerfreien Einkünfte** eintragen, die dem **Progressionsvorbehalt** unterliegen, d.h. sämtliche Einkommensersatzleistungen (z.B. Arbeitslosengeld[334], Kurzarbeitergeld, Elterngeld (inkl. Sockelbetrag von 300,- EUR); Insolvenzgeld, Mutterschaftsgeld, Krankengeld, etc. Die erste Spalte ist für Sie bzw. Ehemann/Ehegatte A, die zweite Spalte für den Fall der Zusammenveranlagung von Ehegatten für die Ehefrau bzw. Ehegatte B/Lebenspartner B. Sie müssen diese Spalte nicht ausfüllen, da das Finanzamt diese Werte bereits als elektronische Daten (sog. eDaten) erhalten hat.
Sofern Sie vergleichbare Einkommensersatzleistungen aus dem EU-Ausland (oder Schweiz) erhalten, so müssen Sie die Zeile 36 nutzen.

Hauptvordruck: Zeile 37: Ergänzende Angaben

In Zeile 37 müssen Sie bei Kennziffer 175 eine "Eins" setzen, wenn Sie eigene Anlagen, Aufstellungen oder weitere Ergänzungen einreichen. Auch müssen Sie eine "Eins" setzen, wenn Sie bewusst von der Verwaltungsauffassung abweichen.

Hauptvordruck: Zeile 38: Unterschrift

Die Unterschrift ist nur auf Papierformularen in Zeile 38 mit Datum vorgesehen. Unterschreiben Sie den Hauptvordruck! Wenn Sie eine Zusammenveranlagung durchführen, muss die Steuererklärung von beiden Ehegatten/Lebenspartnern unterschrieben werden. Wird eine Einzelveranlagung gewählt, muss jeder Ehegatte eine eigene Steuererklärung abgeben und unterschreiben. Wenn Sie hingegen die Steuererklärung mit der Onlineanwendung Mein ELSTER erstellen, so brauchen Sie keine händische Unterschrift. Die händische Unterschrift wird durch das Softwarezertifikat mit dazugehörigem Pin ersetzt.

Hauptvordruck: Zeile 39 bis 40: -Angaben zu einer Hilfsperson-

---

[334] Nicht jedoch Arbeitslosengeld II (sog. Hartz-IV Leistungen).

213 Wenn Ihnen jemand bei der Erstellung der Einkommensteuererklärung geholfen hat, so können Sie diese Person in Zeile 40 mit Anschrift angeben. In Zeile 39 tragen Sie eine „1" ein, wenn es sich dabei um einen Steuerberater/Steuerbevollmächtigten/Rechtsanwalt oder einem Lohnsteuerhilfeverein handelt.

214 ### 18.2. Anlage Vorsorgeaufwand

Als Nächstes füllen Sie das Formular Vorsorgeaufwand aus. Hier tragen Sie die Beiträge für die gesetzliche/private **Kranken-**, **Renten-** und **Arbeitslosenversicherung** ein. Die von den Sozialversicherungsträgern oder Versicherungen übermittelten elektronischen Daten (im Formular dunkelgrün bzw. dunkelgrau hinterlegt und mit einem (e) gekennzeichnet) müssen Sie nicht zwangsläufig eintragen.

In die Zeilen 1 bis 3 tragen Sie Ihren Namen. Bei zusammenveranlagenden Ehegatten wird der Vorname der Ehefrau bzw. Ehegatte B/Lebenspartner B nicht eingetragen. Die Eintragungen für die Ehefrau/ Ehegatte B/Lebenspartner B erfolgen jeweils in der zweiten (rechten) Spalte.

Anlage Vorsorgeaufwand: Zeile 4 bis 10: Beiträge zur Altersvorsorge/Rente

In die Zeilen 4 bis 6 müssen Sie die Beiträge eintragen, die Sie in die gesetzliche Rentenversicherung (Zeile 4), in eine berufsständische Versorgungseinrichtung oder landwirtschaftlichen Alterskassen (Zeile 5) eingezahlt haben. Regelmäßig werden Angestellte -die nicht freien Berufen[335] angehören- in die gesetzliche Rentenversicherung eingezahlt haben. Diese Beiträge finden Sie in Zeile 23a/b Ihrer Lohnsteuerjahresbescheinigung, die Sie regelmäßig im Januar oder Februar des Folgejahres von Ihrem Arbeitgeber erhalten. Tragen Sie diese Beiträge in Zeile 4 ein. Den Arbeitgeberanteil oder Arbeitgeberzuschuss zur Rentenversicherung tragen Sie in Zeile 9 ein. Diesen können Sie der Lohnsteuerjahresbescheinigung aus Zeile 22a/b entnehmen.

Wenn Sie hingegen freiwillig in der gesetzlichen Rentenversicherung versichert sind (bzw. freiwillig mehr Rentenversicherungsbeiträge in die Rentenversicherung einzahlt, z.B. Aufstockungsbeitrag bei 520 EUR Jobber), so müssen Sie diese Beiträge in Zeile 6 eintragen. Dieser freiwillige Rentenversicherungsbeitrag wird Ihnen von Ihrer Rentenversicherung mitgeteilt.

Haben Sie Beiträge in eine private Rentenversicherung (Basis-Rentenversicherung/ Rürup-Rente) eingezahlt, so müssen Sie diese Beiträge (abzgl. steuerfreier Zuschüsse) in Zeile 8 eintragen. In Zeile 7 tragen Sie sämtliche Beträge ein, die Ihnen erstattet wurden (z.B. durch Überzahlung) oder die Ihnen steuerfrei gewährt worden sind. Zeile 10 ist nur für Minijobber (520 EUR Basis) relevant. Hier tragen Sie als Minijobber den Arbeitgeberanteil zur Rentenversicherung ein. Beiträge zur Riester-Rente müssen Sie hingegen in die Anlage (Formular) AV eintragen.

---

[335] z.B. Rechtsanwälte, Steuerberater, Architekten, Apotheker, Notare, etc.

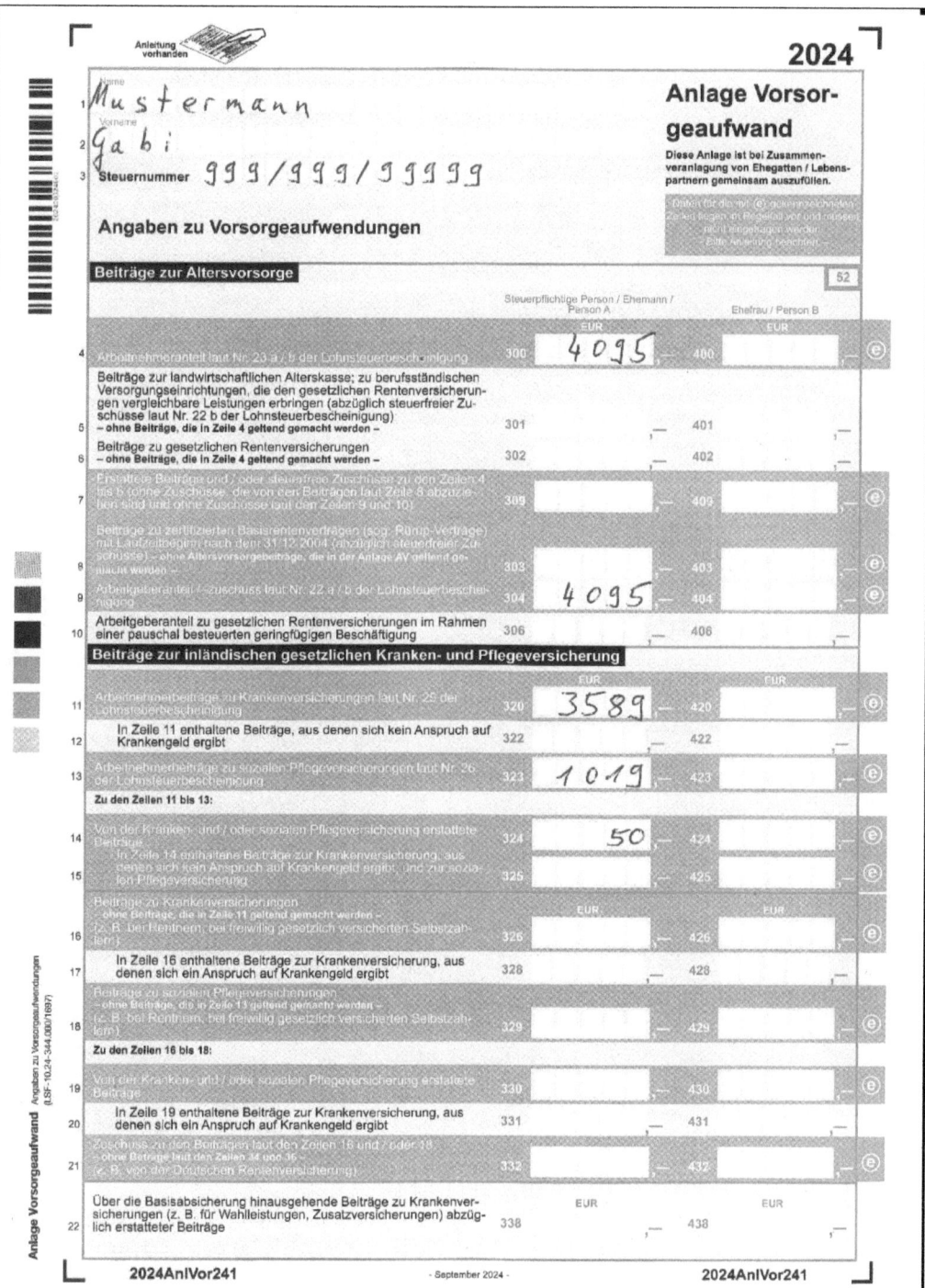

2024

Anlage Vorsorgeaufwand

Diese Anlage ist bei Zusammenveranlagung von Ehegatten / Lebenspartnern gemeinsam auszufüllen.

Name: *Mustermann*
Vorname: *Gabi*
Steuernummer: *999 / 999 / 99999*

Angaben zu Vorsorgeaufwendungen

Beiträge zur Altersvorsorge

52

		Steuerpflichtige Person / Ehemann / Person A		Ehefrau / Person B	
		EUR		EUR	
4	Arbeitnehmeranteil laut Nr. 23 a / b der Lohnsteuerbescheinigung	300	*4095*	400	
5	Beiträge zur landwirtschaftlichen Alterskasse; zu berufsständischen Versorgungseinrichtungen, die den gesetzlichen Rentenversicherungen vergleichbare Leistungen erbringen (abzüglich steuerfreier Zuschüsse laut Nr. 22 b der Lohnsteuerbescheinigung) – ohne Beiträge, die in Zeile 4 geltend gemacht werden –	301		401	
6	Beiträge zu gesetzlichen Rentenversicherungen – ohne Beiträge, die in Zeile 4 geltend gemacht werden –	302		402	
7	Erstattete Beiträge und / oder steuerfreie Zuschüsse zu den Zeilen 4 bis 6 (ohne Zuschüsse, die von den Beiträgen laut Zeile 8 abzuziehen sind und ohne Zuschüsse laut den Zeilen 9 und 10)	309		409	
8	Beiträge zu zertifizierten Basisrentenverträgen (sog. Rürup-Verträge) mit Laufzeitbeginn nach dem 31.12.2004 (abzüglich steuerfreier Zuschüsse) – ohne Altersvorsorgebeiträge, die in der Anlage AV geltend gemacht werden –	303		403	
9	Arbeitgeberanteil / -zuschuss laut Nr. 22 a / b der Lohnsteuerbescheinigung	304	*4095*	404	
10	Arbeitgeberanteil zu gesetzlichen Rentenversicherungen im Rahmen einer pauschal besteuerten geringfügigen Beschäftigung	306		406	

Beiträge zur inländischen gesetzlichen Kranken- und Pflegeversicherung

			EUR		EUR	
11	Arbeitnehmerbeiträge zu Krankenversicherungen laut Nr. 25 der Lohnsteuerbescheinigung	320	*3589*	420		
12	In Zeile 11 enthaltene Beiträge, aus denen sich kein Anspruch auf Krankengeld ergibt	322		422		
13	Arbeitnehmerbeiträge zu sozialen Pflegeversicherungen laut Nr. 26 der Lohnsteuerbescheinigung	323	*1019*	423		
	Zu den Zeilen 11 bis 13:					
14	Von der Kranken- und / oder sozialen Pflegeversicherung erstattete Beiträge	324	*50*	424		
15	In Zeile 14 enthaltene Beiträge zur Krankenversicherung, aus denen sich kein Anspruch auf Krankengeld ergibt, und zur sozialen Pflegeversicherung	325		425		
16	Beiträge zu Krankenversicherungen – ohne Beiträge, die in Zeile 11 geltend gemacht werden – (z. B. bei Rentnern, bei freiwillig gesetzlich versicherten Selbstzahlern)	326		426		
17	In Zeile 16 enthaltene Beiträge zur Krankenversicherung, aus denen sich ein Anspruch auf Krankengeld ergibt	328		428		
18	Beiträge zu sozialen Pflegeversicherungen – ohne Beiträge, die in Zeile 13 geltend gemacht werden – (z. B. bei Rentnern, bei freiwillig gesetzlich versicherten Selbstzahlern)	329		429		
	Zu den Zeilen 16 bis 18:					
19	Von der Kranken- und / oder sozialen Pflegeversicherung erstattete Beiträge	330		430		
20	In Zeile 19 enthaltene Beiträge zur Krankenversicherung, aus denen sich ein Anspruch auf Krankengeld ergibt	331		431		
21	Zuschuss zu den Beiträgen laut den Zeilen 16 und / oder 18 – ohne Beiträge laut den Zeilen 34 und 36 – (z. B. von der Deutschen Rentenversicherung)	332		432		
			EUR		EUR	
22	Über die Basisabsicherung hinausgehende Beiträge zu Krankenversicherungen (z. B. für Wahlleistungen, Zusatzversicherungen) abzüglich erstatteter Beiträge	338		438		

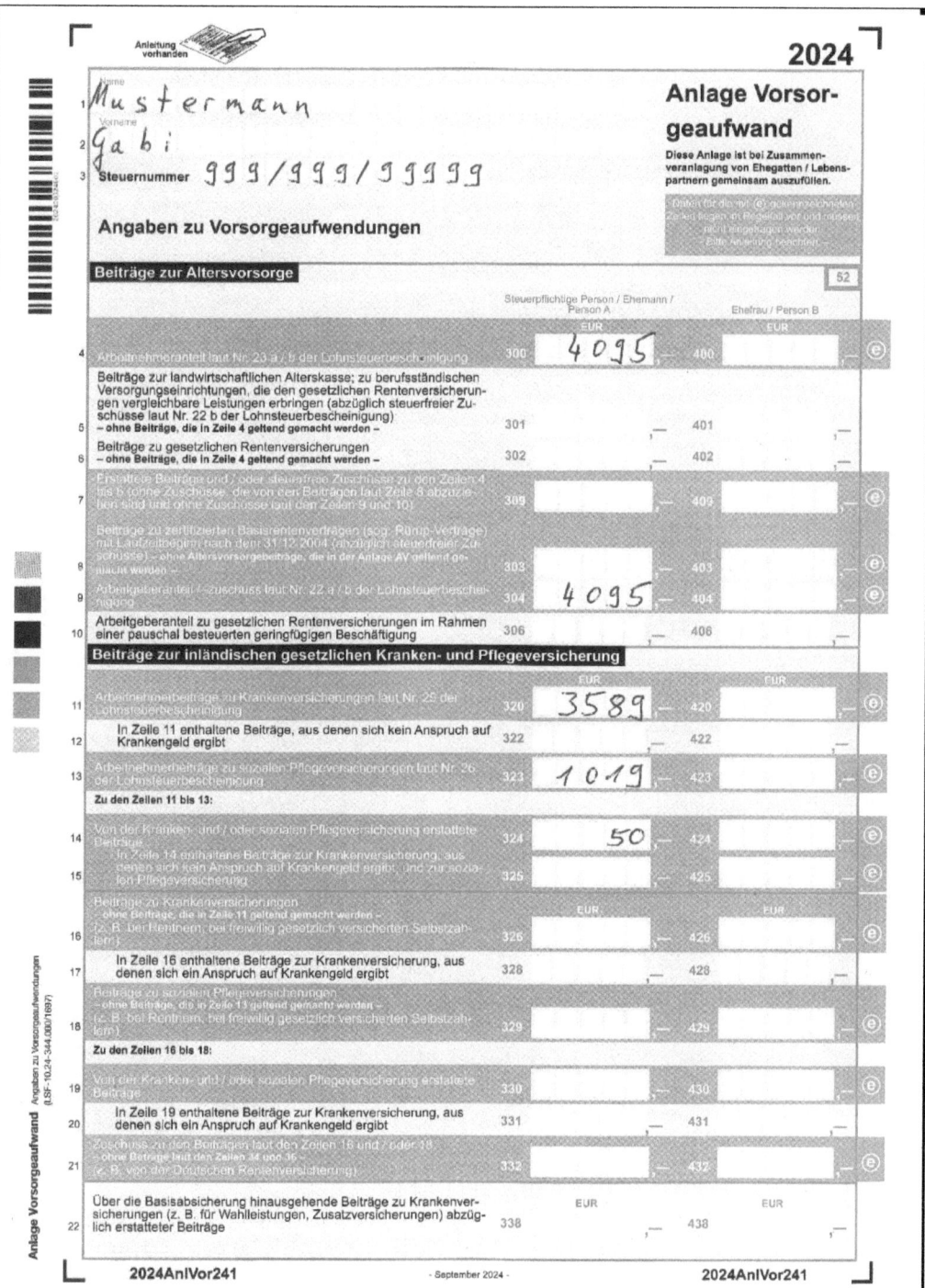

Anlage Vorsorgeaufwand · Angaben zu Vorsorgeaufwendungen (LStF-10.24-344.000/1697)

Beiträge zur inländischen privaten Kranken- und Pflegeversicherung

		Steuerpflichtige Person / Ehemann / Person A	Ehefrau / Person B
		EUR	EUR
23	Beiträge zu privaten Krankenversicherungen (nur Basisabsicherung, keine Wahlleistungen)	350	450
24	Beiträge zu Pflege-Pflichtversicherungen	351	451

Zu den Zeilen 23 und 24:

25	Von der privaten Kranken- und / oder Pflege-Pflichtversicherung erstattete Beiträge	352	452
26	Zuschuss von dritter Seite zu den Beiträgen laut den Zeilen 23 und / oder 24 (z. B. von der Deutschen Rentenversicherung)	353	453
27	Über die Basisabsicherung hinausgehende Beiträge zu Krankenversicherungen (z. B. für Wahlleistungen, Zusatzversicherungen) und / oder zu zusätzlichen Pflegeversicherungen abzüglich erstatteter Beiträge	354	454

Beiträge zur ausländischen gesetzlichen oder privaten Kranken- und Pflegeversicherung

		EUR	EUR
28	Beiträge (abzüglich steuerfreier Zuschüsse – ohne Beträge laut Zeile 34 –) zur Krankenversicherung, die mit einer inländischen Krankenversicherung vergleichbar ist (nur Basisabsicherung, keine Wahlleistungen)	333	433
29	In Zeile 28 enthaltene Beiträge zur Krankenversicherung, aus denen sich kein Anspruch auf Krankengeld ergibt	334	434
30	Beiträge (abzüglich steuerfreier Zuschüsse – ohne Beträge laut Zeile 36 –) zur sozialen Pflegeversicherung / Pflege-Pflichtversicherung, die mit einer inländischen Pflegeversicherung vergleichbar ist	335	435

Zu den Zeilen 28 bis 30:

31	Von der Kranken- und / oder sozialen Pflegeversicherung / Pflege-Pflichtversicherung erstattete Beiträge	336	436
32	In Zeile 31 enthaltene Beiträge zur Krankenversicherung, aus denen sich kein Anspruch auf Krankengeld ergibt, und zur sozialen Pflegeversicherung	337	437
33	Über die Basisabsicherung hinausgehende Beiträge zu Krankenversicherungen und zusätzlichen Pflegeversicherungen (z. B. für Wahlleistungen, Zusatzversicherungen) abzüglich erstatteter Beiträge	339	439

Steuerfreie Arbeitgeberzuschüsse

		EUR	EUR
34	Gesetzliche Krankenversicherung laut Nr. 24 a der Lohnsteuerbescheinigung	360	460
35	Private Krankenversicherung laut Nr. 24 b der Lohnsteuerbescheinigung	361	461
36	Gesetzliche Pflegeversicherung laut Nr. 24 c der Lohnsteuerbescheinigung	362	462

Als Versicherungsnehmer für andere Personen übernommene Kranken- und Pflegeversicherungsbeiträge

– „Andere Personen" sind z. B. Kinder, für die **kein** Anspruch auf Kindergeld / Kinderfreibetrag besteht (bei Anspruch auf Kindergeld / Kinderfreibetrag sind die Eintragungen in den Zeilen 26 bis 37 der **Anlage Kind** vorzunehmen). –

37	Identifikationsnummer der mitversicherten Person	600
38	Name, Vorname, Geburtsdatum der mitversicherten Person	

		Steuerpflichtige Person / Ehegatten / Lebenspartner
		EUR
39	Beiträge (abzüglich steuerfreier Zuschüsse) zu privaten Krankenversicherungen (nur Basisabsicherung, keine Wahlleistungen)	601
40	Beiträge (abzüglich steuerfreier Zuschüsse) zu Pflege-Pflichtversicherungen	602

Zu den Zeilen 39 und 40:

41	Von der privaten Kranken- und / oder Pflege-Pflichtversicherung erstattete Beiträge	603
42	Beiträge (abzüglich erstatteter Beiträge) zu privaten Kranken- und / oder Pflegeversicherungen (ohne Basisabsicherung, z. B. für Wahlleistungen, Zusatzversicherungen)	604

194

Weitere sonstige Vorsorgeaufwendungen

		Steuerpflichtige Person / Ehemann / Person A	Ehefrau / Person B
		EUR	EUR
43	Arbeitnehmerbeiträge zur Arbeitslosenversicherung laut Nr. 27 der Lohnsteuerbescheinigung	370 574	470

Beiträge (abzüglich steuerfreier Zuschüsse und erstatteter Beiträge) zu

			Steuerpflichtige Person / Ehegatten / Lebenspartner
			EUR
44	– Versicherungen gegen Arbeitslosigkeit – ohne Beiträge, die in Zeile 43 geltend gemacht werden –	500	
45	– freiwilligen eigenständigen Erwerbs- und Berufsunfähigkeitsversicherungen	501	871,
46	– Unfall- und Haftpflichtversicherungen sowie Risikoversicherungen, die nur für den Todesfall eine Leistung vorsehen	502	,
47	– Rentenversicherungen mit Kapitalwahlrecht und / oder Kapitallebensversicherungen mit einer Laufzeit von mindestens 12 Jahren sowie einem Laufzeitbeginn und der ersten Beitragszahlung vor dem 1.1.2005	503	,
48	– Rentenversicherungen ohne Kapitalwahlrecht mit Laufzeitbeginn und erster Beitragszahlung vor dem 1.1.2005 (auch steuerpflichtige Beiträge zu Versorgungs- und Pensionskassen) – ohne Altersvorsorgebeiträge, die in der Anlage AV geltend gemacht werden –	504	,

Ergänzende Angaben zu Vorsorgeaufwendungen

		Steuerpflichtige Person / Ehemann / Person A		Ehefrau / Person B	
49	Haben Sie zu Ihrer Krankenversicherung oder Ihren Krankheitskosten Anspruch auf steuerfreie Zuschüsse, steuerfreie Arbeitgeberbeiträge oder steuerfreie Beihilfen?	307	2 = Nein	407	2 = Nein
	Es bestand 2024 keine gesetzliche Rentenversicherungspflicht aus dem aktiven Dienstverhältnis / aus der Tätigkeit				
50	– als Beamter / Beamtin	380	1 = Ja	480	1 = Ja
51	– als Vorstandsmitglied / GmbH-Gesellschafter-Geschäftsführer/in	381	1 = Ja	481	1 = Ja
52	– als (z. B. Praktikant/in, Student/in im Praktikum)	382	1 = Ja	482	1 = Ja
53	Tätigkeitsbezeichnung zu Zeile 52				
54	Aufgrund des genannten Dienstverhältnisses / der Tätigkeit bestand hingegen eine Anwartschaft auf Altersversorgung	383	1 = Ja 2 = Nein	483	1 = Ja 2 = Nein
55	Es wurde Arbeitslohn aus einem nicht aktiven Dienstverhältnis – insbesondere Betriebsrente / Werkspension – bezogen, bei dem es sich nicht um steuerbegünstigte Versorgungsbezüge (Zeile 11 bis 16 der Anlage N) handelt. Bei Altersteilzeit ist hier keine Eintragung vorzunehmen.	385	1 = Ja	485	1 = Ja

195

215

Anlage Vorsorgeaufwand: Zeile 11-22: Beiträge zur inländischen gesetzlichen Kranken- und Pflegeversicherung

---

In die Zeilen 11 bis 22 tragen Arbeitnehmer und Rentner ihre Beitragszahlungen an die gesetzliche Kranken- und Pflegeversicherung (im Inland) ein. Die Beiträge finden Sie auf Ihrer Lohnsteuerjahresbescheinigung. In Zeile 11 tragen Sie als Arbeitnehmer bitte Ihre Arbeitnehmerbeiträge zur gesetzlichen Krankenversicherung ein (siehe Lohnsteuerjahresbescheinigung laut Nr. 25). Zeile 12 umfasst den eher ungewöhnlichen Fall, dass Krankenversicherungsbeiträge von Arbeitnehmern keinen Krankengeldanspruch begründen (eher die Ausnahme).

216

In Zeile 13 tragen Sie die Beiträge zur gesetzlichen Pflegeversicherung ein (siehe Lohnsteuerjahresbescheinigung laut Nr. 26). Zeile 14 und 15 umfasst Beitragsrückerstattungen der Kranken- und Pflegekassen (z.B. Gesundheitsbonus oder Vorsorgebonus). Zeile 15 müssen Sie nur ausfüllen, wenn Sie bereits Beiträge in Zeile 12 eingetragen haben.
Rentner oder freiwillig gesetzlich Versicherte (z.B. Studenten in der Studentischen gesetzlichen Krankenversicherung; Beamte in der gesetzlichen Kranken- und Pflegeversicherung) tragen Ihre Beiträge nicht in Zeile 11 und 13, sondern in Zeile 16 (Beiträge Krankenversicherung) und Zeile 18 (Beiträge zur Pflegeversicherung) ein. Abweichend sind Beiträge in Zeile 17 einzutragen, wenn sich ein Anspruch auf Krankengeld ergibt (eher die Ausnahme). Erstattete Beiträge von der gesetzlichen Kranken- und Pflegeversicherung (für Studenten, freiwillige Versicherte oder Rentner) sind in Zeile 19 einzutragen. In Zeile 20 sind die erstatteten Beiträge einzutragen, sofern sich auch bei den erstatteten Beiträgen um solche Beiträge handelt, die einen Krankengeldanspruch begründen.
Bei freiwillig Versicherten (z.B. Studenten), Selbständigen oder Rentnern gibt die gesetzliche Krankenversicherung Auskunft über die gezahlten und erstatteten Beiträge meist am Anfang des Folgejahres. In Zeile 21 sind nur Zuschüsse der Deutschen Rentenversicherung zu den freiwilligen Beiträgen zur gesetzlichen Kranken- und Pflegeversicherung einzutragen. In Zeile 22 tragen Sie diejenigen Beiträge -abzüglich erstatteter Beiträge- für Zusatzleistungen/Wahlleistungen der gesetzlichen Krankenversicherungen[336] ein. Lesen Sie dazu Rn. 119.

217

Anlage Vorsorgeaufwand: Zeile 23 bis 27: Beiträge zur privaten Kranken- und Pflegeversicherung

---

Wenn Sie privat kranken- und pflegeversichert sind, so müssen Sie die Zeilen 23 bis 28 ausfüllen. In Zeile 23 tragen Sie die Beiträge zur privaten Krankenversicherung ein, die auf die Basisabsicherung[337] entfallen. Die Beiträge für Basisabsicherung und Wahlleistungen werden von den Versicherungen separat in der jeweiligen Jahresbescheinigung aufgeschlüsselt. In Zeile 24 tragen Sie die Beiträge zur privaten Pflegepflichtversicherung ein. Zeile 25 erfasst die erstatteten Beiträge aus Leistungen der Zeile 23 und 24 (z.B. Gesundheitsbonus oder Bonus für nicht

---

[336] Manche gesetzliche Krankenversicherungen bieten über den Basisschutz hinaus zusätzliche Luxusleistungen (z.B. Chefarztbehandlung; Zwei- oder Einbettzimmer) an. Diese von der Krankenversicherung separat ausgewiesenen Beiträge tragen Sie in Zeile 22 ein.
[337] Insbesondere private Krankenversicherungen bieten Leistungen an, die über die gesetzliche Leistungspflicht (Basisleistungen) hinausgehen. Man unterscheidet daher die Basisleistungen (diese entsprechen den Leistungen der gesetzlichen Krankenversicherung) und Zusatz-/Wahlleistungen. Die Beiträge werden von den Versicherungen aufgeschlüsselt.

eingereichte Rechnungen). In Zeile 26 tragen Sie Zuschüsse zu den Beiträgen der Zeile 23 und 24 ein. Darunter sind nicht Zuschüsse des Arbeitgebers gemeint, sondern solche Zuschüsse der gesetzlichen Rentenversicherung oder der Künstlersozialkasse. Beiträge für Wahlleistungen der Krankenversicherung -abzüglich Erstattungen- bzw. Beiträge für zusätzlichen privaten Pflegeversicherung -abzüglich Erstattungen- tragen Sie in Zeile 27 ein. Lesen Sie dazu Rn.119f.

| **Anlage Vorsorgeaufwand: Zeile 28 bis 33: Beiträge zur ausländischen Kranken- und Pflegeversicherung** | 218 |

In Zeile 28 bis 33 tragen Sie Beiträge zu einer ausländischen (privaten oder gesetzlichen) Kranken- und Pflegeversicherung ein. Insoweit sei auf die Ausführungen der inländischen Versicherungen verwiesen.

| **Anlage Vorsorgeaufwand: Zeile 34 bis 36: Steuerfreie Arbeitgeberzuschüsse** | 219 |

In die Zeilen 34 bis 36 tragen Sie steuerfreie Arbeitgeberzuschüsse zur gesetzlichen Krankenversicherung -Zeile 34- (siehe Nr.24 a der Lohnsteuerjahresbescheinigung); in Zeile 35 zur privaten Krankenversicherung (siehe Nr. 24 b der Lohnsteuerjahresbescheinigung) und in Zeile 36 zur gesetzlichen Pflegeversicherung (siehe Nr. 24 c der Lohnsteuerjahresbescheinigung) ein.

| **Anlage Vorsorgeaufwand: Zeile 37 bis 42: für andere Personen übernommene Kranken- und Pflegeversicherungsbeiträge** | 220 |

In Zeile 37 bis 42 sind für andere Personen übernommene Kranken- und Pflegeversicherungsbeiträge einzutragen. Darunter fallen insbesondere Beiträge für Kranken- und Pflegeversicherungsbeiträge für Kinder, für die <u>kein Kindergeldanspruch oder Anspruch auf Kinderfreibetrag mehr besteht</u> (z.B., wenn Eltern Ihr Kind während des Erststudiums nach Ablauf der Familienversicherung und einem Alter ab 26 Jahren weiterhin unterstützen). Wichtig ist, dass Sie die IdNr. der mitversicherten Person in Zeile 37 und den Namen in Zeile 38 eintragen. In Zeile 39 tragen Sie die Beiträge zur privaten Krankenversicherung und in Zeile 40 zur privaten Pflegepflichtversicherung der unterstützen Person ein. Von der Versicherung in 2023 erstattete Beiträge tragen Sie in Zeile 41 und Wahlleistungen in Zeile 42 ein.

Für Kinder, für die noch ein Kindergeldanspruch oder ein Anspruch auf Kinderfreibetrag besteht, sind in der Anlage Kind Angaben einzutragen. Dazu müssen Sie jedoch die Versicherung abgeschlossen haben und die Beiträge auch selbst zahlen.

Hat das Kind hingegen die Versicherung selbst abgeschlossen und zahlt die Beiträge selbst, d.h. Sie unterstützen das Kind nur finanziell, so stellen die Leistungen Unterhaltsleistungen dar. Diese Unterhaltsleistungen sind in die Anlage Unterhalt einzutragen.

| **Anlage Vorsorgeaufwand: 43 bis 48: sonstige Vorsorgeaufwendungen** | 221 |

In Zeile 43 bis 48 tragen Sie sonstige Vorsorgeaufwendungen ein. In Zeile 43 tragen Angestellte Arbeitnehmerbeiträge zur **Arbeitslosenversicherung** (siehe Nr. 27 der Lohnsteuerjahresbescheinigung) ein. Die Zeile 44 umfasst zusätzliche Beiträge zu einer freiwilligen (privaten) Arbeitslosenversicherung; Zeile 45 beinhaltet Beiträge für eine **freiwillige eigenständige (private) Erwerbs- und Berufsunfähigkeitsversicherung**; in Zeile 46 werden Beiträge für eine **Unfall- und Haftpflichtversicherung sowie Risikoversicherung** (die nur für den Todesfall eine Leistung vorsehen[338]) eingetragen. In Zeile 47 und 48 können Beiträge für spezielle Rentenversicherungen, welche vor dem 1.1.2005 abgeschlossen wurden, eingetragen werden.

Anlage Vorsorgeaufwand: Zeile 49 bis 55 Ergänzende Angaben

222   In Zeile 49 müssen Sie eine "2" eintragen, wenn Sie keinen Anspruch auf steuerfreie Zuschüsse zur Krankenversicherung haben. Als Arbeitnehmer, Rentner oder Beamter (inkl. Versorgungsempfänger) haben Sie diesen Anspruch. Dann müssen Sie hier nichts eintragen. Als Selbständiger haben Sie regelmäßig keinen Anspruch und müssen daher eine "2" eintragen. In Zeile 50 müssen Sie eine "1" eintragen, wenn Sie als Beamter nicht der gesetzlichen Rentenversicherungspflicht unterfallen. In Zeile 51 müssen Sie eine "1" eintragen, wenn Sie als Vorstandsmitglied/GmbH-Gesellschafter-Geschäftsführer oder in Zeile 52 als Praktikant nicht der Rentenversicherungspflicht unterfallen. Geben Sie auf jeden Fall Ihre Tätigkeitsbeschreibung in Zeile 53 an. In Zeile 54 können Sie angeben, wenn aufgrund der oben genannten Tätigkeit eine Anwartschaft auf Altersversorgung besteht. Tragen Sie eine „1" für ja oder eine „2" für nein ein. Wenn Sie hingegen Betriebsrenten bzw. Werkspensionen aus einem nicht aktiven Dienstverhältnis beziehen, bei denen es sich nicht um steuerbegünstigte Versorgungsbezüge (Anlage N Zeile 11 bis 16) handelt, so müssen Sie in Zeile 55 eine "1" eintragen.

223   **18.3 Anlage Kind**

     Die Anlage Kind müssen Sie separat für jedes Kind[339] ausfüllen, für das Sie grundsätzlich ein Anspruch auf Kindergeld oder auf den Kinderfreibetrag haben. Kinder, für die kein Kindergeld bzw. kein Kinderfreibetrag mehr gewährt wird, zum Beispiel, weil sie eine gewisse Altersgrenze (siehe Rn. 185ff.) bereits überschritten haben, sind nicht in der Anlage Kind einzutragen. Lassen Sie diesen Kindern dennoch finanzielle Leistungen zukommen, können Sie ggf. außergewöhnliche Belastungen geltend machen. Dazu müssten Sie die Anlage Unterhalt ausfüllen.

Die Abgabe der Anlage Kind macht für Steuerpflichtige nur dann Sinn, wenn sie Sonderausgaben wie Schulgeld oder Kinderbetreuungskosten geltend machen können oder wenn das zu versteuerndes Einkommen größer als ca. 40.000 EUR (Einzelveranlagung) oder ca. 80.000 EUR (Zusammenveranlagung) übersteigt. Erst dann wirkt sich der Kinderfreibetrag günstiger als das bereits ausgezahlte Kindergeld aus. Lesen Sie dazu bei Rn.185ff. nach.

---

[338] bezogen auf die Risikoversicherungen (z.B. Risikolebensversicherung).
[339] Unter Kind zählen: eigene leibliche Kinder; Pflegekinder; Enkel- bzw. Stiefkinder.

Anlage Kind

Für jedes Kind bitte eine eigene Anlage Kind abgeben.

1 Name **Mustermann**

2 Vorname **Gabi**

3 Steuernummer **999 / 999 / 99999**   lfd. Nr. der Anlage **1**

Daten für die mit ® gekennzeichneten Zeilen liegen im Regelfall vor und müssen nicht eingetragen werden. – Bitte Anleitung beachten –

Angaben zum Kind
36 / 37

4 Identifikationsnummer 01 **12345678911**

5 Vorname **Steve**   ggf. abweichender Familienname

6 Geburtsdatum 16 **10102014**   Anspruch auf Kindergeld oder vergleichbare Leistungen für 2024 15 **1500,–** EUR

7 Für die Kindergeldfestsetzung zuständige Familienkasse

Wohnsitz im Inland:
8 vom bis ggf. abweichende Adresse
00 **0101** **3112**

Wohnsitz im Ausland:
9 vom bis ggf. abweichende Adresse Staat (Kz 14)
07

Kindschaftsverhältnis

10 Kindschaftsverhältnis zur steuerpflichtigen Person / Ehemann / Person A 02 **1** 1 = leibliches Kind / Adoptivkind 2 = Pflegekind 3 = Enkelkind / Stiefkind Kindschaftsverhältnis zur Ehefrau / Person B 03 1 = leibliches Kind / Adoptivkind 2 = Pflegekind 3 = Enkelkind / Stiefkind

Kindschaftsverhältnis zu einer anderen Person

11 Name, Vorname **Müller, Max**   Geburtsdatum dieser Person **07121982** 04 **0101** **3112** Dauer des Kindschaftsverhältnisses (Zeitraum vom - bis)

12 Letzte bekannte Adresse **Musterweg 3, 99999 Musterhausen**   **1** Art des Kindschaftsverhältnisses 1 = leibliches Kind / Adoptivkind 2 = Pflegekind   vom bis

13 Der andere Elternteil lebte im Ausland im Zeitraum 37

14 Das Kindschaftsverhältnis zum anderen Elternteil ist durch dessen Tod erloschen am 06

15 Der Wohnsitz oder gewöhnliche Aufenthalt des anderen Elternteils ist nicht zu ermitteln oder der Vater des Kindes ist amtlich nicht feststellbar 05 1 = Ja

Angaben für ein volljähriges Kind

Das Kind
- befand sich in Schul-, Hochschul- oder Berufsausbildung,
- befand sich in einer Übergangszeit von höchstens vier Monaten (z. B. zwischen zwei Ausbildungsabschnitten),
- konnte eine Berufsausbildung mangels Ausbildungsplatzes nicht beginnen oder fortsetzen und / oder
- hat ein freiwilliges soziales oder ökologisches Jahr (Jugendfreiwilligendienstegesetz), eine Freiwilligentätigkeit im Rahmen des Europäischen Solidaritätskorps, einen entwicklungspolitischen Freiwilligendienst, einen Freiwilligendienst aller Generationen (§ 2 Abs. 1a SGB VII), einen Internationalen Jugendfreiwilligendienst, Bundesfreiwilligendienst oder einen anderen Dienst im Ausland (§ 5 Bundesfreiwilligendienstgesetz) geleistet.

Folgen einzelne Abschnitte unmittelbar aufeinander, sind sie zu einem Zeitraum zusammenzufassen.

16 1. Zeitraum vom – bis 80

17 Erläuterungen zum 1. Berücksichtigungszeitraum

18 2. Zeitraum vom – bis 81

19 Erläuterungen zum 2. Berücksichtigungszeitraum

20 Das Kind war ohne Beschäftigung und bei einer Agentur für Arbeit als arbeitsuchend gemeldet (Zeitraum vom - bis) 82

21 Das Kind war wegen einer vor Vollendung des 25. Lebensjahres eingetretenen Behinderung außerstande, sich selbst finanziell zu unterhalten (Zeitraum vom - bis) – Bitte Anleitung beachten. – 83

Anleitung vorhanden

Anlage Kind (LSF-10.24-183.000/1699)

Angaben zur Erwerbstätigkeit eines volljährigen Kindes

(nur bei Eintragungen in Zeile 16)

22	Das Kind hat bereits eine erstmalige Berufsausbildung oder ein Erststudium abgeschlossen	84	1 = Ja 2 = Nein
23	Falls Zeile 22 mit „Ja" beantwortet wurde: Das Kind war erwerbstätig (kein Ausbildungsdienstverhältnis)		1 = Ja 2 = Nein

Falls Zeile 23 mit „Ja" beantwortet wurde:

24	Das Kind übte eine / mehrere geringfügige Beschäftigung(en) i. S. d. §§ 8, 8a SGB IV (sog. Minijob) aus	1 = Ja 2 = Nein	Beschäftigungszeitraum vom - bis	(Vereinbarte) regelmäßige wöchentliche Arbeitszeit der Tätigkeit(en) in Stunden
25	Das Kind übte andere Erwerbstätigkeiten aus	1 = Ja 2 = Nein	Erwerbszeitraum vom - bis	(Vereinbarte) regelmäßige wöchentliche Arbeitszeit der Tätigkeit(en) in Stunden

Beiträge zur inländischen Kranken- und Pflegeversicherung

(Nicht in der Anlage Vorsorgeaufwand enthalten)

Aufwendungen von mir / uns als Versicherungsnehmer geschuldet und von mir / uns getragen

			EUR
26	Beiträge zu Krankenversicherungen des Kindes (nur Basisabsicherung, keine Wahlleistungen)	66	
27	Beiträge zur sozialen Pflegeversicherung und / oder zur privaten Pflege-Pflichtversicherung	67	
28	Von den Versicherungen laut den Zeilen 26 und / oder 27 erstattete Beträge	68	
29	Über die Basisabsicherung hinausgehende Beiträge zu Kranken- und Pflegeversicherungen des Kindes (z. B. für Wahlleistungen, Zusatzversicherungen) abzüglich erstatteter Beträge	69	

Aufwendungen vom Kind als Versicherungsnehmer geschuldet und von mir / uns getragen

30	Beiträge zu Krankenversicherungen des Kindes (nur Basisabsicherung, keine Wahlleistungen)	70	
31	In Zeile 30 enthaltene Beiträge, aus denen sich ein Anspruch auf Krankengeld ergibt	71	
32	Beiträge zur sozialen Pflegeversicherung und / oder zur privaten Pflege-Pflichtversicherung	72	
33	Von den Versicherungen laut den Zeilen 30 und / oder 32 erstattete Beträge	73	
34	In Zeile 33 enthaltene Beiträge, aus denen sich ein Anspruch auf Krankengeld ergibt	74	
35	Zuschuss von dritter Seite zu den Beiträgen laut den Zeilen 30 und / oder 32 (z. B. nach § 13a BAföG)	75	

Beiträge zur ausländischen Kranken- und Pflegeversicherung

(Nicht in der Anlage Vorsorgeaufwand enthalten)

Aufwendungen von mir / uns / dem Kind als Versicherungsnehmer geschuldet und von mir / uns getragen

			EUR
36	Beiträge (abzüglich steuerfreier Zuschüsse und / oder Erstattungen) zu ausländischen Kranken- und Pflegeversicherungen des Kindes, die mit inländischen gesetzlichen Kranken- und Pflegeversicherungen vergleichbar sind (nur Basisabsicherung) – Über die Basisabsicherung hinausgehende Beiträge, die von mir / uns als Versicherungsnehmer geschuldet und getragen wurden, in Zeile 29 eintragen –	89	
37	In Zeile 36 enthaltene Beiträge, aus denen sich ein Anspruch auf Krankengeld ergibt	90	

Übertragung des Kinderfreibetrags / des Freibetrags für den Betreuungs- und Erziehungs- oder Ausbildungsbedarf

38	Ich beantrage den vollen Kinderfreibetrag und den vollen Freibetrag für den Betreuungs- und Erziehungs- oder Ausbildungsbedarf, weil der andere Elternteil – seiner Unterhaltsverpflichtung nicht zu mindestens 75 % nachkommt oder – mangels Leistungsfähigkeit nicht unterhaltspflichtig ist	36	1 = Ja	
			vom	bis
39	Falls die Frage in Zeile 38 mit „Ja" beantwortet wurde: Es wurden Unterhaltsleistungen nach dem Unterhaltsvorschussgesetz gezahlt für den Zeitraum	38		
40	Ich beantrage den vollen Freibetrag für den Betreuungs- und Erziehungs- oder Ausbildungsbedarf, weil das minderjährige Kind bei dem anderen Elternteil nicht gemeldet war.	39	1 = Ja	43
			Zeitraum der Haushaltszugehörigkeit / Unterhaltsverpflichtung	
			vom	bis
41	Nur beim Stief- / Großelternteil: Ich beantrage / Wir beantragen die Übertragung des Kinderfreibetrags und des Freibetrags für den Betreuungs- und Erziehungs- oder Ausbildungsbedarf, weil ich / wir das Kind in meinem / unserem Haushalt aufgenommen habe(n) oder ich / wir als Großelternteil gegenüber dem Kind unterhaltspflichtig bin / sind.	76	1 = Ja	77
42	Nur beim Stief- / Großelternteil: Der Kinderfreibetrag und der Freibetrag für den Betreuungs- und Erziehungs- oder Ausbildungsbedarf sind laut **Anlage K** zu übertragen.	41	1 = Zustimmung eines Elternteils liegt vor 2 = Zustimmungen beider Elternteile liegen vor	
43	Nur bei den berechtigten Elternteilen: Der Übertragung des Kinderfreibetrags und des Freibetrags für den Betreuungs- und Erziehungs- oder Ausbildungsbedarf auf den Stief- / Großelternteil wurde laut **Anlage K** zugestimmt.	40	1 = Ja	

200

Entlastungsbetrag für Alleinerziehende

				vom	bis
44	Das Kind war mit mir in der gemeinsamen Wohnung gemeldet im Zeitraum		42	0101	3112
45	Für das Kind wurde mir Kindergeld ausgezahlt im Zeitraum		44	0101	3112

46	Außer mir war(en) in der gemeinsamen Wohnung eine / mehrere volljährige Person(en) gemeldet, für die (zeitweise) kein Anspruch auf Kindergeld oder Freibeträge für Kinder bestand.	46 ⌇ 1 = Ja 2 = Nein	Falls „Ja" (Zeitraum)	47
47	Es bestand eine Haushaltsgemeinschaft mit mindestens einer weiteren volljährigen Person, für die (zeitweise) kein Anspruch auf Kindergeld oder Freibeträge für Kinder bestand.	49 ⌇ 1 = Ja 2 = Nein	Falls „Ja" (Zeitraum)	50
48	Name, Vorname (weitere Personen bitte in einer gesonderten Aufstellung angeben)			
49	Verwandtschaftsverhältnis		Beschäftigung / Tätigkeit	

50	Nur bei Zusammenveranlagung im Jahr der Eheschließung, der Trennung oder des Todes eines Elternteils: Der Antrag auf einen Entlastungsbetrag für Alleinerziehende wird gestellt für		1 = Ehemann / Person A 2 = Ehefrau / Person B

Freibetrag zur Abgeltung eines Sonderbedarfs bei Berufsausbildung eines volljährigen Kindes

		1. Zeitraum		2. Zeitraum	
		vom	bis	vom	bis
51	Das Kind war auswärtig untergebracht im Zeitraum 85		86		
52	Anschrift(en), Staat(en) – falls im Ausland				

53	Es handelte sich zumindest zeitweise um eine auswärtige Unterbringung im Ausland	87	1 = Ja
54	Nur bei nicht zusammen veranlagten Eltern: Laut gesondertem gemeinsamen Antrag ist der Freibetrag zur Abgeltung eines Sonderbedarfs bei Berufsausbildung in einem anderen Verhältnis als je zur Hälfte aufzuteilen. Der bei mir zu berücksichtigende Anteil beträgt (in %)	88	

Schulgeld (Privatschule oder Schule in freier Trägerschaft)

– ohne Aufwendungen für die Beherbergung, Betreuung und Verpflegung des Kindes –

		berücksichtigungsfähige Gesamtaufwendungen der Eltern EUR
55	Bezeichnung der Schule oder deren Träger	24

			EUR
56	Nur bei nicht zusammen veranlagten Eltern: Das von mir übernommene Schulgeld beträgt	56	
57	Laut gesondertem gemeinsamen Antrag ist für das Kind der Höchstbetrag für das Schulgeld in einem anderen Verhältnis als je zur Hälfte aufzuteilen. Der bei mir zu berücksichtigende Anteil beträgt (in %)	57	

Übertragung des Behinderten- und / oder Hinterbliebenen-Pauschbetrags

– bei erstmaliger Beantragung / Änderung bitte Nachweis in Kopie einreichen –

Die Übertragung des **Behinderten-Pauschbetrags** wird beantragt:

Ausweis / (Renten-)bescheid / Bescheinigung

gültig von	gültig bis	unbefristet gültig	Grad der Behinderung
58			25

Das Kind ist

59	– erheblich gehbehindert (Merkzeichen „G") / außergewöhnlich gehbehindert (Merkzeichen „aG")		1 = Ja
60	– blind / taubblind / ständig hilflos (Merkzeichen „Bl", „TBl" und / oder „H"), schwerstpflegebedürftig (Pflegegrad 4 oder 5)	55	1 = Ja
61	Die Übertragung des **Hinterbliebenen-Pauschbetrags** wird beantragt:	26	1 = Ja

62	Nur bei nicht zusammen veranlagten Eltern: Laut gesondertem gemeinsamen Antrag sind die für das Kind zu gewährenden Pauschbeträge für Behinderte / Hinterbliebene in einem anderen Verhältnis als je zur Hälfte aufzuteilen. Der bei mir zu berücksichtigende Anteil beträgt (in %)	28

201

224 In Zeile 1 bis 3 tragen Sie wieder Ihre Daten (Name, Vorname und Steuernummer) ein. Sofern Sie nur eine Anlage Kind abgeben, brauchen Sie in das Feld "lfd. Nr. der Anlage" nichts eintragen. Geben Sie mehrere Anlagen Kind ab, so tragen Sie dort die Anzahl der Anlagen Kind ein. In Zeile 4 müssen Sie die Identifikationsnummer Ihres Kindes eintragen. Jedes Kind bekommt unmittelbar nach der Geburt vom Bundeszentralamt für Steuern eine eigene lebenslang gültige Id.-Nr. zugeteilt. In Zeile 5 tragen Sie den Vornamen des Kindes und gegebenenfalls einen von Ihrem Familiennamen abweichenden Familiennamen des Kindes ein. In Zeile 6 ist das Geburtsdatum des Kindes einzutragen. Außerdem müssen Sie hier den Anspruch auf Kindergeld eintragen. Dieser Anspruch richtet sich nach der Kinderanzahl und ob die Kindergeldvoraussetzungen das ganze Jahr vorgelegen haben und ob der Kindergeldanspruch auf beide Elternteile hälftig aufgeteilt werden muss. Für jedes Kind besteht im Jahr 2024 pro Jahr ein (250 EUR/Monat) Kindergeld (3.000 EUR pro Jahr). Wurde das Kind beispielsweise am 25.04.2024 geboren, so besteht der Kindergeldanspruch von April bis Dezember (=9 Monate; = 2.250 EUR)[340]. Wurde das Kind erst im Dezember geboren, besteht ein Monat der Kindergeldanspruch, auch wenn das Kindergeld tatsächlich erst im Januar des Folgejahres ausgezahlt wurde. Der Kindergeldgesamtanspruch ist grundsätzlich auf beide Elternteile hälftig aufzuteilen[341], auch wenn immer nur ein Elternteil das volle Kindergeld ausgezahlt bekommt[342]. Der in Zeile 6 in Kennziffer 16 einzutragende Anspruch auf Kindergeld beträgt damit für ein Kind 1.500 EUR, sofern beide Elternteile für den Unterhalt des Kindes aufkommen (Regelfall). Ausnahmsweise kann der gesamte Kindergeldanspruch vollständig auf einen Elternteil übertragen werden, zum Beispiel dann, wenn der andere Elternteil seiner Unterhaltspflicht nicht nachkommt. Bei zusammenveranlagten Eheleuten ist der gesamte Kindergeldanspruch einzutragen. In Zeile 7 wird nach der zuständigen Familienkasse gefragt, d.h. die Stelle, die Ihnen oder dem anderen Elternteil das Kindergeld auszahlt. In Zeile 8 und 9 tragen Sie den Wohnort des Kindes (ggf. die abweichende Adresse) und die dortige Wohndauer ein. In Zeile 10 geben Sie das Verhältnis an, in dem das Kind zu Ihnen familienrechtlich steht (1= Ihr leibliches Kind; 2=Ihr Pflegekind; 3= Ihr Enkel oder Stiefkind). In Zeile 11 bis 15 müssen Sie nur dann Angaben zum anderen Elternteil des Kindes machen, wenn es sich hierbei nicht um Ihren Ehe- oder Lebenspartner handelt. Ist der andere Elternteil bereits verstorben (Zeile 14), so steht Ihnen der gesamte Kinder- und Erziehungsfreibetrag zu. In Zeile 15 müssen Sie in Kennziffer 05 eine "1" eintragen, wenn der Wohnsitz oder gewöhnliche Aufenthalt des anderen Elternteils unbekannt oder die Vaterschaft unbekannt ist.

---

[340] Auch wenn nur an einem Tag im Monat der Kindergeldanspruch bestand, wird der volle Monatsbetrag berechnet.
[341] z.B. bei Ehegatten, wenn Einzelveranlagung gewählt wurde; bei nicht miteinander verheirateten Elternteilen, etc.
[342] Es bekommt immer nur eine Person das volle Kindergeld ausgezahlt. Der Ausgleich erfolgt dann über eine hälftige Anrechnung auf den Barunterhaltsanspruch.

Anlage Kind: Zeilen 16 bis 21: Angaben für ein volljähriges Kind

Ist das Kind bereits volljährig[343] so müssen Sie die Zeilen 16 bis 21 ausfüllen und Angaben machen zur Ausbildung des Kindes (Zeile 16 und 17); Zeitraum ohne Beschäftigung und bei der Agentur für Arbeit als arbeitssuchend gemeldet (Zeile 20); Zeitraum einer Behinderung (Zeile 21).

Anlage Kind: 22 bis 25: Angaben zur Erwerbstätigkeit eines volljährigen Kindes

Ist das Kind hingegen bereits erwerbstätig, so müssen Sie die Zeilen 22 bis 25 ausfüllen. Wenn das Kind bereits eine abgeschlossene Berufsausbildung oder ein Erststudium abgeschlossen hat, dann tragen Sie in Zeile 22 eine „1" ein, anderenfalls eine „2". Falls Sie in Zeile eine „1" eingetragen haben, müssen Sie in Zeile 23 einen Eintrag zur Erwerbstätigkeit des Kindes vornehmen. In Zeile 24 und 25 machen Sie dann Angaben zum Beschäftigungszeitraum.

Anlage Kind: 26 bis 37: Kranken- und Pflegeversicherung des Kindes

In Zeile 26 bis 37 müssen Sie zur Kranken- und Pflegeversicherung des Kindes nur dann Angaben machen, wenn Sie für Ihr Kind extra Beiträge für dessen Versicherungsschutz zahlen. Regelmäßig werden Kinder kostenlos über die Familienversicherung der gesetzlich krankenversicherten Eltern mitversichert sein. Die Eltern müssen daher keine gesonderten Beiträge für den Versicherungsschutz des Kindes zahlen und können die Zeilen frei lassen. Ist das Kind jedoch privat kranken- oder pflegeversichert oder freiwillig gesetzlich versichert und Sie zahlen dessen Beiträge, dann können Sie die Beiträge des Kindes als eigene Sonderausgaben abziehen. Eintragungen in die Zeilen 26 bis 37 müssen Sie vornehmen, wenn Sie selbst Versicherungsnehmer für Ihr Kind sind und auch selbst direkt die Beiträge an die Versicherung für Ihr Kind zahlen. Tragen Sie dazu in Zeile 26 die Beiträge zur Krankenversicherung (nur Basisabsicherung ohne Wahlleistungen) ein. In Zeile 27 tragen Sie die Beiträge für die Pflegeversicherung ein. Zeile 28 beinhaltet die erstatteten Beiträge der Versicherung/Krankenkasse (z.B. Beitragsrückerstattung oder Bonus). Wurden Beiträge für Wahlleistungen zur Kranken- oder Pflegeversicherung des Kindes gezahlt, so tragen Sie diese in Zeile 29 ein. Ist Ihr Kind hingegen selbst Versicherungsnehmer und Sie schulden die Beiträge des Kindes, so müssen Sie die Eintragungen in den Zeilen 30 bis 45 vornehmen. In Zeile 30 tragen Sie die Beiträge für die Krankenversicherung des Kindes (nur Basisabsicherung) ein, sofern das Kind keinen eigenen Anspruch auf Krankengeld hat. Hat das Kind hingegen einen eigenen Anspruch auf Krankengeld, so müssen Sie die Beiträge für die Krankenversicherung des Kindes in Zeile 31 eintragen. Beiträge zur gesetzlichen bzw. privaten Pflegeversicherung tragen Sie in Zeile 32 ein. Wurden hingegen Beiträge durch die Krankenversicherung erstattet, so tragen Sie diese Erstattungsbeträge in die Zeilen 33 bzw. 34 ein. Wurde Ihrem Kind ein Zuschuss von dritter Seite gewährt, so tragen Sie diesen in Zeile 35 ein. Die Zeilen 36 und 37 müssen Sie nur ausfüllen, wenn Sie an ausländische Kranken- und Pflegeversicherungen Beiträge für Ihr Kind gezahlt haben.

---

[343] Volljährigkeit ab der Vollendung des 18. Lebensjahres, d.h. ab dem 18. Geburtstag.

Anlage Kind: 38 bis 43: Übertragung der Freibeträge

227 Entsprechend dem Kindergeld stehen auch der Kinderfreibetrag und der Freibetrag für Betreuung-/Erziehungs-/Ausbildungsbedarf jedem Elternteil zur Hälfte zu. Im Ausnahmefall ist dieser auf einen Elternteil bzw. auf die Stief- oder Großeltern übertragbar. Dazu muss zwingend die Extra-Anlage K ausgefüllt werden[344]. Sollten Sie die vollen Kinderfreibeträge geltend machen (Übertragung), so müssen Sie die Zeilen 38 bis 43 ausfüllen. Zeile 38 enthält die Voraussetzungen für die Übertragung des Kinderfreibetrages. Wenn Sie die dargestellten Voraussetzungen für die Übertragung des Kinderfreibetrages in Zeile 38 erfüllen, so tragen Sie eine 1 (1=ja) ein. In Zeile 39 müssen Sie angeben, ob und in welchem Zeitraum Sie vom Amt einen Unterhaltsvorschuss erhalten haben. In Zeile 40 können Sie die Übertragung des Betreuungsfreibetrages beantragen, wenn das minderjährige Kind bei dem anderen Elternteil nicht gemeldet war. Tragen Sie dazu eine 1 (1=ja) und den Zeitraum (von/bis) ein, in dem das Kind nicht beim anderen Elternteil gemeldet war. In Zeile 42 bestätigt der Elternteil durch Eintragung einer "1", dass die Freibeträge auf einen Stief- oder Großelternteil übertragen werden sollen. In Zeile 43 erklärt der Stief- oder Großelternteil, dass die Freibeträge übertragen werden.

Anlage Kind: 44 bis 50: Entlastungsbetrag für Alleinerziehende

228 Alleinerziehende können in Zeile 44 bis 50 den Entlastungsbetrag für Alleinerziehende geltend machen. Siehe dazu Rn.188. In Zeile 44 ist anzugeben, in welchem Zeitraum das Kind bei dem alleinerziehenden Elternteil gelebt hat. Zeile 45 beinhaltet den Zeitraum des Kindergeldbezugs durch den Alleinerziehenden. In Zeile 46 muss angegeben werden, ob neben Ihnen weitere volljährige Personen in Ihrem Haushalt gemeldet waren (1=ja; 2=nein). Zusätzlich muss der Zeitraum angegeben werden. In Zeile 47 ist anzugeben, ob mit einer anderen volljährigen Person eine Haushaltsgemeinschaft bestand, für die keine Anlage Kind beigefügt wurde, d.h., für die Sie keinen Anspruch auf Kindergeld/Kinderfreibetrag hatten. In Zeile 48 und 49 müssten Sie dann Angaben zu dieser Person machen. Sollten Sie mit Ihrem neuen Ehegatten zusammenveranlagt werden, so müssen Sie in Zeile 50 angeben, ob für den Ehemann oder die Ehefrau der Antrag gestellt wird. Tragen Sie eine „1" für Ehemann oder eine „2" für Ehefrau ein.

Anlage Kind: 51 bis 54: Freibetrag für auswärtige Unterbringung

229 Sofern Sie den Anspruch auf den Freibetrag zur Abgeltung des Sonderbedarfs bei auswärtiger Unterbringung Ihres Kindes geltend machen wollen, müssen Sie die Zeilen 51 bis 54 ausfüllen. Die Voraussetzungen für die Geltendmachung des Freibetrages können Sie der Rn.189 entnehmen. In Zeile 51 geben Sie den Zeitraum der auswärtigen Unterbringung an. In Zeile 52 und 53 müssen Sie nur Angaben machen, wenn das Kind zumindest zeitweise im Ausland untegebracht war. Dazu tragen Sie in Zeile 52 die Anschrift der Unterbringung im Ausland und in Zeile 53 eine „1" ein. Getrennt veranlagte Eltern können in Zeile 54 den Freibetrag prozentual untereinander aufteilen.

---

[344] Die Anlage K finden Sie unter: https://www.formulare-bfinv.de

Dazu muss zusätzlich ein von beiden unterschriebener Antrag auf einem beigefügten Blatt formlos eingereicht werden. Wird im Fall der getrennten Veranlagung keine gesonderte Angabe gemacht, so wird der Freibetrag hälftig auf die Elternteile aufgeteilt.

Anlage Kind: 55 bis 57: Schulgeld

Mussten die Eltern Schulgeld zahlen, so können diese Aufwendungen als Sonderausgaben geltend gemacht werden. Siehe dazu Rn. 111. In Zeile 55 ist der Name der Schule (Adressangabe empfohlen) und der Betrag der Schulgeldzahlungen (Gesamtaufwendungen der Eltern) anzugeben. Sofern Sie nicht Zusammenveranlagung durchführen, müssen Sie in Zeile 56 angeben, welchen Betrag Sie persönlich an Schulgeld gezahlt haben[345]. Getrennt veranlagte Eltern können in Zeile 57 den Höchstbetrag für das Schulgeld untereinander aufteilen. Dazu muss zusätzlich ein von beiden unterschriebener Antrag auf einem beigefügten Blatt formlos eingereicht werden.

230

Anlage Kind: Zeile 58 bis 22: Übertragung des Behinderten- oder Hinterbliebenen-Pauschbetrags

231

Möchten Sie für Ihr Kind die Übertragung des Behinderten-Pauschbetrages beantragen, so müssen Sie in Zeile 58 angeben, für welchen Zeitraum der Nachweis (Ausweis/Rentenbescheid/Bescheinigung) für die Behinderung des Kindes gültig ist, bzw. ob diese Bescheinigung unbefristet gültig ist. Zusätzlich müssen Sie unter der Kennziffer 25 den Grad der Behinderung des Kindes angeben. Wenn das Kind geh- und stehbehindert ist, dann tragen Sie eine "Eins" in Zeile 59 ein. Wenn das Kind hingegen blind bzw. ständig hilflos ist, dann tragen Sie in Zeile 60 eine "Eins" ein. Die Übertragung des Hinterbliebenen-Pauschbetrages beantragen Sie, indem Sie in Zeile 61 eine "Eins" eintragen. Getrennt veranlagte Eltern können in Zeile 62 den Pauschbetrag untereinander aufteilen. Dazu muss zusätzlich ein von beiden unterschriebener Antrag auf einem beigefügten Blatt formlos eingereicht werden. Wird im Fall der getrennten Veranlagung keine gesonderte Angabe gemacht, so wird der Freibetrag hälftig auf die Elternteile aufgeteilt.

Anlage Kind: Zeile 63 bis 65: Übertragung der behinderungsbedingten Fahrkostenpauschale

232

Die Zeilen 63 bis 65 müssen Sie ausfüllen, wenn Sie für Ihr Kind die behinderungsbedingte Fahrkostenpauschale auf sich übertragen möchten. Dazu setzen Sie in Zeile 63 eine „1", sofern Ihr Kind einen Grad der Behinderung von 80 oder 70 mit Merkzeichen „G" hat. In Zeile 64 müssen Sie eine „1" setzen, wenn Ihr Kind außergewöhnlich gehbehindert, blind, taubblind, ständig hilflos oder schwerstpflegebedürftig ist. Zusammenveranlagte können die Pauschale ihres Kindes untereinander prozentual aufteilen, sofern sie keine 50/50-Verteilung wünschen. Dazu ist in Zeile 65 die gwünschte prozentuale Aufteilung einzutragen.

---

[345] Es ist denkbar, dass der Betrag in Zeile 62 vom Betrag in Zeile 61 abweicht, wenn beide Elternteile Schuldgeld gezahlt haben. Bei getrennter Veranlagung können Sie immer nur denjenigen Betrag steuerlich geltend machen, den Sie selbst gezahlt haben.

Sind Ihnen Kinderbetreuungskosten angefallen, so sollten Sie die Zeile 66 bis 72 ausfüllen, wenn Ihr Kind noch nicht 14 Jahre alt ist. Für behinderte Kinder gelten keine Altersgrenzen. Siehe Rn.110. In Zeile 66 geben Sie die Art der Dienstleistung (z.B. Kindergarten; Tagesmutter, etc.) Namen und die Anschrift des Dienstleisters, sowie den Zeitraum der Betreuung und die Gesamtaufwendungen für die Kinderbetreuung an. Sollten Sie steuerfreie Zuschüsse für die Kinderbetreuung erhalten haben, so müssen Sie diese Zuschüsse in Zeile 67 angeben. Sofern Sie getrennt von dem anderen Elternteil veranlagt werden[346], müssen Sie in Zeile 71 angeben, welchen Betrag Sie über welchen Zeitraum gezahlt haben[347]. In Zeile 68 ist anzugeben, ob Sie mit dem anderen Elternteil einen gemeinsamen Haushalt geführt haben. Geben Sie hier den Zeitraum des gemeinsamen Haushaltes an. Geben Sie außerdem den Zeitraum an, an dem das Kind im gemeinsamen Haushalt lebte. Sofern kein gemeinsamer Haushalt zwischen Ihnen und dem anderen Elternteil bestand, müssen Sie in Zeile 69 diesen Zeitraum angeben. Geben Sie außerdem in Zeile 69 bzw. Zeile 70 an, in welchem Haushalt das Kind wann lebte. Getrennt veranlagte Eltern können in Zeile 72 den Höchstbetrag für die Kinderbetreuung prozentual untereinander aufteilen. Dazu muss zusätzlich ein von beiden unterschriebener Antrag auf einem beigefügten Blatt formlos eingereicht werden. Wird im Fall der getrennten Veranlagung keine gesonderte Angabe gemacht, so wird der Freibetrag hälftig auf die Elternteile aufgeteilt.

234 ### 18.4. Anlage AV - Die Anlage für Riester-Beiträge

Die Anlage AV müssen Sie ausfüllen, wenn Sie Beiträge in sog. Riester-Verträge eingezahlt haben.

In Zeile 1 bis 3 tragen Sie wieder Ihren Namen, Vornamen und Ihre Steuernummer ein. Nur wenn Sie mit Ihrem Ehegatten/Lebenspartner zusammen veranlagt werden, füllen Sie auch die Spalte für die Ehefrau bzw. für den Lebenspartner B aus. Ehegatten, die getrennt veranlagt werden, geben bitte jeweils in ihrer Steuererklärung eine eigene Anlage AV ab.

Wenn Sie Beamter, Soldat, Richter, Angestellter, Arbeiter, Arbeitsloser mit ALG-1 oder ALG-2 - Bezug, versicherungspflichtiger Landwirt, Rentenempfänger einer Erwerbsminderungs- oder Erwerbsunfähigkeitsrente oder vergleichbarer Versorgungsleistungen oder Mitglied eines ausländischen gesetzlichen Alterssicherungssystems sind, dann sind Sie unmittelbar begünstigt. Tragen Sie dazu in Zeile 4 eine "1" für ja ein. In den Zeilen 5 bis 14 müssen Sie Angaben zu den erzielten Einkünften im Jahr 2023 bzw. 2022 machen. Angestellte und Arbeiter tragen ihren Arbeitslohn im Jahr 2023 in Zeile 5; Beamte, Richter und Soldaten ihren Sold in Zeile 6 ein.

---

[346] z.B. bei Einzelveranlagung von Ehegatten/Lebenspartnern oder wenn SIe nicht mit dem anderen Elternteil verheiratet sind.
[347] Eine Abweichung des Betrages in Zeile 69 zum Betrag in Zeile 67 ergibt sich dann, wenn der andere Elternteil auch Beträge gezahlt hat.

Anleitung vorhanden

Name Mustermann

Vorname Gabi

Steuernummer 999 / 999 / 99999

Anlage AV

Diese Anlage ist bei Zusammenveranlagung von Ehegatten / Lebenspartnern gemeinsam auszufüllen.

Angaben zur steuerlichen Förderung von Altersvorsorgebei-
trägen (sog. Riester-Verträge)

Für alle vom Anbieter übermittelten Altersvorsorgebeiträge wird ein zusätzlicher Sonderausgabenabzug geltend gemacht.
Machen Sie hierzu bitte ausschließlich Angaben in den Zeilen 4 bis 20.

Wenn Sie für alle Altersvorsorgeverträge keinen Sonderausgabenabzug wünschen, dann geben Sie bitte keine Anlage AV ab.

Berechnungsgrundlagen   39

– Bei Zusammenveranlagung: Bitte die Art der Begünstigung (unmittelbar / mittelbar) beider Ehegatten / Lebenspartner angeben,
wenn für jeden Ehegatten / Lebenspartner mindestens ein Riester-Vertrag vorliegt. Hat nur einer von beiden mindestens einen Riester-Vertrag, muss nur diese Person Angaben zur Art der Begünstigung machen. –

		Steuerpflichtige Person / Ehemann / Person A		Ehefrau / Person B	
4	**Ich bin für das Jahr 2024 unmittelbar begünstigt.** (Bitte die Zeilen 5 bis 13 ausfüllen.)	106	1 = Ja	306	1 = Ja
5	Beitragspflichtige Einnahmen i. S. d. inländischen gesetzlichen Rentenversicherung 2023	100 EUR 45325,–		300 EUR	
6	Inländische Besoldung, Amtsbezüge und Einnahmen beurlaub-ter Beamter 2023 (Ein Eintrag ist nur erforderlich, wenn Sie eine Ein-willigung gegenüber der zuständigen Stelle abgegeben haben.)	101		301	
7	Entgeltersatzleistungen 2023	104		304	
8	Tatsächliches Entgelt 2023	102		302	
9	Jahres(brutto)betrag der Rente wegen voller Erwerbsminderung oder Erwerbsunfähigkeit in der inländischen gesetzlichen Ren-tenversicherung 2023	109		309	
10	Inländische Versorgungsbezüge wegen Dienstunfähigkeit 2023 (Ein Eintrag ist nur erforderlich, wenn Sie eine Einwilligung gegenüber der zuständigen Stelle abgegeben haben.)	113		313	
11	Einkünfte aus Land- und Forstwirtschaft 2022	103		303	
12	Jahres(brutto)betrag der Rente wegen voller Erwerbsminderung oder Erwerbsunfähigkeit nach dem Gesetz über die Alterssiche-rung der Landwirte 2023	111		311	
13	Einnahmen aus einer Beschäftigung, die einer ausländischen gesetzlichen Rentenversicherungspflicht unterlag und / oder Jahres(brutto)betrag der Rente wegen voller Erwerbsminderung oder Erwerbsunfähigkeit aus einer ausländischen gesetzlichen Rentenversicherung 2023	114		314	
14	**Ich bin für das Jahr 2024 mittelbar begünstigt.**	106	2 = Ja	306	2 = Ja

(Bei Einzelveranlagung von Ehegatten / Lebenspartnern: Die Angaben zu den Altersvorsorgebeiträgen werden bei der Einkommen-
steuerveranlagung des anderen Ehegatten / Lebenspartners berücksichtigt.)

Sonstige Angaben

		Steuerpflichtige Person / Ehemann / Person A	Ehefrau / Person B
15	Mitgliedsnummer der landwirt-schaftlichen Alterskasse	112	312

Angaben zu Kindern, für die ein Anspruch auf Kinderzulage besteht

**Bei Eltern, die miteinander verheiratet sind oder miteinander eine Lebenspartnerschaft führen und 2024 nicht dau-
ernd getrennt gelebt haben:**

		Geboren vor dem 1.1.2008	Geboren nach dem 31.12.2007
16	Anzahl der Kinder, für die für 2024 Kindergeld festgesetzt worden ist und – die bei der Zusammenveranlagung der Mutter / Person B zugeordnet werden oder – die bei der Zusammenveranlagung von Person A auf Person A übertragen wurden	305	315
17	– für die bei Zusammenveranlagung oder Einzelveranlagung von Ehegatten / Lebenspartnern die Kin-derzulage von der Mutter auf den Vater / von Person B auf Person A übertragen wurde, – die bei Einzelveranlagung von Ehegatten / Lebenspartnern der Mutter / Person A zugeordnet wer-den oder – die bei Zusammenveranlagung Person A zugeordnet werden	105	115
18	Anzahl der bei Einzelveranlagung von Ehegatten / Lebenspartnern von der Mutter auf den Vater übertra-genen Kinderzulagen – Eintragung nur in der Steuererklärung der übertragenden Person –	225	235

Anlage AV Angaben zur steuerl. Förderung von Altersvorsorgebeiträgen (LSF-10.24 - 223.500/1697)

207

Bei allen anderen Kindergeldberechtigten:

– Die in den Zeilen 19 und / oder 20 anzugebenden Kinder dürfen nicht in den Zeilen 16 bis 18 enthalten sein. –

		Geboren vor dem 1.1.2008	Geboren nach dem 31.12.2007
19	Anzahl der Kinder, für die für den ersten Anspruchszeitraum 2024 Kindergeld gegenüber – der steuerpflichtigen Person / dem Ehemann / der Person A	205	215
20	– der Ehefrau / Person B festgesetzt worden ist.	405	415

Die Zeilen 21 bis 30 müssen Sie ausschließlich ausfüllen, wenn Sie für bestimmte Altersvorsorgeverträge keinen zusätzlichen Sonderausgabenabzug wünschen.

Haben Sie gegenüber dem Anbieter Ihres Altersvorsorgevertrages bereits auf den zusätzlichen Sonderausgabenabzug verzichtet, dann müssen Sie die Zeilen 21 bis 39 nicht ausfüllen.

Wenn Sie für alle Altersvorsorgeverträge keinen zusätzlichen Sonderausgabenabzug wünschen, dann geben Sie bitte keine Anlage AV ab.

Altersvorsorgeverträge, für die kein zusätzlicher Sonderausgabenabzug geltend gemacht wird

Steuerpflichtige Person / Ehemann / Person A

21	Für nachfolgende Altersvorsorgeverträge möchte ich keinen zusätzlichen Sonderausgabenabzug geltend machen.	200	1 = Ja

1. Vertrag

22	Anbieternummer	Zertifizierungsnummer 0 0
23	Vertragsnummer	

2. Vertrag

24	Anbieternummer	Zertifizierungsnummer 0 0
25	Vertragsnummer	

Ehefrau / Person B

26	Für nachfolgende Altersvorsorgeverträge möchte ich keinen zusätzlichen Sonderausgabenabzug geltend machen.	400	1 = Ja

1. Vertrag

27	Anbieternummer	Zertifizierungsnummer 0 0
28	Vertragsnummer	

2. Vertrag

29	Anbieternummer	Zertifizierungsnummer 0 0
30	Vertragsnummer	

Widerruf des Verzichts auf den zusätzlichen Sonderausgabenabzug

Steuerpflichtige Person / Ehemann / Person A

31	Ich habe bisher gegenüber dem Anbieter meines Altersversorgungsvertrages auf den zusätzlichen Sonderausgabenabzug verzichtet. Hiermit widerrufe ich den gegenüber meinem Anbieter erklärten Verzicht auf den zusätzlichen Sonderausgabenabzug für den nachfolgenden Vertrag.	204	1 = Ja

Vertrag

32	Anbieternummer	Zertifizierungsnummer 0 0
33	Vertragsnummer	

Ehefrau / Person B

34	Ich habe bisher gegenüber dem Anbieter meines Altersversorgungsvertrages auf den zusätzlichen Sonderausgabenabzug verzichtet. Hiermit widerrufe ich den gegenüber meinem Anbieter erklärten Verzicht auf den zusätzlichen Sonderausgabenabzug für den nachfolgenden Vertrag.	404	1 = Ja

Vertrag

35	Anbieternummer	Zertifizierungsnummer 0 0
36	Vertragsnummer	

208

Wenn Sie hingegen Arbeitslosengeld oder Entgeltersatzleistungsempfänger empfangen haben, so tragen Sie ihre Entgeltersatzleistungen in Zeile 7 ein, Rentenempfänger einer Erwerbsminderungs- oder Erwerbsunfähigkeitsrente tragen die Rentenleistungen in Zeile 9 ein.

Weicht das tatsächliche Entgelt ab, so tragen Sie es in Zeile 8 ein. Haben Sie in 2023 inländische Versorgungsbezüge wegen Dienstunfähigkeit erhalten, so tragen Sie diese in Zeile 10 ein. In Zeile 11 sind Einkünfte aus Land- und Forstwirtschaft aus dem Jahr 2022 einzutragen. Haben Sie hingegen eine Rente wegen voller Erwerbsmindeurng oder Erbsunfähigkeit nach dem Gesetz über Alterssicherung der Landwirte in 2023 erhalten, so tragen Sie den Betrag in Zeile 12 ein.

Ausländische Beschäftigungseinkünfte, die einer ausländischen gesetzlichen Rentenversicherung unterlagen oder ausländische Renteneinkünfte wegen voller Erwerbsminderung/Erwerbsunfähigkeit tragen Sie in Zeile 13 ein. Wenn Sie im Jahr 2024 nicht unmittelbar zulagenberechtigt sind (z.B. "Hausfrauen-Ehegatten"), dann tragen Sie in Zeile 14 eine "2" ein. Sofern Sie Sofern Sie einer landwirtschaftlichen Alterskasse angehören, tragen Sie bitte Ihre Mitgliedsnummer in Zeile 15 ein.

In den Zeilen 16 bis 20 tragen Sie die Anzahl Kinder ein, für die Sie tatsächlich Kindergeld erhalten. Unterschieden wird dabei zwischen nicht dauerhaft getrennt lebenden verheirateten Eltern/Lebenspartnern (Zeile 16-18) und sostigen Kindergeldbeziehenden (Zeile 19+20) (Alleinerziehende bzw. nichtverheiratete Eltern).

In Zeile 16 tragen Verheiratete die Anzahl Ihrer Kinder ein. Es wird unterschieden, ob das Kind vor dem 1.1.2008 oder nach dem 31.12.2007 geboren wurde. Wenn die Kinderzulage von der Mutter (Regelfall) abweichend auf den Vater übertragen werden soll, so bedarf es einer Angabe in Zeile 18.

Bei Nichtverheirateten Eltern ist hingegen in Zeile 19 anzugeben, für wieviele Kinder ein Kindergeldanspruch tatsächlich bestand (Kindergeld wurde tatsächlich an diese Person ausgezahlt). Auch hier muss wieder unterschieden werden, ob das Kind vor dem 1.1.2008 oder nach dem 31.12.2007 geboren worden ist.

18.5. Anlage N: Die Anlage für Angestellte, Beamte, Arbeiter und Pensionäre   235

Die Anlage N ist von allen Steuerpflichtigen auszufüllen, die Einkünfte aus nichtselbständiger Arbeit erhalten, d.h. Personen, die Einkünfte aus Angestellten-, Arbeits- oder Beamtenverhältnissen bzw.

Pensionsleistungen aus einem früheren Arbeits- oder Dienstverhältnis erhalten.

Das Formular hat sich im Vergleich zum Vorjahr leicht verändert. Die vom Arbeitgeber elektronisch übermittelten Lohndaten (im Formular dunkelgrün bzw. dunkelgrau hinterlegt und mit einem (e) gekennzeichnet) müssen Sie nicht zwangsläufig eintragen.

Jeder Ehegatte bzw. Lebenspartner muss die Anlage N separat ausfüllen (auch bei

Zusammenveranlagung), sofern der Ehegatte ebenfalls Einkünfte aus nichtselbständiger Tätigkeit erhalten hat.

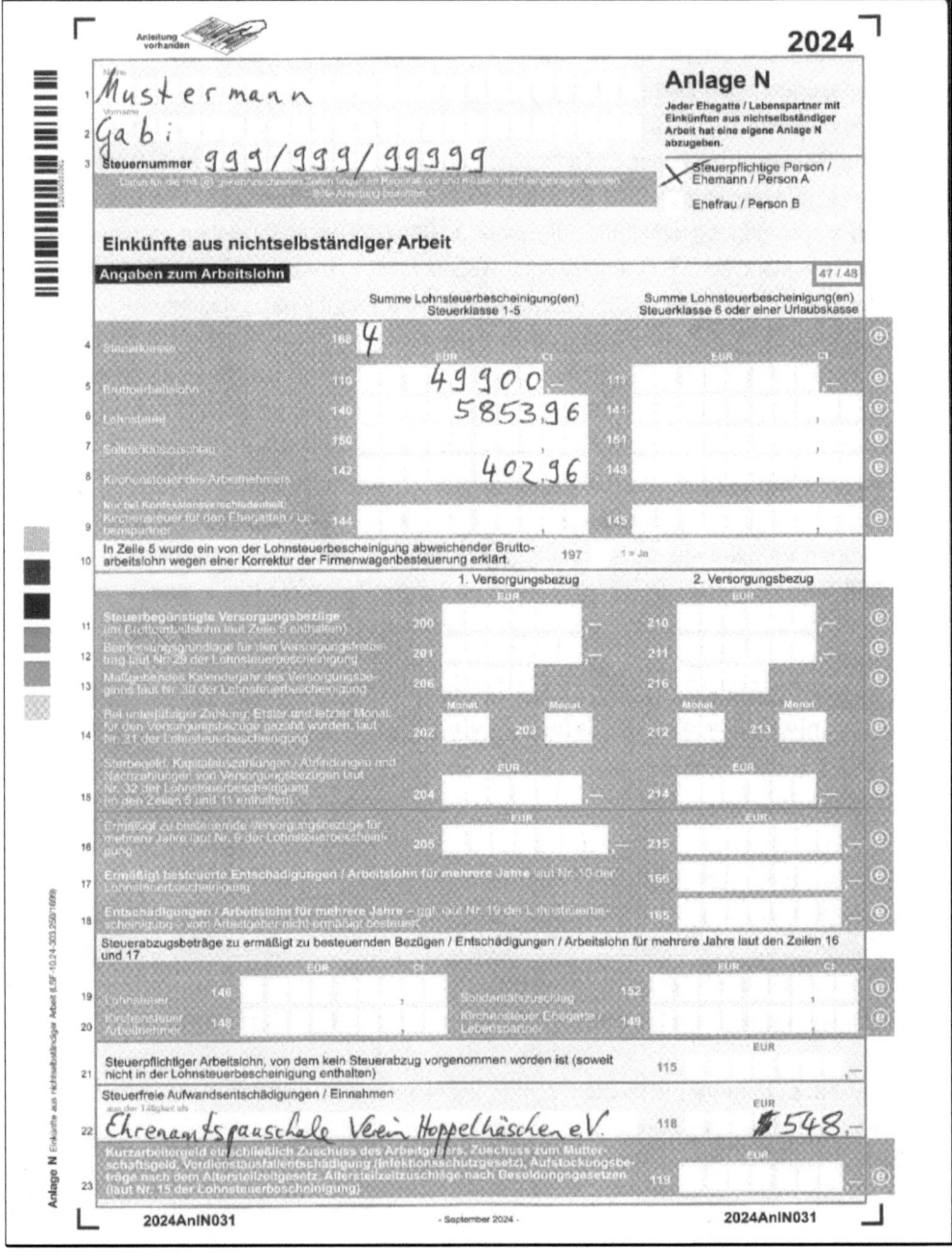

Steuerfreier Arbeitslohn / steuerfreie Einkünfte laut Anlage(n) N-AUS

			EUR
24	Steuerfreier Arbeitslohn nach Doppelbesteuerungsabkommen / sonstigen zwischenstaatlichen Übereinkommen (**Summe aus den Zeilen 47, 56 und / oder 63 aller Anlagen N-AUS**)	139	,
25	Steuerfreier Arbeitslohn nach Auslandstätigkeitserlass (**Summe aus den Zeilen 52 aller Anlagen N-AUS**)	136	,
26	Steuerfreie Einkünfte (Besondere Lohnbestandteile) nach Doppelbesteuerungsabkommen / sonstigen zwischenstaatlichen Übereinkommen / Auslandstätigkeitserlass (**Summe aus den Zeilen 62 aller Anlagen N-AUS**)	178	,
27	Anzahl der beigefügten **Anlagen N-AUS**		

Ansässigkeit in Belgien (gemäß Artikel 4 des Doppelbesteuerungsabkommens mit Belgien)

	Adresse in Belgien		EUR
28		Arbeitslohn 127	,

Angaben zu Grenzgängern

	2 = Frankreich			
	3 = Schweiz, Arbeitslohn in CHF gezahlt	Arbeitslohn in CHF / EUR		Schweizerische Abzugsteuer in CHF / EUR
29	Grenzgänger nach 117 D = Schweiz, Arbeitslohn in EUR gezahlt 116	— 135		,
	4 = Österreich			

Werbungskosten `87 / 88`

– ohne Beträge laut den Zeilen 81 bis 84 –

Hinweis:
Mehraufwendungen für eine doppelte Haushaltsführung erklären Sie bitte in der Anlage N-Doppelte Haushaltsführung.

Entfernungspauschale

Wege zwischen Wohnung und erster Tätigkeitsstätte / Sammelpunkt / weiträumigem Tätigkeitsgebiet (1. Angabe)

		PLZ, Ort und Straße	vom	bis
30	1 = erste Tätigkeitsstätte 2 = Sammelpunkt / weiträumiges Tätigkeitsgebiet *1*	*99908, Musterstätte, Musterweg 3*	*01 01*	*31 12*

31	Arbeitstage je Woche *5*	Urlaubs-, Krankheits-, Heimarbeits- und Dienstreisetage *35*	Behinderungsgrad mindestens 70 oder mindestens 50 und Merkzeichen „G" 115	1 = Ja
32	aufgesucht an Tagen		110 *225*	
33	einfache Entfernung in Kilometern (auf volle Kilometer abgerundet)		111 *19*	km
34	· davon mit eigenem oder zur Nutzung überlassenem PKW zurückgelegt		112 *19*	km
35	davon mit Sammelbeförderung des Arbeitgebers zurückgelegt		113	km
36	davon mit öffentlichen Verkehrsmitteln, Motorrad, Fahrrad oder Ähnlichem, als Fußgänger und / oder als Mitfahrer einer Fahrgemeinschaft zurückgelegt			km
				EUR
37	Aufwendungen für Fahrten mit öffentlichen Verkehrsmitteln (ohne Fähr- und Flugkosten)		114	,

Wege zwischen Wohnung und erster Tätigkeitsstätte / Sammelpunkt / weiträumigem Tätigkeitsgebiet (2. Angabe)

		PLZ, Ort und Straße	vom	bis
38	1 = erste Tätigkeitsstätte 2 = Sammelpunkt / weiträumiges Tätigkeitsgebiet			

39	Arbeitstage je Woche	Urlaubs-, Krankheits-, Heimarbeits- und Dienstreisetage	Behinderungsgrad mindestens 70 oder mindestens 50 und Merkzeichen „G" 135	1 = Ja
40	aufgesucht an Tagen		130	
41	einfache Entfernung in Kilometern (auf volle Kilometer abgerundet)		131	km
42	davon mit eigenem oder zur Nutzung überlassenem PKW zurückgelegt		132	km
43	davon mit Sammelbeförderung des Arbeitgebers zurückgelegt		133	km
44	davon mit öffentlichen Verkehrsmitteln, Motorrad, Fahrrad oder Ähnlichem, als Fußgänger und / oder als Mitfahrer einer Fahrgemeinschaft zurückgelegt			km
				EUR
45	Aufwendungen für Fahrten mit öffentlichen Verkehrsmitteln (ohne Fähr- und Flugkosten)		134	,

2024AnlN032   2024AnlN032

211

Wege zwischen Wohnung und erster Tätigkeitsstätte / Sammelpunkt / weiträumigem Tätigkeitsgebiet (3. Angabe)

				vom	bis
46	1 = erste Tätigkeitsstätte 2 = Sammelpunkt / weit- räumiges Tätigkeitsgebiet	PLZ, Ort und Straße			

	Arbeitstage je Woche	Urlaubs-, Krankheits-, Heimarbeits- und Dienstreisetage	Behinderungsgrad mindestens 70 oder mindestens 50 und Merkzeichen „G"	155	1 = Ja
47					

48	aufgesucht an Tagen			150	
49	einfache Entfernung in Kilometern (auf volle Kilometer abgerundet)			151	km
50	davon mit eigenem oder zur Nutzung überlassenem PKW zurückgelegt			152	km
51	davon mit Sammelbeförderung des Arbeitgebers zurückgelegt			153	km
52	davon mit öffentlichen Verkehrsmitteln, Motorrad, Fahrrad oder Ähnlichem, als Fußgänger und / oder als Mitfahrer einer Fahrgemeinschaft zurückgelegt				km
					EUR
53	Aufwendungen für Fahrten mit öffentlichen Verkehrsmitteln (ohne Fähr- und Flugkosten)			154	

Arbeitgeberleistungen / Fahrtkostenzuschüsse

		EUR		EUR	
54	Arbeitgeberleistungen laut Nr. 17 der Lohnsteuerbescheinigung (steuerfrei ersetzt)	290	Arbeitgeberleistungen laut Nr. 18 der Lohnsteuerbescheinigung (pauschal besteuert)	295	
55	Von der Agentur für Arbeit oder dem Jobcenter gezahlte Fahrtkostenzuschüsse			291	

Beiträge zu Berufsverbänden

	Bezeichnung der Verbände		EUR
56	Gewerkschaftsbeitrag Gesundheitswesegewerkschaft	310	230,

Aufwendungen für Arbeitsmittel
– soweit nicht steuerfrei ersetzt –

	Art der Arbeitsmittel		EUR
57			
58		+	
59	Summe	320 =	

Häusliches Arbeitszimmer, das den Mittelpunkt der gesamten betrieblichen und beruflichen Tätigkeit bildet
– tatsächliche Aufwendungen oder
– Jahrespauschale i. H. v. 1.260 € (bei nicht ganzjährig vorliegenden Voraussetzungen zeitanteilig)

			EUR
60		325	

Tagespauschale (bei beruflicher Tätigkeit im Homeoffice)
– Diese wird von Ihrem Finanzamt anhand Ihrer Angaben zur Anzahl der Tage berechnet. –

	Für die berufliche Tätigkeit steht **ein anderer Arbeitsplatz** zur Verfügung: Anzahl der Kalendertage, an denen die berufliche Tätigkeit **ganz oder überwiegend** in der häuslichen Wohnung ausgeübt und **keine** erste Tätigkeitsstätte aufgesucht wurde – Diese Kalendertage dürfen nicht in Zeile 62 enthalten sein. –	335
61		
62	Für die berufliche Tätigkeit steht **dauerhaft kein anderer Arbeitsplatz** zur Verfügung: Anzahl der Kalendertage, an denen die berufliche Tätigkeit (auch) in der häuslichen Wohnung ausgeübt wurde – Diese Kalendertage dürfen nicht in Zeile 61 enthalten sein. –	336

Fortbildungskosten
– soweit nicht steuerfrei ersetzt –

			EUR
63	Seminar mentale Belastg in Gesundheitspflege, Kursgeb.	630	100,–

Weitere Werbungskosten
– soweit nicht steuerfrei ersetzt –

	Fahr- und Flugkosten bei Wegen zwischen Wohnung und erster Tätigkeitsstätte / Sammelpunkt / weiträumigem Tätigkeitsgebiet		EUR
64	Kontoführungspauschale Sonstiges (z. B. Bewerbungskosten, Kontoführungsgebühren)		16,–
65		+	
66		+	
67	Summe der weiteren Werbungskosten	380 =	

212

Reisekosten bei beruflich veranlassten Auswärtstätigkeiten

68 | Die Fahrten wurden ganz oder teilweise mit einem Firmenwagen oder im Rahmen einer unentgeltlichen Sammelbeförderung des Arbeitgebers durchgeführt
– Falls „Ja": Für die Fahrten mit Firmenwagen oder Sammelbeförderung dürfen mangels Aufwands keine Eintragungen zu Fahrtkosten in Zeile 69 vorgenommen werden. – | 401 | 1 = Ja 2 = Nein

Fahrtkosten | EUR

69 | | ,

Übernachtungskosten

70 | | + | ,

Reisenebenkosten

71 | | + | ,

72 | Gesamtsumme der Aufwendungen für Reisekosten | 410 = | ,

73 | **Pauschbeträge für Berufskraftfahrer bei Übernachtung im Kraftfahrzeug (Anzahl der Tage)** | 411

EUR

74 | **Vom Arbeitgeber steuerfrei ersetzt** | 420 | ,

Pauschbeträge für Mehraufwendungen für Verpflegung

Bei einer Auswärtstätigkeit im Inland:

75 | Anzahl der Tage mit einer Abwesenheit von mehr als 8 Stunden (bei Auswärtstätigkeit ohne Übernachtung) | 470

76 | Anzahl der An- und Abreisetage (bei einer mehrtägigen Auswärtstätigkeit mit Übernachtung) | 471

77 | Anzahl der Tage mit einer Abwesenheit von 24 Stunden | 472

EUR

78 | Kürzungsbeträge wegen Mahlzeitengestellung (eigene Zuzahlungen sind ggf. gegenzurechnen) | 473 | ,

79 | Bei einer Auswärtstätigkeit im Ausland (Berechnung bitte in einer gesonderten Aufstellung): | 474 | ,

80 | **Vom Arbeitgeber steuerfrei ersetzt** | 490 | ,

Werbungskosten in Sonderfällen

– Die in den Zeilen 81 bis 84 erklärten Werbungskosten dürfen nicht in den Zeilen 30 bis 80 und in der **Anlage N-Doppelte Haushaltsführung** enthalten sein. –

Werbungskosten zu steuerbegünstigten Versorgungsbezügen laut Zeile 11
Art der Aufwendungen

EUR

81 | | 682 | ,

Werbungskosten zu steuerbegünstigten Versorgungsbezügen für mehrere Jahre laut Zeile 16
Art der Aufwendungen

82 | | 659 | ,

Werbungskosten zu Entschädigungen / Arbeitslohn für mehrere Jahre laut den Zeilen 17 und / oder 18
Art der Aufwendungen

83 | | 660 | ,

84 | Werbungskosten zu steuerfreiem Arbeitslohn laut den Zeilen 24 und 25 (**Summe aus den Zeilen 59 und 64 aller Anlagen N-AUS**) | 657 | ,

85 | Werbungskosten zu steuerpflichtigem Arbeitslohn, von dem kein Steuerabzug vorgenommen worden ist laut Zeile 21
– in den Zeilen 30 bis 80 und in der **Anlage N-Doppelte Haushaltsführung** enthalten –
Art der Aufwendungen | EUR

656

EUR

86 | Werbungskosten zu Arbeitslohn für eine Tätigkeit im Inland, wenn die Ansässigkeit in Belgien gegeben ist – in den Zeilen 30 bis 80 und in der **Anlage N-Doppelte Haushaltsführung** enthalten – | 675 | ,

213

Wenn Sie in 2024 mehrere Arbeitsverhältnisse gehabt haben, so müssen Sie mehrere Anlagen N abgeben. Wenn Sie nur den Arbeitsort gewechselt haben (gleicher Arbeitgeber), so brauchen Sie nur eine Anlage N für diese Person abzugeben. Achten Sie jedoch darauf, dass Sie die allgemeinen Werbungskosten (z.B. pauschale Kontoführungsgebühr von 16,- EUR) nur einmal angeben. Wenn Sie Ihre Steuererklärung hingegen mit Elster elektronisch einreichen, so haben Sie die Möglichkeit, mehrere Arbeitsverhältnisse in Anlage N einzutragen. Haben Sie hingegen mehrere Arbeitsverhältnisse gleichzeitig/parallel ausgeübt, so ist Ihnen für das zweite Arbeitsverhältnis die Steuerklasse 6 zugeteilt worden. Das Arbeitsverhältnis mit Steuerklasse 6 können Sie in die rechte Spalte der Zeilen 4 bis 9 gesondert eintragen.

Anlage N: Zeile 1 bis 3: Allgemeine persönliche Angaben

In Zeile 1 bis 3 tragen Sie wie gewohnt Ihren Familiennamen (Zeile 1) und Vornamen (Zeile 2) und Ihre Steuernummer (Zeile 3) ein. In Zeile 3 ist darüber hinaus auch anzukreuzen, ob Sie die Anlage als für sich (Einzelperson)/als Ehemann/Lebenspartner A oder als Ehefrau/Lebenspartner B abgeben.

236

Anlage N: Zeile 4 bis 10: Angaben zum Arbeitslohn

Wenn Sie Arbeitslohn mit der Steuerklasse 1 bis 5 erhalten haben, müssen Sie die erste (linke) Spalte ausfüllen. Bei Steuerklasse 6 müssen Sie hingegen die rechte Spalte ausfüllen. Tragen Sie dazu in Zeile 4 Ihre (Lohn)steuerklasse ein. Die folgenden Angaben beziehen sich jeweils auf die Jahresbeträge. Diese und folgende Angaben können Sie dem Ausdruck Ihrer Lohnsteuerjahresbescheinigung entnehmen, die Sie von Ihrem Arbeitgeber erhalten haben. In Zeile 5 tragen Sie den Bruttoarbeitslohn (Zeile 3 der Lohnsteuerbescheinigung), in Zeile 6 die einbehaltene Lohnsteuer (Zeile 4 der Lohnsteuerbescheinigung), in Zeile 7 den einbehaltenen Solidaritätszuschlag (Zeile 5 Lohnsteuerbescheinigung), in Zeile 8 ggf. die einbehaltene Kirchensteuer (Zeile 6 Lohnsteuerbescheinigung) und in Zeile 9 bei Konfessionsverschiedenheit ggf. die Kirchensteuer für den Ehegatten/Lebenspartner (Zeile 7 Lohnsteuerbescheinigung) ein. Wenn wegen einer Korrektur der Firmenwagenbesteuerung der Bruttoarbeitslohn in Zeile 5 eine von der Lohnsteuerbescheinigung des Arbeitgebers abweichender Betrag angegeben wurde, dann setzen Sie in Zeile 10 eine „1".

237

Anlage N: Zeile 11 bis 15: Pensionsbezug

In Zeile 11 bis 15 müssen Sie Pensionsleistungen (z.B. Beamtenpensionen oder Werkspensionen) eintragen, die vom Dienstherren bzw. Arbeitgeber finanziert wurden. Wenn Sie mehrere Pensionen beziehen, stehen Ihnen die linke und die rechte Spalte auf dem Formularvordruck zur Verfügung. In Zeile 11 tragen Sie die steuerbegünstigten Versorgungsbezüge ein. Dieser Betrag muss sich bereits als Teilbetrag in Zeile 6 (Bruttoarbeitslohn) widerspiegeln. In Zeile 12 tragen Sie die Bemessungsgrundlage für den Versorgungsfreibetrag ein. Übernehmen Sie diesen Betrag aus Nr. 29 der Lohnsteuerjahresbescheinigung. In Zeile 13 übernehmen Sie das maßgebliche Kalenderjahr des Versorgungsbeginns aus Nr.30 der Lohnsteuerjahresbescheinigung. In Zeile 14 müssen Sie bei unterjähriger Zahlung (d.h. wenn Sie nicht das ganze Jahr Pensionsleistungen erhalten haben) den ersten und letzten Monat des Versorgungsbezuges laut Nr.31 der Lohnsteuerbescheinigung angeben. In Zeile 15 übernehmen Sie den Wert aus Nr. 32 der Lohnsteuerjahresbescheinigung zu Sterbegeld, Kapitalauszahlungen, Abfindungen und Nachzahlungen von Versorgungsbezügen. Lesen Sie dazu bei Rn.196 nach.

| **Anlage N: Zeile 16 bis 21: Einmalzahlungen und Abfindungen** | **238** |

In Zeile 16 sind ermäßigt zu besteuernde Versorgungsbezüge für mehrere Jahre einzutragen. Übernehmen Sie dazu Nr. 9 der Lohnsteuerjahresbescheinigung. Wenn in Ihrer Lohnsteuerjahresbescheinigung in Nr. 10 Eintragungen zu ermäßigt besteuerte Entschädigungen bzw. Arbeitslohn für mehrere Jahre enthalten sind, so tragen Sie den Wert in Zeile 17 ein. Hierzu müssen Sie dem Finanzamt die entsprechenden Vertragsunterlagen (Abfindungsvertrag) vorlegen. Wenn Ihr Arbeitgeber Ihnen Entschädigungen bzw. Arbeitslohn für mehrere Jahre gezahlt hat, die nicht ermäßigt besteuert wurden, so befindet sich in Nr. 19 Ihrer Lohnsteuerjahresbescheinigung eine Eintragung. Diesen Wert tragen Sie in Zeile 18 ein. Die auf die o.g. Nachzahlungen/Entschädigungen abgeführten Steuern tragen Sie in Zeile 19 (Lohnsteuer; Solidaritätszuschlag) und in Zeile 20 (ggf. Kirchensteuer) ein. Haben Sie hingegen Lohn erhalten, von dem kein Steuerabzug durch den Arbeitgeber vorgenommen worden ist, so tragen Sie diesen in Zeile 21 ein.

| **Anlage N: Zeile 22 steuerfreie Aufwandsentschädigungen - ehrenamtlich Tätige** | **239** |

In Zeile 22 tragen Sie steuerfreie Aufwandsentschädigungen ein. Sie können bis zu 840 EUR jährlich steuerfrei hinzuverdienen, sofern Sie nebenbei für einen Verein oder eine andere Einrichtung arbeiten, die gemeinnützigen, mildtätigen oder kirchlichen Zwecken dient. Wenn Sie für diese Organisation sogar ausbildende, erzieherische, betreuende, künstlerische oder pflegende Arbeiten ausführen, erhöht sich die Pauschale auf insgesamt 3.000 EUR (sog. Übungsleiter-Freibetrag). Lesen Sie dazu bei Rn.182 nach.

| **Anlage N: Zeile 23 steuerfreie Einkünfte mit Progressionsvorbehalt (Arbeitslosengeld, Kurzarbeitergeld, etc.)** | **240** |

Sofern Sie steuerfreie Einkünfte mit Progressionsvorbehalt erhalten haben (Lohnersatzleistungen, z.B. Arbeitslosengeld, Kurzarbeitergeld, Insolvenzgeld, Mutterschaftsgeld, Krankengeld, Elterngeld), müssen Sie diese Einkünfte in Zeile 23 eintragen (siehe Lohnsteuerjahresbescheinigung Nr.15, sofern der Arbeitgeber die Lohnersatzleistungen gezahlt hat). Bei allen anderen Lohnersatzleistungen schauen Sie auf die Bescheide der auszahlenden Stellen (z.B. Krankenkasse, Familienkasse oder Arbeitsagentur). Siehe Rn.180ff.

| **Anlage N: Zeile 24 bis 29: Lohn aus dem Ausland** | **241** |

Wenn Sie Lohn aus dem Ausland beziehen, müssen Sie die Zeilen 24 bis 29 und zusätzlich die **Anlage N-AUS** ausfüllen. Die korrekte Besteuerung von ausländischen Lohneinkünften ist sehr komplex. Hier sollten Sie sich professionelle Hilfe einholen, da die Besteuerung von sog.

Doppelbesteuerungsabkommen zwischen der Bundesrepublik Deutschland und den einzelnen Ländern abhängig ist.

242

Anlage N: Zeile 30 bis 67: Werbungskosten

In Zeile 30 bis 67 tragen Sie Ihre Werbungskosten ein, die im Zusammenhang mit den Einkünften aus dem erklärten nichtselbständigen Beschäftigungsverhältnis stehen. Werbungskosten im Zusammenhang mit einer doppelten Haushaltsführung müssen Sie in das gesonderte Formular Anlage N - Doppelte Haushaltsführung 247ff. eintragen.

243

Anlage N: Zeile 30 bis 55: Entfernungspauschale

In Zeile 30 bis 55 müssen Sie Angaben zur Entfernungspauschale (arbeitstägliche Wege zwischen Wohnung und erster Tätigkeitsstätte) eintragen. Lesen Sie dazu bei Rn. 45ff. nach. In Zeile 30 tragen Sie neben der Adresse Ihrer ersten Tätigkeitsstätte auch den Zeitraum ein, in dem Sie die Tätigkeitsstätte aufgesucht haben. Geben Sie zudem durch Eintragung einer „1" an, dass es sich um eine erste Tätigkeitsstätte bzw. eine „2" an, dass es sich um einen Sammelpunkt/weiträumiges Tätigkeitsgebiet (Siehe dazu Rn.56.) handelt. In Zeile 31 tragen Sie ein, wieviele Arbeitstage Ihre Arbeitswoche durchschnittlich umfasst. Zusätzlich müssen Sie auch die Urlaubs- und Krankheitstage (die tatsächlich angefallen sind) angeben und ob ein Behinderungsgrad vorliegt. In Zeile 32 tragen Sie ein, an wievielen Tagen Sie die erste Tätigkeitsstätte (bzw. Sammelpunkt/weiträumiges Tätigkeitsgebiet) aufgesucht haben. Die einfache Entfernung (abgerundete Kilometerangabe) tragen Sie in Zeile 33 ein. Ergänzen Sie diese Angabe, indem Sie in Zeile 34 angeben, ob Sie diese in Zeile 33 genannte Entfernung mit dem eigenen/oder zur Nutzung überlassenen PKW oder in Zeile 34 mit Sammelbeförderung des Arbeitgebers und/oder mit öffentlichen Verkehrsmitteln, Motorrad, Fahrrad oder als Fußgänger zurückgelegt haben. Die Summe aller Verkehrsmittel muss dabei der einfachen Entfernung entsprechen. Alternativ können Sie auch in Zeile 37 die Aufwendungen für Fahrten mit öffentlichen Verkehrsmitteln geltend machen. Siehe dazu Rn.55. In die Zeilen 38 bis 53 können Sie alternativ weitere Strecken vermerken, für die Sie die Entfernungspauschale geltend machen wollen. Haben Sie vom Arbeitgeber nach Nr. 17 und 18 der Lohnsteuerjahresbescheinigung Fahrkostenzuschüsse steuerfrei oder pauschal besteuert erhalten, so müssen Sie das in Zeile 54 eintragen. Haben Sie hingegen von der Agentur für Arbeit Fahrkostenzuschüsse erhalten, so müssen Sie das in Zeile 55 eintragen.

244

Anlage N: Zeile 56 bis 67: sonstige Werbungskosten

Wenn Sie einem Berufsverband oder einer Gewerkschaft angehören, können Sie Beiträge und die Organisation in Zeile 56 eintragen. Kosten für Arbeitsmittel (z.B. Aktentasche, Fachbücher, Stifte, etc.) tragen Sie in Zeile 57 bis 59 ein. (Siehe Rn.88). Aufwendungen für ein häusliches Arbeitszimmer (tatsächliche anteilige Kosten oder Jahrespauschale) tragen Sie in Zeile 60 ein. In Zeile 61 und 62 können Sie die neue Tagespauschale (ehemals Homeofficepauschale) geltend machen. Tragen Sie dazu in Zeile 61 bzw. 62 die Anzahl der Tage ein für die sie die Tagespauschale beantragen. Steht

Ihnen kein anderer (Büro-)Arbeitsplatz zur Verfügung, dann tragen Sie die Tagesanzahl in Zeile 62; bzw. anderernfalls in Zeile 61 ein. Fortbildungskosten können Sie in Zeile 63 angeben.

In Zeile 64, 65 und 66 können Sie sonstige Werbungskosten (z.B. Kontoführungsgebühren Pauschale; Bewerbungskosten, etc.) eintragen. Siehe Rn.93. Wenn Sie mehrere Posititionen geltend machen wollen, empfiehlt sich die Nutzung von Mein ELSTER oder Sie fertigen eine formlose Papieranlage an.

Anlage N: Zeile 68 bis 80: Reisekosten und Verpflegungsmehraufwand

---

Reisekosten können Sie in Zeile 68 bis 80 geltend machen. In Zeile 68 müssen Sie angeben, ob die Fahrt ganz oder teilweise mit einem Firmenwagen oder im Rahmen einer unentgeltlichen Sammelbeförderung des Arbeitgebers durchgeführt wurde. Sofern Sie diese Frage mit ja (1=ja; 2=nein) beantworten, dürfen Sie diese Fahrten mangels Aufwands nicht steuerlich in Zeile 69 geltend machen. Auch hier empfiehlt sich bei der Nutzung des Papierformulars wieder das Anfügen einer formlosen Papieranlage, auf der Sie die Fahrten inkl. Kilometerangaben und den Start- und Zielorten und die Berechnung der Fahrtkosten vermerken. Tragen Sie die errechneten Fahrtkosten (zurückgelegte Kilometer x 0,30 EUR) in Zeile 69 ein. Siehe dazu Rn.44. In Zeile 70 tragen Sie Ihre Übernachtungskosten (z.B. Hotelkosten, etc.) ein. In Zeile 71 können Sie sog. Reisenebenkosten (z.B. Parkkosten, etc.) ein. Die Summe der jeweiligen Reisekosten tragen Sie dann in Kennziffer 410 ein. Wenn Sie als Berufskraftfahrer Pauschbeträge für Übernachtungen im eigenen Kfz gelten machen können (z.B. LKW-Fahrer), dann tragen Sie in Zeile 73 in Kennziffer 411 die Anzahl der Nächte ein, die Sie im eigenen Kfz übernachtet haben.

Wenn Sie die o.g. Reisekosten vom Arbeitgeber steuerfrei ersetzt bekommen haben, dann müssen Sie diesen Betrag in Zeile 74 bei Kennziffer 420 eintragen.

In Zeile 75 bis 80 tragen Sie den Verpflegungsmehraufwand ein. In Zeile 75 geben Sie die Anzahl der Tage der Abwesenheit mit mehr als 8 Stunden (bei Auswärtstätigkeit ohne Übernachtung), in Zeile 76 die Anzahl der An- und Abreisetage (bei einer mehrtägigen Reise mit Übernachtung) und in Zeile 77 die Anzahl der Tage der ganztägigen Abwesenheit (24 Stunden Abwesenheit) an. Wenn Sie hingegen Mahlzeiten kostenlos gestellt bekommen haben, so müssen Sie die Kürzungsbeträge wegen Mahlzeitengestellung in Zeile 78 angeben. Sollten Sie bei diesen Mahlzeiten etwas hinzugezahlt haben, so können Sie die Zuzahlung gegenrechnen. Siehe dazu Rn.71. Den Verpflegungsmehraufwand bei Auswärtstätigkeit im Ausland geben Sie in Zeile 79 an. Siehe dazu Rn. 67. Fertigen Sie auch hierfür wieder eine formlose Anlage an. Sofern Sie vom Arbeitgeber den Verpflegungsmehraufwand steuerfrei ersetzt bekommen haben, geben Sie den Betrag bitte in Zeile 80 an.

Anlage N: Zeile 81 bis 86: Werbungskosten in Sonderfällen

---

246 In die Zeilen 81 bis 86 tragen Sie besondere Werbungskosten ein, insbesondere in Zeile 81 Werbungskosten, welche im Zusammenhang mit steuerbegünstigten Versorgungsbezügen bestehen (Dann müssen Sie allerdings auch einen Eintrag in Zeile 11 vorgenommen haben!). In Zeile 82 tragen Sie Werbungskosten ein, die im Zusammenhang mit steuerbegünstigten Versorgungsbezügen stehen, die Sie für mehrere Jahre rückwirkend erhalten haben. (Dann müssen Sie allerdings auch einen Eintrag in Zeile 16 vorgenommen haben!). In Zeile 83 tragen Sie Werbungskosten ein, die im Zusammenhang mit Entschädigungen bzw. Arbeitslohn für mehrere Jahre stehen (z.B. Abfindungen, Lohnnachzahlungen, etc.). (Dann müssen Sie allerdings auch einen Eintrag in Zeile 17 oder 18 vorgenommen haben!).

In Zeile 84 können Sie Werbungskosten eintragen, die im Zusammenhang mit steuerfreien ausländischen Arbeitslohn stehen. (Dann müssen Sie allerdings die Zeilen 22 und 23 ausgefüllt haben!). Sollten Sie steuerpflichtigen Arbeitslohn erhalten haben, von dem kein Steuerabzug vorgenommen worden ist (siehe Zeile 21), dann können Sie die Werbungskosten, die damit in Verbindung stehen, in Zeile 85 (Art der Aufwendungen und Betrag) eintragen. Zeile 86 ist für Werbungskosten, die im Zusammenhang mit einer beruflichen Tätigkeit in Deutschland bei gleichzeitigem Wohnsitz in Belgien in Zusammenhang steht.

247 **18.5.1 Anlage N-Doppelte Haushaltsführung:**

Wenn Sie die doppelte Haushaltsführung geltend machen möchten, dann müssen Sie ab dem eine gesonderte Anlage ausfüllen. Siehe dazu die Rn.72f.

Anlage N-Doppelte Haushaltsführung: Zeile 1 bis 3: Allgemeine persönliche Angaben

In Zeile 1 bis 3 tragen Sie wie gewohnt Ihren Familiennamen (Zeile 1) und Vornamen (Zeile 2) und Ihre Steuernummer (Zeile 3) ein. In Zeile 3 ist darüber hinaus auch anzukreuzen, ob Sie die Anlage als für sich (Einzelperson)/als Ehemann/Lebenspartner A oder als Ehefrau/Lebenspartner B abgeben.

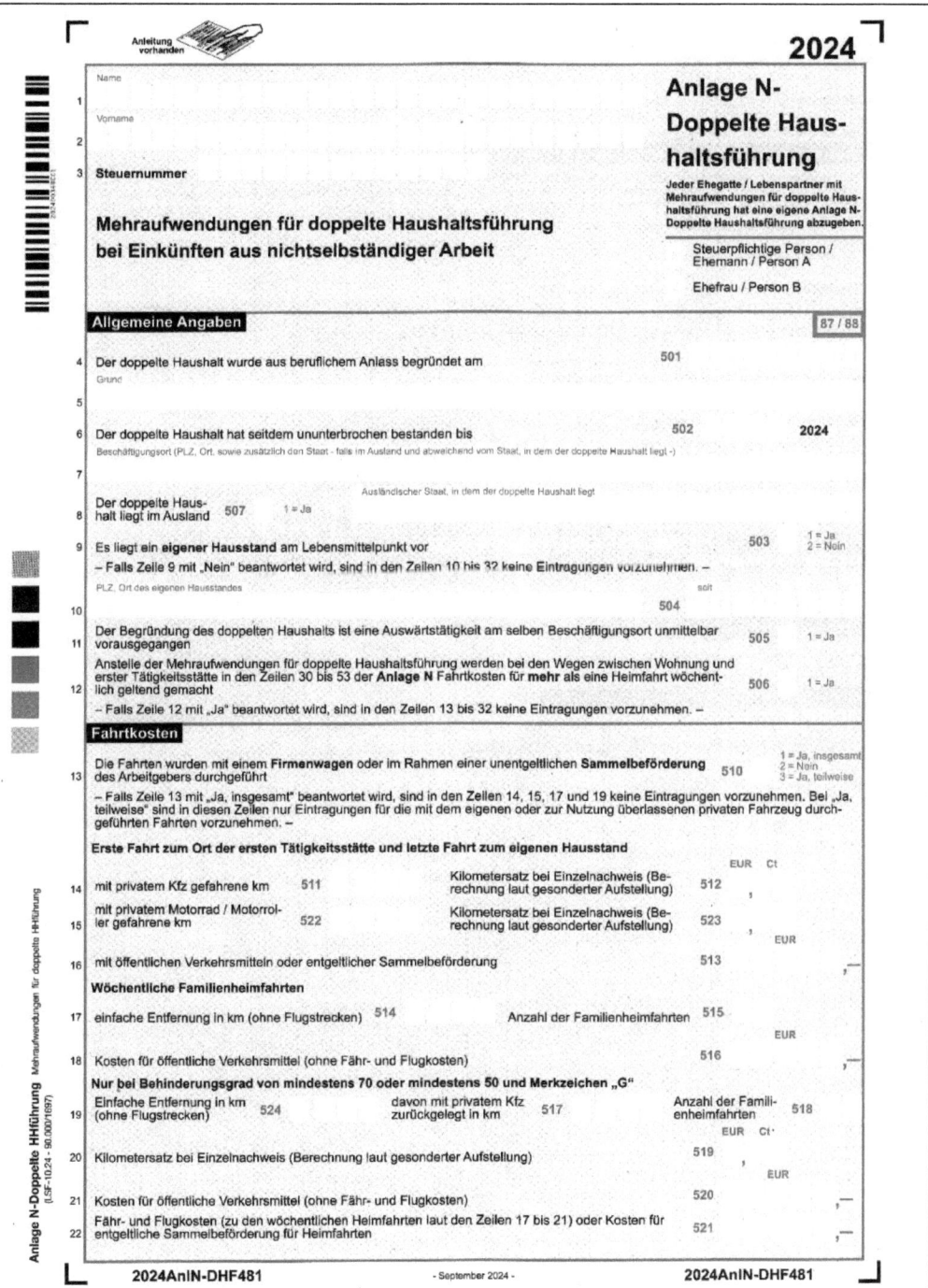

Anlage N-
Doppelte Haus-
haltsführung

Jeder Ehegatte / Lebenspartner mit Mehraufwendungen für doppelte Haushaltsführung hat eine eigene Anlage N-Doppelte Haushaltsführung abzugeben.

1 Name

2 Vorname

3 Steuernummer

Mehraufwendungen für doppelte Haushaltsführung
bei Einkünften aus nichtselbständiger Arbeit

Steuerpflichtige Person /
Ehemann / Person A

Ehefrau / Person B

Allgemeine Angaben | 87 / 88

4 Der doppelte Haushalt wurde aus beruflichem Anlass begründet am | 501

5 Grund

6 Der doppelte Haushalt hat seitdem ununterbrochen bestanden bis | 502 | **2024**

7 Beschäftigungsort (PLZ, Ort, sowie zusätzlich den Staat - falls im Ausland und abweichend vom Staat, in dem der doppelte Haushalt liegt -)

8 Der doppelte Haushalt liegt im Ausland | 507 | 1 = Ja

Ausländischer Staat, in dem der doppelte Haushalt liegt

9 Es liegt ein **eigener Hausstand** am Lebensmittelpunkt vor | 503 | 1 = Ja 2 = Nein

– Falls Zeile 9 mit „Nein" beantwortet wird, sind in den Zeilen 10 bis 32 keine Eintragungen vorzunehmen. –

10 PLZ, Ort des eigenen Hausstandes | soft | 504

11 Der Begründung des doppelten Haushalts ist eine Auswärtstätigkeit am selben Beschäftigungsort unmittelbar vorausgegangen | 505 | 1 = Ja

12 Anstelle der Mehraufwendungen für doppelte Haushaltsführung werden bei den Wegen zwischen Wohnung und erster Tätigkeitsstätte in den Zeilen 30 bis 53 der **Anlage N** Fahrtkosten für **mehr** als eine Heimfahrt wöchentlich geltend gemacht | 506 | 1 = Ja

– Falls Zeile 12 mit „Ja" beantwortet wird, sind in den Zeilen 13 bis 32 keine Eintragungen vorzunehmen. –

Fahrtkosten

13 Die Fahrten wurden mit einem **Firmenwagen** oder im Rahmen einer unentgeltlichen **Sammelbeförderung** des Arbeitgebers durchgeführt | 510 | 1 = Ja, insgesamt 2 = Nein 3 = Ja, teilweise

– Falls Zeile 13 mit „Ja, insgesamt" beantwortet wird, sind in den Zeilen 14, 15, 17 und 19 keine Eintragungen vorzunehmen. Bei „Ja, teilweise" sind in diesen Zeilen nur Eintragungen für die mit dem eigenen oder zur Nutzung überlassenen privaten Fahrzeug durchgeführten Fahrten vorzunehmen. –

Erste Fahrt zum Ort der ersten Tätigkeitsstätte und letzte Fahrt zum eigenen Hausstand

| | | | | EUR | Ct |

14 mit privatem Kfz gefahrene km | 511 | Kilometersatz bei Einzelnachweis (Berechnung laut gesonderter Aufstellung) | 512 | , |

15 mit privatem Motorrad / Motorroller gefahrene km | 522 | Kilometersatz bei Einzelnachweis (Berechnung laut gesonderter Aufstellung) | 523 | , | EUR

16 mit öffentlichen Verkehrsmitteln oder entgeltlicher Sammelbeförderung | 513 | , |

Wöchentliche Familienheimfahrten

17 einfache Entfernung in km (ohne Flugstrecken) | 514 | Anzahl der Familienheimfahrten | 515 | | EUR

18 Kosten für öffentliche Verkehrsmittel (ohne Fähr- und Flugkosten) | 516 | , |

Nur bei Behinderungsgrad von mindestens 70 oder mindestens 50 und Merkzeichen „G"

19 Einfache Entfernung in km (ohne Flugstrecken) | 524 | davon mit privatem Kfz zurückgelegt in km | 517 | Anzahl der Familienheimfahrten | 518

| | | | | EUR | Ct |

20 Kilometersatz bei Einzelnachweis (Berechnung laut gesonderter Aufstellung) | 519 | , | EUR

21 Kosten für öffentliche Verkehrsmittel (ohne Fähr- und Flugkosten) | 520 | , |

22 Fähr- und Flugkosten (zu den wöchentlichen Heimfahrten laut den Zeilen 17 bis 21) oder Kosten für entgeltliche Sammelbeförderung für Heimfahrten | 521 | , |

Anlage N-Doppelte HHführung (LSF-10.24 - 90.000/1697)
Mehraufwendungen für doppelte HHführung

2024AnlN-DHF481 | - September 2024 - | 2024AnlN-DHF481

Kosten der Unterkunft am Ort der ersten Tätigkeitsstätte

EUR

23	Aufwendungen (z. B. Miete einschließlich Stellplatz- / Garagenkosten, Nebenkosten)	530
24	Größe der Zweitwohnung des doppelten Haushalts im Ausland in m²	531

Pauschbeträge für Mehraufwendungen für Verpflegung

Die Verpflegungsmehraufwendungen laut den Zeilen 25 bis 31 können nur für einen Zeitraum von 3 Monaten nach Bezug der Unterkunft am Ort der ersten Tätigkeitsstätte geltend gemacht werden; geht der doppelten Haushaltsführung eine Auswärtstätigkeit voraus, ist dieser Zeitraum auf den Dreimonatszeitraum anzurechnen.

Bei einer doppelten Haushaltsführung im Inland

25	Anzahl der An- und Abreisetage	541
26	Anzahl der Tage mit einer Abwesenheit von 24 Stunden	542

EUR

27	Kürzungsbetrag wegen Mahlzeitengestellung (eigene Zuzahlungen sind ggf. gegenzurechnen)	544

Bei einer doppelten Haushaltsführung im Ausland

			EUR			
28	Anzahl der An- und Abreisetage	X	Pauschbetrag für An- und Abreisetage	=		
29	Anzahl der Tage mit einer Abwesenheit von 24 Stunden	X	Pauschbetrag bei Abwesenheit von 24 Stunden	=	+	
30	Kürzungsbetrag wegen Mahlzeitengestellung (eigene Zuzahlungen sind ggf. gegenzurechnen)				−	
31	Summe der Verpflegungsmehraufwendungen bei einer doppelten Haushaltsführung im Ausland	543	=			

Sonstige Aufwendungen

(z. B. Kosten für den Umzug, die Einrichtung und den Hausrat, jedoch ohne Kosten der Unterkunft laut Zeile 23)

EUR

32		550

Weitere doppelte Haushaltsführungen

EUR

33	Summe der Mehraufwendungen für **weitere** doppelte Haushaltsführungen (Berechnung laut gesonderter Aufstellung)	551

Steuerfreie Arbeitgeberleistungen / Zuschüsse

EUR

34	Vom Arbeitgeber / von der Agentur für Arbeit insgesamt steuerfrei ersetzt	590

In Zeile 4 geben Sie an, wann Sie die doppelte Haushaltsführung begründet (begonnen) haben. In Zeile 5 geben Sie den Grund (z.B. Jobwechsel, Versetzung) an. In Zeile 6 geben Sie , sit wann der doppelte Haushalt ununterbrochen besteht. In Zeile 7 geben Sie Ihren Beschäftigungsort (Ort, Postleitzahl und ggf. Staat) an. Wenn sich die doppelte Haushaltsführung im Ausland befindet, müssen Sie in Zeile 8 die Frage mit "ja" (ja=1) beantworten und den Staat angeben. In Zeile 9 müssen Sie angeben, dass ein eigener Hausstand am Lebensmittelpunkt (Haupt- oder Familienwohnung) vorliegt. Tragen Sie dazu eine 1 (1=ja; 2=nein) ein. In Zeile 10 müssen Sie die Adresse des Hausstandes am Lebensmittelpunkt (das ist regelmäßig die Adresse, an die der Steuerbescheid gesendet werden soll). Hier müssen Sie außerdem angeben, seit wann der Hausstand am Lebensmittelpunkt bereits an dem von Ihnen angegebenen Ort besteht. In Zeile 11 müssen Sie angeben, ob Sie am Ort der doppelten Haushaltsführung bereits vor Begründung der doppelten Haushaltsführung eine Auswärtstätigkeit ausgeübt haben. In Zeile 12 können Sie Ihr Wahlrecht ausüben, ob Sie anstelle der Mehraufwendungen der doppelten Haushaltsführung lieber die Fahrtkosten für mehr als eine Heimfahrt wöchentlich geltend machen wollen. Siehe dazu Rn.81. Sofern Sie diese Frage mit ja beantworten, brauchen Sie nicht die Zeilen 13 bis 32 ausfüllen.

Anlage N-Doppelte Haushaltsführung: Zeile 13 bis 22: Fahrtkosten

In Zeile 13 tragen Sie ein, ob Sie die Fahrten mit einem Firmenwagen durchgeführt haben oder mit einer Sammelbeförderung durch den Arbeitgeber durchgeführt wurde. Tragen Sie in Kennziffer 510 daher eine "1" für ja; eine "2" für nein oder eine "3" für ja, teilweise ein. Sofern Sie eine "1" eingetragen haben, brauchen Sie die Zeilen 14, 15, 17 und 19 nicht auszufüllen.

In die Zeile 14-16 tragen Sie die Fahrtkosten für die erste Fahrt zur ersten Tätigkeitsstätte und die letzte Fahrt zum eigenen Hausstand ein. Darunter versteht man die erste Fahrt zur neuen Tätigkeitsstätte, sowie die letzte Fahrt zur Hauptwohnung nach Beendigung der doppelten Haushaltsführung. Wenn Sie diese Fahrten mit dem privaten PKW durchgeführt haben, dann tragen Sie die gefahrenen Kilometer in Zeile 14 (Kennziffer 511) ein. Sofern Sie nicht die Kilometerpauschale von 0,30 EUR pro Kilometer ansetzen, sondern einen individuellen Kilometersatz, dann können Sie diesen in Kennziffer 512 eintragen. Beachten Sie jedoch, dass Sie für diesen Fall eine besondere Aufstellung zu Ihrer Berechnung einreichen müssen. In Zeile 15 tragen Sie die Kilometer ein, wenn Sie diesen Weg mit einem privaten Motorrad/Motorroller absolviert haben. In Zeile 16 können Sie die Kosten für öffentliche Verkehrsmittel bzw. entgeltliche Sammelbeförderung eintragen, die Ihnen zu Ihrer ersten und letzten Fahrt zum Ort der ersten Tätigkeitsstätte entstanden sind.

249 Ab Zeile 17 können Sie die wöchentlichen Heimfahrten (sog. **Familienheimfahrten**) geltend machen. Siehe dazu Rn.80. Tragen Sie dazu in Zeile 17 die einfache Entfernung (Streckenentfernung für eine einfache Fahrt) in Kilometer in Kennziffer 514 und die Anzahl der jährlichen Heimfahrten in Kennziffer 515 ein. Die Finanzverwaltung akzeptiert ca. 44 bis 46 Heimfahrten pro Jahr ohne Nachweis. Wenn Sie mehrere Heimfahrten geltend machen wollen, werden Sie vermutlich aufgefordert, Nachweise des Arbeitgebers vorzulegen. Alternativ zur Pauschale können Sie auch tatsächlich entstandene Kosten für öffentliche Verkehrsmittel (ohne Flug- und Fährkosten) in Zeile 18 angeben. Wenn Sie einen Behinderungsgrad von mehr als 70 bzw. 50 und Merkzeichen "G" haben, dann können Sie die Zeilen 19-22 ausfüllen.

Anlage N-Doppelte Haushaltsführung: Zeile 23 bis 24: Kosten der Unterkunft

In Zeile 23 tragen Sie die Kosten der Unterkunft (Miete, Stellplatz/Garage, Nebenkosten, etc.) ein. In Zeile 24 tragen Sie die Größe der Zweitwohnung in m² ein, wenn sich die Zweitwohnung im Ausland befindet.

Anlage N-Doppelte Haushaltsführung: Zeile 25 bis 31: Verpflegungsmehraufwand

250 In Zeile 25 bis 131 geben Sie die **Verpflegungsmehraufwendungen** an, die Ihnen im Zusammenhang mit der Zweitwohnung entstanden sind. Hier können Sie grds. die ersten 3 Monate nach Bezug geltend machen. Siehe dazu Rn.83. In Zeile 25 tragen Sie die Tage der An- und Abreise ein (zumeist Sonntag/Montag bzw. Freitag), in Zeile 26 die Tage der ganztägigen Abwesenheit von Ihrer Haupt-/Familienwohnung (zumeist Montag/Dienstag bis Donnerstag). Haben Sie während der ersten 3 Monate vom Arbeitgeber/Dienstherren kostenlose Verpflegung erhalten, so müssen Sie den Gegenwert dafür in Zeile 27 eintragen. Die Kosten der doppelten Haushaltsführung im Ausland müssen Sie gesondert in den Zeilen 28 bis 31 eintragen.

Anlage N-Doppelte Haushaltsführung: Zeile 32 bis 34: Sonstiges

Sind Ihnen sonstige Kosten (z.B. für einen Umzug) im Zusammenhang mit der doppelten Haushaltsführung entstanden, so müssen Sie diese in Zeile 32 eintragen. Falls eine weitere doppelte Haushaltsführung bestanden haben sollte, so tragen Sie dies bitte in Zeile 33 ein. Wenn Ihr Arbeitgeber/Dienstherr bzw. die Agentur für Arbeit Ihnen im Zusammenhang mit der doppelten Haushaltsführung steuerfreie Leistungen haben zukommen lassen, dann tragen Sie diese in Zeile 34 ein.

251 ### 18.6. Anlage KAP- Die Anlage für <u>Kap</u>italeinkünfte der Anleger und Sparer

Die meisten Steuerzahler müssen keine Anlage KAP abgeben. Ob Sie die Anlage KAP in der Niedrigzinsphase überhaupt abgeben müssen oder sollten, können Sie ab Rn.169ff. nachlesen. Im Zweifel sollten Sie die Anlage KAP einreichen.

Anleitung vorhanden

1 Name *Mustermann*

2 Vorname *Gabi*

3 Steuernummer *999 / 999 / 99999*

Einkünfte aus Kapitalvermögen / Anrechnung von Steuern

Anlage KAP

X zur Einkommensteuererklärung

X zur Erklärung zur Festsetzung der Kirchensteuer auf Kapitalerträge

X Steuerpflichtige Person / Ehemann / Person A

☐ Ehefrau / Person B

Anträge

54

4 Ich beantrage die Günstigerprüfung für sämtliche Kapitalerträge.
(Bei Zusammenveranlagung: Die Anlage KAP meines Ehegatten / Lebenspartners ist beigefügt.) | 201/401 *1* | 1 = Ja

5 Ich beantrage eine Überprüfung des Steuereinbehalts für bestimmte Kapitalerträge. | 202/402 *1* | 1 = Ja

Erklärung zur Kirchensteuerpflicht

6 Ich bin kirchensteuerpflichtig und habe Kapitalerträge erzielt, von denen Kapitalertragsteuer, aber keine Kirchensteuer einbehalten wurde. | 203/403 *1* | 1 = Ja

Kapitalerträge, die dem inländischen Steuerabzug unterlegen haben

			Beträge laut Steuerbescheinigung(en) EUR		korrigierte Beträge (laut gesonderter Aufstellung) EUR
7	Kapitalerträge	210/410	*1234,—*	220/420	,
8	In Zeile 7 enthaltene Gewinne aus Aktienveräußerungen	212/412	,	222/422	,
9	In Zeile 7 enthaltene Einkünfte aus Stillhalterprämien und Gewinne aus Termingeschäften	611/811	,—	621/821	,
10	In Zeile 7 enthaltene Gewinne aus der Veräußerung bestandsgeschützter Alt-Anteile i. S. d. § 56 Abs. 6 Satz 1 Nr. 2 InvStG	218/419	,—	229/429	,
11	In Zeile 7 enthaltene Ersatzbemessungsgrundlage	214/414	,—	224/424	,
12	Nicht ausgeglichene Verluste **ohne** Verluste aus der Veräußerung von Aktien	215/415	*105,—*	225/425	,
13	Nicht ausgeglichene Verluste aus der Veräußerung von Aktien	216/416	*234,—*	226/426	,
14	Verluste aus Termingeschäften	615/815	,—	625/825	,
15	Verluste aus der ganzen oder teilweisen Uneinbringlichkeit einer Kapitalforderung, Ausbuchung, Übertragung wertlos gewordener Wirtschaftsgüter i. S. d. § 20 Abs. 1 EStG oder aus einem sonstigen Ausfall von Wirtschaftsgütern i. S. d. § 20 Abs. 1 EStG	616/816	,—	626/826	,

Sparer-Pauschbetrag

			EUR
16	In Anspruch genommener Sparer-Pauschbetrag, der auf die in den Zeilen 7 bis 15, 30 und 33 erklärten Kapitalerträge entfällt (ggf. „0")	217/417	,
17	Bei Eintragungen in den Zeilen 7 bis 15, 18 bis 27, 30, 33, 52 und 54 der Anlage KAP, in den Zeilen 8 bis 30, 33 und 34 der Anlage KAP-BET sowie in der Anlage KAP-INV: In Anspruch genommener Sparer-Pauschbetrag, der auf die in der Anlage KAP **nicht** erklärten Kapitalerträge entfällt (ggf. „0")	218/418	,

Kapitalerträge, die nicht dem inländischen Steuerabzug unterlegen haben

– ohne Investmenterträge laut **Anlage KAP-INV** –

EUR

18	Inländische Kapitalerträge (ohne Beträge laut den Zeilen 24 bis 26a)	230/430	
19	Ausländische Kapitalerträge (ohne Beträge laut den Zeilen 24, 25, 26a und 52)	234/434	1254,—
20	In den Zeilen 18 und 19 enthaltene Gewinne aus Aktienveräußerungen i. S. d. § 20 Abs. 2 Satz 1 Nr. 1 EStG	232/432	
21	In den Zeilen 18 und 19 enthaltene Einkünfte aus Stillhalterprämien und Gewinne aus Termingeschäften	631/831	
22	In den Zeilen 18 und 19 enthaltene Verluste **ohne** Verluste aus der Veräußerung von Aktien	235/435	
23	In den Zeilen 18 und 19 enthaltene Verluste aus der Veräußerung von Aktien i. S. d. § 20 Abs. 2 Satz 1 Nr. 1 EStG	236/436	
24	Verluste aus Termingeschäften	635/835	
25	Verluste aus der ganzen oder teilweisen Uneinbringlichkeit einer Kapitalforderung, Ausbuchung, Übertragung wertlos gewordener Wirtschaftsgüter i. S. d. § 20 Abs. 1 EStG oder aus einem sonstigen Ausfall von Wirtschaftsgütern i. S. d. § 20 Abs. 1 EStG	636/836	
26	Zinsen, die vom Finanzamt für Steuererstattungen gezahlt wurden (ohne an das Finanzamt zurückgezahlte Zinsen für Steuererstattungen) – *Bitte Anleitung beachten.* –	260/460	
26a	Prozess- und Verzugszinsen	237/437	

Kapitalerträge, die der tariflichen Einkommensteuer unterliegen

(nicht in den Zeilen 7, 18 und 19 der Anlage KAP sowie in den Zeilen 8 und 16 der **Anlage KAP-BET** enthalten)

EUR

27	Hinzurechnungsbetrag nach § 10 AStG (ggf. Summe der Hinzurechnungsbeträge)	275/475	
27a	Minderung des Hinzurechnungsbetrags nach § 10 Abs. 6 AStG (ggf. der Hinzurechnungsbeträge)	664/864	
28	Laufende Einkünfte aus sonstigen Kapitalforderungen jeder Art, aus stiller Gesellschaft und partiarischen Darlehen (ohne Betrag laut Zeile 54)	270/470	
29	Gewinn aus der Veräußerung oder Einlösung von Kapitalanlagen aus sonstigen Kapitalforderungen jeder Art, aus stiller Gesellschaft und partiarischen Darlehen, Verluste aus der ganzen oder teilweisen Uneinbringlichkeit der Kapitalforderungen	271/471	
30	Kapitalerträge aus Lebensversicherungen i. S. d. § 20 Abs. 1 Nr. 6 Satz 2 EStG	268/468	
31	Ich beantrage für die Einkünfte laut Zeile 32b die Anwendung der tariflichen Einkommensteuer. – *Bitte Anleitung beachten.* –		1 = Ja

Laufende Einkünfte aus einer unternehmerischen Beteiligung an einer Kapitalgesellschaft

32	Gesellschaft		
32a	Finanzamt		
32b	Steuernummer	272/472	EUR
32c	Ich widerrufe für die unternehmerische Beteiligung an einer Kapitalgesellschaft laut Zeile 32d den Antrag auf Anwendung der tariflichen Einkommensteuer.		1 = Ja
32d	Gesellschaft		
32e	Finanzamt		
32f	Steuernummer		
33	– Bezüge und Einnahmen i. S. d. § 32d Abs. 2 Nr. 4 EStG (ohne Betrag laut Zeile 54) – **Korrespondenzprinzip** – – Kapitalerträge nach § 11 StAbwG	277/477	EUR
34	Ich habe Einkünfte aus Spezial-Investmentanteilen i. S. d. § 20 Abs. 1 Nr. 3a EStG erzielt (laut gesonderter Aufstellung).	209/409	1 = Ja

Kapitalerträge, für die die ermäßigte Besteuerung nach § 34 Abs. 1 EStG anzuwenden ist

EUR

35	In den Zeilen 7, 18, 19, 26, 26a und / oder 52 der Anlage KAP sowie in den Zeilen 8, 16 und / oder 24 der **Anlage KAP-BET** enthaltene Erträge	265/465	
36	In den Zeilen 27, 28 bis 30, 32b, 33 und / oder 54 der Anlage KAP sowie in den Zeilen 31 bis 34 der **Anlage KAP-BET** enthaltene Erträge	279/479	

2024AnlKAP052 — 2024AnlKAP052

Steuerabzugsbeträge zu Erträgen in den Zeilen 7 bis 25 und zu Investmenterträgen laut Anlage KAP-INV

laut Bescheinigung(en)

			EUR	Ct
37	Kapitalertragsteuer	280/480	419	35
38	Solidaritätszuschlag	281/481	23	06
39	Kirchensteuer zur Kapitalertragsteuer	282/482	33	55
40	Angerechnete ausländische Steuern	283/483	10	25
41	Anrechenbare noch nicht angerechnete ausländische Steuern	284/484		
42	Fiktive ausländische Quellensteuer (nicht in den Zeilen 40 und / oder 41 enthalten)	285/485		

Anzurechnende Steuern zu Erträgen in den Zeilen 28 bis 34 sowie aus anderen Einkunftsarten

laut Bescheinigung(en)

			EUR	Ct
43	Kapitalertragsteuer	286/486		
44	Solidaritätszuschlag	287/487		
45	Kirchensteuer zur Kapitalertragsteuer	288/488		

Beschränkung der Anrechenbarkeit der Kapitalertragsteuer nach § 36a EStG und / oder § 31 Abs. 3 InvStG

46	Ich habe Kapitalerträge erzielt, bei denen die Voraussetzungen für eine volle Anrechnung der Kapitalertragsteuer nach § 36a EStG und / oder § 31 Abs. 3 InvStG nicht erfüllt sind.	206/406	1 = Ja

Kürzungsbetrag bei Beteiligung an ausländischer Gesellschaft nach § 11 AStG

			EUR	
47	Kürzungsbetrag zu Erträgen, die dem gesonderten Steuertarif nach § 32d Abs. 1 EStG unterliegen	666/866		—
48	Kürzungsbetrag zu Erträgen, die der tariflichen Einkommensteuer unterliegen	667/867		—

Familienstiftungen nach § 15 AStG

(laut Feststellung)

49	Bezeichnung	
50	Finanzamt	
51	Steuernummer	

			EUR	
52	Einkünfte einer ausländischen Familienstiftung, die **nicht** der tariflichen Einkommensteuer unterliegen	238/438		—

			EUR	Ct
53	Anzurechnende ausländische Steuern (zu Zeile 52)	208/408		

			EUR	
54	Einkünfte einer ausländischen Familienstiftung, die der tariflichen Einkommensteuer unterliegen (siehe Zeile 26 der **Anlage AUS**)	278/478		—

Steuerstundungsmodelle

Einkünfte aus Gesellschaften / Gemeinschaften / ähnlichen Modellen i. S. d. § 15b EStG (laut gesonderter Aufstellung)

		EUR	
55			—

Anlage KAP: Zeile 1 bis 6: Allgemeine Angaben und Anträge

252 In Zeilen 1 bis 3 müssen Sie Namen, Vorname und Steuernummer angeben. Ehepaare geben grundsätzlich (auch bei Zusammenveranlagung) immer zwei separate Anlagen KAP ab. Kreuzen Sie an, dass Sie die Anlage KAP "zur Einkommensteuer" abgeben. Wenn Sie grundsätzlich kirchensteuerpflichtig sind, sollten Sie auch das Kästchen "zur Erklärung zur Feststellung der Kirchensteuer auf Kapitalerträge" ankreuzen, um sicherzustellen, dass die Banken die Kirchensteuer ordnungsgemäß abgeführt haben. Geben Sie außerdem an, ob die Anlage KAP für den Steuerpflichtigen/Ehemann bzw. Lebenspartner A oder für die Ehefrau bzw. Lebenspartner B abgegeben wird. In Zeile 4 sollten Sie immer die Günstigerprüfung beantragen. Tragen Sie dazu eine "1" ein. Bei der Günstigerprüfung untersucht das Finanzamt, ob für Sie eine Besteuerung nach Ihrem persönlichen Steuersatz oder die Besteuerung nach dem pauschalen Abgeltungssteuersatz günstiger ist. Auch in Zeile 5 sollten Sie immer eine "1" eintragen. Das Finanzamt prüft die bereits abgeführte Abgeltungssteuer. Das ist sinnvoll, wenn die Abgeltungssteuer abgeführt wurde, obwohl der Sparer-Pauschbetrag nicht ausgeschöpft wurde. Auch eine ausländische Quellensteuer lässt sich so geltend machen. Sofern Sie kirchensteuerpflichtig sind und Ihnen von laufenden Kapitalerträgen (z.B. Zinsen) Kapitalertragssteuer und Solidaritätszuschlag aber keine Kirchensteuer abgezogen wurde, müssen Sie Zeile 6 mit einer "1" markieren.

Anlage KAP: Zeile 7 bis 15: Kapitalerträge mit inländischem Steuerabzug

253 Die Zeilen 7 bis 15 müssen Sie ausfüllen, wenn von Ihren Kapitalerträgen (z.B. Zinsen) Kapitalertragssteuer (Abgeltungssteuer) abgezogen worden ist.

Deutsche Banken und Sparkassen stellen Ihnen dafür (meist auf Antrag) eine sog. Steuerbescheinigung aus. Übertragen Sie die Werte aus der Steuerbescheinigung einfach in die Zeilen 7 bis 15. Wenn Sie von mehreren Banken Kapitalerträge erhalten haben, so müssen Sie die Werte der Steuerbescheinigungen addieren und die Summe in die Anlage KAP eintragen. In Zeile 7 tragen Sie die Höhe der Kapitalerträge ein. Nutzen Sie dafür die linke Spalte. Die rechte Spalte ist nur für korrigierte Beträge der Bank. In Zeile 8 müssen Sie die Gewinne aus Aktien(-verkäufen) nochmals separat eintragen. Sollten Sie Akten verkaufen, die Sie vor dem 31.12.2008 gekauft haben, so wird die Bank Ihnen einen Veräußerungsgewinn mitteilen, den Sie in Zeile 10 übernehmen müssen. In Zeile 11 tragen Sie die sogenannte Ersatzbemessungsgrundlage ein. Die Ersatzbemessungsgrundlage kommt zum Ansatz, wenn die Bank die genauen Anschaffungskosten der Wertpapiere nicht kennt und daher pauschal 30 Prozent der Einnahmen aus dem Wertpapiergeschäft versteuert. In Zeile 12 tragen Sie die nicht ausgeglichenen Verluste aus sonstigen Wertpapieren (z.B. Fonds, Zertifikate, etc.) ein. In Zeile 13 tragen Sie die nicht ausgeglichenen Verluste aus der Veräußerung von Aktien ein. Wenn Aktien am Markt nicht mehr gehandelt werden und die depotführende Bank diese Aktien aus Ihrem Depot ausbucht (=Totalverlust), dann können Sie diesen Verlust in Zeile 15 eintragen.

Anlage KAP: Zeile 16 und 17: Sparer-Pauschbetrag bzw. Freistellungsauftrag

---

Sofern Sie Ihrer Bank bzw. Kreditinstitut einen Freistellungsauftrag erteilt haben, so müssen Sie in **254** Zeile 16 den in Anspruch genommenen Sparer-Pauschbetrag eintragen. Das sind diejenigen Kapitaleinkünfte, die durch Ihren Freistellungsauftrag nicht der Abgeltungssteuer unterworfen worden sein. Diesen Wert können Sie ebenfalls der Steuerbescheinigung Ihrer Bank entnehmen. Sofern Sie keinen Freistellungsauftrag erteilt haben, müssen Sie eine "0" eintragen. In Zeile 17 müssen Sie den in Anspruch genommenen Sparer-Pauschbetrag eintragen, der auf Kapitalerträge entfällt, die nicht in dieser Anlage KAP erklärt sind. Im Zweifel tragen Sie den Wert in Zeile 16 ein.

Anlage KAP: Zeile 18 bis 26a: Kapitalerträge, die nicht dem inländischen Steuerabzug unterlegen haben

---

Die folgenden Zeilen werden nur überblicksmäßig dargestellt. Im Trend sind Geldanlagen **255** (Tagesgeldkonten oder Festgeldkonten) ausländischer Banken ohne Sitz in Deutschland. Diese Geldanlagen werden durch deutsche Makler wie Zinspilot, Weltsparen, etc. vermittelt. In Zeile 18 bis 26a müssen Sie alle Kapitalerträge eintragen, die nicht dem inländischen Steuerabzug (Abgeltungssteuer) unterlegen sind, z.B. Zinsen aus einem Privatdarlehen oder ausländische Zinsen. In Zeile 18 tragen Sie besondere inländische Kapitalerträge ein, die nicht dem inländischen Steuerabzug unterlegen sind (keine Tages- oder Festgeldzinsen von deutschen Banken). Haben Sie ausländische Tages- oder Festgeldzinsen (z.B. über Portale wie Weltsparen, Zinspilot, etc.) erwirtschaftet, so tragen Sie die Summe dieser Zinsen in Zeile 19 ein. Sofern diese Kapitalerträge auf Gewinne aus Aktienhandel stammen (z.B. Aktiendepots bei im Ausland ansässigen Banken), müssen Sie diese Gewinne in Zeile 20 gesondert ausweisen. Verluste aus Aktenhandel tragen Sie in Zeile 23, Verluste aus sonstigen Wertpapieren in Zeile 22 ein. Totalverluste durch Ausbuchen von Wertpapieren durch die Bank tragen Sie in Zeile 25 ein. Haben Sie vom Finanzamt Zinsen erstattet bekommen, weil das Finanzamt zu lange zur Bearbeitung der Steuererklärung bzw. Auszahlung des Erstattungsguthabens gebraucht hat, so tragen Sie diese vom Finanzamt erstatteten Zinsen in Zeile 26 ein. Sofern Sie nach dem Abschluss eines Gerichtsverfahrens Prozesszinsen oder Verzugszinsen erhalten haben, müssen Sie diese in Zeile 26a eintragen.

Anlage KAP: Zeile 27 bis 34: Kapitalerträge, die der tariflichen Einkommensteuer unterliegen

---

In Zeile 27 bis 34 tragen Sie Kapitalerträge ein, die nicht grds. mit der pauschalen Kapitalertragssteuer (Abgeltungssteuer) abgegolten werden, sondern der tariflichen Einkommensteuer unterliegen, z.B. laufende Einkünfte aus sonstigen Kapitalforderungen jeder Art, aus stiller Gesellschaft und partiarischen Darlehen, Zeile 28, Gewinne aus solchen Veräußerungen, Zeile 29. Kapitalerträge aus Lebensversicherungen nach § 20 Abs. 1 Nr. 6 Satz 2 EStG tragen Sie in Zeile 30 ein. Sind Sie hingegen an einer Kapitalgesellschaft (z.B. GmbH) beteiligt und erzielen daraus Einkünfte, so sind diese in den Zeilen 32 bis 34 einzutragen. Lassen Sie sich bei diesen Kapitaleinkünften steuerlich beraten.

Anlage KAP: Zeile 35 und 36: Kapitalerträge, für die die ermäßigte Besteuerung nach § 34 Abs. 1 EStG anzuwenden ist

In die Zeilen 35 und 36 tragen Sie die Kapitalerträge ein, für die die ermäßigte Besteuerung nach § 34 Abs. 1 EStG anzuwenden ist. Lassen Sie sich steuerlich beraten.

Anlage KAP: Zeile 37 bis 55: Steuerabzüge

256 In Zeile 37 bis 42 tragen Sie die bereits von den in Deutschland ansässigen Banken abgeführten Steuern (sofern Sie keinen Freistellungsauftrag gestellt haben) ein. In Zeile 37 tragen Sie die abgeführte Kapitalertragssteuer; in Zeile 38 den abgeführten Solidaritätszuschlag; in Zeile 39 die abgeführte Kirchensteuer auf Kapitalertragssteuer; in Zeile 40 angerechnete ausländische Steuern; in Zeile 41 anrechenbare noch nicht angerechnete ausländische Steuer ein. Diese Angaben können Sie der Steuerbescheinigung Ihrer Bank bzw. Mitteilung Ihrer Bank entnehmen. Haben Sie mehrere Steuerbescheinigungen von unterschiedlichen Banken, so müssen Sie die Werte addieren. In Zeile 43 bis 45 sind die abgeführten Steuern anzugeben, sofern Sie die Zeilen 28 bis 34 ausgefüllt haben. In Zeile 42 tragen Sie die anzurechnende Quellensteuer nach der Zinsinformationsverordnung ein, wenn Sie Zinseinkünfte aus Staaten wie Luxemburg, Österreich oder die Schweiz haben. Diese Staaten erheben eine Quellensteuer auf Zinszahlungen. Diese kann voll auf die deutsche Einkommensteuer angerechnet werden, sofern Sie einen entsprechenden Bankbeleg einreichen. Die Zeilen 47 bis 55 betreffen Beteiligungen an ausländischen Gesellschaften, Familienstiftungen und Steuerstundungsmodelle. Hierzu sollten Sie sich ggf. professionell beraten lassen.

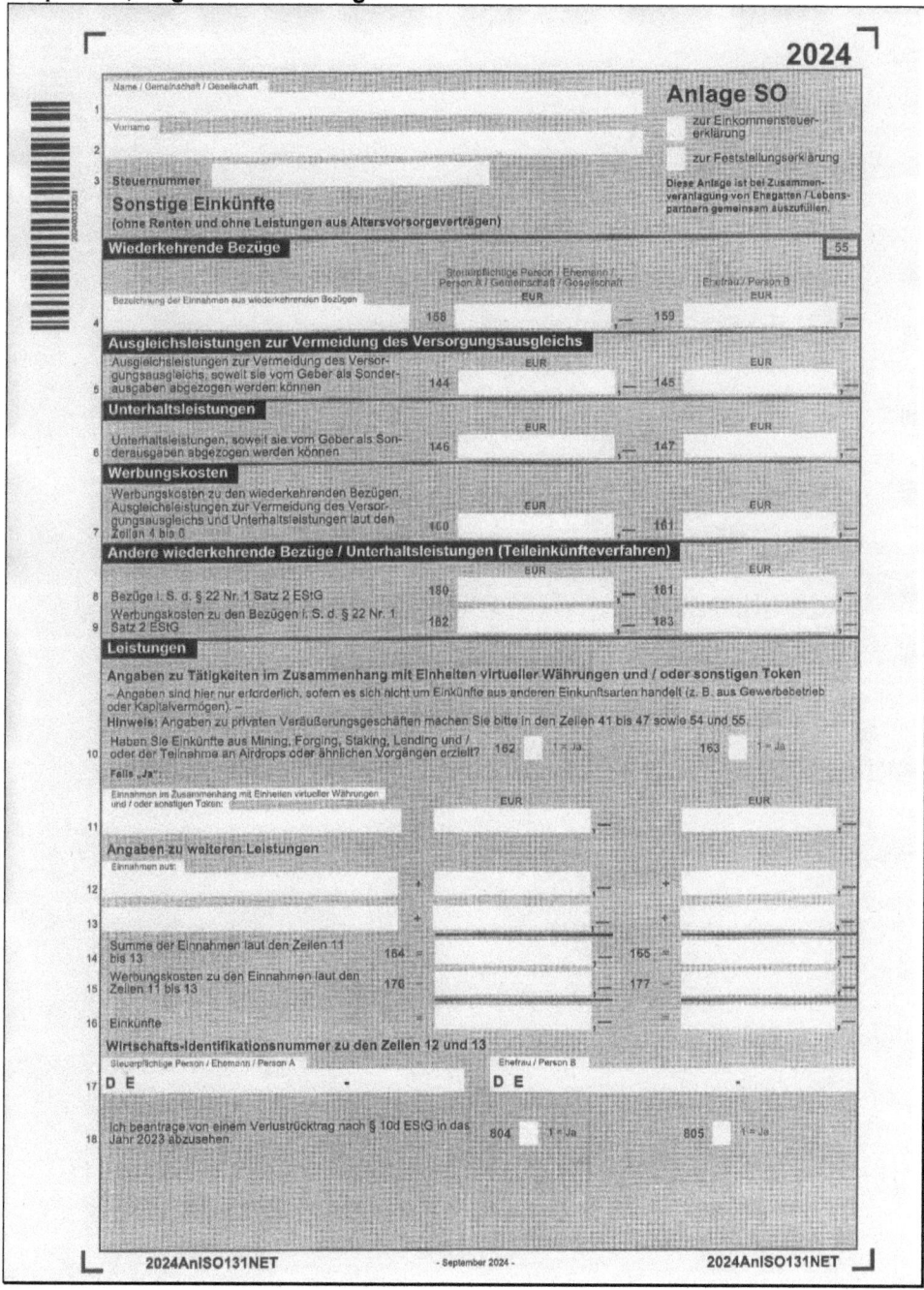

Abgeordnetenbezüge

		Steuerpflichtige Person / Ehemann / Person A EUR		Ehefrau / Person B EUR
19	Steuerpflichtige Einnahmen ohne Vergütung für mehrere Jahre	200	—	201
20	In Zeile 19 enthaltene Versorgungsbezüge	202	—	203
21	Bemessungsgrundlage für den Versorgungsfreibetrag	204	—	205
22	Maßgebendes Kalenderjahr des Versorgungsbeginns	216		217
23	Bei unterjähriger Zahlung: Erster und letzter Monat, für den Versorgungsbezüge gezahlt wurden	206 Monat	208 Monat	207 Monat / 209 Monat
24	Sterbegeld, Kapitalauszahlungen / Abfindungen und Nachzahlungen von Versorgungsbezügen (in Zeile 19 enthalten)	210	—	211
25	In Zeile 19 nicht enthaltene Vergütungen für mehrere Jahre (laut gesonderter Aufstellung)	212	—	213
26	In Zeile 25 enthaltene Versorgungsbezüge	214	—	215
27	Werbungskosten – Eintragungen sind nur vorzunehmen, sofern zur Abgeltung der durch das Mandat veranlassten Aufwendungen keine Aufwandsentschädigung gezahlt wird. –	218	—	219
28	Aufgrund der vorgenannten Tätigkeit als Abgeordnete(r) bestand eine Anwartschaft auf Altersversorgung ganz oder teilweise ohne eigene Beitragsleistung	242 1 = Ja 2 = Nein		243 1 = Ja 2 = Nein

Steuerstundungsmodelle

		Steuerpflichtige Person / Ehemann / Person A EUR		Ehefrau / Person B EUR
29	Einkünfte aus Gesellschaften / Gemeinschaften / ähnlichen Modellen i. S. d. § 15b EStG (laut gesonderter Aufstellung)		—	

Private Veräußerungsgeschäfte

Grundstücke und grundstücksgleiche Rechte (z. B. Erbbaurecht)
– In den Zeilen 34 bis 40 bitte nur den steuerpflichtigen Anteil erklären. –
Bezeichnung des Grundstücks (Lage) / des Rechts

30	
31	Zeitpunkt der Anschaffung (z. B. Datum des Kaufvertrags, Zeitpunkt der Entnahme aus dem Betriebsvermögen) / Zeitpunkt der Veräußerung (z. B. Datum des Kaufvertrags, auch nach vorheriger Einlage ins Betriebsvermögen)
32	Nutzung des Grundstücks bis zur Veräußerung zu eigenen Wohnzwecken — vom — bis — m²
33	Nutzung des Grundstücks bis zur Veräußerung zu anderen Zwecken (z. B. Vermietung) — vom — bis — m²

		EUR
34	Veräußerungspreis oder an dessen Stelle tretender Wert (z. B. Teilwert, gemeiner Wert)	
35	Anschaffungs- / Herstellungskosten oder an deren Stelle tretender Wert (z. B. Teilwert, gemeiner Wert) ggf. zuzüglich nachträglicher Anschaffungs- / Herstellungskosten	
36	Absetzungen für Abnutzung / Erhöhte Absetzungen / Sonderabschreibungen	+
37	Werbungskosten im Zusammenhang mit dem Veräußerungsgeschäft	–
38	Gewinn / Verlust (zu übertragen nach Zeile 39)	=

		Steuerpflichtige Person / Ehemann / Person A / Gemeinschaft / Gesellschaft EUR		Ehefrau / Person B EUR
39	Zurechnung des Betrags aus Zeile 38	110	—	111
40	Gewinne / Verluste aus weiteren Veräußerungen von Grundstücken und grundstücksgleichen Rechten (laut gesonderter Aufstellung)	112	—	113

2024AnlSO132NET — 2024AnlSO132NET

Einheiten virtueller Währungen und / oder sonstige Token

	Steuerpflichtige Person / Ehemann / Person A / Gemeinschaft / Gesellschaft	Ehefrau / Person B
41 Haben Sie Einkünfte aus der Veräußerung von Einheiten virtueller Währungen und / oder sonstigen Token erzielt?	108 ☐ 1 = Ja	109 ☐ 1 = Ja

42 Falls „Ja": Bezeichnung

	Zeitpunkt der Anschaffung (z. B. der auf der verwendeten Handelsplattform aufgezeichnete Zeitpunkt)	Zeitpunkt der Veräußerung (z. B. der auf der verwendeten Handelsplattform aufgezeichnete Zeitpunkt)
43		

		EUR
44 Veräußerungspreis oder an dessen Stelle tretender Wert (z. B. gemeiner Wert)		
45 Anschaffungskosten oder an deren Stelle tretender Wert (z. B. Teilwert, gemeiner Wert)		
46 Werbungskosten im Zusammenhang mit dem Veräußerungsgeschäft		
47 Gewinn / Verlust (zu übertragen nach Zeile 54) – Erläutern Sie bitte die Ermittlung des Gewinns / Verlusts zusätzlich in einer gesonderten Aufstellung. –		

Andere Wirtschaftsgüter
– Veräußerungen von Gegenständen des täglichen Gebrauchs sind ausgenommen. –

48 Art des Wirtschaftsguts

	Zeitpunkt der Anschaffung (z. B. Datum des Kaufvertrags)	Zeitpunkt der Veräußerung (z. B. Datum des Kaufvertrags)
49		

		EUR
50 Veräußerungspreis oder an dessen Stelle tretender Wert (z. B. gemeiner Wert)		
51 Anschaffungskosten (ggf. gemindert um Absetzung für Abnutzung) oder an deren Stelle tretender Wert (z. B. Teilwert, gemeiner Wert)		
52 Werbungskosten im Zusammenhang mit dem Veräußerungsgeschäft		
53 Gewinn / Verlust (zu übertragen nach Zeile 54)		

	Steuerpflichtige Person / Ehemann / Person A / Gemeinschaft / Gesellschaft EUR	Ehefrau / Person B EUR
54 Zurechnung der Beträge aus den Zeilen 47 und 53	114	115
55 Gewinne / Verluste aus weiteren Veräußerungen von Einheiten virtueller Währungen und sonstigen Token sowie anderen Wirtschaftsgütern (laut gesonderter Aufstellung)	116	117

Anteile an gesondert und einheitlich festgestellten Einkünften
Steuerpflichtige Person / Ehemann / Person A / Gemeinschaft / Gesellschaft

56 Gemeinschaft / Gesellschaft

	Finanzamt	Steuernummer
57		

		EUR
58 Anteil am Gewinn / Verlust	134	

Ehefrau / Person B

59 Gemeinschaft / Gesellschaft

	Finanzamt	Steuernummer
60		

		EUR
61 Anteil am Gewinn / Verlust	135	

	Steuerpflichtige Person / Ehemann / Person A	Ehefrau / Person B
62 Ich beantrage von einem Verlustrücktrag nach § 10d EStG in das Jahr 2023 abzusehen.	806 ☐ 1 = Ja	807 ☐ 1 = Ja

231

Dieses Formular soll hier nur teilweise dargestellt werden. Die Anlage SO wird hauptsächlich für Unterhaltsleistungen an den (Ex-)Ehegatten bzw. Lebenspartner verwendet. Siehe dazu Rn.130.

Nur wenn der Unterhaltsempfänger die Unterhaltszahlungen des (Ex-) Ehegatten in der Anlage SO angibt und selbst versteuert, kann der Unterhaltsleistende die Unterhaltszahlungen als Sonderausgaben steuerlich absetzen. Die Anlage SO ist daher <u>vom unterhaltsempfangenden Ehegatten (Ex-Ehegatte) auszufüllen</u> und wird als dessen Einnahmequelle behandelt. Dazu müssen die Zeilen 1 bis 3 wieder mit Name, Vorname und Steuernummer ausgefüllt werden. In Zeile 6 sind die empfangenen Unterhaltszahlungen anzugeben. Sind Ausgleichszahlungen zur Vermeidung des Versorgungsausgleichs empfangen worden, so sind diese in Zeile 5 einzutragen.

258   **18.8. Anlage Unterhalt - Die Anlage für sonstige Unterhaltszahler**

Die Anlage Unterhalt müssen Sie ausfüllen, wenn Sie Unterhalt nach § 33a EStG zahlen, z.B. an unterhaltsberechtigte Verwandte, (Kinder, Enkel, Eltern) oder an die Kindsmutter (Erziehungsunterhalt/Betreuungsunterhalt). Siehe dazu Rn.148. Beachten Sie, dass Sie nicht einzelne Personen, sondern immer alle Personen im jeweiligen Haushalt der zu unterstützenden Person unterstützen. Die Unterhaltsleistungen werden daher auf alle im Haushalt lebenden Personen gleichmäßig aufgeteilt, auch wenn Sie das gar nicht beabsichtigen. In Zeile 1 bis 3 tragen Sie wieder Ihren Namen, Vornamen und Ihre Steuernummer ein. Wenn Sie mehrere Anlagen Unterhalt abgeben -z.B. wenn Sie mehrere Haushalte unterstützen- so müssen Sie noch die einzelnen Anlagen durchnummerieren. Sie müssen für jede unterstützte Person eine eigene Anlage Unterhalt abgeben. Geben Sie mehrere Anlagen ab, so nummerieren Sie diese in Zeile 3 mit laufenden Nummern durch.

259

Anlage Unterhalt: Zeile 4 bis 6: unterstützter Haushalt

In Zeile 4 und 5 tragen Sie die Postanschrift (Adresse) des unterstützten Haushaltes ein. In Zeile 6 geben Sie an, wieviele Personen in dem unterstützten Haushalt leben.

Anlage Unterhalt: Zeile 7 bis 12: geleisteter Unterhalt für einen Haushalt im Inland

In Zeile 7 tragen Sie ein, von wann bis wann Sie 2024 Unterhalt gezahlt haben, z.B. 0101 bis 3112. Die Summe der Unterhaltszahlung tragen Sie in das benachbarte Feld ein. In Zeile 8 tragen Sie das Datum ein, wann Sie das erste Mal in 2024 Unterhalt gezahlt haben, z.B. durch Überweisung vom 04.01.2024. Tragen Sie dazu "04012024" ein. In Zeile 9 tragen Sie dann die Unterhaltszahlung in EUR ein. Sie müssen nur dann die Zeilen 10 bis 12 ausfüllen, wenn die Unterhaltszahlung einmal im Jahr unterbrochen war und danach wieder aufgenommen worden ist.

Anlage Unterhalt

Diese Anlage ist bei Zusammenveranlagung von Ehegatten / Lebenspartnern gemeinsam auszufüllen.

Für jeden unterstützten Haushalt bitte eine eigene Anlage Unterhalt abgeben.

1	Name
2	Vorname
3	Steuernummer — lfd. Nr. der Anlage

Angaben zu Unterhaltsleistungen an bedürftige Personen

Haushalt, in dem die unterstützte(n) Person(en) lebte(n)

4 Anschrift dieses Haushaltes

5 Wohnsitzstaat, wenn Ausland

Die Eintragungen in den Zeilen 6 bis 20 sind nur in der ersten Anlage Unterhalt je Haushalt erforderlich.

6 Anzahl der Personen, die in dem Haushalt laut Zeile 4 lebten — Anzahl

Aufwendungen für den Unterhalt

1. Unterhaltszeitraum

7 Unterstützungszeitraum, für den Unterhalt geleistet wurde — vom / bis

8 Zeitraum, in dem die Zahlungen für den Unterhalt geleistet wurden (Tag der ersten Zahlung bis Tag der letzten Zahlung)

9 Höhe der Unterhaltszahlung (einschließlich Beiträge zu Basis-Kranken- und Pflegeversicherungen laut den Zeilen 43 und / oder 74, die von der unterstützten Person als Versicherungsnehmer geschuldet und von mir getragen wurden, und einschließlich Unterhaltsleistungen an im Ausland lebende Personen laut den Zeilen 13 bis 19) — EUR

2. Unterhaltszeitraum

10 Unterstützungszeitraum, für den Unterhalt geleistet wurde — vom / bis

11 Zeitraum, in dem die Zahlungen für den Unterhalt geleistet wurden (Tag der ersten Zahlung bis Tag der letzten Zahlung)

12 Höhe der Unterhaltszahlung (einschließlich Beiträge zu Basis-Kranken- und Pflegeversicherungen laut den Zeilen 45 und / oder 76, die von der unterstützten Person als Versicherungsnehmer geschuldet und von mir getragen wurden, und einschließlich Unterhaltsleistungen an im Ausland lebende Personen laut den Zeilen 13 bis 19) — EUR

Weitere Angaben zu Unterhaltsleistungen an im Ausland lebende Personen

Unterhaltszahlungen durch Bank- oder Postüberweisung (in den Zeilen 9 und / oder 12 enthalten) — EUR

13 Betrag

Unterhaltszahlungen durch Übergabe von Bargeld (in den Zeilen 9 und / oder 12 enthalten) — Mitgenommener Betrag EUR

Einreisedatum — Übergabedatum

14

15

Unterhaltszahlungen im Rahmen von Familienheimfahrten zum Ehegatten / Lebenspartner (in den Zeilen 9 und / oder 12 enthalten) — Mitgenommener Betrag EUR

Einreisedatum — Übergabedatum

16

17

18

19

Nettomonatslohn der unterstützenden steuerpflichtigen Person — EUR

20 Betrag

Angaben zur 1. unterstützten Person

Allgemeine Angaben zur unterstützten Person

21 Identifikationsnummer | Name, Vorname

22 Geburtsdatum | Sterbedatum, wenn 2024 verstorben | Beruf, Familienstand

23 Verwandtschaftsverhältnis zur unterstützenden Person

24 Name, Vorname des im selben Haushalt lebenden Ehegatten / Lebenspartners der unterstützten Person

Lebensort / Unterhaltsberechtigung

Falls „Ja" (wenn nicht ganzjährig)
vom | bis

25 Die unterstützte Person lebte in meinem inländischen Haushalt. | 1 = Ja / 2 = Nein

26 Hatte jemand für die unterstützte Person Anspruch auf Kindergeld oder Freibeträge für Kinder? | 1 = Ja / 2 = Nein

27 Die unterstützte Person ist mein geschiedener Ehegatte, Lebenspartner einer aufgehobenen Lebenspartnerschaft oder dauernd getrennt lebender Ehegatte / Lebenspartner. (kein Abzug von Sonderausgaben nach § 10 Abs. 1a Nr. 1 EStG, keine Zusammenveranlagung). | 1 = Ja / 2 = Nein

28 Die unterstützte Person ist mein nicht dauernd getrennt lebender und nicht unbeschränkt einkommensteuerpflichtiger Ehegatte / Lebenspartner. | 1 = Ja / 2 = Nein

29 Die unterstützte Person ist als Kindesmutter / Kindesvater gesetzlich unterhaltsberechtigt (bis zur Vollendung des dritten Lebensjahres des Kindes). | 1 = Ja / 2 = Nein

30 Die unterstützte Person ist nicht unterhaltsberechtigt, jedoch wurden oder würden bei ihr wegen der Unterhaltszahlungen öffentliche Mittel gekürzt oder nicht gewährt. | 1 = Ja / 2 = Nein

Vermögen der unterstützten Person

Falls „Ja": Gesamtwert des Vermögens der unterstützten Person (z. B. PKW, Bargeld, Grundstücke mit Ausnahme eines angemessenen, selbst bewohnten Hausgrundstücks) | EUR

31 Hatte die unterstützte Person im Unterhaltszeitraum Vermögen? | 1 = Ja / 2 = Nein

Bei Unterhaltsempfängern im Ausland

32 Die von der Heimatbehörde und der unterstützten Person bestätigte Unterhaltserklärung über die Bedürftigkeit liegt mir vor. | 1 = Ja / 2 = Nein

Einkünfte und Bezüge der unterstützten Person

33 Die unterstützte Person hat Einkünfte, Bezüge und / oder öffentliche Ausbildungshilfen im Kalenderjahr erzielt. | 1 = Ja / 2 = Nein

Falls Sie Zeile 33 mit „Ja" beantwortet haben, füllen Sie bitte die Zeilen 34 bis 42 aus.

Einkünfte aus nichtselbständiger Arbeit

vom	bis	Bruttoarbeitslohn (ohne Einnahmen aus Minijobs) EUR	Werbungskosten zum Bruttoarbeitslohn (ohne Werbungskosten zu Versorgungsbezügen) EUR
34			
35			

vom	bis	Versorgungsbezüge – im Arbeitslohn enthalten – EUR	Werbungskosten zu Versorgungsbezügen EUR	Bemessungsgrundlage für den Versorgungsfreibetrag EUR	Maßgebendes Kalenderjahr des Versorgungsbeginns
36					

Sonstige Einkünfte

vom	bis	Renten EUR	steuerpflichtiger Teil der Rente EUR	Werbungskosten zu Renten EUR
37				
38				

Einkünfte aus Kapitalvermögen

vom	bis	Einkünfte aus Kapitalvermögen (tarifliche Einkommensteuer) EUR	vom	bis	Kapitalerträge (Abgeltungsteuer) EUR
39					

Übrige Einkünfte

vom	bis	EUR
40		

234

	Sozialleistungen / übrige Bezüge (z. B. aus MiniJobs)			Öffentliche Ausbildungshilfen (z. B. BAföG-Zuschüsse)		
	vom	bis	EUR	vom	bis	EUR
41						

	Kosten zu allen Bezügen		
	vom	bis	EUR
42			

Beiträge zu Basis-Kranken- und gesetzlichen Pflegeversicherungen

EUR

43	In Zeile 9 enthaltene übernommene Beiträge zu Basis-Kranken- und gesetzlichen Pflegeversicherungen für die unterstützte Person, die von ihr als Versicherungsnehmer geschuldet und von mir getragen wurden	
44	In der vorstehenden Zeile enthaltene Beiträge, aus denen sich ein Anspruch auf Krankengeld ergibt	
45	In Zeile 12 enthaltene übernommene Beiträge zu Basis-Kranken- und gesetzlichen Pflegeversicherungen für die unterstützte Person, die von ihr als Versicherungsnehmer geschuldet und von mir getragen wurden	
46	In der vorstehenden Zeile enthaltene Beiträge, aus denen sich ein Anspruch auf Krankengeld ergibt	

Weitere zum Unterhalt beitragende Personen

47	Hat mindestens eine weitere Person zum Unterhalt der unterstützten Person beigetragen?	1 = Ja 2 = Nein
	Falls Sie Zeile 47 mit „Ja" beantwortet haben, füllen Sie bitte die Zeilen 48 bis 51 aus.	
	Zum Unterhalt der bedürftigen Person haben auch beigetragen (Name, Anschrift)	
48		

	vom	bis		Betrag EUR
49				

50	In Zeile 49 enthaltene Beiträge zur Basis-Kranken- und gesetzlichen Pflegeversicherung für die unterstützte Person, die von ihr als Versicherungsnehmer geschuldet und von der / den Person(en) laut Zeile 48 getragen wurden	
51	In Zeile 50 enthaltene Beiträge, aus denen sich ein Anspruch auf Krankengeld ergibt	

Angaben zur 2. unterstützten Person

Allgemeine Angaben zur unterstützten Person

52	Identifikationsnummer	Name, Vorname
53	Geburtsdatum	Sterbedatum, wenn 2024 verstorben	Beruf, Familienstand
54	Verwandtschaftsverhältnis zur unterstützenden Person	

55	Name, Vorname des im selben Haushalt lebenden Ehegatten / Lebenspartners der unterstützten Person

Lebensort / Unterhaltsberechtigung

Falls „Ja" (wenn nicht ganzjährig)

			vom	bis
56	Die unterstützte Person lebte in meinem inländischen Haushalt.	1 = Ja 2 = Nein		
57	Hatte jemand für die unterstützte Person Anspruch auf Kindergeld oder Freibeträge für Kinder?	1 = Ja 2 = Nein		
58	Die unterstützte Person ist mein geschiedener Ehegatte, Lebenspartner einer aufgehobenen Lebenspartnerschaft oder dauernd getrennt lebender Ehegatte / Lebenspartner (kein Abzug von Sonderausgaben nach § 10 Abs. 1a Nr. 1 EStG, keine Zusammenveranlagung).	1 = Ja 2 = Nein		
59	Die unterstützte Person ist mein nicht dauernd getrennt lebender und nicht unbeschränkt einkommensteuerpflichtiger Ehegatte / Lebenspartner.	1 = Ja 2 = Nein		
60	Die unterstützte Person ist als Kindesmutter / Kindesvater gesetzlich unterhaltsberechtigt (bis zur Vollendung des dritten Lebensjahres des Kindes).	1 = Ja 2 = Nein		
61	Die unterstützte Person ist nicht unterhaltsberechtigt, jedoch wurden oder würden bei ihr wegen der Unterhaltszahlungen öffentliche Mittel gekürzt oder nicht gewährt.	1 = Ja 2 = Nein		

Vermögen der unterstützten Person

62	Hatte die unterstützte Person im Unterhaltszeitraum Vermögen?	1 = Ja 2 = Nein	Falls „Ja": Gesamtwert des Vermögens der unterstützten Person (z. B. PKW, Bargeld, Grundstücke mit Ausnahme eines angemessenen, selbst bewohnten Hausgrundstücks)	EUR

Bei Unterhaltsempfängern im Ausland

63	Die von der Heimatbehörde und der unterstützten Person bestätigte Unterhaltserklärung über die Bedürftigkeit liegt mir vor.	1 = Ja 2 = Nein

235

260

Anlage Unterhalt: Zeile 13 bis 19: Unterhaltsleistungen an im Ausland lebende Personen
---

Leben die unterhaltenen Personen im Ausland, so müssen Sie die Zeilen 13 bis 19 ausfüllen. Hier gelten erhöhte bzw. strenge Nachweispflichten. Wieviel Unterhalt berücksichtigt werden kann, hängt davon ab, in welchem Land die unterstützte Person lebt. Es werden vier Ländergruppen unterschieden. In Zeile 13 müssen die Unterhaltsleistenden genau angeben, ob Sie den Unterhalt durch Bank- oder Postüberweisung transferiert haben und müssen den genauen Betrag angeben oder ob die Unterhaltsleistung durch Bargeldmitnahme (Übergabe von Bargeld) erfolgt ist (Zeile 14 und 15). Sofern Bargeld übergeben worden ist, müssen Sie in Zeile 14 bis 19 angeben, wann (Datum) Sie in das Land der unterhaltsempfangenden Person eingereist sind und wann (Datum) Sie den Betrag an diese Person übergeben haben. Sie müssen dem Finanzamt zwingend Abhebungsnachweise von der Bank, Nachweise über die Durchführung der Reise und eine detaillierte Empfängerbestätigung sowie einen Nachweis über den Nettomonatslohn der unterstützten Person einreichen. Sofern der Unterhaltsbetrag im Rahmen einer Familienheimfahrt zum Ehegatten/Lebenspartner mitgenommen wurde, sind die Zeilen 16 bis 19 auszufüllen. In Zeile 20 tragen Sie als Unterstützer Ihren Nettolohn ein.

261

Anlage Unterhalt: Zeile 21 bis 42: Angaben zum Unterhaltsempfänger
---

In Zeile 21 bis 42 tragen Sie Angaben zur unterstützten Person ein. Für jede unterstützte Person müssen Sie separate Angaben machen. Nummerieren Sie daher die unterstützten Personen (lfd. Nr.) in Zeile 3 durch. Tragen Sie die Identifikationsnummer der unterstützten Person und deren Namen in Zeile 21 ein. In Zeile 22 geben Sie das Geburtsdatum, ggf. das Sterbedatum und den ausgeübten Beruf und Familienstand der unterstützten Person an. In Zeile 23 tragen Sie Ihr Verwandschaftsverhältnis zu dieser Person ein. In Zeile 24 tragen Sie ggf. den im selben Haushalt lebenden Ehegatten bzw. Lebenspartner der unterstützten Person ein. Sofern die unterstützte Person in Ihrem inländischen Haushalt lebt, so tragen Sie in Zeile 25 eine „1" ein und geben den Zeitraum an. Sofern Sie mit dieser Person ganzjährig zusammenwohnten, so geben Sie 0101 bis 3112 an. Anderenfalls tragen Sie eine „2" ein. Wenn jemand für die unterstützte Person Anspruch auf Kindergeld oder Kinderfreibetrag hat, so tragen Sie in Zeile 26 eine „1" ein und geben den Zeitraum an. Anderenfalls tragen Sie eine „2" ein. Sofern die unterstützte Person der geschiedene Ehegatte/Lebenspartner ist oder beide Ehegatten/Lebenspartner dauerhaft getrennt leben, so setzen Sie in Zeile 27 eine „1" und geben den Zeitraum an. Anderenfalls tragen Sie eine „2" ein. Sofern Sie der unterstützten Person als Kindsmutter bzw. Kindsvater gesetzlich unterhaltsverpflichtet sind, so setzen Sie in Zeile 29 eine „1" und geben den Zeitraum an. Anderenfalls tragen Sie eine „2" ein. Zeile 30 umfasst Personen, denen Sie gegenüber zwar nicht gesetzlich unterhaltsverpflichtet sind, jedoch mit denen Sie in einer Bedarfsgemeinschaft zusammenleben. Diesen Personen werden aufgrund der Bedarfsgemeinschaft sozialrechtliche Zuwendungen (z.B. Sozialhilfe) gekürzt.

In Zeile 31 müssen Sie angeben. ob die unterstützte Person im Unterhaltszeitraum über Vermögen verfügte. Sofern sie über Vermögen verfügte, müssen Sie deren Vermögen betragsmäßig angeben. Bei Unterhaltsempfängern im Ausland müssen Sie in Zeile 32 angeben, ob Ihnen eine bestätigte Unterhaltserklärung über die Bedürftigkeit des Unterhaltsempfängers von einer ausländischen Heimatbehörde vorliegt.

In den Zeilen 33 bis 40 müssen Sie die Einkünfte und Bezüge der unterstützten Person offenlegen. Lesen Sie dazu Rn. 151f. Geben Sie in Zeile 33 zunächst an, ob die unterstützte Person Einkünfte, Bezüge und/oder öffentliche Ausbildungshilfen (z.B. BAföG) in 2024 erhalten hat. Tragen Sie eine „1" für ja, bzw. „2" für nein ein. Sofern die Person über Einkünfte in 2024 verfügt, nehmen Sie Eintragungen in den Zeilen 34 bis 36 vor. Tragen Sie Zeitraum (von bis) und den Bruttoarbeitslohn und ggf. Werbungskosten ein. Für sonstige Einkünfte nutzen Sie Zeilen 37 und 38. Einkünfte aus Kapitalvermögen tragen Sie in Zeile 39, alle übrigen Einkünfte in Zeile 40, Sozialhilfe und öffentliche Ausbildungshilfen in Zeile 41 ein. Kosten, die im Zusammenhang mit der Bezügen stehen (z.B. Schreibauslagen, Fahrtkosten zu Behörden, etc.) tragen Sie in Zeile 42 ein.

In Zeile 43 bis 46 können Sie die gezahlten Beiträge zur Kranken- und Pflegeversicherung der zu unterstützenden Person eintragen. Diese Beiträge erhöhen den maximal zu berücksichtigenden Unterhaltsbetrag. In Zeile 43 tragen Sie die Beiträge zur Basis-Kranken- und gesetzlichen Pflegeversicherung ein, die von der unterstützten Person (laut Angabe in Zeile 9 der Anlage Unterhalt) geschuldet werden. Wenn Sie direkt die von der unterstützten Person geschuldeten Beiträge zur Basis-Krankenversicherung und Pflegeversicherung persönlich an die Versicherung geleistet haben, dann tragen Sie den Wert in Zele 45 ein.
In Zeile 44 geben Sie die Beiträge laut Zeile 43 ein, aus denen sich ein Anspruch auf Krankengeld ergibt. Besteht kein Anspruch auf Krankengeld (z.B. bei der studentischen Krankenversicherung), so tragen Sie eine "0" ein. Die gezahlten Beiträge werden regelmäßig von den Krankenversicherungen/Krankenkassen bescheinigt.

Wenn weitere Personen zum Unterhalt der unterstützten Person beigetragen haben, dann nehmen Sie Eintragungen in Zeile 47 bis 51 vor. Wenn das der Fall ist, tragen Sie in Zeile 47 eine „1" ein. Anderenfalls tragen Sie für nein eine „2" ein. Geben Sie den Namen und die Anschrift der weiteren Unterstützungsperson in Zeile 48 an und benennen in Zeile 49 den genauen Unterstützungszeitraum. Wenn die weitere Unterstützungsperson auch Beiträge für die Basis-Krankenversicherung und Pflegeversicherung geleistet hat, dann sind diese in Zeile 50 einzutragen. Wenn sich zusätzlich aus diesen Beiträgen ein Anspruch auf Krankengeld ergibt, dann sind die geleisteten Beträge zusätzlich in Zeile 51 einzutragen. In Zeile 52 bis 82 können Sie ggf. Angaben zur zweiten unterstützten Person machen.

18.9. Anlage R - Die Anlage für Rentenempfänger (gesetzl. Rentenversicherung, landwirtschaftliche Alterskasse, berufsständische Versorgungseinrichtungen, zertifizierte Basisrentenverträge (Rürup-Rente)

Wenn Sie Renten erhalten, so müssen Sie die Anlage R ausfüllen. Es gibt drei unterschiedliche Anlagen R. Die **Anlagen R** unterscheiden sich dabei nach der Art der Renteneinkünfte. In die Anlage R tragen Sie Renteneinkünfte aus der gesetzlichen Rentenversicherung, der landwirtschaftlichen Alterskasse, der berufsständischen Versorgungseinrichtungen, eigenen zertifizierten Basisrentenverträge (sog. Rürup-Rente) und Leibrenten aus privaten Rentenversicherungen (welche in der Ansparphase nicht steuerbegünstigt waren) ein. In die Anlage R-AV / bAV tragen Sie Renten aus inländischen Altersvorsorgeverträgen (z.B. Rieser-Rente, einem Pensionsfonds, Pensionskasse oder aus einer Direktversicherung) und die damit in Zusammenhang stehenden Werbungskosten ein. In die Anlage R-AUS tragen Sie ausländische Renteneinkünfte und die damit in Zusammenhang stehenden Werbungskosten ein.

Die vom Rentenversicherungsträger übermittelten elektronischen Daten (im Formular dunkelgrün bzw. dunkelgrau hinterlegt und mit einem (e) gekennzeichnet) müssen Sie nicht zwangsläufig eintragen. Geben Sie dabei Ihren Namen, Vornamen und Ihre Steuernummer in Zeilen 1 bis 3 an. Geben Sie außerdem an, ob Sie die Anlage R für sich oder für Ihre zusammenveranlagte Ehefrau/Lebenspartner B abgeben. Wenn beide Ehegatten/Lebenspartner eine Rente beziehen, müssen beide eine separate Anlage R abgeben. Sie können pro Formular 2 Renten eintragen. In die mittlere Spalte tragen Sie die erste Rente und in die rechte Spalte die zweite Rente ein. Wenn Sie mehr als zwei Renten erhalten, dann müssen Sie mehrere Anlagen R abgeben. Tragen Sie dann in Zeile 3 die Anzahl der Anlagen ein.

> **Anlage R: Zeile 4 bis 12: gesetzliche Leibrenten/Leistungen aus der gesetzlichen Rentenversicherung, landwirtschaftlicher Alterskasse, berufsständischen Versorgungseinrichtungen, eigenen zertifizierten Basisrentenverträgen (sog. Rürup-Rente)**

In den Zeilen 4-9 brauchen Sie bei inländischen Rentenbezügen zumeist keine Angaben machen. Ich empfehle jedoch auch hier die Beträge freiwillig einzutragen. In Zeile 4 tragen Sie den Rentenbetrag (einschließlich Einmalzahlungen) ein, der aus einer der o.g. Kassen stammt (Gesamtsumme). In Zeile 5 tragen Sie den Rentenanpassungsbetrag ein, der bereits zum Teil in der Gesamtsumme in Zeile 4 enthalten ist. In Zeile 6 tragen Sie den Beginn der Rente ein.

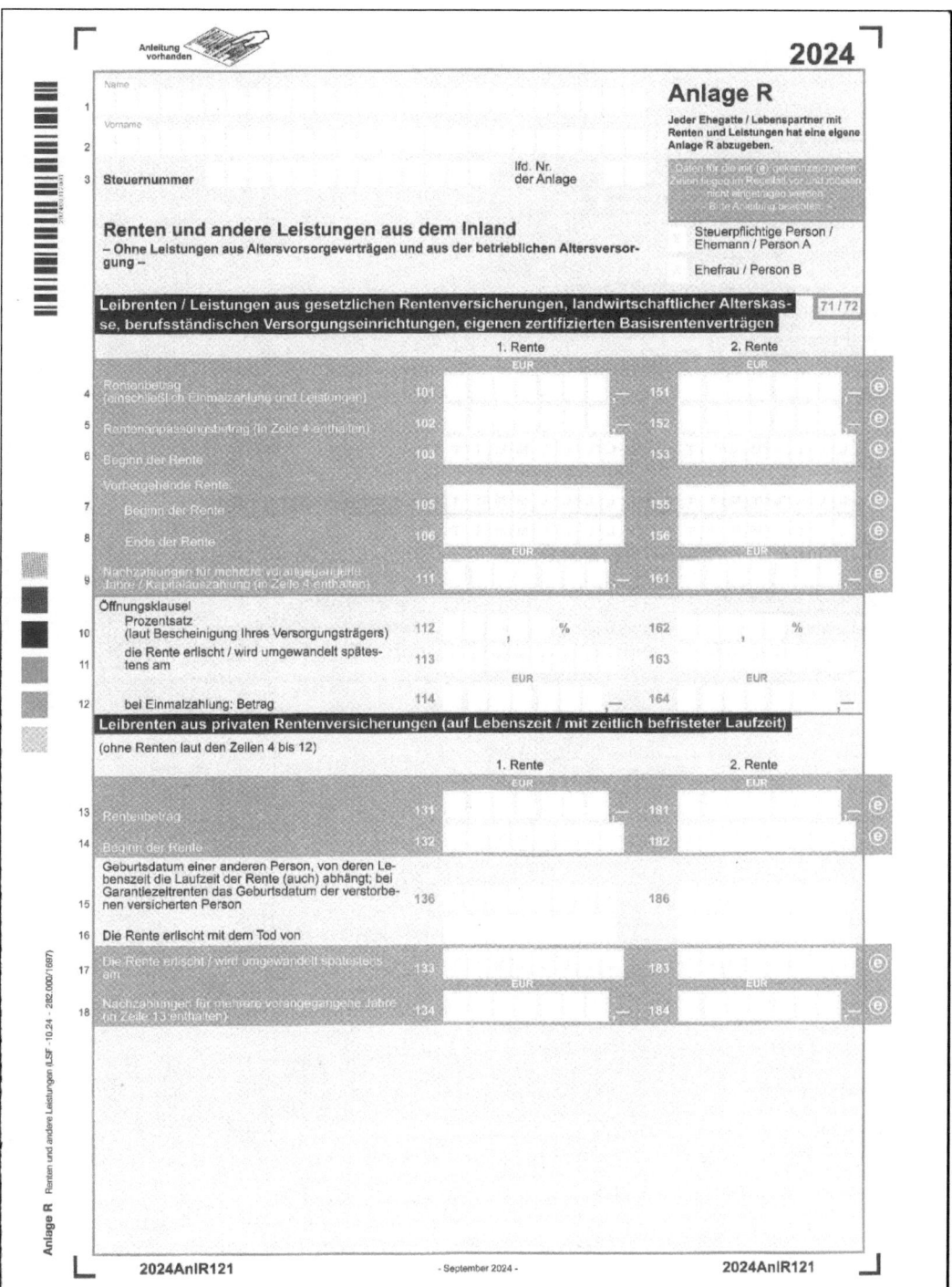

Anleitung vorhanden

2024

Anlage R

Jeder Ehegatte / Lebenspartner mit Renten und Leistungen hat eine eigene Anlage R abzugeben.

1	Name
2	Vorname
3	Steuernummer	lfd. Nr. der Anlage

Daten für die mit (e) gekennzeichneten Zeilen liegen im Regelfall vor und müssen nicht eingetragen werden. – Bitte Anleitung beachten. –

Renten und andere Leistungen aus dem Inland
– Ohne Leistungen aus Altersvorsorgeverträgen und aus der betrieblichen Altersversorgung –

Steuerpflichtige Person / Ehemann / Person A

Ehefrau / Person B

Leibrenten / Leistungen aus gesetzlichen Rentenversicherungen, landwirtschaftlicher Alterskasse, berufsständischen Versorgungseinrichtungen, eigenen zertifizierten Basisrentenverträgen | 71 / 72

		1. Rente EUR		2. Rente EUR	
4	Rentenbetrag (einschließlich Einmalzahlung und Leistungen)	101	—	151	— (e)
5	Rentenanpassungsbetrag (in Zeile 4 enthalten)	102	—	152	— (e)
6	Beginn der Rente	103		153	(e)
7	Vorhergehende Rente: Beginn der Rente	105		155	(e)
8	Ende der Rente	106		156	(e)
9	Nachzahlungen für mehrere vorangegangene Jahre / Kapitalauszahlung (in Zeile 4 enthalten)	111	EUR —	161	EUR — (e)
10	Öffnungsklausel Prozentsatz (laut Bescheinigung Ihres Versorgungsträgers)	112	, %	162	, %
11	die Rente erlischt / wird umgewandelt spätestens am	113		163	
12	bei Einmalzahlung: Betrag	114	EUR —	164	EUR —

Leibrenten aus privaten Rentenversicherungen (auf Lebenszeit / mit zeitlich befristeter Laufzeit)

(ohne Renten laut den Zeilen 4 bis 12)

		1. Rente EUR		2. Rente EUR	
13	Rentenbetrag	131	—	181	— (e)
14	Beginn der Rente	132		182	(e)
15	Geburtsdatum einer anderen Person, von deren Lebenszeit die Laufzeit der Rente (auch) abhängt; bei Garantiezeitrenten das Geburtsdatum der verstorbenen versicherten Person	136		186	
16	Die Rente erlischt mit dem Tod von				
17	Die Rente erlischt / wird umgewandelt spätestens am	133		183	(e)
18	Nachzahlungen für mehrere vorangegangene Jahre (in Zeile 13 enthalten)	134	EUR —	184	EUR — (e)

Anlage R Renten und andere Leistungen (LSF · 10.24 - 282.000/1697)

Leibrenten aus sonstigen Verpflichtungsgründen (z. B. Renten aus Veräußerungsgeschäften)

(ohne Renten laut den Zeilen 4 bis 18)

		1. Rente EUR	2. Rente EUR
19	Rentenbetrag	141	191
20	Beginn der Rente	142	192
21	Geburtsdatum einer anderen Person, von deren Lebenszeit die Laufzeit der Rente (auch) abhängt; bei Garantiezeitrenten das Geburtsdatum der verstorbenen versicherten Person	146	196
22	Die Rente erlischt mit dem Tod von		
23	Die Rente erlischt / wird umgewandelt spätestens am	143	193
24	Nachzahlungen für mehrere vorangegangene Jahre (in Zeile 19 enthalten)	144 EUR	194 EUR

Werbungskosten

Die Eintragungen in den Zeilen 25 und 26 sind nur in der ersten Anlage R vorzunehmen.

Werbungskosten zu den Zeilen 4, 13 und 19 – ohne Werbungskosten laut Zeile 26 –

Art der Aufwendungen

		EUR
25		800

Werbungskosten zu den Zeilen 9, 18 und Zeile 24

Art der Aufwendungen

		EUR
26		801

Ansässigkeit in Belgien (gemäß Artikel 4 des Doppelbesteuerungsabkommens mit Belgien)

		EUR
27	Renteneinnahmen nach DBA Belgien (in Zeile 4 enthalten)	702
28	Werbungskosten zu Zeile 27 (in den Zeilen 25 und 26 enthalten)	807

Steuerstundungsmodelle

Einkünfte aus Gesellschaften / Gemeinschaften / ähnlichen Modellen i. S.d. § 15b EStG (laut gesonderter Aufstellung)

		EUR
29		

240

Falls dieser Rente eine andere Rente voran gegangen ist, füllen Sie die Zeilen 7 und 8 aus. Sollten Sie eine Rentennachzahlung für mehrere Jahre bzw. eine Kapitalauszahlung erhalten haben, so tragen Sie den Betrag in Zeile 9 ein. Sofern Sie vor 2005 mindestens zehn Jahre lang Beiträge oberhalb des Höchstbetrages zur gesetzlichen Rentenversicherung (West) eingezahlt haben, müssen Sie die Zeilen 10 bis 12 ausfüllen. Die Angaben entnehmen Sie der Rentenbescheinigung.

| **Anlage R: Zeile 13 bis 18: Leibrenten aus privaten Rentenversicherungen (auf Lebenszeit bzw. mit zeitlich befristeter Laufzeit)** | 263 |

Sofern Sie private Rentenversicherungen (z.B. klassische Rentenversicherung; nicht jedoch Basis-Rentenversicherungen, Rürup-Versicherungen oder Riester-Verträge[348]) abgeschlossen haben, haben Sie in der Ansparphase keine steuerlichen Vorteile erhalten. Die Renten werden daher nur mit dem Ertragsteil besteuert. Dazu tragen Sie in Zeile 13 den Rentenbetrag ein, in Zeile 14 den Rentenbeginn, bei Garantiezeitrenten müssen Sie zusätzlich Zeile 15 und 16 ausfüllen. Bei zeitlich befristeten Renten müssen Sie Zeile 17 ausfüllen. Nachzahlungen für mehrere Jahren tragen Sie in Zeile 18 ein.

| **Anlage R: Zeile 19 bis 24: Leibrenten aus sonstigen Verpflichtungsgründen** | 264 |

In die Zellen 19 bis 24 können Sie Leibrenten aus sonstigen Verpflichtungsgründen, z.B. Renten aus Veräußerungsgeschäften eintragen. Lassen Sie sich bei diesen besonderen Renteneinkünften steuerlich beraten.

| **Anlage R: Zeile 25 und 26: Werbungskosten** | 265 |

Wenn Ihnen im Zusammenhang mit dem Rentenbezug aus den Zeilen 4, 13 und 19 Werbungskosten entstanden sind, können Sie diese in der Zeilen 25; wenn die Werbungskosten in Zusammenhang mit Renten aus den Zeilen 9, 18 und 24 stehen, können Sie diese in Zeile 26 eintragen Geben Sie Betrag und Art der Aufwendung an. Wenn Sie keine Werbungskosten angeben, werden Ihnen pauschal 102 EUR Werbungskosten anerkannt.

| **Anlage R: Zeile 27 bis 29: Ansässigkeit in Belgien und Steuerstundungsmodelle** |

Wenn Sie in Belgien wohnen, dann machen Sie Angaben in Zeilen 27 und 28. Die Zeile 29 betrifft nur Einkünfte aus Gesellschaften, Gemeinschaften und ähnlichen Modellen im Sinne von § 15b EStG (sog. Steuerstundungsmodelle). Lassen Sie sich dazu steuerlich beraten.

---

[348] für Renteneinkünfte aus Riesterrenten verwenden Sie die Anlage R-AV /bAV

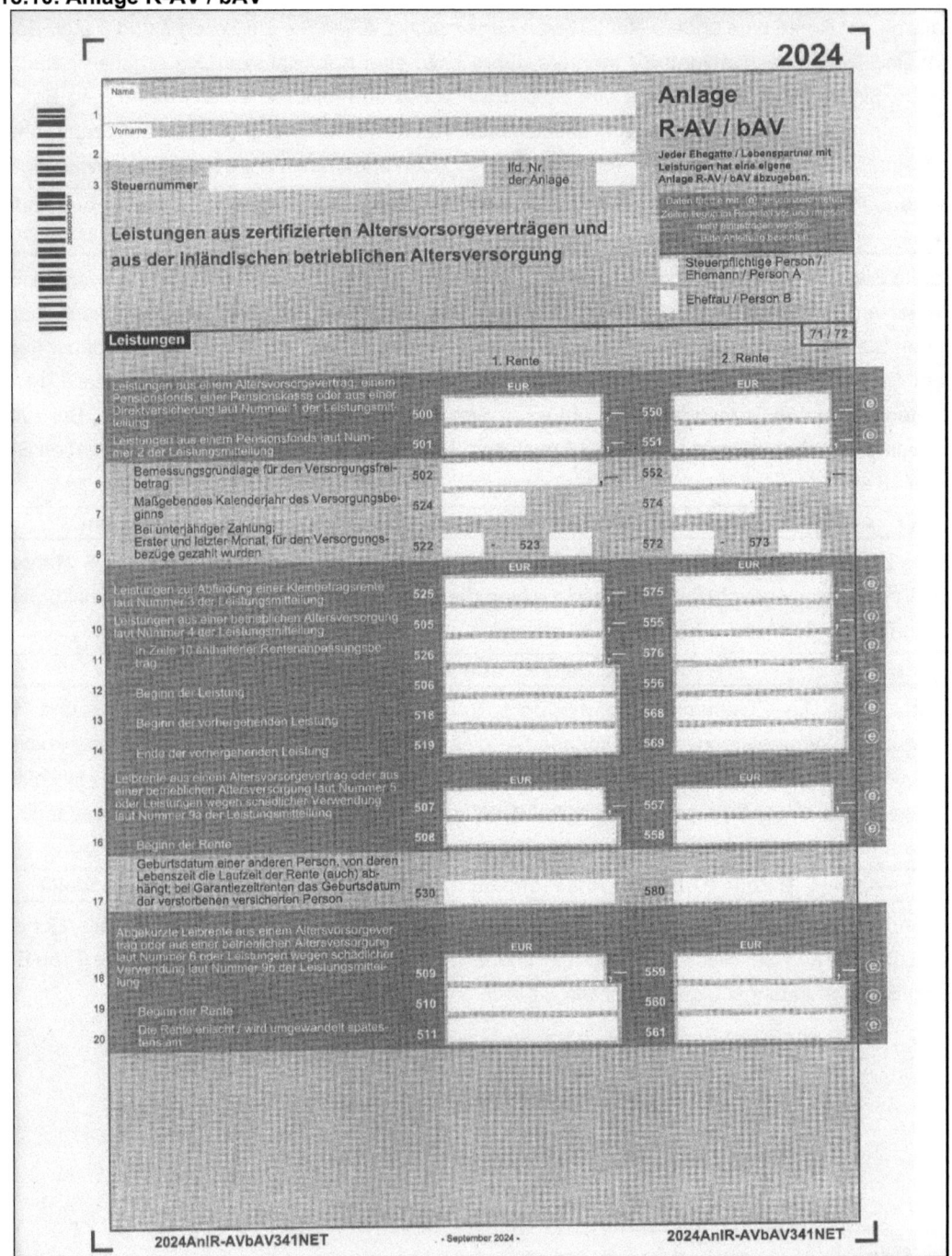

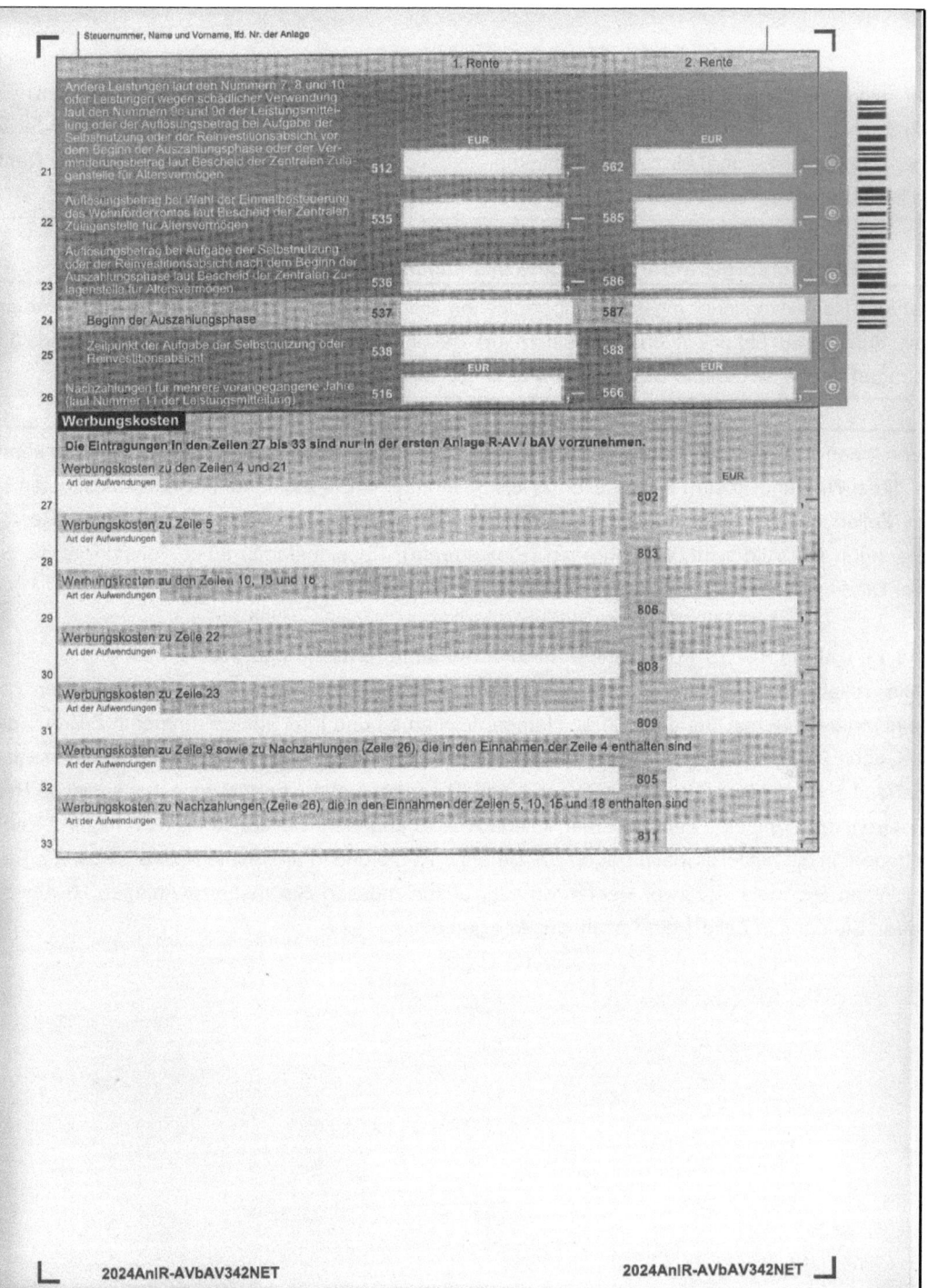

		1. Rente	2. Rente
		EUR	EUR
21	Andere Leistungen laut den Nummern 7, 8 und 10 oder Leistungen wegen schädlicher Verwendung laut den Nummern 9c und 9d der Leistungsmitteilung oder der Auflösungsbetrag bei Aufgabe der Selbstnutzung oder der Reinvestitionsabsicht vor dem Beginn der Auszahlungsphase oder der Verminderungsbetrag laut Bescheid der Zentralen Zulagenstelle für Altersvermögen	512	562
22	Auflösungsbetrag bei Wahl der Einmalbesteuerung des Wohnförderkontos laut Bescheid der Zentralen Zulagenstelle für Altersvermögen	535	585
23	Auflösungsbetrag bei Aufgabe der Selbstnutzung oder der Reinvestitionsabsicht nach dem Beginn der Auszahlungsphase laut Bescheid der Zentralen Zulagenstelle für Altersvermögen	536	586
24	Beginn der Auszahlungsphase	537	587
25	Zeitpunkt der Aufgabe der Selbstnutzung oder Reinvestitionsabsicht	538	588
		EUR	EUR
26	Nachzahlungen für mehrere vorangegangene Jahre (laut Nummer 11 der Leistungsmitteilung)	516	566

Werbungskosten

Die Eintragungen in den Zeilen 27 bis 33 sind nur in der ersten Anlage R-AV / bAV vorzunehmen.

Werbungskosten zu den Zeilen 4 und 21
Art der Aufwendungen

	EUR
27	802

Werbungskosten zu Zeile 5
Art der Aufwendungen

28	803

Werbungskosten zu den Zeilen 10, 15 und 18
Art der Aufwendungen

29	806

Werbungskosten zu Zeile 22
Art der Aufwendungen

30	808

Werbungskosten zu Zeile 23
Art der Aufwendungen

31	809

Werbungskosten zu Zeile 9 sowie zu Nachzahlungen (Zeile 26), die in den Einnahmen der Zeile 4 enthalten sind
Art der Aufwendungen

32	805

Werbungskosten zu Nachzahlungen (Zeile 26), die in den Einnahmen der Zeilen 5, 10, 15 und 18 enthalten sind
Art der Aufwendungen

33	811

Hier sind Renteneinkünfte aus inländischen Altersvorsorgevertragen (Riesterverträgen) und inländischen betrieblichen Altersvorsorgeverträgen (Pensionsfonds, Pensionskasse, VBL oder aus einer Direktversicherung) einzutragen. Ihr Rentenversicherungsträger teilt Ihnen mit, welche Renten Sie erhalten und welche Werte Sie wo eintragen müssen.

Anlage R-AV / bAV: Zeile 1-26: (Renten-) Leistungen aus inländischen Altersvorsorgeverträgen und aus inländischer betrieblicher Altersversorgung

---

Die vom Rentenversicherungsträger übermittelten elektronischen Daten (im Formular dunkelgrün bzw. dunkelgrau hinterlegt und mit einem (e) gekennzeichnet) müssen Sie nicht zwangsläufig eintragen. Auf eine genaue Darstellung wird daher verzichtet.

Anlage R-AV / bAV: Zeile 27-33: Werbungskosten

Wenn Ihnen im Zusammenhang mit o.g. (Renten-) Leistungen Ausgaben entstanden sind, so können Sie diese Werbungskosten in die Zeilen 27 bis 33 eintragen. Die Zeilen für die Werbungskosten sind den Zeilen der Renteneinkünfte zugeordnet. So tragen Sie die Werbungskosten zu (Renten-) Leistungen aus Altersvorsorgeverträgen (Riesterrente), Pensionsfonds einer Pensionskasse oder einer Direktversicherung in Zeile 27 ein.

267   ### 18.11. Anlage R-AUS - Die Anlage für ausländische Renteneinkünfte

Die Anlage R-AUS wurde neu geschaffen. Hier sind alle ausländischen Renteneinkünfte einzutragen. Geben Sie dabei Ihren Namen, Vornamen und Ihre Steuernummer in Zeilen 1 bis 3 an. Geben Sie außerdem an, ob Sie die Anlage R-AUS für sich oder für Ihre zusammenveranlagte Ehefrau/Lebenspartner B abgeben. Wenn beide Ehegatten/Lebenspartner eine ausländische Rente beziehen, müssen beide eine separate Anlage R-AUS abgeben. Sie können pro Formular 2 Renten eintragen. In die mittlere Spalte tragen Sie die erste Rente und in die rechte Spalte die zweite Rente ein. Wenn Sie mehr als zwei Renten erhalten, dann müssen Sie mehrere Anlagen R abgeben. Tragen Sie dann in Zeile 3 die Anzahl der Anlagen ein.

244

Anlage R-AUS

Jeder Ehegatte / Lebenspartner mit Renten und Leistungen hat eine eigene Anlage R-AUS abzugeben.

1	Name
2	Vorname
3	Steuernummer	lfd. Nr. der Anlage

☐ Steuerpflichtige Person / Ehemann / Person A
☐ Ehefrau / Person B

Renten und andere Leistungen aus ausländischen Versicherungen / ausländischen Rentenverträgen / ausländischen betrieblichen Versorgungseinrichtungen

Ausländische Leibrenten und Leistungen, die mit Leistungen eines inländischen Versorgungsträgers (gesetzliche Rentenversicherungen, landwirtschaftliche Alterskasse und berufsständische Versorgungseinrichtungen) vergleichbar sind | 71 / 72

			1. Rente		2. Rente
			EUR		EUR
4	Staat des Leistungsbezugs				
5	Rentenbetrag (einschließlich Einmalzahlung und Leistungen)	351		401	
6	Rentenanpassungsbetrag (in Zeile 5 enthalten)	352		402	
7	Beginn der Rente	353		403	
	Vorhergehende Rente:				
8	Beginn der Rente	355		405	
9	Ende der Rente	356		406	
			EUR		EUR
10	Nachzahlungen für mehrere vorangegangene Jahre / Kapitalauszahlung (in Zeile 5 enthalten)	361		411	
	Öffnungsklausel:				
11	Prozentsatz (laut Bescheinigung Ihres ausländischen Versorgungsträgers / laut gesonderter Ermittlung)	362	%	412	%
12	die Rente erlischt / wird umgewandelt spätestens am	363		413	
			EUR		EUR
13	bei Einmalzahlung: Betrag	364		414	

Leibrenten aus privaten Rentenversicherungen (auf Lebenszeit / mit zeitlich befristeter Laufzeit), sonstigen Verpflichtungsgründen (z. B. Renten aus Veräußerungsgeschäften)

(ohne Renten laut den Zeilen 4 bis 13)

			1. Rente		2. Rente
			EUR		EUR
14	Staat des Leistungsbezugs				
15	Rentenbetrag	381		431	
16	Beginn der Rente	382		432	
17	Geburtsdatum einer anderen Person, von deren Lebenszeit die Laufzeit der Rente (auch) abhängt; bei Garantiezeitrenten das Geburtsdatum der verstorbenen versicherten Person	386		436	
18	Die Rente erlischt mit dem Tod von				
19	Die Rente erlischt / wird umgewandelt spätestens am	383		433	
			EUR		EUR
20	Nachzahlungen für mehrere vorangegangene Jahre (in Zeile 15 enthalten)	384		434	

Leistungen aus ausländischen betrieblichen Altersversorgungseinrichtungen, die mit inländischen betrieblichen Altersversorgungseinrichtungen vergleichbar sind

			1. Rente			2. Rente
21	Staat des Leistungsbezugs					
22	Leistungen aus einer ausländischen betrieblichen Altersversorgungseinrichtung, soweit diese auf im Inland geförderten Beiträgen beruhen	721	EUR	— 741		EUR
23	Lebenslange Leibrente aus einer ausländischen betrieblichen Altersversorgungseinrichtung, soweit diese auf im Inland nicht geförderten Beiträgen beruht	722		— 742		
24	Beginn der Rente	723		743		
25	Geburtsdatum einer anderen Person, von deren Lebenszeit die Laufzeit der Rente (auch) abhängt; bei Garantiezeitrenten das Geburtsdatum der verstorbenen versicherten Person	724		744		
26	Abgekürzte Leibrente aus einer ausländischen betrieblichen Altersversorgungseinrichtung, soweit diese auf im Inland nicht geförderten Beiträgen beruht	725	EUR	— 745		EUR
27	Beginn der Rente	726		746		
28	Die Rente erlischt / wird umgewandelt spätestens am	727		747		
29	Einmalleistungen aus einer ausländischen betrieblichen Altersversorgungseinrichtung, soweit diese auf im Inland nicht geförderten Beiträgen beruhen	728	EUR	— 748		EUR
30	Datum des Vertragsabschlusses	729		749		
31	Nachzahlungen für mehrere vorangegangene Jahre (in den Zeilen 22, 23 und / oder 26 enthalten)	792	EUR	— 793		EUR

Werbungskosten

Die Eintragungen in den Zeilen 32 bis 36 sind nur in der ersten Anlage R-AUS vorzunehmen.

32	Werbungskosten zu den Zeilen 5 und 15 – ohne Werbungskosten laut Zeile 33 – Art der Aufwendungen	812	EUR
33	Werbungskosten zu den Zeilen 10, 20 und zu Nachzahlungen (Zeile 31), die in den Einnahmen der Zeilen 23 und 26 enthalten sind Art der Aufwendungen	813	
34	Werbungskosten zu den Zeilen 22 und 29 Art der Aufwendungen	814	
35	Werbungskosten zu den Zeilen 23 und 26 Art der Aufwendungen	815	
36	Werbungskosten zu Nachzahlungen (Zeile 31), die in den Einnahmen der Zeile 22 enthalten sind Art der Aufwendungen	816	

Steuerstundungsmodelle

37	Einkünfte aus Gesellschaften / Gemeinschaften / ähnlichen Modellen i. S. d. § 15b EStG (laut gesonderter Aufstellung)		EUR

246

Anlage R-AUS: Zeile 4 bis 13:
Ausländische Leibrenten und Leistungen, die mit Leistungen eines inländischen Versorgungsträgers (gesetzlichen Rentenversicherung, landwirtschaftlicher Alterskasse, berufsständischen Versorgungseinrichtungen) vergleichbar sind

Im Unterschied zu inländischen Renteneinkünften werden ausländische Renteneinkünfte nicht elektronisch an die Finanzämter übermittelt. Daher müssen Sie Angaben zu den ausländischen Renteneinkünften machen. In Zeile 4 tragen Sie den Staat ein, aus dem der Leistungsbezug kommt. In Zeile 5 tragen Sie den Rentenbetrag (einschließlich Einmalzahlungen) ein, der aus einer der o.g. Versicherung/Kasse stammt (Gesamtsumme). In Zeile 6 tragen Sie den Rentenanpassungsbetrag ein, der bereits zum Teil in der Gesamtsumme in Zeile 5 enthalten ist. In Zeile 7 tragen Sie den Beginn der Rente ein. Falls dieser Rente eine andere Rente voran gegangen ist, füllen Sie die Zeilen 8 und 9 aus. Sollten Sie eine Rentennachzahlung für mehrere Jahre bzw. eine Kapitalauszahlung erhalten haben, so tragen Sie den Betrag in Zeile 10 ein. Sofern Sie vor 2005 mindestens zehn Jahre lang Beiträge oberhalb des Höchstbetrages zur gesetzlichen Rentenversicherung (West) in eine ausländische gesetzliche Rentenversicherung eingezahlt haben, müssen Sie die Zeilen 11 bis 13 ausfüllen.

Anlage R-AUS: Zeile 14 bis 20: Leibrenten aus privaten ausländischen Rentenversicherungen (auf Lebenszeit bzw. mit zeitlich befristeter Laufzeit)

Sofern Sie Leistungen aus privaten ausländischen Rentenversicherungen beziehen, müssen Sie in den Zeilen 14 bis 20 Angaben machen. Dazu tragen Sie in Zeile 14 den Staat des Leistungsbezuges (Land der Rentenversicherung) ein. In Zeile 15 tragen Sie den Rentenbetrag ein, in Zeile 16 den Rentenbeginn, bei Garantiezeitrenten müssen Sie zusätzlich Zeile 17 und 18 ausfüllen. Bei zeitlich befristeten Renten müssen Sie Zeile 19 ausfüllen. Nachzahlungen für mehrere Jahren tragen Sie in Zeile 20 ein.

Anlage R-AUS: Zeile 21 bis 31: Leistungen aus ausländischen betrieblichen Altersversorgungseinrichtungen, die mit inländischen betrieblichen Altersversorgungseinrichtungen vergleichbar sind.

In die Zeilen 21 bis 31 können Sie (Renten-) Leistungen aus ausländischen betrieblichen Altersversorgeeinrichtungen eintragen, die mit inländischen betrieblichen Altersversorgungseinrichtungen vergleichbar sind. In Zeile 21 tragen Sie den Staat des Leistungsbezugs (Staat der Versicherung/Altersvorsorgeinrichtung) ein. In Zeile 22 tragen Sie den Betrag der Leistungen ein, soweit diese auf im Inland geförderten Beiträgen beruhen. Sofern es sich um eine ausländische lebenslange Leibrente aus einer betrieblichen Altersversorgungseinrichtung handelt, welche nicht aufgrund im Inland geförderten Beiträgen beruht, so tragen Sie den Betrag in Zeile 23 ein. In Zeile 24 tragen Sie den Rentenbeginn, bei Garantiezeitrenten müssen Sie zusätzlich Zeile 25 ausfüllen. Bei zeitlich befristeten (Renten-)

247

Leistungen müssen Sie außerdem die Zeilen 26 bis 28 ausfüllen. Haben Sie eine Einmalleistung erhalten, so tragen Sie den Betrag in Zeile 29 und das Datum des (Versicherungs-) Vertragsschlusses in Zeile 30 ein. In Zeile 31 tragen Sie ggf. Nachzahlungen der Rente für mehrere vergangene Jahre ein.

Anlage R-AUS: Zeile 32 bis 36: Werbungskosten

Sind Ihnen im Zusammenhang mit den o.g. ausländischen Rentenbezügen Kosten entstanden (Werbungskosten), so können Sie diese in den Zeilen 32 bis 36 geltend machen. Die Werbungskosten können Sie in den Renteneinkünften zugeordneten Zeilen eintragen.

Anlage R-AUS: Zeile 37: Steuerstundungsmodelle

Die Zeile 40 betrifft nur ausländische Einkünfte aus Gesellschaften, Gemeinschaften und ähnlichen Modellen, welche mit inländischen Gestaltungen im Sinne von § 15b EStG (sog. Steuerstundungsmodelle) vergleichbar sind. Lassen Sie sich dazu steuerlich beraten.

268 ### 18.12. Anlage Sonderausgaben

In die Anlage Sonderausgaben können Sie die gezahlten Kirchensteuern, Spenden und Mitgliedsbeiträge an Vereine, Parteien und Wählervereinigungen, Berufsausbildungskosten (für die erste Berufsausbildung), sowie Unterhaltskosten für den geschiedenen Ehegatten und zur Vermeidung des Versorgungsausgleichs angeben. Geben Sie dabei Ihren Namen, Vornamen und Ihre Steuernummer in den Zeilen 1 bis 3 an. Zusammenveranlagte Ehegatten können ein gemeinsames Formular verwenden und die einzelnen Werte addieren.

269

Anlage Sonderausgaben: Zeile 4: Kirchensteuer

In Zeile 4 tragen Sie in Kennziffer 103 die in 2024 gezahlte Kirchensteuer, mit Ausnahme der Kirchensteuer auf Kapitalerträge[349], ein. In Kennziffer 104 tragen Sie die in 2024 erstattete Kirchensteuer ein.

```
F e s t s e t z u n g
Art der Steuerfestsetzung
Der Bescheid ist nach § 165 Abs. 1 Satz 2 AO teilweise vorläufig.
```

	Einkommen-steuer €	Solidaritäts-zuschlag €	Kirchenst. evang. €
Festgesetzt werden	13.601,00	0,00	1.101,33
ab Steuerabzug vom Lohn	15.572,00	0,00	1.247,00
verbleibende Steuer	-1.971,00	0,00	-145,67
A b r e c h n u n g (Stichtag 20.06.2023)			
bereits getilgt	0,00	0,00	0,00
mithin sind zu viel entrichtet	1.971,00	0,00	145,67

[349] Ausnahme: Die Kirchensteuer auf Kapitalerträge, die der tariflichen Einkommensteuer unterfällt.

Kirchensteuer wird Ihnen regelmäßig durch das Finanzamt erstattet. Schauen Sie dazu auf Ihren Einkommensteuerbescheid (Abrechnungteil der Festsetzung) aus dem vergangenen Jahr. Haben Sie eine Einkommensteuererstattung im Jahr 2024 erhalten und sind Sie kirchensteuerpflichtig? Dann sind im Erstattungsbetrag regelmäßig auch erstattete Kirchensteuern enthalten.

Im oben dargestellten Beispiel eines Einkommensteuerbescheides für das Jahr 2024 wurde Kirchensteuer in Höhe von 145,67 EUR im Jahr 2024 erstattet. Dieser Betrag wäre in der Steuererklärung für 2023 in Kennziffer 104 einzutragen. Sofern im Jahr 2024 mehrere Einkommensteuerbescheide ergangen sind (z.B. für 2023 und 2022) und beide Bescheide zu einer Erstattung führten, sind die Kirchensteuererstattungen zu summieren. Es ist dabei auf den Zufluss bzw. Abfluss der Kirchensteuererstattung im Jahr 2024 bei Ihnen abzustellen. Lesen Sie zur Kirchensteuer bei Rn. 128 nach.

Beachten Sie: Auch wenn Sie in 2024 Einkommensteuervorauszahlungen leisten mussten, haben Sie regelmäßig auch Kirchensteuer vorausgezahlt. Die vorausgezahlte Kirchensteuer wäre dann auch in Zeile 4 unter Kennziffer 103 aufzusummieren.

Anlage Sonderausgaben: Zeile 5 bis 12: Spenden und Mitgliedsbeiträge an steuerbegünstigte Vereine, Körperschaften und Parteien sowie Wählervereinigungen 270

In die Zeilen 5 bis 8 sind Spenden und Mitgliedsbeiträge einzutragen. In Zeile 5 tragen Sie Spenden oder Mitgliedsbeiträge an Vereine bzw. sonstige Organisationen im Inland ein, sofern diese zur Förderung gemeinnütziger, mildtätiger, kirchlicher oder wissenschaftlicher Zwecke tätig werden. Lesen Sie dazu unter Randnummer 112ff. nach. In Zeile 6 tragen Sie Spenden oder Mitgliedsbeiträge an gemeinnützige Vereine bzw. sonstige Organisationen im Ausland ein. In Zeile 7 sind Spenden und Mitgliedsbeiträge an politische Parteien und in Zeile 8 an Wählervereinigungen einzutragen. Lesen Sie dazu unter Randnummer 159ff. nach. Bei Einzelspenden bis 300,- EUR sind regelmäßig die Überweisungsträger als Nachweis ausreichend. Ihre Eintragungen können Sie grundsätzlich in der ersten Spalte vornehmen, da Sie Ihre Zahlungen regelmäßig mit Banküberweisungsbelegen oder Zuwendungsbestätigungen nachweisen.

Wollen Sie hingegen in den Vermögensstock einer Stiftung spenden, so müssen Sie Ihre Eintragungen in Zeile 9 bis 12 vornehmen, getrennt nach Ehemann/Person A und Ehefrau/Person B.

Anleitung vorhanden

Anlage Sonder-ausgaben

Diese Anlage ist bei Zusammen-veranlagung von Ehegatten / Lebens-partnern gemeinsam auszufüllen.

1 Name *Mustermann*

2 Vorname *Gabi*

3 Steuernummer *999 / 999 / 99999*

Angaben zu Sonderausgaben
– Ohne Versicherungsaufwendungen und Altersvorsorgebeiträge –

Kirchensteuer
52

			2024 gezahlt EUR		2024 erstattet EUR
4	soweit diese nicht als Zuschlag zur Abgeltungsteuer einbehalten oder gezahlt wurde	103	403,—	104	146,—

Zuwendungen (Spenden und Mitgliedsbeiträge)

Spenden und Mitgliedsbeiträge (ohne Spenden in das zu erhaltene Vermögen einer Stiftung)

			laut Bestätigungen EUR		laut Betriebsfinanzamt EUR
5	– zur Förderung steuerbegünstigter Zwecke an Empfänger im Inland	123	425,—	124	,—
6	– zur Förderung steuerbegünstigter Zwecke an Empfänger im EU- / EWR-Ausland	133	,—	134	,—
7	– an politische Parteien (§§ 34g, 10b EStG)	127	50,—	128	,—
8	– an unabhängige Wählervereinigungen (§ 34g EStG)	129	,—	130	,—

Spenden in das zu erhaltende Vermögen (Vermögensstock) einer Stiftung

			Steuerpflichtige Person / Ehemann / Person A EUR		Ehefrau / Person B EUR
9	2024 geleistete Spenden an Empfänger im Inland (laut Bestätigungen / laut Betriebsfinanzamt)	208	,—	209	,—
10	2024 geleistete Spenden an Empfänger im EU- / EWR-Ausland (laut Bestätigungen / laut Betriebsfinanzamt)	224	,—	225	,—
11	Von den Spenden in den Zeilen 9 und 10 sollen 2024 berücksichtigt werden	212	,—	213	,—
12	2024 zu berücksichtigende Spenden aus Vorjahren in das zu erhaltende Vermögen (Vermögensstock) einer Stiftung, die bisher noch nicht berücksichtigt wurden	214	,—	215	,—

Aufwendungen für die eigene Berufsausbildung

Steuerpflichtige Person / Ehemann / Person A

Bezeichnung der Ausbildung, Art der Aufwendungen

	EUR
13	200 ,—

Ehefrau / Person B

Bezeichnung der Ausbildung, Art der Aufwendungen

	EUR
14	201 ,—

Weitere Aufwendungen

Gezahlte Versorgungsleistungen aus Renten laut Vertrag

Angaben zur 1. empfangsberechtigten Person

		abziehbar in %	tatsächlich gezahlt EUR
15	Rechtsgrund, Datum des Vertrags	102	101 ,—
16	Name und Geburtsdatum der empfangsberechtigten Person		
17	Identifikationsnummer der empfangsberechtigten Person 136	Die empfangsberechtigte Person hat ihren Wohnsitz / gewöhnlichen Aufenthalt im Inland	153 — 1 = Ja 2 = Nein

Angaben zur 2. empfangsberechtigten Person

		abziehbar in %	tatsächlich gezahlt EUR
18	Rechtsgrund, Datum des Vertrags	138	137 ,—
19	Name und Geburtsdatum der empfangsberechtigten Person		
20	Identifikationsnummer der empfangsberechtigten Person 139	Die empfangsberechtigte Person hat ihren Wohnsitz / gewöhnlichen Aufenthalt im Inland	154 — 1 = Ja 2 = Nein

Anlage Sonderausgaben (LSF -10.24-306.000/1698)

250

			EUR

21 Gezahlte Versorgungsleistungen aus Renten laut gesonderter und einheitlicher Feststellung — 150 [ ] % — 151 [ ] EUR

Gezahlte Versorgungsleistungen aus Dauernden Lasten laut Vertrag

Angaben zur 1. empfangsberechtigten Person

22 Rechtsgrund, Datum des Vertrags — tatsächlich gezahlt EUR — 100 [ ]

23 Name und Geburtsdatum der empfangsberechtigten Person

24 Identifikationsnummer der empfangsberechtigten Person — 144 [ ] — Die empfangsberechtigte Person hat ihren Wohnsitz / gewöhnlichen Aufenthalt im Inland — 155 [ ] 1 = Ja 2 = Nein

Angaben zur 2. empfangsberechtigten Person

25 Rechtsgrund, Datum des Vertrags — tatsächlich gezahlt EUR — 145 [ ]

26 Name und Geburtsdatum der empfangsberechtigten Person

27 Identifikationsnummer der empfangsberechtigten Person — 146 [ ] — Die empfangsberechtigte Person hat ihren Wohnsitz / gewöhnlichen Aufenthalt im Inland — 156 [ ] 1 = Ja 2 = Nein

28 Gezahlte Versorgungsleistungen aus Dauernden Lasten laut gesonderter und einheitlicher Feststellung — 152 [ ]

Unterhaltsleistungen laut Anlage U – ohne Kindesunterhalt – an den

- geschiedenen Ehegatten, Lebenspartner einer aufgehobenen Lebenspartnerschaft
- dauernd getrennt lebenden Ehegatten / Lebenspartner

Angaben zur 1. unterstützten Person

29 Name und Geburtsdatum der unterstützten Person — tatsächlich gezahlt EUR — 116 [ ]

30 Identifikationsnummer der unterstützten Person — 117 [ ] — Die unterstützte Person hat ihren Wohnsitz / gewöhnlichen Aufenthalt im Inland — 157 [ ] 1 = Ja 2 = Nein

31 In Zeile 29 enthaltene Beiträge (abzüglich Erstattungen und Zuschüsse) zur Basis-Kranken- und gesetzlichen Pflegeversicherung — 118 [ ]

32 Davon entfallen auf Krankenversicherungsbeiträge mit Anspruch auf Krankengeld — 119 [ ]

Angaben zur 2. unterstützten Person

33 Name und Geburtsdatum der unterstützten Person — tatsächlich gezahlt EUR — 140 [ ]

34 Identifikationsnummer der unterstützten Person — 141 [ ] — Die unterstützte Person hat ihren Wohnsitz / gewöhnlichen Aufenthalt im Inland — 158 [ ] 1 = Ja 2 = Nein

35 In Zeile 33 enthaltene Beiträge (abzüglich Erstattungen und Zuschüsse) zur Basis-Kranken- und gesetzlichen Pflegeversicherung — 142 [ ]

36 Davon entfallen auf Krankenversicherungsbeiträge mit Anspruch auf Krankengeld — 143 [ ]

Ausgleichszahlungen im Rahmen des schuldrechtlichen Versorgungsausgleichs

37 Rechtsgrund, Datum der erstmaligen Zahlung — tatsächlich gezahlt EUR — 121 [ ]

38 Name und Geburtsdatum der empfangsberechtigten Person

39 Identifikationsnummer der empfangsberechtigten Person — 132 [ ] — Die empfangsberechtigte Person hat ihren Wohnsitz / gewöhnlichen Aufenthalt im Inland — 159 [ ] 1 = Ja 2 = Nein

Ausgleichsleistungen zur Vermeidung des Versorgungsausgleichs laut Anlage U

40 Name und Geburtsdatum der empfangsberechtigten Person — tatsächlich gezahlt EUR — 131 [ ]

41 Identifikationsnummer der empfangsberechtigten Person — 135 [ ] — Die empfangsberechtigte Person hat ihren Wohnsitz / gewöhnlichen Aufenthalt im Inland — 160 [ ] 1 = Ja 2 = Nein

271

Anlage Sonderausgaben: Zeile 13 bis 14: Berufsausbildungskosten für die erste Berufsausbildung
---

In Zeile 13 sind die Berufsausbildungskosten einzutragen, die als Sonderausgaben geltend gemacht werden. Sofern Sie ein gedrucktes Formular verwenden, legen Sie eine Anlage zur Zeile 13 an, auf der Sie sämtliche Kosten plausibel aufschlüsseln. In die o.g. Zeilen sind jedoch nur Berufsausbildungskosten im Zusammenhang mit der "Erstausbildung" bzw. Erststudium einzutragen. Berufsausbildungskosten für eine Zweitausbildung bzw. Zweitstudium stellen vorweggenommene Werbungskosten dar und sind in Anlage N einzutragen.

In Zeile 14 sind die Berufsausbildungskosten der Ehefrau bzw. zur Person B einzutragen.

Belege müssen Sie grundsätzlich nur dann einreichen, wenn Sie dazu aufgefordert werden oder wenn es sich um unplausible Ausgaben handelt.

272

Anlage Sonderausgaben: Zeile 15 bis 28: Weitere Aufwendungen – Rentenzahlungen und Versorgungsleistungen von Ihnen an Dritte
---

Bei den Zeilen 15 bis 28 handelt es sich um Rentenzahlungen an Dritte.. Hier müssen Sie nur dann Zahlen eintragen, wenn Sie an eine Dritte Person eine Rente oder ähnliches aufgrund einer vertraglichen Verpflichtung zahlen. Diese Fallkonstellation ist sehr selten und darf nicht mit "normalen" Unterhaltsleistungen verwechselt werden.

Anlage Sonderausgaben: Zeile 29 bis 41: Unterhaltsleistungen an den Ex-Ehegatten
---

In Zeile 29 bis 41 tragen Sie Zahlungen an Ihren Ex-Ehegatten oder Ex- eingetragenen Lebenspartner -ein. Nicht umfasst sind Leistungen an den Ex- Partner aus einer nichtehelichen Lebensgemeinschaft. In Zeile 29 tragen Sie den Namen der unterstützten Person und den Unterhaltsbetrag ein. In Zeile 30 - Kennziffer 117 tragen Sie die Identifikationsnummer des/der Ex ein. In Zeile 31, Kennziffer 118 tragen Sie die Beiträge des/der Ex zur Kranken- und Pflegeversicherung (Gesamtbeiträge) ein, wobei die Erstattung von Bonusleistungen abzuziehen sind. In Kennziffer 119 tragen Sie nur die Krankenversicherungsbeiträge mit Krankengeldanspruch[350] ein. Lesen Sie zum Thema Unterhalt bei Rn. 130ff. nach. In Zeile 37 bis 39 tragen Sie die gerichtlich festgelegten Ausgleichszahlungen ein, die Sie im Rahmen des Versorgungsausgleiches im Steuerjahr 2023 zahlen mussten. Diese sind unbegrenzt als Sonderausgabe abziehbar. In Zeile 40 und 41 sind Ausgleichszahlungen an den Ex zur Vermeidung des Versorgungsausgleichs einzutragen. Beachten Sie, die Anlage U[351] muss zwingend ausgefüllt und vom Ex-Partner unterschrieben werden, da nur dann der Sonderausgabenabzug bei Ihnen erfolgen kann[352].

---

[350] Diese Krankenversicherungsbeiträge mit Krankengeldanspruch sind bereits als Teilbetrag in Kennziffer 118 enthalten.
[351] Die Anlage U dürfen Sie nicht mit der Anlage Unterhalt verwechseln. Hier können Sie die Anlage U herunterladen: https://www.formulare-bfinv.de/ffw/form/display.do?%24context=5D69AE66349998214D77
[352] Anderenfalls können Sie ggf. die Unterhaltszahlungen als außergewöhnliche Belastung geltend machen.

18.13. Anlage Außergewöhnliche Belastungen

Hier können Sie den Behinderten-, Hinterbliebenen- und Pflegepauschbetrag beantragen sowie Krankheitskosten und sonstige außergewöhnliche Belastungen geltend machen. Geben Sie dabei Ihren Namen, Vornamen und Ihre Steuernummer in den Zeilen 1 bis 3 an. Zusammenveranlagte Ehegatten können ein gemeinsames Formular verwenden und die einzelnen Werte addieren.

Anlage Außergewöhnliche Belastungen: Zeile 4 bis 20: Behinderten-, Hinterbliebenen- und Pflegepauschbetrag und behinderungsbedingte Fahrkostenpauschale

In Zeile 4 bis 20 können Sie den Behinderten-, Hinterbliebenen- und Pflegepauschbetrag geltend machen (vgl. Rn. 155ff.). In den Zeilen 4 bis 9 beantragen Sie für den Ehemann/Lebenspartner bzw. Person A den **Behinderten-Pauschbetrag**. Tragen Sie in Zeile 4 den Grad der Behinderung in Kennziffer 105 ein. In die Kennziffern 100 und 101 tragen Sie den Gültigkeitszeitraum der Behindertenfeststellung (Bescheid) ein. Ist der Bescheid unbefristet gültig, so tragen Sie in Zeile 4 in Kennziffer 102 eine "1" ein. Sind Sie geh- oder stehbehindert, so tragen Sie in Zeile 5 in Kennziffer 104 eine "1" ein. Sind Sie hingegen blind bzw. ständig hilflos, so tragen Sie in Zeile 6 bei Kennziffer 103 eine "1" ein. Gleiches trifft auf die Angaben der Ehefrau/Lebenspartner bzw. Person B in den Zeilen 8 und 9 zu. Der Bescheid über die Behinderung ist in Kopie einzureichen, sofern es sich um eine erstmalige Beantragung handelt. Sind Sie **Hinterbliebener**, dann tragen Sie in Kennziffer 380 in Zeile 10 eine "1" ein. Ist die Ehefrau/Lebenspartner bzw. Person B Antragsteller für den Hinterbliebenen-Pauschbetrag, so müssen Sie in Zeile 10 bei Kennziffer 380 eine "1" eintragen. In Zeile 11 bis 18 kann der **Pflege-Pauschbetrag** wegen unentgeltlicher persönlicher Pflege einer ständig hilflosen Person in Ihrer oder in deren Wohnung geltend gemacht werden. Alternativ können Sie die tatsächlich entstandenen Pflegekosten in Zeile 32 eintragen. In Zeile 11 tragen Sie ein, wer gepflegt wurde (1 für Sie selber; 2 die Ehefrau oder 3 für Sie und Ihren Ehegatten). In Zeile 12 tragen Sie die Anzahl der gepflegten Personen ein. In Zeile 13 und 14 tragen Sie den Namen, ggf. die Anschrift und das Verwandschaftsverhältnis zur pflegebedürftigen Person, in Zeile 15 deren Identifikationsnummer; in Zeile 16 ob die pflegebedürftige Person ihren Wohnsitz im Inland hat („1" für ja und 2 für „nein"); in Zeile 17 tragen Sie den Pflegegrad der zu pflegenden Person ein (2 für Pflegegrad 2; 3 für Pflegegrad 3 sowie 4 für Pflegegrad 4). Falls für die zu pflegende Person das Merkzeichen „H" festgestellt wurde, dann setzen Sie in Zeile 18 eine „1".

In Zeile 19 und 20 können Sie die Behinderungsbedingte Fahrkostenpauschale geltend machen, wenn die Voraussetzungen vorliegen. Lesen Sie dazu bei Rn. 157 nach.

 Anleitung vorhanden

Anlage Außergewöhnliche Belastungen

Diese Anlage ist bei Zusammenveranlagung von Ehegatten / Lebenspartnern gemeinsam auszufüllen.

1 Name

2 Vorname

3 Steuernummer

Außergewöhnliche Belastungen / Pauschbeträge

Behinderten-Pauschbetrag 53

Steuerpflichtige Person / Ehemann / Person A

Ausweis / (Renten-) Bescheid / Bescheinigung
– bei erstmaliger Beantragung / Änderung bitte Nachweis in Kopie einreichen –

gültig von	gültig bis	unbefristet gültig		Grad der Behinderung
4 100	101	102	1 = Ja 105	

Ich bin

5 – erheblich gehbehindert (Merkzeichen „G") / außergewöhnlich gehbehindert (Merkzeichen „aG")   104   1 = Ja

6 – blind / taubblind / ständig hilflos (Merkzeichen „Bl", „TBl" und / oder „H"), schwerstpflegebedürftig (Pflegegrad 4 oder 5)   103   1 = Ja

Ehefrau / Person B

Ausweis / (Renten-) Bescheid / Bescheinigung
– bei erstmaliger Beantragung / Änderung bitte Nachweis in Kopie einreichen –

gültig von	gültig bis	unbefristet gültig		Grad der Behinderung
7 150	151	152	1 = Ja 155	

Ich bin

8 – erheblich gehbehindert (Merkzeichen „G") / außergewöhnlich gehbehindert (Merkzeichen „aG")   154   1 = Ja

9 – blind / taubblind / ständig hilflos (Merkzeichen „Bl", „TBl" und / oder „H"), schwerstpflegebedürftig (Pflegegrad 4 oder 5)   153   1 = Ja

Hinterbliebenen-Pauschbetrag

– Nur bei Hinterbliebenenbezügen nach § 33b Abs. 4 EStG; der alleinige Bezug einer Witwen- / Witwerrente ist nicht ausreichend –

	Steuerpflichtige Person / Ehemann / Person A		Ehefrau / Person B	
10 Ich beantrage den Hinterbliebenen-Pauschbetrag	380	1 = Ja	381	1 = Ja

Pflege-Pauschbetrag

– bei erstmaliger Beantragung / Änderung bitte Nachweis in Kopie einreichen –

11 Die **unentgeltliche** persönliche Pflege einer pflegebedürftigen Person in ihrer oder in meiner Wohnung erfolgte durch   200   1 = Steuerpflichtige Person / Ehemann / Person A / 2 = Ehefrau / Person B / 3 = beide Ehegatten / Lebenspartner

12 Anzahl der weiteren an der Pflege beteiligten Personen   201

Name, Anschrift, Geburtsdatum und Verwandtschaftsverhältnis der pflegebedürftigen Person

13

14

15 Identifikationsnummer der pflegebedürftigen Person   202

16 Die pflegebedürftige Person hat ihren Wohnsitz / gewöhnlichen Aufenthalt im Inland   204   1 = Ja / 2 = Nein

17 Für die pflegebedürftige Person wurde folgender Pflegegrad festgestellt: 203   2 = Pflegegrad 2 / 3 = Pflegegrad 3 / 4 = Pflegegrad 4 oder 5

18 Für die pflegebedürftige Person wurde das Merkzeichen „H" festgestellt   205   1 = Ja

Behinderungsbedingte Fahrtkostenpauschale

– bei erstmaliger Beantragung / Änderung bitte Nachweis in Kopie einreichen –

Ich beantrage die Berücksichtigung der behinderungsbedingten Fahrtkostenpauschale, da ich die nachfolgenden Voraussetzungen erfülle:

	Steuerpflichtige Person / Ehemann / Person A		Ehefrau / Person B	
19 Ich habe einen Grad der Behinderung von mindestens 80 oder einen Grad der Behinderung von mindestens 70 und Merkzeichen „G"	250	1 = Ja	251	1 = Ja
20 Ich bin außergewöhnlich gehbehindert / blind / taubblind / ständig hilflos (Merkzeichen „aG" / „Bl", „TBl" und / oder „H"), schwerstpflegebedürftig (Pflegegrad 4 oder 5)	252	1 = Ja	253	1 = Ja

Anlage agB Angaben zu außergewöhnlichen Belastungen (LSF-10.24-224.000/1698)

254

Andere Aufwendungen

Krankheitskosten (z. B. Arzt- und Behandlungskosten, Arznei-, Heil- und Hilfsmittel, Kurkosten)

Art der Aufwendungen

21

EUR

22 Summe der Aufwendungen — 302

23 Summe der erhaltenen und / oder zu erwartenden Versicherungsleistungen, Beihilfen, Unterstützungen usw. (ggf. „0") — 303

Pflegekosten (z. B. häusliche Pflege und Heimunterbringung)

Art der Aufwendungen

24

EUR

25 Summe der Aufwendungen — 304

26 Haushaltsersparnis sowie Summe der erhaltenen und / oder zu erwartenden Versicherungsleistungen, Beihilfen, Unterstützungen usw. (ggf. „0") — 305

Behinderungsbedingte Aufwendungen (z. B. Umbaukosten)

Art der Aufwendungen

27

EUR

28 Summe der Aufwendungen — 306

29 Summe der erhaltenen und / oder zu erwartenden Versicherungsleistungen, Beihilfen, Unterstützungen usw. (ggf. „0") — 307

Bestattungskosten (z. B. Grabstätte, Sarg, Todesanzeige)

Art der Aufwendungen

30

EUR

31 Summe der Aufwendungen — 310

32 Wert des Nachlasses sowie Summe der erhaltenen und / oder zu erwartenden Versicherungsleistungen, Beihilfen, Unterstützungen usw. (ggf. „0") — 311

Sonstige außergewöhnliche Belastungen

Art der Aufwendungen

33

EUR

34 Summe der Aufwendungen — 312

35 Summe der erhaltenen und / oder zu erwartenden Versicherungsleistungen, Beihilfen, Unterstützungen usw. (ggf. „0") — 313

Für folgende Aufwendungen wird die Steuerermäßigung für haushaltsnahe Beschäftigungsverhältnisse / Dienstleistungen / Handwerkerleistungen beantragt, soweit sie wegen Abzugs der zumutbaren Belastung nicht als außergewöhnliche Belastungen berücksichtigt werden (die Beträge sind nicht zusätzlich in den Zeilen 4 bis 9 der **Anlage Haushaltsnahe Aufwendungen** einzutragen):

EUR

36 Die in Zeile 25 enthaltenen Pflegeleistungen im Rahmen eines geringfügigen Beschäftigungsverhältnisses im Privathaushalt – sog. Minijob – betragen (abzüglich Erstattungen) — 370

37 Die in Zeile 25 enthaltenen übrigen haushaltsnahen Pflegeleistungen (ohne Minijob) und in Heimunterbringungskosten enthaltenen Aufwendungen für Dienstleistungen, die denen einer Haushaltshilfe vergleichbar sind, betragen (abzüglich Erstattungen) — 371

38 Die in den Zeilen 25, 28 und 34 enthaltenen Arbeitskosten für Handwerkerleistungen betragen (abzüglich Erstattungen) — 372

Anlage Außergewöhnliche Belastungen: Zeile 21 bis 38: sonstige außergewöhnliche Belastungen (Krankheits-, Pflege-, Beerdigungskosten, Kosten der Behinderung

In den Zeilen 21 bis 38 können Sie konkrete Kosten im Zusammenhang mit Krankheit, Pflege, Beerdigung und Behinderung geltend machen, sofern Sie keinen entsprechenden o.g. Pauschbetrag beantragt haben. Lesen Sie unter Rn. 132ff. nach.

In Zeile 21 können Sie Krankheitskosten (für Behandlungen oder Arzneimittel) geltend machen, sofern Sie keine Erstattung von dritter Seite (z.B. Krankenkasse, private Krankenversicherung, Haftpflichtversicherung oder von sonstigen Dritten) erhalten. Lesen Sie unter Rn 135 nach. Bei mehreren Einzelbeträgen reichen Sie eine Anlage zu Zeile 20 ein. In Zeile 23 geben Sie die zu erwartenden Versicherungsleistungen an. In Zeile 24ff. können Sie Pflegekosten (vgl. Rn. 136), in Zeile 25ff. behinderungsbedingte Aufwendungen (z.B. Umbaukosten), In Zeile 30ff. können Bestattungskosten (vgl. Rn. 138) und in Zeile 33ff. sonstige außergewöhnliche Belastungen (vgl. Rn. 132ff.) geltend gemacht werden. Beachten Sie, dass die Grenze der zumutbaren Belastung überschritten sein muss. Sofern heimische Pflegekosten die Grenze der zumutbaren Belastung nicht überschreiten und damit nicht anerkannt werden, können Sie diese Kosten in den Zeilen 36 bis 38 als haushaltsnahe Aufwendungen (vgl. Rn. 162ff.) zum Ansatz bringen. Lesen Sie zu außergewöhnlichen Belastungen bei Rn. 132ff. nach.

18.14. Anlage Haushaltsnahe Aufwendungen

Hier können haushaltsnahe Dienstleistungen (Reparaturen, die in Ihrer Wohnung vorgenommen worden sind, Handwerkertätigkeiten und sonstige Dienstleistungen, sowie einige Mietnebenkostenbestandteile, die Ihr Vermieter gesondert ausgewiesen hat) geltend gemacht werden. Lesen Sie dazu im Buch unter Rn. 162ff. nach.

Geben Sie dabei Ihren Namen, Vornamen und Ihre Steuernummer in den Zeilen 1 bis 3 an. Zusammenveranlagte Ehegatten können ein gemeinsames Formular verwenden und die einzelnen Werte addieren.

Anleitung vorhanden

Name *Mustermann*

Vorname *Gabi*

Steuernummer *999 / 999 / 99999*

Anlage Haushaltsnahe Aufwendungen

Diese Anlage ist bei Zusammenveranlagung von Ehegatten / Lebenspartnern gemeinsam auszufüllen.

Haushaltsnahe Beschäftigungsverhältnisse, Dienstleistungen und Handwerkerleistungen

Steuerermäßigung für Aufwendungen	18

Geringfügige Beschäftigungen im Privathaushalt – sog. Minijobs –

	Aufwendungen (abzüglich Erstattungen) EUR
Art der Tätigkeit	202
4	

Haushaltsnahe Beschäftigungsverhältnisse / Dienstleistungen
- sozialversicherungspflichtige Beschäftigungen im Privathaushalt
- haushaltsnahe Dienstleistungen, Hilfe im eigenen Haushalt
- Pflege- und Betreuungsleistungen im Haushalt, bei eigener Heimunterbringung in den Heimkosten enthaltene Aufwendungen für Dienstleistungen, die mit denen einer Haushaltshilfe vergleichbar sind, sowie das in Zeile 26 der Anlage Außergewöhnliche Belastungen als Erstattung für häusliche Pflege- und Betreuungskosten berücksichtigte Pflegegeld (§ 37 SGB XI) / Pflegetagegeld

		Aufwendungen (abzüglich Erstattungen) EUR
Art der Tätigkeit / Aufwendungen		
5	*Nebenkosten Wohnung / Lohnbestandteile, Abrechng v. 23.4.24* 212	*275,-*

Handwerkerleistungen

für Renovierungs-, Erhaltungs- und Modernisierungsmaßnahmen im eigenen Haushalt
(ohne Handwerkerleistungen, für die eine öffentliche Förderung durch zinsverbillgte Darlehen oder steuerfreie Zuschüsse [z. B. KfW-Bank, BAFA, landeseigener Förderbanken oder Gemeinden] oder für die eine Steuerermäßigung für energetische Maßnahmen nach § 35c EStG in Anspruch genommen wird)

	Rechnungsbeträge (bei Eintragungen in Zeile 10 nur anteilig) EUR	darin enthaltene Lohnanteile, Maschinen- und Fahrtkosten inklusive Umsatzsteuer EUR
Art der Aufwendungen		
6	*Malerarbeiten Wohnzimmer Rechn v. 7.8.24*	*432,-*	*315,-*
7			+
8			+
9	Summe steuerlich berücksichtigungsfähiger Lohnanteile, Maschinen- und Fahrtkosten inklusive Umsatzsteuer	214 =	*315,-*

Nur bei Alleinstehenden und Eintragungen in den Zeilen 36 bis 38 der Anlage Außergewöhnliche Belastungen und / oder in den Zeilen 4 bis 9 der Anlage Haushaltsnahe Aufwendungen:

10	Es bestand ganzjährig ein gemeinsamer Haushalt mit einer oder mehreren anderen alleinstehenden Person(en): Anzahl der weiteren Personen im Haushalt	223
11	Name, Vorname, Geburtsdatum	

Nur bei Alleinstehenden oder Einzelveranlagung von Ehegatten / Lebenspartnern und Eintragungen in den Zeilen 36 bis 38 der Anlage Außergewöhnliche Belastungen und / oder in den Zeilen 4 bis 9 der Anlage Haushaltsnahe Aufwendungen:

Laut einzureichendem gemeinsamen Antrag ist der Höchstbetrag für die Aufwendungen in einem anderen Verhältnis als je zur Hälfte aufzuteilen:

12	– Der bei mir zu berücksichtigende Anteil am Höchstbetrag für Aufwendungen laut Zeile 36 der Anlage Außergewöhnliche Belastungen und / oder Zeile 4 der Anlage Haushaltsnahe Aufwendungen beträgt	224	%
13	– Der bei mir zu berücksichtigende Anteil am Höchstbetrag für Aufwendungen laut Zeile 37 der Anlage Außergewöhnliche Belastungen und / oder Zeile 5 der Anlage Haushaltsnahe Aufwendungen beträgt	225	%
14	– Der bei mir zu berücksichtigende Anteil am Höchstbetrag für Aufwendungen laut Zeile 38 der Anlage Außergewöhnliche Belastungen und / oder Zeile 9 der Anlage Haushaltsnahe Aufwendungen beträgt	226	%

Nur in Fällen der Zusammenveranlagung oder Einzelveranlagung von Ehegatten / Lebenspartnern und Eintragungen in den Zeilen 36 bis 38 der Anlage Außergewöhnliche Belastungen und / oder in den Zeilen 4 bis 9 der Anlage Haushaltsnahe Aufwendungen:

		Steuerpflichtige Person / Ehemann / Person A		Ehefrau / Person B	
15	Es wurde 2024 ein gemeinsamer Haushalt begründet oder aufgelöst und für einen Teil des Kalenderjahres ein Einzelhaushalt geführt	219	1 = Ja	220	1 = Ja

Anlage 35a Haushaltsnahe Aufwendungen
Angaben zu haushaltsnahen Beschäftigungsverhältnissen (LSF-10.24-316.500/1688)

257

Anlage Haushaltsnahe Aufwendungen: Zeile 4 bis 15:

In Zeile 4 bis 9 können Sie haushaltsnahe Dienstleistungen eintragen. In Zeile 4 sind geringfügige Beschäftigungsverhältnisse (538 EUR Jobs; Mini-Jobs), in Zeile 5 sowohl sozialversicherungspflichtige Beschäftigungsverhältnisse, haushaltsnahe Dienstleistungen, Hilfe im eigenen Haushalt, Pflege- und Betreuungsleistungen als auch die in Heimunterbringungskosten enthaltenen Aufwendungen für Dienstleistungen einzutragen. In Zeile 5 können Sie bspw. **Hausmeisterdienstleistungen aus der Nebenkostenabrechnung** (z.B. auch Winterdienst, Treppenreinigung, etc.) Ihres Vermieters eintragen. In Zeile 6 bis 8 tragen Sie **(Handwerkerleistungen für Renovierung; Erhaltungs- und Modernisierungsmaßnahmen)** ein (z.B. **Maler-, Schornsteinfeger-, Elektroinstallateur- oder Klempnertätigkeiten**).

Wird auf Ihrer Nebenkostenabrechnung Ihres Vermieters Schornsteinfegergebühren ausgewiesen oder müssen Sie diese direkt bezahlen, so tragen Sie diese bitte in Zeile 6 bis 8 ein. Dazu tragen Sie in die erste Spalte die Art der Aufwendung, in die mittlere Spalte den Gesamtrechnungsbetrag und die rechte Spalte die im Rechnungsbetrag enthaltenen Lohnanteile, Maschinen und Fahrtkosten inkl. Umsatzsteuer (nur diese werden bei der Steuerermäßigung berücksichtigt). In Zeile 9 müssen Sie die Summe aus den Zeilen 6-8 bilden. Sollen die haushaltsnahen Dienstleistungen auf mehrere Personen aufgeteilt werden (z.B. bei Einzelveranlagung von Ehegatten), so müssen Sie die Zeilen 10 bis 15 ausfüllen. Lesen Sie zu haushaltsnahen Dienstleistungen bei Rn. 162ff. nach.

277   **18.15. Anlage Mobilitätsprämie**

Die Mobilitätsprämie ist von Personen zu beantragen, die normalerweise keine Einkommensteuer zahlen müssen, da sie zu wenig verdienen. Wenn Sie die Mobilitätsprämie beantragen, müssen Sie zuvor auf dem Hauptvordruck (auch Mantelbogen genannt), in Zeile 3 des Hauptvordrucks ein Kreuzchen setzen und in Zeile 4 der Anlage Mobilitätsprämie eine „1" eintragen. In Zeile 5 müssen Sie eine „1" eintragen, wenn sich Fahrtkosten aus Ihrem Beschäftigungsverhältnis resultieren. Wenn die Fahrtkosten im Zusammenhang mit anderen Einkunftsarten stehen, dann tragen Sie die „1" in Zeile 6 ein. Wenn Sie in Zeile 6 eine „1" eingetragen haben, dann tragen Sie in Zeile 8 die Einkunftsart und in Zeile 7 den Betrieb ein. Die Adresse Ihrer Arbeitsstelle tragen Sie in Zeile 9, die gefahrenen Kilometer pro Arbeitstag in Zeile 10 ein. Zusätzlich müssen Sie in Zeile 10 eintragen, an wie vielen Tagen Sie die Arbeitsstätte aufgesucht haben. Wenn Sie die Mobilitätsprämie für die Familienheimfahrten geltend machen, dann nehmen Sie in die Zeilen 11 und 12 Eintragungen vor. Für die Ehefrau bzw. Person B können Sie Eintragungen in Zeilen 13 bis 20 vornehmen.

258

Anlage Mobilitätsprämie

Diese Anlage ist bei Zusammenveranlagung von Ehegatten / Lebenspartnern gemeinsam auszufüllen.

– Die Eintragungen in den Zeilen 4
bis 6 sowie 13 und 14 sind nur in der
ersten Anlage Mobilitätsprämie vorzunehmen. –

1	Name
2	Vorname
3	Steuernummer	lfd. Nr. der Anlage

Angaben zum Antrag auf Mobilitätsprämie

Antrag auf Festsetzung der Mobilitätsprämie `18`

– Ein Antrag ist nur für Pendlerinnen und Pendler erforderlich, die ein zu versteuerndes Einkommen bis zur Höhe des Grundfreibe-
trags von 11.784 € (bei Zusammenveranlagung 23.568 €) haben und die mindestens 21 km zur ersten Tätigkeitsstätte / ersten Betriebsstätte zurücklegen. –

4 Ich beantrage / Wir beantragen die Festsetzung der Mobilitätsprämie.   240 1 = Ja

Angaben zur Mobilitätsprämie

Steuerpflichtige Person / Ehemann / Person A

5 Der Antrag auf Mobilitätsprämie bezieht sich auf Einkünfte aus nichtselbständiger Arbeit.   1 = Ja
2 = Nein

– Falls „Ja", füllen Sie bitte die Anlage N aus. Liegen darüber hinaus weitere Einkünfte vor, füllen Sie bitte die folgenden Zeilen aus. –

6 Der Antrag auf Mobilitätsprämie bezieht sich auf andere Einkünfte (ohne Einkünfte aus nichtselbständiger Arbeit, siehe Einkunftsarten laut Zeile 8).   241 1 = Ja
2 = Nein

– Falls „Ja", füllen Sie bitte die folgenden Zeilen aus.–

7 Bezeichnung des Betriebs / der Tätigkeit / des Vermietungsobjekts / ggf. Betriebssteuernummer

8 Einkunftsart
1 = Land- und Forstwirtschaft
2 = Gewerbebetrieb
3 = Selbständige Arbeit
4 = Vermietung und Verpachtung
5 = sonstige Einkünfte

Wege zwischen Wohnung und erster Betriebsstätte / erster Tätigkeitsstätte (Entfernungspauschale)
– sofern bei Behinderung keine tatsächlichen Fahrtkosten erklärt wurden –

9 erste Betriebsstätte / erste Tätigkeitsstätte (Postleitzahl, Ort und Straße)

10 aufgesucht an Tagen   einfache Entfernung (auf volle Kilometer abgerundet)   km

Wöchentliche Familienheimfahrten bei doppelter Haushaltsführung
– sofern bei Behinderung keine tatsächlichen Fahrtkosten erklärt wurden –

11 Beschäftigungsort (Postleitzahl, Ort und Straße)

12 Anzahl der Familienheimfahrten   einfache Entfernung (auf volle Kilometer abgerundet)   km

Ehefrau / Person B

13 Der Antrag auf Mobilitätsprämie bezieht sich auf Einkünfte aus nichtselbständiger Arbeit.

– Falls „Ja", füllen Sie bitte die Anlage N aus. Liegen darüber hinaus weitere Einkünfte vor, füllen Sie bitte die folgenden Zeilen aus. –

1 = Ja
2 = Nein

14 Der Antrag auf Mobilitätsprämie bezieht sich auf andere Einkünfte (ohne Einkünfte aus nichtselbständiger Arbeit, siehe Einkunftsarten laut Zeile 16):

242

1 = Ja
2 = Nein

– Falls „Ja", füllen Sie bitte die folgenden Zeilen aus –

Bezeichnung des Betriebs / der Tätigkeit / des Vermietungsobjekts / ggf. Betriebsteuernummer

15

16 Einkunftsart

1 = Land- und Forstwirtschaft
2 = Gewerbebetrieb
3 = Selbständige Arbeit
4 = Vermietung und Verpachtung
5 = sonstige Einkünfte

Wege zwischen Wohnung und erster Betriebsstätte / erster Tätigkeitsstätte (Entfernungspauschale)
– sofern bei Behinderung keine tatsächlichen Fahrtkosten erklärt wurden –

erste Betriebsstätte / erste Tätigkeitsstätte (Postleitzahl, Ort und Straße)

17

18 aufgesucht an Tagen   einfache Entfernung (auf volle Kilometer abgerundet)   km

Wöchentliche Familienheimfahrten bei doppelter Haushaltsführung
– sofern bei Behinderung keine tatsächlichen Fahrtkosten erklärt wurden –

Beschäftigungsort (Postleitzahl, Ort und Straße)

19

20 Anzahl der Familienheimfahrten   einfache Entfernung (auf volle Kilometer abgerundet)   km

260

2024

Name

Vorname

Steuernummer lfd. Nr. der Anlage

Anlage Energetische Maßnahmen

Diese Anlage ist bei Zusammen-veranlagung von Ehegatten / Lebens-partnern gemeinsam auszufüllen.

Aufwendungen für energetische Maßnahmen bei zu eigenen Wohnzwecken genutzten Gebäuden

Begünstigtes Objekt 16

Standort des Wohngebäudes / der Eigentumswohnung

Straße, Hausnummer 301 Herstellungsbeginn des Gebäudes

Postleitzahl, Ort (ggf. ausländischer Staat)

Aktenzeichen laut Grundsteuermessbescheid (ohne Sonderzeichen) – bisher Einheitswert-Aktenzeichen – 300

Gesamtflä-che in m²	303	davon ausschließliche Nutzung zu eigenen Wohnzwecken oder in Teilen unentgeltliche Überlassung zu Wohnzwecken an andere Personen in m²	304

Für das begünstigte Objekt wurde in der Vergangenheit bereits eine Steuerermäßigung für energetische Maß-nahmen in Anspruch genommen. 308 1 = Ja 2 = Nein

Energetische Maßnahmen 2024

Ich habe / Wir haben für die energetischen Maßnahmen beantragt / in Anspruch genommen:
– öffentliche Förderung durch zinsverbilligte Darlehen (z. B. KfW-Bank, landeseigene Förderbank) oder
– steuerfreie Zuschüsse (z. B. KfW-Bank, BAFA, Gemeinde) oder
– Steuerbegünstigung für Gebäude in Sanierungsgebieten und städtebaulichen Entwicklungsbereichen oder
– Steuerermäßigung für Handwerkerleistungen nach § 35a EStG 309 1 = Ja 2 = Nein

Für die nachstehend geltend gemachten energetischen Maßnahmen wurden die in Zeile 9 genannten Förderungsmöglichkeiten nicht beantragt oder in Anspruch genommen.

– Bitte die Bescheinigung(en) des ausführenden Fachunternehmens / der Person mit Ausstellungsberechtigung nach § 88 Gebäudeenergiegesetz (GEG) in Kopie einreichen –

Eigene Aufwendungen für energetische Maßnahmen
(ohne Aufwendungen, die als Betriebsausgaben, Werbungskosten [z. B. Aufwendungen für ein häusliches Arbeitszimmer] oder Son-derausgaben berücksichtigt werden)

Baubeginn der energetischen Maßnahme 305

EUR

11 Aufwendungen für die Wärmedämmung von Wänden

12 Aufwendungen für die Wärmedämmung von Dachflächen +

13 Aufwendungen für die Wärmedämmung von Geschossdecken +

14 Aufwendungen für die Erneuerung der Fenster und / oder Außentür(en) +

15 Aufwendungen für den Ersatz und / oder den erstmaligen Einbau von sommerlichem Wärmeschutz +

16 Aufwendungen für die Erneuerung und / oder den Einbau einer Lüftungsanlage +

17 Aufwendungen für die Erneuerung der Heizungsanlage (bitte Zeile 23 und 24 beachten) +

18 Aufwendungen für den Einbau von digitalen Systemen zur energetischen Betriebs- und Verbrauchs-optimierung +

19 Aufwendungen für die Optimierung bestehender Heizungsanlagen (älter als 2 Jahre) +

20 Aufwendungen für die Erteilung der Bescheinigung(en) +

21 Summe der Aufwendungen für energetische Maßnahmen 310 =

22 Aufwendungen für die planerische Begleitung oder Beaufsichtigung durch den Energieberater 311

2024Anl35c431NET - September 2024 - 2024Anl35c431NET

Hybridisierung bei Gasbrennwerttechnik

Aufwendungen für den Einbau von Gasbrennwerttechnik, die auf die Einbindung erneuerbarer Energie eingerichtet ist ("Renewable Ready"), können berücksichtigt werden, wenn mit dem Einbau vor dem 1.1.2023 begonnen wurde. Die Steuerermäßigung ist erstmalig in dem Kalenderjahr zu gewähren, in dem die energetische Maßnahme abgeschlossen wurde. Dies ist der Fall, wenn die Schlussrechnung des Fachunternehmens erteilt, der Rechnungsbetrag auf das Konto des Leistungserbringers eingezahlt wurde und der Nachweis der Hybridisierung vorliegt. Die Hybridisierung muss innerhalb von 2 Jahren nach der Inbetriebnahme vorgenommen werden.

			EUR
23	In Zeile 17 enthaltene Aufwendungen für den Einbau von Gasbrennwerttechnik, die für die künftige Einbindung erneuerbarer Energien vorbereitet ist (Hybridisierung)	312	
24	Der Nachweis zur Umsetzung der Hybridisierung liegt vor und wird in Kopie eingereicht.	313	1 = Ja / 2 = Nein

Nur ausfüllen, soweit in den Zeilen 21 und / oder 22 Aufwendungen enthalten sind, für die der Abzug als außergewöhnliche Belastung beantragt wird.

			EUR
25	In Zeile 21 enthaltene Aufwendungen, für die der Abzug (soweit möglich) als außergewöhnliche Belastungen beantragt wird	314	
26	In Zeile 22 enthaltene Aufwendungen, für die der Abzug (soweit möglich) als außergewöhnliche Belastungen beantragt wird	315	

Energetische Maßnahmen aus den Vorjahren

			EUR
27	Anerkannte Aufwendungen für energetische Maßnahmen des Jahres 2023 (diese können Sie den Erläuterungen Ihres Einkommensteuerbescheides 2023 entnehmen); bei Nutzungs- und / oder Eigentumsänderungen: entsprechend erhöhte / verminderte Aufwendungen	317	
28	Anerkannte Aufwendungen für energetische Maßnahmen des Jahres 2022 (diese können Sie den Erläuterungen Ihres Einkommensteuerbescheides 2022 entnehmen); bei Nutzungs- und / oder Eigentumsänderungen: entsprechend erhöhte / verminderte Aufwendungen	318	

Angaben zu Miteigentumsanteilen

Falls das Objekt im Eigentum mehrerer Personen steht und die Anteile an der Steuerermäßigung **nicht** gesondert und einheitlich festgestellt werden:

		Steuerpflichtige Person / Ehemann / Person A	Ehefrau / Person B
29	Miteigentumsanteil in % – Bitte Anleitung beachten. –	305	307

1. Weiterer Miteigentümer
Name, Vorname, Geburtsdatum, Adresse, Steuernummer

30

31

2. Weiterer Miteigentümer
Name, Vorname, Geburtsdatum, Adresse, Steuernummer

32

33

3. Weiterer Miteigentümer
Name, Vorname, Geburtsdatum, Adresse, Steuernummer

34

35

4. Weiterer Miteigentümer
Name, Vorname, Geburtsdatum, Adresse, Steuernummer

36

37

262

Anteile an der Steuerermäßigung laut gesonderter und einheitlicher Feststellung

Steuerpflichtige Person / Ehemann / Person A

Gemeinschaft / Gesellschaft

38

Finanzamt

39

Steuernummer | Aktenzeichen laut Grundsteuermessbescheid (ohne Sonderzeichen) – bisher Einheitswert-Aktenzeichen –

40 | 400

41 Gesondert und einheitlich festgestellter Anteil an der Steuerermäßigung in % – *Bitte Anleitung beachten.* – | 401

EUR

42 Gesondert und einheitlich festgestellte Aufwendungen für energetische Maßnahmen des Jahres 2024 | 402

43 Gesondert und einheitlich festgestellte Aufwendungen für die planerische Begleitung oder Beaufsichtigung durch den Energieberater des Jahres 2024 | 403

44 Gesondert und einheitlich festgestellte Aufwendungen für energetische Maßnahmen des Jahres 2023 | 404

45 Gesondert und einheitlich festgestellte Aufwendungen für energetische Maßnahmen des Jahres 2022 | 405

Ehefrau / Person B

Gemeinschaft / Gesellschaft

46

Finanzamt

47

Steuernummer | Aktenzeichen laut Grundsteuermessbescheid (ohne Sonderzeichen) – bisher Einheitswert-Aktenzeichen –

48 | 410

49 Gesondert und einheitlich festgestellter Anteil an der Steuerermäßigung in % – *Bitte Anleitung beachten.* – | 411

EUR

50 Gesondert und einheitlich festgestellte Aufwendungen für energetische Maßnahmen des Jahres 2024 | 412

51 Gesondert und einheitlich festgestellte Aufwendungen für die planerische Begleitung oder Beaufsichtigung durch den Energieberater des Jahres 2024 | 413

52 Gesondert und einheitlich festgestellte Aufwendungen für energetische Maßnahmen des Jahres 2023 | 414

53 Gesondert und einheitlich festgestellte Aufwendungen für energetische Maßnahmen des Jahres 2022 | 415

Anlage Energetische Maßnahmen: Zeile 1 bis 3: Allgemeine persönliche Angaben

In Zeile 1 bis 3 tragen Sie wie gewohnt Ihren Familiennamen (Zeile 1) und Vornamen (Zeile 2) und Ihre Steuernummer (Zeile 3) ein. Wenn Sie die steuerliche Förderung mehrerer energetischer Maßnahmen beantragen wollen, so müssen Sie für jede einzelne Maßnahme eine Anlage ausfüllen. Diese wäre dann in Zeile 3 durchlaufend zu nummerieren.

Anlage Energetische Maßnahmen: Zeile 4 bis 8: Begünstigtes Objekt

In Zeile 4 tragen Sie die Anschrift (Straße und Hausnummer) und in Zeile 5 die Postleitzahl und den Ort des begünstigten Objektes ein. In Zeile 6 tragen Sie das sog. Einheitswertaktenzeichen ein. Dieses finden Sie auf Ihrem Grundsteuerwert- bzw. Grundsteuermessbetragsbescheid, dem Grundsteuerbescheid der Kommune bzw. auf dem Hinweisschreiben des Finanzamtes, welches Sie zur Abgabe der „neuen Grundsteuer"-Feststellungserklärungerhalten haben. In Zeile 7 müssen Sie in Kennfeld 303 die Gesamtfläche des Gebäudes in m² eintragen. In Kennfeld 304 tragen Sie hingegen die darauf entfallende Wohnfläche ein. In Zeile 8 müssen Sie angeben, ob für das begünstigte Objekt ab dem Jahr 2020 bereits eine Steuerermäßigung für energetische Maßnahmen in Anspruch genommen worden ist. Tragen Sie eine „1" für ja bzw. eine „2" für nein ein.

Anlage Energetische Maßnahmen: Zeile 9 bis 26: Energetische Maßnahmen 2024

In Zeile 9 müssen Sie bei Kennziffer 309 angeben, ob Sie für die energetische Maßnahme eine öffentliche Förderung durch zinsverbilligte Darlehen (z.B. KfW-Bank oder landeseigene Förderbank (z.B. Sächsische Aufbaubank) oder steuerfreie Zuschüsse (z.B. KfW-Bank, BAFA oder Gemeinde) oder Steuerbegünstigungen für Gebäude in Sanierungsgebieten und städtebaulichen Entwicklungsbereichen oder Steuerermäßigung für Handwerkerleistungen nach § 35a EStG beantragt oder bereits in Anspruch genommen haben. Tragen Sie für „ja" eine „1" und für „nein" eine „2" ein. Tragen Sie nun in Zeile 10 den Baubeginn der (ersten) energetischen Maßnahme ein. In den Zeile 11 bis 20 tragen Sie nun die einzelnen Aufwendungen für die energetischen Maßnahmen ein (Zeile 11: Aufwendungen für die Wärmedämmung von Wänden; Zeile 12: Aufwendungen für die Wärmedämmung von Dachflächen; Zeile 13: Aufwendungen für die Wärmedämmung von Geschossdecken; Zeile 14: Aufwendungen für die Erneuerung der Fenster und/oder Außentüren; Zeile 15 Aufwendungen für den Ersatz und/oder den erstmaligen Einbau von sommerlichen Wärmeschutz; Zeile 16: Aufwendungen für die Erneuerung und/oder den Einbau einer Lüftungsanlage; Zeile 17: Aufwendungen für die Erneuerung der Heizungsanlage; Zeile 18: Aufwendungen für den Einbau von digitalen Systemen zur energetischen Betriebs- und Verbrauchsoptimierung; Zeile 19: Aufwendungen für die Optimierung bestehender Heizungsanlagen (älter als 2 Jahre); Zeile 20: Aufwendungen für die Erteilung der Bescheinigung(en) für die energetischen Maßnahmen. Bilden Sie sodann in Zeile 21 die Summe aller o.a. Aufwendungen für energetische Maßnahmen. Die Aufwendungen für die planerische Begleitung oder Beaufsichtigung durch den Energieberater tragen Sie in Zeile 22 ein. Wenn Sie einen neuen Gas-Brennwertkessel eingebaut haben, der für die künftige Einbindung erneuerbarer Energien vorbereitet ist (sog. Hybridisierung) und wenn mit dem Einbau vor 2024 begonnen wurde, dann können Sie in Zeile 23 die in Zeile 17 enthalteen Aufwendungen für die Installation eines effizienten Gas-Brennwertgerätes eintragen, die auf die Hybridisierung entfallen. Dann müssen Sie noch in Zeile 24 mit „ja" oder „nein" eintragen, ob der Nachweis zur Umsetzung der Hybridisierung vorliegt und eingereicht wird. Nur wenn Sie in den Zeilen 21 und/oder 22 Eintragungen gemacht haben und Sie für die darin enthaltenen Aufwendungen gleichzeitig den Abzug als außergewöhnliche Belastungen beantragt haben, müssen Sie die Zeilen 25 und 26 ausfüllen. In Zeile 25 tragen Sie die in Zeile 21 enthaltenen Aufwendungen ein, für die der Abzug als außergewöhnliche Belastung beantragt wird. In Zeile 26 tragen Sie hingegen die in Zeile 22 enthaltenen Aufwendungen ein, für die der Abzug als außergewöhnliche Belastung beantragt wird.

Anlage Energetische Maßnahmen: Zeile 27 und 28: Energetische Maßnahmen aus den Vorjahren

Sofern Sie bereits in den Vorjahren anerkannte energetische Maßnahmen geltend machen wollen, so tragen Sie in Zeile 27 die anerkannten Aufwendungen aus dem Jahr 2023 ein. Diese können Sie Ihrem Einkommensteuerbescheid 2023 entnehmen. Anerkannte Aufwendungen aus dem Jahr 2022 können Sie hingegen In Zele 34 erneut geltend machen.

Anlage Energetische Maßnahmen: Zeile 29 bis 37: Miteigentumsanteile

Falls Sie nicht Alleineigentümer des Objektes sind, so müssen Sie noch in Zeile 29 Ihren Miteigentumsanteil in Prozent bei Kennziffer 306 (bzw. 307 für Ihren Ehegatten/Lebenspartner) eintragen. In Zeile 30 und 37 tragen Sie dann die Namen, die Geburtsdaten und die Adressen der weiten Miteigentümer ein.

Sachverzeichnis

(Die Zahlenangaben beziehen sich auf die Randziffern)

Abfindungen 238, 246
Abgabefristt 5
Abgabemöglichkeit 8ff.
Abgabepflicht 3ff.
Abgeltungssteuer 170, 172ff., 253ff.
Alleinerziehende 188, 228
Altersentlastungsbetrag 200
Altersrenten 190ff.
Altersvorsorge, Rente 117, 127, 192, 214
Altersvorsorgeaufwendungen, 117, 214
Änderungen für 2021 0
Anlagen 204ff.
• Anlage Außergewöhnliche Belastungen 273
• Anlage Anlage AV 234
• Anlage Energetische Maßnahmen 278
• Anlage Haushaltsnahe Aufwendungen 276
• Anlage K 187, 204
• Anlage KAP 251
• Anlage Kind 223
• Anlage Mobilitätsprämie 277
• Anlage N 235
• Anlage N-Doppelte Haushaltsführung 247
• Anlage R 262
• Anlage R-AV / bAV 266
• Anlage R-AUS 267
• Anlage SO 257
• Anlage Sonderausgaben 269
• Anlage Unterhalt 258
• Anlage Vorsorgeaufwand 214
Annexsteuern 38
Anträge, Anlage KAP 252
Anzahl Fahrten 54, 243
Arbeitnehmersparzulage 201, 204
Arbeitslosengeld 181, 205, 210
Arbeitsmittel 41, 88, 244
Arbeitszimmer 0ff., 244
• Ausstattung 89, 95
• Beschaffenheit 99
• Homeoffice 104
• Kosten 100
• Mittelpunkt d. beruflichen Betätigung 0
• Tagespauschale 104
• Tatsächliche Kosten 102
• Voraussetzungen 103
• Wahlrecht 100
Ausland, Unterhalt 260
ausländische Kapitaleinkünfte 255
außergewöhnliche Belastungen 132ff.
• Belastungsgründe 134
• Bestattungskosten 138
• Erpressungsgelder 139

• existentielle Gegenstände 139
• Gerichtskosten 140
• Gesundheitsgefährdung 139
• Krankheitskosten 135
• Pflegekosten 136
• Pflegepauschbetrag 0, 136, 274
• Prozesskosten 140
• Sanierung Gebäude 139
• Scheidungskosten 141
• Unterhalt 143
• zumutbare Belastung 133
auswärtige Unterbringung 189, 229
Authentifizierung, Übermittlung mit 11
Azubis 95
Basis-Rente (Rürup-Rente) 127, 191, 214
Beamtenpensionen, Werkspensionen 190, 196,
                                          237
Bedarfsgemeinschaft, Unterhalt 148, 261
Begriff, Werbungskosten 41
Behandlungskosten, außergewöhnliche
    Belastungen 135
Behinderten-Pauschbetrag 137, 155, 231, 274
Behinderten-Pauschbetrag, Übertragung 274
Beiträge Berufsverbände/Gewerkschaften 87
Beiträge zur Riesterrente 108, 127, 234, 266
Belastungsgründe 133ff.
Berechnung Pendlerpauschale/
    Entfernungspauschale 51
berufliche Veranlassung, doppelte
    Haushaltsführung 77
Berufs- und Diensthaftpflichtversicherung 122
Berufsausbildungskosten 93ff., 109, 268, 271
Berufsbekleidung 90
Berufsbekleidung, Reinigungskosten 92
Beschaffenheit, Arbeitszimmer 99
Bestattungskosten 138
Besteuerung der Altersrenten 190ff.
Besteuerung, Ertragsteil 192, 263
Besteuerungsanteil 192ff.
Betreuungsunterhalt 147, 152, 258
betriebliche Rente 266
Bewerbungskosten 85, 244
Bezüge, Unterhalt 152
Bücher, Werbungskosten 88, 244
Datenübernahme aus dem Vorjahr 26
Datenübernahme von ElsterFormular **Fehler!**
Verweisquelle konnte nicht gefunden werden.
doppelte Haushaltsführung 72ff., 248
• berufliche Veranlassung 77
• eigener Haushalt 74
• Erstattungen 84
• Erstausstattung 79

- Familienheimfahrten 80, 249
- Lebensmittelpunkt 76
- Studenten 96
- Unfallkosten 82
- Unterkunftskosten 81
- Verpflegungsmehraufwand 69, 71, 83ff., 250
- Voraussetzungen 73
- Wahlrecht 81
- Studenten, Azubis 75
Durchschnittssteuersatz 36
eDatenabruf 25
Ehegatten, Lebenspartner 202
Ehegattenunterhalt, Sonderausgaben 130
Ehrenamtspauschale 182, 239
Einkommensersatzleistungen 180ff., 210
Einkommensteuer zahlen 33
Einkommensteuer, Grundlagen, **Fehler! Verweisquelle konnte nicht gefunden werden.**
Einkünfte 32
Einkünfte, Kapitaleinkünfte 169ff.,
Einkünfte, Unterhalt 151
Einkunftsarten 33
Einloggen bei Mein ELSTER 19
Einnahmen 32
Einsatzwechseltätigkeit 49
Einzelveranlagung 38, 202, 206
elektronische Übermittlung 11
Elster 11
Elster, Mein (Onlineanwendung) 11ff.
- Abrufcode 17
- Datenübernahme aus ElsterFormular **Fehler! Verweisquelle konnte nicht gefunden werden.**
- Datenübernahme aus Vorjahr **Fehler! Verweisquelle konnte nicht gefunden werden.**
- Drucken 29
- eDatenabruf 25
- Einloggen 19
- Hauptmenü 20
- Importieren 26
- Plausibilitätsprüfung 27
- Registrierung 13
- Steuerberechnung 21
- Zertifikat 13ff.
Elterngeld 152ff., 181, 210, 240
Energetische Maßnahmen 166ff., 278
Entfernungspauschale 45ff., 243
- Berechnung 51
- Fahrgemeinschaft 56
- Höchstbetrag 54f.
- öffentliche Verkehrsmittel 55
- Unfallkosten 57
Erklärungspflicht 3
Erpressungsgelder 139
Erstattung, Kirchensteuer 129
Erstattungen des Arbeitgebers, doppelte

Haushaltsführung 84
Erstausbildung 94, 109
Erstausbildungskosten, als Sonderausgaben 271
Erstausstattung, doppelte Haushaltsführung 84
Erste Tätigkeitsstätte 46ff.
Erststudium 94
Ertragsteil, Besteuerung 192
Fachliteratur 88
Fahrgemeinschaften, Pendlerpauschale 56
Fahrkosten, doppelte Haushaltsführung 80
Fahrkosten, Reisekosten 44ff.
Fahrten, Anzahl 54
Familien 184ff.
Familienheimfahrten 80, 249
Feiern mit den Kollegen 0
Ferienwohnung, doppelte Haushaltsführung 65
Formulare 20ff., 204ff.
- Anlage Außergewöhnl. Belastungen 273
- Anlage AV (Riester) 234
- Anlage Haushaltsnahe Aufwendungen 276
- Anlage KAP 251ff.
- Anlage Kind 223
- Anlage Mobilitätsprämie 277
- Anlage N 235
- Anlage N – doppelte Haushaltsführung 247
- Anlage R 262
- Anlage R-AV/bAV 266
- Anlage R-AUS 267
- Anlage SO 257
- Anlage Sonderausgaben 269
- Anlage Unterhalt 258
- Anlage Vorsorgeaufwand 214
- Hauptvordruck 205
Fortbildungskosten 93, 244
Freibetrage
- auswärtige Unterbringung 189
- Behinderten-Pauschbetrag 137, 155
- Ehrenamtspauschale 182
- Grundfreibetrag 35
- Hinterbliebenen-Pauschbetrag 156
- Kinderfreibetrag übertragen 187, 227
- Pflege-Pauschbetrag 157
- Sparer 171, 254
- Übungsleiterpauschale 183, 239
- Werbungskosten-Pauschbetrag Arbeitnehmer 43
- Werbungskosten-Pauschbetrag Renten 195
Freistellungsauftrag 170, 254
Frist 5
Fristverlängerung 6
Gemeinnützigkeit, Spenden 112ff., 270
Gerichtskosten 140
gesetzliche Rente 192, 214
Gesundheitsgefährdung 139
Gewinneinkünfte 34
Grenzsteuersatz 36

Grundfreibetrag 35
Grundlagen, Einkommensteuer **Fehler! Verweisquelle konnte nicht gefunden werden.**
Günstigerprüfung, Kapitaleinkünfte 178, 252
Haftpflichtversicherung 108,122, 126, 231
Handwerker 162, 164, 276
Hauptvordruck 205
Haushalt, Unterhalt 259
haushaltsn. Beschäftigungsverhältnisse 162ff., 276
haushaltsnahe Dienstleistungen 162
haushaltsnahe Dienstleistungen, Ausschlussgründe 164
haushaltsnahe Dienstleistungen, Tätigkeiten 163
Hausratversicherung 125
Hinterbliebenen-Pauschbetrag 156
Höchstbetrag Entfernungspauschale/ Pendlerpauschale 54
Höchstbetrag, Spenden 114
Höchstbetrag, Unterhalt 150
Homeoffice-Pauschale 104
Hotel, doppelte Haushaltsführung 72
Identifikationsnummer 206
Insolvenzgeld 181, 205, 210
Jahrespauschale 101
junge Personen, doppelte Haushaltsführung 75
Kapitaleinkünfte 169ff.,
- Abgeltungssteuer 170, 172
- Anlage KAP 251
- Anträge 252
- Ausland 175
- Freistellungsauftrag 170, 172, 179, 254
- Günstigerprüfung 179
- inländ. Steuerabzug 253
- Kapitalerträge 174
- Kirchensteuer 128
- Sparer-Pauschbetrag 171, 252
- Steuerabzüge 170, 256
- Verluste 176
Kapitalertragssteuer 169ff.
Kilometersätze, individuell 63
Kilometersätze, pauschal 61
Kinder, Kranken-/Pflegeversicherung 226
Kinder, Unterhalt 146
Kinderbetreuungskosten 110, 233
Kinderfreibetrag 187
Kinderfreibetrag, Kindergeld 186
Kinderfreibetrag, übertragen 187
Kindergeld 186
Kindergeld, Kinderfreibetrag 187
Kindergeld, Kindergeldanspruch 186
Kindergeld, volljähriges Kind 187
Kindergeldanspruch 186
Kirchensteuer 38ff., 128, 207, 269
Kirchensteuer, gezahlte 128, 269
Kirchensteuer, Kapitaleinkünfte 128, 207
Kirchensteuererstattung 269

Kontoführungsgebühren 86, 244
Kosten, Arbeitszimmer 100
Kranken- und Pflegeversicherung 119
Kranken-/Pflegeversicherung, ausländisch 218
Kranken-/Pflegeversicherung, für andere übernommen 220
Kranken-/Pflegeversicherung, gesetzlich 215
Kranken-/Pflegeversicherung, Kind 226
Kranken-/Pflegeversicherung, privat 217
Krankengeld 181, 205, 210
Krankenversicherung 215
Krankheitskosten, 135
Kurzarbeitergeld 181, 205, 210, 240
kürzeste Streckenverbindung 52
Lebensführungskosten 42
Lebensmittelpunkt, doppelte Haushaltsführung 73, 76, 248
Lebenspartner, Ehegatten 201
Leiharbeitskräfte, Leiharbeiter 50
Lohn 236
Lohn, ausländisch 241
Lohnersatzleistungen 181, 205, 210, 240
Lohnsteuer 1
Lohnsteuerklassen 2, 236
Mahlzeitengestellung, Reisekosten 245
Mitgliedsbeiträge-Spenden, Sonderausgaben 112, 270
Mittelpunkt der beruflichen Betätigung 0ff.
Möbel, doppelte Haushaltsführung 89
Mobilitätsprämie 58, 277
Mutterschaftsgeld 152, 181, 205, 210
nachgelagerte Besteuerung, Renten 192
öffentliche Verkehrsmittel, Pendlerpauschale 55
öffentliche Verkehrsmittel, Reisekosten 64
Opfergrenze, Unterhalt 154
Papiererklärung 9
Parteien, Spenden 159, 270
Pauschbeträge
- Arbeitnehmer / Werbungskosten 43
- Behinderte 155, 137, 231, 274
- Hinterbliebene, 156, 231
- Jahrespauschale (Arbeitszimmer) 101
- Pflege 157
- Sparer 171
- Tagespauschale 104
Pendlerpauschale 45ff., 243
- Berechnung 51
- Fahrgemeinschaft 56
- Höchstbetrag 54
- öffentliche Verkehrsmittel 55
- Unfallkosten 57
Pension, Kosten der Unterbringung, doppelte Haushaltsführung 81
Pensionen 190ff., 196, 237
Pensionsbezug 196, 237
Pflege-Pauschbetrag 157

Pflege- und Krankenversicherung 119
private Kosten 42
private Rentenversicherung 198
Progression 37
Progressionsvorbehalt, steuerfreie Einkünfte 180ff.
Prozesskosten 140
Realsplitting, Unterhalt an (Ex-)Ehegatte 130
Rechtsschutz- und Unfallversicherungen, privat
  123
Registrierung bei Mein ELSTER 13ff.
• Schnelle Registrierung 14
• Klassische Registrierung 15
Reinigungskosten, Berufsbekleidung 92
Reisekosten 59ff., 245
• Fahrtkosten 44, 60
• Mahlzeitengestellung 71
• öffentliche Verkehrsmittel 64
• Reisenebenkosten 66
• Übernachtungskosten 65
• Unfallkosten 62
• Verpflegungsmehraufwand 67
Renten 190ff., 262ff.
• Altersentlastungsbetrag 200
• Altersrenten 191
• Altersvorsorge 117
• Ausländische Renteneinkünfte 267
• Basis-Rentenversicherung 117, 191
• Besteuerung der Altersrenten 193
• Besteuerung Ertragteil 199
• Besteuerungsanteil 189
• Betriebliche Altersversorgungseinkünfte 266
• gesetzliche Rente 262
• nachgelagerte Besteuerung 192
• private Rentenversicherung 198, 263
• Riester 124
• Rürup 127, 197,266
• sonstige 197
• Werbungskosten 195, 266
• Werbungskosten-Pauschbetrag 195
Rentner, Pensionäre 190ff.
Sammelpunkt 47
Sanierung Gebäude 139
Scheidungskosten 141
Schulgeld 111
Solidaritätszuschlag 38
Sonderausgaben 108ff., 268
• Altersvorsorgeaufwendungen 117, 214
• Berufsausbildungskosten/Erstausbildung 95, 271
• Kinderbetreuungskosten 110, 233
• Kirchensteuer 38, 128
• Parteispenden 159, 270
• Riesterrente 127, 266
• Schulgeld 111, 230
• Spenden, Mitgliedsbeiträge 112, 270
• Unterhalt an (Ex-)Ehegatte 130

• Versicherungen 121ff.
• Versorgungsausgleich 131
• Vorsorgeaufwendungen 116
Sparer-Pauschbetrag 171
Spenden 112ff., 213, 270
• Gemeinnützigkeit 113
• Höchstbetrag 115, 160
• Parteien und Wählervereinigungen 159f.
Spitzensteuersatz 35
Steuerabzüge, Kapitaleinkünfte 253
Steuerberechnung (bei Mein ELSTER) 28
Steuererklärungspflicht 3
Steuerermäßigungstatbestände 158ff.
steuerfreie Arbeitgeberzuschüsse 219
steuerfreie Einkünfte 180
• Ehrenamtpauschale 182
• mit Progressionsvorbehalt 181
• ohne Progressionsvorbehalt 182
• Übungsleiterpauschale 183, 239
Steuerklasse 2
Steuersatz 36
Streckenverbindung, kürzeste 52
Streckenverbindung, verkehrsgünstigste 53
Studenten 75, 96
Studenten, doppelte Haushaltsführung 96
Tagespauschale (Homeoffice) 104
Tätigkeitsgebiet, weiträumiges 48
Tätigkeitsstätte, erste 46
Telearbeitsplatz, Arbeitszimmer 98, 103
Telekommunikationskosten 106
Überblick Einkommensteuer 33
Übermittlung 8ff.
Übernachtungskosten, Reisekosten 65
Überschusseinkünfte 34
Übungsleiterpauschale, 183, 239
Umzugskosten 107
Unfall- und Rechtsschutzversicherungen, privat
  124
Unfallkosten, Familienheimfahrten 82
Unfallkosten,Pendlerpauschale/Entfernungs-
  pauschale 57
Unfallkosten, Reisekosten 62
Unfallversicherung, privat 123
Unterbrechungszeitraum,
  Verpflegungsmehraufwand 70
Unterbringungskosten,
  doppelte Haushaltsführung 81
Unterhalt 130, 143ff.
• an (Ex-)Ehegatte, Realsplitting 130, 272
• außergewöhnliche Belastungen 143
• Bedarfsgemeinschaft 148
• Betreuungsunterhalt 148
• Bezüge 152
• Einkünfte 151
• getrenntlebender Ex-Ehegatte 145, 272
• Haushalt 259

- Höchstbetrag 150
- ins Ausland 260
- Kinder 146
- Kürzungen 153
- Opfergrenze 154
- Personenkreis 144
- Vermögensverhältnisse 149
- Verwandtschaft 261
Unterkunftskosten, doppelte Haushaltsführung 81
Unterschrift 212
verkehrsgünstigste Streckenverbindung 53
Verluste 95, 176, 253
Verluste, Kapitaleinkünfte 176, 253
Vermögensverhältnisse, Unterhalt 149
vermögenswirksame Leistungen 201
Verpflegungsmehraufwand, doppelte Haushaltsführung 69, 71, 83f, 250
Verpflegungsmehraufwand, Reisekosten 67
Verpflegungsmehraufwand, Unterbrechungszeiten 70
Verpflegungsmehraufwand, zeitliche Begrenzung 68

Versicherungen 121
- Berufs- und Diensthaftpflichtversicherung 122
- Haftpflichtversicherungen 126
- Hausratversicherung 125
- Unfallversicherung, private 124
- Kranken- und Pflegeversicherung 119
- Rechtsschutz- u. Unfallversicherungen privat 123
- Sonstige 121
Versorgungsausgleich 131
Verwandschaft, Unterhalt 147
Volljährigkeit 225
Voraussetzungen, Arbeitszimmer 103
Vorsorgeaufwand, Formular 214
Vorsorgeaufwendungen 116ff.
Vorsorgeaufwendungen, Alters 117
Vorsorgeaufwendungen, sonstige 118
Wählervereinigungen, Spenden 112, 159
Wahlrecht, doppelte Haushaltsführung 81
weiträumiges Tätigkeitsgebiet 48

Werbungskosten 41ff.
- Arbeitsmittel 88
- Arbeitszimmer 0
- Arbeitszimmerausstattung 89, 244
- Azubis/Studenten 95
- Beiträge Berufsverbände 87
- Gewerkschaften 87
- Begriff 41
- Berufs- und Diensthaftpflichtversicherung 122
- Berufsausbildungskosten, Fortbildung 93
- Berufsbekleidung 91f.
- Bewerbungskosten 90
- Bücher 88, 244
- doppelte Haushaltsführung 72ff., 248
- Entfernungspauschale 45ff., 243
- Erststudium, Erstausbildung 95
- Familienheimfahrten 80, 249
- Homeoffice-Pauschale 103
- Jahrespauschale 100
- Kontoführungsgebühren 86, 244
- Pauschbetrag 43
- Pauschbetrag, Renten 195
- Reinigungskosten Berufsbekleidung 92
- Reisekosten 59ff., 245
- Rente 195, 263
- sonstige 242
- Studenten, doppelte Haushaltsführung 96
- Tagespauschale 103
- Telekommunikationskosten 106
- Umzugskosten 107
- Werbungsmittel, Werkzeug 88f.
Werkspensionen 196
Werkzeuge 88f.
Wohnungskosten, doppelte Haushaltsführung 78
zeitliche Begrenzung, Verpflegungsmehraufwand 68
Zertifikat für Mein ELSTER 13
Zimmerkosten, doppelte Haushaltsführung 78
zumutbare Belastung, außergewöhnliche Belastungen 133
Zusammenveranlagung 202

Bisher bot die Finanzverwaltung neben Mein ELSTER (oder ElsterOnline genannt) noch das beliebte Steuerprogramm ElsterFormular an, welches man auf den Computer herunterladen und installieren konnte. Leider hat sich die Finanzverwaltung entschieden, die Weiterentwicklung des Programms ElsterFormular einzustellen. Daher kann die Steuererklärung ab dem Besteuerungszeitraum 2020 nur noch mit Mein ELSTER authentifiziert übertragen werden, sofern man nicht auf kommerzielle und kostenpflichtige Steuerprogramme von Drittanbietern oder auf die Abgabe als Papiererklärung ausweicht. Der Umstieg auf Mein ELSTER bereitet oftmals Probleme, da die Bedienung des Programms komplexer ist und einen mehrstufigen Anmeldeprozess voraussetzt.

Dieser Ratgeber richtet sich an Angestellte und Rentner und soll die Einführung in die Onlineanwendung "Mein ELSTER" erleichtern.

Verlag: Books on Demand, Norderstedt
5. Auflage 2024
ISBN: 978-3758382345
13,95 EUR